UTB **2168**

Eine Arbeitsgemeinschaft der Verlage

Beltz Verlag Weinheim · Basel
Böhlau Verlag Köln · Weimar · Wien
Wilhelm Fink Verlag München
A. Francke Verlag Tübingen und Basel
Haupt Verlag Bern · Stuttgart · Wien
Lucius & Lucius Verlagsgesellschaft Stuttgart
Mohr Siebeck Tübingen
C. F. Müller Verlag Heidelberg
Ernst Reinhardt Verlag München und Basel
Ferdinand Schöningh Verlag Paderborn · München · Wien · Zürich
Eugen Ulmer Verlag Stuttgart
UVK Verlagsgesellschaft Konstanz
Vandenhoeck & Ruprecht Göttingen
vdf Hochschulverlag AG an der ETH Zürich
Verlag Barbara Budrich Opladen · Farmington Hills
Verlag Recht und Wirtschaft Frankfurt am Main
WUV Facultas Wien

ROSMARIE GÜNTHER

Einführung in das Studium der Alten Geschichte

2., durchgesehene Auflage

FERDINAND SCHÖNINGH
PADERBORN · MÜNCHEN · WIEN · ZÜRICH

Dr. Rosmarie Günther, geb. 1942, Studium der Germanistik, Geschichte und Politischen Wissenschaften in Heidelberg und Mannheim, 1985 Promotion. Seit 1969 arbeitet sie, unterbrochen von der Referendarzeit, als Akademische Oberrätin am Seminar für Alte Geschichte der Universität Mannheim.

Umschlagabbildung: Teilansicht eines Sarkophagreliefs, Mitte des 2. Jahrhunderts (Paris, Louvre). Ein Sohn trägt seinem Vater eine rhetorische Übung vor.

Bibliografische Information Der Deutschen Bibliothek

Die Deutsche Bibliothek verzeichnet diese Publikation in der Deutschen Nationalbibliografie; detaillierte bibliografische Daten sind im Internet über http://dnb.ddb.de abrufbar.

Gedruckt auf umweltfreundlichem, chlorfrei gebleichtem Papier (mit 50 % Altpapieranteil)

2., durchges. Aufl. 2004

(Verlag Ferdinand Schöningh GmbH, Jühenplatz 1, D-33098 Paderborn)
ISBN 3-506-99498-0

Internet: www.schoeningh.de

Printed in Germany.
Herstellung: Ferdinand Schöningh, Paderborn
Einbandgestaltung: Atelier Reichert, Stuttgart

UTB-Bestellnummer: ISBN 3-8252-2168-7

Vorwort

Diese ‚Einführung in das Studium der Alten Geschichte' wendet sich nicht nur an die Studienanfänger/innen, sondern will für jede Phase des Studiums entsprechende Hilfen anbieten. Konkret heißt dies:

Im *Grundstudium* stehen vor allem das Proseminar und die Zwischenprüfung im Vordergrund. In dieser Phase wird primär das ‚Werkzeug' wissenschaftlichen Arbeitens erworben, was hauptsächlich in den Kapiteln über Quellen und Hilfswissenschaften bereitgestellt wird. Diese Einführung in die Methoden und die Behandlung der wichtigsten Quellenarten erfolgt praxisorientiert, indem das theoretisch Vorgestellte nach Möglichkeit an einem ausgewählten Thema exemplifiziert wird. Diese Vorgehensweise soll die Einsicht in die Notwendigkeit, das ‚Werkzeug' zu beherrschen, erleichtern und historische Erkenntnisprozesse nachvollziehbar machen. Dabei wird besonderes Gewicht auf die Hilfswissenschaften gelegt. Die Themenauswahl konzentriert sich vorrangig auf Hauptthemen der Proseminare zur römischen Geschichte; weitere Teilaspekte der Alten Geschichte werden mit bibliographischen Hinweisen vorgestellt. Hier muß je nach Bedarf das eigene Interesse richtungsweisend sein.

Das *Hauptstudium* verlangt die ersten eigenständigen wissenschaftlichen Arbeiten in Hauptseminaren und Übungen. Hier sollen die Kenntnisse des Grundstudiums angewandt werden. Die Studierenden werden ihr Wissen eigenständig vertiefen müssen. Hier bieten die Hinweise zum praktischen Arbeiten Hilfe an. Die eingefügten Untersuchungsbeispiele geben Anleitungen zur Vorgehensweise.

Auch für die *Prüfungsphase* mit den notwendigen Vorbereitungen und der Bewältigung der Prüfungen liegen konkrete Hilfen im Kapitel zur Praxis des Geschichtsstudiums vor. Zusätzlich bieten sich einzelne Kapitel zur Wiederholung bestimmter Gesichtspunkte (z.B. das römische Staatsrecht) in dieser Phase des Studiums an. Ein Index ermöglicht den problemlosen Zugang. Der Ausblick will die im Studium erworbenen Fähigkeiten über das reine Fachwissen hinaus ins Bewußtsein heben und beleuchtet den Zusammenhang zwischen Studium und Berufsleben.

Inhaltsverzeichnis

I. Erste Orientierung

1. Alte Geschichte als wissenschaftliches Fach

1.1 Standort und Bedeutung der Alten Geschichte heute

Alte Geschichte heute

Die Alte Geschichte steht ianusköpfig zwischen der Klassischen Philologie und der Archäologie einerseits und der Mittelalterlichen und Neueren Geschichte andererseits. Für Studierende des Lehramtes ist sie notwendiges[1] Teilfach. Magisterstudierende wählen das Fach meist im Zusammenhang mit einem der anderen Fächer der Klassischen Altertumswissenschaft. Obwohl in den Lehrplänen der Schulen der Abbau der Alten Geschichte seit 1978[2] weiter betrieben wurde, ist in der Öffentlichkeit die Einsicht in die Bedeutsamkeit des Faches für die heutige Gesellschaft zu Beginn des neuen Jahrtausends weitgehend unbestritten.[3] Allerdings war es in diesen rund zwanzig Jahren erheblichen Wandlungsprozessen unterworfen. Auf eine kurze Formel gebracht kann man sagen, daß der historische Mensch mit seiner Lebenswelt, seinen Erfahrungen, seinem Denken und – soweit noch erkennbar – seinem Fühlen in den Mittelpunkt des Faches gerückt ist. Dabei wird die allgemeine Politik, die Rechtsgeschichte und die Geschichte der Institutionen nicht vernachlässigt.[4]

---

1 Zumindest am Anfang des Studiums wird Alte Geschichte nicht selten als notwendiges Übel empfunden. Die Freude am Fach wächst offenbar im Laufe des Studiums. So kann z.B. für Mannheim konstatiert werden, daß rund 80% der Lehramtsstudierenden ihre Abschlußklausur in Alter Geschichte schreiben.

2 Das Erscheinungsdatum meiner Bestandsanalyse des Schulfaches Alte Geschichte, s. Günther. Zu den Gründen S.7f. S. dazu Verband der Geschichtslehrer Deutschlands e.V. Lehrplan-Ausschuß (Hrsg.), Geschichtsunterricht in der Bundesrepublik Deutschland – Lehrplanübersicht – April 1996.

3 Ende der 1960er/Anfang der 1970er Jahre dagegen wurde dem Gesamtfach Geschichte seine Relevanz abgesprochen, und man wollte die Geschichte durch die sogenannten Gesellschaftswissenschaften ersetzen.

4 Zu einer genauen Standortbestimmung der Alten Geschichte s. Gehrke, Standortbestimmung S.160ff. Die Alte Geschichte kann z.T. an eine Tradition am Ende des 19.Jh. anknüpfen, die durch den Ersten Weltkrieg verschüttet wurde.

Alltags- und Sozialgeschichte, Religions- und Mentalitätsgeschichte spielen, eingebettet in Fragestellungen des historischen Gesamtfaches, eine wesentlich größere Rolle als noch in den 1960er Jahren. Die Herausforderung der damaligen Zeit ist also angenommen worden und hat das Fach gerade für Anfänger/innen, aber auch für Laien attraktiver gemacht. Die anthropologische Dimension durchzieht wie ein roter Faden alle Teilbereiche der Alten Geschichte, sie richtet an die verschiedenen Quellengattungen neue Fragen und erschließt neue Quellenbereiche (z.B. die Dichtung, die materielle Kultur oder die antiken Geographen[5]).

Der Blick auf die konkreten Lebensumstände der Menschen hat deutlich gemacht, daß die Antike in großen Teilen fremdartiger ist, als dies die europäischen Erben[6] wahr haben wollen. Die Antike als „das nächste Fremde" (Uvo Hölscher) im Reigen der anderen Hochkulturen der Welt öffnet die Perspektive für interkulturelle Zusammenhänge und den systematischen Kulturvergleich[7] (s. Abb. 1).

> „In diesem Sinne wäre eine weite komparatistische Sicht der antiken Kultur anzustreben. Sie müßte interkulturell in dreifacher Richtung sein: Zum einen müßte sie den synchronen kulturellen Austausch der antiken Kulturen untereinander in den Blick nehmen: zum alten Orient wie zu den umliegenden Kulturen Europas und Afrikas; zum zweiten die diachrone Rezeption bis in die Neuzeit; zum Dritten die systematische, komparatistische Sicht der antiken Kulturen im Rahmen einer imaginären Geschichte der Weltkulturen, die die eurozentrische Sichtverengung überwindet. Es müßte eine ‚Hermeneutik der Fremdheit' entwickelt werden."[8]

1.2 Definition, räumliche und zeitliche Eingrenzung

Geschichtswissenschaft/ Schulfach

Worin unterscheidet sich die Geschichtswissenschaft, die chronologisch mit der Alten Geschichte ihren Anfang nimmt, von dem

---

5 S. dazu Gehrke S.170f.

6 Meist wird vergessen, daß auch die islamischen Länder, die an das Mittelmeer angrenzen, Erben der Antike sind.

7 Mit diesem Bemühen ernst gemacht hat z.B. Christian Gizewski in seinen Lehrveranstaltungen. Dem Problem der methodologischen Grundlagen einer Komparatistik der Kulturen versucht er in folgendem Aufsatz näher zu kommen: ‚Römische und alte chinesische Geschichte im Vergleich. Zur Möglichkeit eines gemeinsamen Altertumbegriffs', in: Klio 76 (1994) S. 271-302.

8 T.Hölscher S. 202.

Abb. 1 Berittene Bogenschützen der Steppe schießen fliehend auf ihre Verfolger. Das Bild, um 550 v.Chr. entstanden, zeigt ionische, kleinasiatische und etruskische Einflüsse.

Schulfach Geschichte? Im Schulfach steht die Vermittlung von historischem Wissen, gepaart mit dem, was politische Bildung[9] genannt wird im Vordergrund, und sie erfolgt in zwei mehr oder weniger lückenhaften chronologischen Durchgängen durch die Geschichte, letztlich immer noch in der Tradition der wilhelminischen Schulreform von 1892. Bis heute hat man sich mit wenigen Ausnahmen[10] nicht dazu verstehen können, diachrone themenorientierte Durchgänge durch die Geschichte zu wagen oder wirklich Ernst zu machen mit dem exemplarischen Prinzip.

Die Geschichtswissenschaft dagegen stellt sich ihre Aufgaben selbst und ist zunächst bemüht, eine einigermaßen gesicherte Wissensbasis über die Vergangenheit zu schaffen.

> „Mit Hilfe eines bestimmten Instrumentariums, der Historischen Methode, ermittelt sie aus den Zeugnissen der Vergangenheit politische

[9] Hier liegt das primäre Interesse der Kultusbürokratie, das über die Lehrpläne durchgesetzt wird.

[10] Z.B. Diesterweg, Wir machen Geschichte Bd. 2 zum Thema Arbeit, wobei der antike Teil unzulässig gekürzt wurde.

> Ereignisse, gesellschaftliche und wirtschaftliche Verhältnisse in einer bestimmten Region und für einen bestimmten Zeitraum."[11]

Die Bedeutung der Quellen

‚Zeugnisse der Vergangenheit' ist ein sehr allgemeiner Begriff. Gemeint sind primär die schriftlichen Quellen, denn mit den gegenständlichen Quellen (Monumenten und Spuren) beschäftigen sich die Ur- und Frühgeschichte und die Archäologie. Diese Feststellung ist deshalb bedeutsam, weil nicht zuletzt diese Quellen die räumliche und zeitliche Dimension des Faches Alte Geschichte bestimmen.

> „Die Geschichtswissenschaft verknüpft Einzelereignisse unter gezielten Fragestellungen zu fortlaufenden Darstellungen der Vergangenheit oder untersucht komplexe Verhältnisse mit dem Ziel, ihre „Struktur" zu erkennen."[12]

Strukturelle Geschichtsbetrachtung

Das Bemühen um die Erkenntnis von Strukturen ermöglicht erst die eingangs angesprochene interkulturelle Betrachtungsweise, denn jeder Vergleich bedarf einer Basis. Mit Hilfe der Struktur eines Phänomens läßt sich darüber hinaus ein Gegenwartsbezug herstellen. Diktaturen haben z.B. individuelle Erscheinungsformen, aber auch durch alle Zeiten gleichbleibende Strukturen. Sie zu erkennen, fällt in der Vergangenheit bei größerer Distanz meist leichter als in der Gegenwart.

> „Die Geschichtswissenschaft fragt nach den Prinzipien, die der jeweiligen Verknüpfung von Einzeltatsachen zugrunde liegen und nach den Kriterien, mit deren Hilfe der Historiker einige von vielen Einzeltatsachen auswählt. Diese lassen sich ableiten aus der Fragestellung des Historikers: Sie wird bestimmt von seiner ‚Weltanschauung' [...] und dem jeweiligen Stand der Erforschung eines historischen Gegenstandes."[13]

Historische Fakten?

Bedingt durch die Art des Geschichtsunterrichts vertreten zahlreiche Anfänger/innen des Geschichtsstudiums die Auffassung, „es gebe gewisse grundlegende Fakten, die sozusagen das Rückgrat der Geschichte ausmachten."[14] In der Geschichtswissenschaft geht es am allerwenigsten um Fakten, vielmehr um Zusammenhänge. Darüber hinaus macht erst die Fragehaltung des/r Forschenden und die Akzeptanz im Kollegen/innenkreis ein Ereignis der Vergangenheit zu einem historischen Faktum.[15] Erhaltene Quellen, die

---

[11] Borowsky, Vogel, Wunder S. 12.
[12] Borowsky, Vogel, Wunder S. 12.
[13] Borowsky, Vogel, Wunder S. 12f.
[14] Carr S. 10.
[15] Heute übt auch die Presse einen starken Einfluß auf die Entstehung von Historizität aus. Dies wird z.B. deutlich an der völligen Umwertung des

nicht gesehen, publiziert und interpretiert werden, gehen der historischen Erkenntnis verloren. Die Fragehaltung selbst ist indessen individuell und zeitbedingt und erklärt die eingangs charakterisierten Wandlungsprozesse innerhalb der Alten Geschichte als Wissenschaft.

Die Einteilung des Faches Geschichte

Zu solchen historischen Wandlungsprozessen gehört die Einteilung der Geschichtswissenschaft in die Bereiche Alte, Mittelalterliche und Neuere Geschichte. Die Dreiteilung als solche geht auf den Humanisten Chr.Cellarius mit seiner „Historia antiqua" von 1685 zurück. Die gedankliche Genese liegt bei Francesco Petrarca (1337-1342/43), mit seiner Vorstellung von der dunklen Epoche, die die strahlende römische Antike ablöste.[16] Sein Werturteil hat z.T. bis heute der Epoche Mittelalter ein fatales Vorurteil aufgebürdet. Auf die Geschichtswissenschaft angewandt wurde im 19. Jahrhundert zunächst nur die Zweiteilung, nämlich Alte Geschichte für sich und Mittelalter und Neuzeit zusammen; die Dreiteilung gehört in der Regel ins 20. Jahrhundert[17]. Wichtig für Anfänger/innen ist die Einsicht, daß diese Einteilung für die Gegenwart reine Konvention und kein historisches Phänomen ist. Die Fachbereiche haben zwar ihre eigenen Methoden entwickelt, aber grundsätzlich sollten alle Fragestellungen in allen drei Bereichen möglich sein.

> „Die Ausdrücke Mittelalter und Neuzeit haben [...] immer schon impliziert, daß sie keine historischen Wesenheiten darstellen, sondern zeitbedingte Begriffe für eine zweckmäßige Forschungs-, Darstellungs-, Lehr- und Lernorganisation, die allerdings mit jedem neuen Jahrhundert an Zweckmäßigkeit einbüßen."[18]

Da die Alte Geschichte in ihren Anfängen stark von der Klassischen Philologie beeinflußt war, konzentrierte sich ihre Arbeit auf die Geschichte der Griechen und Römer. Erst später erweiterte sich die Betrachtung auch auf die sie beeinflussenden Nachbarvölker.[19]

Raum und Zeit der Alten Geschichte

Die Geschichte der Griechen und Römer vollzog sich schwerpunktmäßig in der Mittelmeerwelt und in den an die Länder des

---

Begriffs ‚Wende', der sich ursprünglich auf die Ablösung der SPD durch die Regierung Kohl 1982 bezog, mit dem Ziel neben dem politischen Wechsel auch einen Wertewandel einzuleiten. S. dazu H.Hamm-Brücher, Freiheit ist mehr als ein Wort, Köln 1996, S. 266ff.

16 Staab S. 9ff; dort auch weiterführende Literatur.

17 Dies wird von Universität zu Universität sehr unterschiedlich gehandhabt.

18 Staab S. 11.

19 Bahnbrechend für ein universalhistorisches Konzept war Eduard Meyer (1855-1930) mit seiner ‚Geschichte des Altertums'.

Mittelmeers angrenzenden Gebiete, in der Frühzeit vor allem im Osten, in der Spätantike auch im Westen.[20]

Angesichts der Globalisierung unserer Welt müßte der Begriff ‚Alte Geschichte' theoretisch alle Hochkulturen der Welt (Vorderasien, China, Indien, West- und Ostafrika, Amerika) einbeziehen. Aber sowohl vom wissenschaftlichen Ursprung des Begriffs als auch von der Praktikabilität her kommt man um eine Eingrenzung nicht herum.

Ordnungsprinzipien Sprache und Schriftlichkeit

Hier muß als ein Ordnungsprinzip die **Sprache** genannt werden. Mit der griechischen und lateinischen Sprache sind die wichtigsten Quellen für die Geschichte der Griechen und Römer zu erschließen. Die Alte Geschichte Chinas muß den Sinologen, die Indiens den Indologen, die Ägyptens den Ägyptologen[21] etc. als eigenen Wissenschaftszweigen überlassen bleiben. Daraus ergibt sich die zeitliche Grenzziehung, die sich am Einsetzen der Schriftlichkeit orientiert. Vorteil des Kriteriums der Schriftlichkeit ist die Auskunftsfähigkeit schriftlicher Quellen, denn nur mit ihnen läßt sich Einsicht in individuelles Geschehen und Handlungsabläufe einzelner Personen und Gruppen gewinnen. Gegenständliche Quellen liefern solche Informationen nicht, sind aber als Ergänzung für alle Zeiten, z.B. auch die Neuzeit, unerläßlich.[22]

Nachteil dieses Ordnungsprinzips ist die fehlende Einheitlichkeit. Folgende Varianten stehen für den Beginn der Alten Geschichte zur Diskussion:

1. Kurz vor 3000 v.Chr. mit dem Einsetzen der ersten Keilschriftzeichen[23]
2. Mitte des zweiten Jahrtausends v.Chr. mit dem mykenischen Griechentum[24]

---

[20] Daß die byzantinische Geschichte lange Zeit aus dem Blick geraten war, hängt mit verschiedenen Faktoren zusammen, u.a. der Teilung des Faches, Dekadenzvorstellungen u.a.m.

[21] Allerdings wird die Geschichte Ägyptens in hellenistisch-römischer Zeit mit ihren griechischen und lateinischen Quellen der Papyrologie und damit der Alten Geschichte zugeordnet; s.u.S. 215.

[22] S.Günther S. 18: „Die klassische Archäologie war die erste der sogenannten Spatenwissenschaften, die sich gegenüber der Philologie durchzusetzen vermochte, doch lag in den Anfängen, z.T. noch heute, ihr Schwergewicht bei der Kunstgeschichte. Die Konzentration auf die antiken kunstgegenständlichen Überreste, daneben aber auch die völlige Abstinenz mittelalterlicher und neuzeitlicher Historiker bei Grabungen hatte zur Folge, daß andere gegenständliche Quellen vor allem des Mittelalters und der Neuzeit völlig unbeachtet blieben und vielfach unwiederbringlich zerstört wurden." Inzwischen ist hier ein erfreulicher Wandel eingetreten.

[23] Kloft S. 29.

[24] Schuller S. 15.

3. Um 1450 v.Chr. mit dem Beginn der Linear B-Schrift[25]
4. Um 1200 v.Chr. mit dem Untergang der minoisch-mykenischen Kultur und der frühgriechischen Einwanderung
5. Im 8.Jahrhundert v.Chr. mit Homer

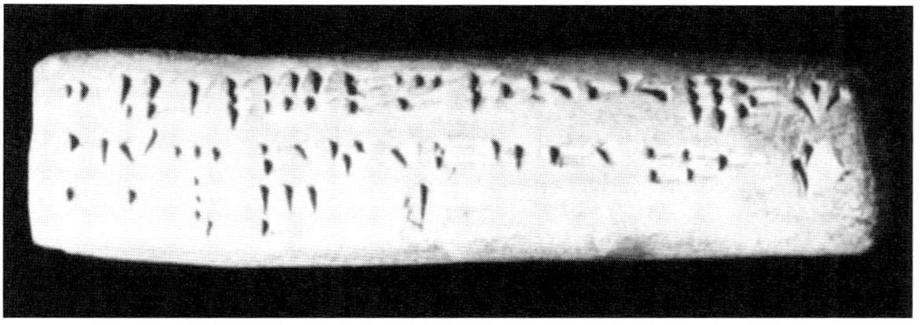

Abb. 2 Tontafel aus der phönizischen Stadt Ugarit (Syrien) mit dem ältesten Alphabet der Welt (14. Jh.v.Chr.).

Andere Ordnungsprinzipien

Zu dem Kriterium der Schriftlichkeit[26] treten andere wie z.B. ethnische Entwicklungen (s.Variante 2 und 4) oder ein geistesgeschichtlicher Epochenbegriff.

> „Es gilt also, Grenzen zu ziehen und eine Auswahl zu treffen. Um dabei den Verdacht völliger Beliebigkeit gar nicht erst aufkommen zu lassen, muß die Auswahl einer Orientierung gehorchen. Diese wird für die griechische Geschichte durch die Begriffe *Herrschaft* und *Freiheit* und durch die Beschränkung auf die Geschichte der *Stadtstaaten* gegeben. Denn die Stadt war es, die die Griechen als einzige Form politischer Organisation anerkannten, und Städte waren es, die Geschichte schrieben."[27]

Diese Argumentation schließt verfassungs- und geistesgeschichtliche Elemente zusammen, ohne sich auf einen bestimmten Zeitbeginn festzulegen.

Keine der hier vorgestellten Varianten, die sich vermehren ließen, hat einen absoluten Anspruch auf Gültigkeit. So ist der Beginn der Alten Geschichte doch einer gewissen Beliebigkeit unterworfen. Für Anfänger/innen wesentlich an dieser Diskussion ist das Bewußtsein, daß Periodisierungen grundsätzlich Hilfskonstrukte sind, die Klarheit in Vorstellungen bringen und systematisieren sollen. Wenn sie den Erkenntnisprozeß behindern, müssen sie geändert oder aufgegeben werden.

---

25 S.u.S. 48.

26 Für Italien würde Historizität erst im 1. Jahrtausend v.Chr. beginnen, für Mitteleuropa um die Mitte des 1. Jahrhunderts, obwohl sich die Kelten nachweislich der griechischen und später auch der lateinischen Schrift bedienten.

27 Dahlheim Antike S. 23.

Abgrenzung zur mittelalterlichen Geschichte

Die Abgrenzung der Alten Geschichte zum Mittelalter hin ist noch komplexer und damit schwieriger, weil neben der Tradition im Wissenschaftsbereich auch politische bzw. ideologisch geprägte Vorurteile die Diskussion belasten, besser vielleicht belasteten. Die Überzeugung von der Zerstörung der antiken Kultur wie sie Petrarca und die italienischen Humanisten vertraten, war verbunden mit der Hoffnung auf Wiedergeburt entweder der römischen Republik oder der römischen Weltherrschaft. Die Antike konnte so zum Vehikel nationalstaatlicher Ideen bis zu Mussolini hin werden. Tod bzw. Ende, dunkle Zeit und Wiedergeburt der Antike setzen immer den Untergang der Antike als historisches Faktum voraus. Alle in älterer Literatur genannten Daten des Endes der Antike sehen das Christentum als entscheidenden Einschnitt oder folgen der sogenannten Katastrophen- bzw. Zerfallstheorie:

Katastrophentheorie

324 Alleinherrschaft Konstantins
395 Tod des Theodosius.[28]
476 Absetzung des letzten weströmischen Kaisers Romulus Augustulus durch Odoaker
568 Letzte germanische Staatengründung auf Reichsboden durch die Langobarden
632 Beginn der islamischen Expansion[29]

Dauerhaft verankert wurde die Katastrophentheorie[30] durch Edward Gibbon mit seinem Werk ‚History of the Decline and Fall of the Roman Empire' (1776-1788), der das Ende des römischen Reiches durch seine übermäßige Ausdehnung und vor allem durch die schädlichen Einwirkungen des Christentums begründet sah.

Ein anderes Modell ist, das Ende der Antike bedingt durch den Aufstieg der Germanen zu sehen. Mit positivem Akzent wurde dieser Aspekt von der entstehenden deutschen Geschichtsforschung belegt, die Germanen und Deutsche gleichsetzte und so positive Identifikationsmuster schuf. Entstanden war diese Sehweise auf dem Hintergrund der Befreiungskriege gegen Napoleon und der Mittelalterbegeisterung der Romantik.[31] Die Gefährlichkeit solcher historischer Hypothesenbildung erwies sich spätestens in der Germanomanie des Nationalsozialismus.

Einen negativen Akzent verliehen französische Historiker dieser Sehweise im Zusammenhang einmal mit dem deutsch-französi-

[28] In Frankreich wurde 1838 dieses Jahr für den Schulunterricht verbindlich gemacht. S. Demandt Spätantike S. 456.

[29] Demandt Spätantike S. 455f. nennt weitere ins Auge gefaßte Daten.

[30] S. dazu die Zusammenstellung von Karl Christ, Der Untergang des römischen Reiches, Darmstadt 1970.

[31] Hauptvertreter: K.F.Eichhorn, L.von Ranke.

schen Krieg von 1870/71, zum andern mit den beiden Weltkriegen. Diesem Geschichtsbild folgend, ermordeten barbarische Germanenscharen das römische Reich.[32]

Für die zeitgenössische Sicht war die gesamte Fragestellung von geringerer Bedeutung. Die römischen Bürger des spätantiken Zwangsstaates interessierte mehr, wie sie dem lastenden Steuerdruck entkommen, einigermaßen sicher leben und den rechten Glauben[33] finden konnten. Im Westen setzte aufgrund des Steuerdrucks eine Landflucht ein, die die antike Stadtkultur zerstörte. Die Gesellschaft schied sich immer stärker in sehr Reiche (honestiores) und ganz Arme (humiliores).

Die germanischen bzw. fränkischen Teilstämme waren entweder geschlossen als Foederaten im römischen Reichsgebiet aufgenommen oder einzeln als Soldaten rekrutiert worden. Die germanisch-fränkischen Adligen, die als Heerführer aufstiegen und römische Bürger wurden, nahmen bald auch andere wichtige Positionen im Imperium ein. So konnte z.B. Rikimer, der Sohn eines suebischen Prinzen und einer westgotischen Königstochter, nach dem Tod Valentinians im Westen des Reiches die entscheidende politische Rolle spielen. Er erhob und beseitigte zwischen 456 und 472 n.Chr. fünf Kaiser.[34]

> „Der 482 verstorbene Childerich ließ sich einerseits als römischer General, andererseits als salfränkischer König beisetzen. Ausweis seines römischen Ranges waren der mit seinem Brustbild und seinem Namen versehene Siegelring und die römische Zwiebelkopffibel mit christlichen Kreuzen, die seinen Offiziersumhang, das paludamentum, zusammenhielt. Aber Childerich ließ seine Bestattung auch als die eines fränkischen Königs inszenieren. Teile seines Schatzes, seine Waffen, sein Handgelenkring und ein stierkopfgeschmücktes Goldamulett [...] ließ er sich in sein Grab legen. [...] Offenbar sah er nicht nur keinen Gegensatz in diesen Traditionen, sondern bestimmte seine eigene Identität gerade dadurch, daß er seinen Anteil an beiden Welten dokumentierte."[35]

Abb. 3 a) Silbermünze des Augustus (17/15 v.Chr.) b) Münze Karls des Großen. Karl der Große knüpfte bewußt an die Antike, respektive an Augustus an.

[32] Hauptvertreter: N.D.Fustel de Coulanges, A.Piganiol.

[33] Da sich in christlicher Vorstellung das Ende des Römischen Reiches mit dem Kommen des Jüngsten Gerichtes verband, hoffte man in diesem Zusammenhang auf die Weiterexistenz des Reiches und betete dafür.

[34] Zu Rikimer vgl. Demandt Spätantike (1998) S. 141-145.

[35] J.Jarnut, Aspekte des Kontinuitätsproblems, in: F.Staab (Hg.) Zur Kontinuität zwischen Antike und Mittelalter am Oberrhein, Sigmaringen 1994, S. 44.

Kontinuitätstheorie

Die Legitimierung germanischer Herrscher erfolgte bis in die Zeit Karls des Großen zumindest de iure durch den byzantinischen Kaiserhof.

Der Konzeption der Katastrophentheorie trat der Historiker Alfred Dopsch mit seinem Werk „Wirtschaftliche und soziale Grundlagen der europäischen Kulturentwicklung aus der Zeit von Caesar bis auf Karl den Großen“ in zwei Bänden (1918-20) mit Entschiedenheit entgegen. Er setzte sich über die inzwischen schon verfestigten Epochengrenzen[36] hinweg und löste damit eine lebhafte Diskussion aus, die z.T. bis heute noch anhält.

Erwähnt werden muß in diesem Zusammenhang die inzwischen völlig widerlegte Auffassung von H.Pirenne[37], der sich zwar mit Dopsch darin einig war, daß die Germanen keineswegs der weströmischen Zivilisation ein Ende bereitet hätten, daß aber die arabische Eroberung am Südrand des Mittelmeers die Einheit der Mittelmeerwelt und damit auch die wirtschaftlichen Zusammenhänge zerstört habe.

Inzwischen hat sich die Meinung verfestigt, daß Kontinuität in der Geschichte immer gegeben ist, sich aber nicht gleichzeitig und in allen Bereichen durchsetzt.[38] Kontinuität hängt von Zeit und Raum ab und ist schichten- und gruppenspezifisch sehr differierend. Ein Beispiel dafür ist die Sklaverei, die in den Mittelmeerländern weitgehend in der antiken Form überdauerte. In den germanischen Nachfolgestaaten wurde sie durch die Volksrechte und die Gesetzgebungsmacht der Könige abgewandelt. Ganz verschwunden, wie zuweilen behauptet wurde, ist sie im Mittelalter nie.[39]

---

36 Auf der Basis einer gekürzten Fassung von Dopschs Werk verzichtete die Cambridge Ancient History 1939 erstmals darauf, vom Fall des römischen Reiches zu sprechen. Vgl. dazu Staab, ‚Kontinuität‘, LexMa V, 1991, Sp. 1419.

37 Mahomet et Charlemagne (1922 und 1939).

38 Anders dagegen Demandt Spätantike S. 458 der meint, es seien im 7. Jahrhundert n.Chr. doch wohl mehr Fäden abgerissen als in irgendeinem anderen Jahrhundert der europäischen Geschichte. Aus zeitgenössischer Sicht läßt sich beobachten, daß, obwohl das Kriegsende 1945 als der ‚Zusammenbruch‘ bezeichnet wurde, die 1950er Jahre in ausgeprägter Kontinuität zum Kaiserreich und in Teilen der Bevölkerung zum Nationalsozialismus standen.

39 Demandt Spätantike S. 264 „Das christliche Mittelalter hat eine eigentliche Sklaverei nicht gekannt.“ S. H. Nehlsen. Sklavenrecht zwischen Antike und Mittelalter, Göttingen 1972. Nehlsen weist darauf hin, daß die Terminologie der antiken und mittelalterlichen Quellen zwar einheitlich ist, aber von den Historikern sehr unterschiedlich übersetzt wurde. H.Ehrhardt ‚Sklave‘ LexMa VII, 1995 Sp,1977ff.

Regionalgeschichtliche Untersuchungen haben zu einer stärkeren Akzeptanz der Kontinuitätstheorie geführt. Forschungsdefizite im Bereich der Spätantike und des frühen Mittelalters sind von beiden Disziplinen her stärker aufgearbeitet worden. Die Berücksichtigung anderer Völker (z.B.Slawen, Araber, Byzantiner etc.) neben den Romanen und Germanen haben neue Perspektiven eröffnet. Darüber hinaus ist in keinem anderen Bereich so sehr interdisziplinäre Arbeit nicht nur zwischen Mediävisten und Althistorikern, sondern auch zwischen Historikern, Archäologen und anderen Disziplinen gefordert. Die klare Grenzziehung zwischen Altertum und Mittelalter[40] ist verlorengegangen, dafür ist der wissenschaftliche Dialog über diese Übergangsepoche sehr viel fruchtbarer geworden.

2. Bildungsgut Alte Geschichte

2.1 Alte Geschichte im Kontext der europäischen Tradition

„Die Antike – prägende Kraft Europas" war das Motto der Tagung des Altphilologenverbandes 1990, das damals so gewählt worden war, um der wirtschaftlichen Akzentuierung des Einigungsprozesses in Europa eine ideengeschichtliche Betrachtungsweise an die Seite zu stellen.

> „Mit der Entwicklung dieses Wirtschaftsraumes (gemeint ist das römische Reich) ist in der Antike eine Ausbreitung des griechisch-römischen Ideengutes einhergegangen, das dann zu einem Pfeiler der abendländischen Kultur und Wertewelt geworden ist, auf die sich bis in unsere Tage Europa gestützt hat."[41]

Umgang mit dem antiken Erbe

Diese Feststellung darf wohl nicht bezweifelt werden. Nicht nachvollziehbar dagegen ist die generell positive Wertung, die auf eine kulturelle Identität der Europäer ungeachtet ihrer nationalen Vielfalt hinaus laufen soll. Es stellt sich also die Frage: Wie geht man heute mit dem antiken Erbe um? Zugleich auch: Wie geht man mit den Vorstellungen einer bestimmten Zeit von der Antike um?

Ideen, Normen und Wertmaßstäbe erwirbt jeder einzelne zunächst in seinem Elternhaus. Um den eigenen Standort zu fin-

[40] Arbeitstechnisch (d.h. welches Seminar schafft welche Bücher an) hat man sich z.B. in Mannheim auf den Zeitraum um 500 geeinigt, ohne sich auf ein Jahrhundert mehr oder weniger präzise festzulegen.

[41] Selle S. 98

den, um erwachsen zu werden, ist es unerläßlich, diese Wertmaßstäbe einer kritischen Reflexion zu unterziehen, zumindest soweit, wie sie überhaupt bewußt werden. Danach kann akzeptiert werden, was man sich im besten Sinne des Wortes zu eigen machen kann. Man muß verwerfen, was, aus welchen Gründen auch immer, abzulehnen ist. Nach diesem Bewußtseinsprozeß wird man reicher sein, als wenn man das mentale Erbe gänzlich abgestoßen hätte, aber auch mehr in sich selbst sein, als wenn man das Erbe blindgläubig übernommen hätte. Dieser individuelle Umgang mit einem Wertnormensystem ist m.E. übertragbar auf den Umgang mit der griechisch-römischen Wertewelt, bzw. dem, was vielfach als antikes Gedankengut gilt, ohne oft wirklich mit der Antike zu tun zu haben.

Die Europäer müssen m.E. gerade jetzt erwachsen werden. Sie müssen wissen, wo ihre Wurzeln liegen. Sie müssen einsehen, daß sie eine Fülle von unreflektierten Normen weitertragen[42]. Sie müssen die alten heroisierten Ideale vom Sockel stoßen, dafür aber sichere Gewißheit erlangen, wo die Stärke ihres Erbes liegt. Sie sollen ihre antike ‚Mutter' nicht verleugnen, auch dann nicht, wenn sie sie in einem engeren Sinne nicht mehr brauchen. Sie sollten keine ‚ratlosen Erben'[43] sein, die nur alten Idealen und dem Pathos vergangener Zeiten nachtrauern.[44]

Wir haben nicht das Recht, Menschen anderer Epochen ihren Umgang mit der Antike vorzuwerfen. Sie haben das Ihre zur Tradition getan. Aber Menschen des 20. Jahrhunderts haben eben keinen Anlaß, die Pracht und das Ethos römischer Kaiser zu verherrlichen. Die Erfahrung mit den Diktaturen des 20. Jahrhunderts hat

---

42 S.z.B. Platon als Beispiel für die normative Kraft der Antike, in: Günther S. 98-118.

43 Der Begriff bezieht sich auf den Titel eines Beitrags von Werner Dahlheim, Ratlose Erben: Die Erinnerung an die Antike und die Zukunft Europas, in: Imperium Romanum. Studien zu Geschichte und Rezeption. Festschrift für Karl Christ zum 75. Geburtstag, Stuttgart 1998, S. 105-122.

44 Es drängt sich der Verdacht auf, daß dies hinter der Polemik Dahlheims steht. Vgl. z.B. S. 111 „So feierten die Zeitgenossen alle in diesem Geist (der Weltverbesserer) vollbrachten Totenbeschwörungen als einen Akt der Selbstfindung, über den die ‚aus dem Grab ans Licht' gebrachten antiken Klassiker als neue Heilige wachten. Der Vorgang wiederholte sich in den kommenden Jahrhunderten in immer neuer Gestalt. Bald erfaßte er alle Bereiche der Literatur, der Kunst, der Theologie, der Philosophie und des Rechts. Vor allem aber steigerten die auferstandenen Alten ihre öffentliche Macht. Dabei boten sie ihre Dienste jedermann an – den regierenden Fürsten wie den Aufbegehrenden: Jenen in der Pracht und dem Ethos römischer Kaiser, diesen in den Helden der römischen Republik und den Idealen der griechischen Demokratie."

uns gelehrt, der präzisen Analyse von Historikern zu vertrauen.[45] Das antike Vorbild Augustus (einschließlich dessen Vorbild Alexander) und seine europäischen Nachfolger haben ihre Völker unterdrückt und außenpolitisch in verheerende Kriege verstrickt.[46] Die wirtschaftliche Blüte innerhalb ihrer Reiche gibt ihnen auch im Nachhinein nicht Recht. Monopolisierung der Meinungsbildung, Schaffung neuer Eliten verbunden mit physischer Vernichtung der alten, geistige und physische Verfolgung Andersdenkender, die Doppelung staatlicher Strukturen, um sie der Kontrolle zu entziehen, und die Verherrlichung des Mannes an der Spitze muß bei allen bewußten Erben der Antike alle Warnleuchten blinken lassen, auch dann, wenn solche Phänomene nur im Ansatz auftreten.

Ebenso wenig helfen uns heute die Helden der römischen Republik und ihre republikanischen Tugenden. Auch ein Brutus z.B. ist inzwischen von der Geschichtswissenschaft entheroisiert worden und gilt als Angehöriger einer verlorenen Generation (perdita iuventus nach Cicero)[47]. Sein Handeln wurde durch die Analyse verständlicher, er ist menschlicher geworden.

Greifen wir mit Dahlheim die Frage auf: „Warum fragt niemand mehr die Antike um Rat?"

Haben Kinder je den Rat ihrer ‚Alten' gewollt? Wurde im Byzanz der Spätantike, im Italien des 14.Jahrhunderts, in den Palästen aufgeklärter Fürsten des 17.Jahrhunderts, im Paris der französischen Revolution oder im Weimar der Klassik die Antike je um Rat gefragt? Jede dieser europäischen Generationen schuf sich ihr eigenes Bild von der Antike, legte antike Autoren nach den eigenen Vorstellungen aus. Wie oben schon gesagt, hatte jede Generation eine wichtige Funktion für die kulturelle Transformation der Antike und die kollektive Erinnerung eines Europäers.[48] Die individuelle oder kollektive Einstellung zu dieser Erinnerung bleibt offen, d.h. auch die Generationen des 21.Jahrhunderts dürfen ihre eigenen Sehweisen haben.

---

[45] Zu Augustus vor allem Kienast und Zanker, die, sich ergänzend, breitgefächertes Material bereitgestellt und analysiert haben, ohne allerdings den letzten konsequenten Schritt ihrer Analyse zu vollziehen.

[46] Auch der sogenannte Friedensfürst Augustus steht für grausame Bürgerkriege, für die endgültige Unterwerfung Spaniens, für den Expansionsversuch nach Germanien, der den pannonischen Aufstand verursachte und mit der katastrophalen Varusschlacht endete.

[47] Dettenhofer mit dem gleichnamigen Titel.

[48] S. dazu Jan Assmann, Das kulturelle Gedächtnis. Schrift, Erinnerung und politische Identität in den frühen Hochkulturen, München 1992

Verantwortung für das Erbe ‚Antike'

Das entbindet sie aber nicht von der Verantwortung für dieses Erbe. Im Kontext einer Einführung in das Studium der Alten Geschichte sei nachdrücklich auf die besondere Aufgabe zukünftiger Historiker/innen hingewiesen:

Eine aus der Geschichte Europas gewonnene Tugend ist die Art der Geschichtsbetrachtung heute. Gerade die „erbarmungslos kritischen Augen der Historiker"[49] tragen in adaequater Weise einer Grunderfahrung unseres Jahrhunderts Rechnung: Zuviel sind die besten Gefühle der Menschen mißbraucht worden, die unkritisch irgendwelchen großen Vorbildern folgten.[50] Nicht nur die eigene Kritikfähigkeit entwickeln, sondern sie auch bei anderen schulen, muß eine primäre Aufgabe zukünftiger Historiker/innen sein. Dazu gehört die Entheroisierung der vermeintlichen Helden und Heldinnen. Ein Reflexionsprozeß dieser Art entfremdet die Menschen nicht der Antike, im Gegenteil. Gerade Alltags- und Mentalitätsgeschichte haben das Interesse der Laien geweckt.[51] Der anthropologische Zugang zur Geschichte hat die Fähigkeit des sich verständnisvollen Öffnens für die Beobachtung und Reflexion menschlichen Tuns gefördert.

Zu meinen, „die antike Hinterlassenschaft liegt liebevoll eingesargt in frostigen Sälen von Bibliotheken und Museen"[52], zeugt von einem sehr einseitigen Blickwinkel. Zu keiner Zeit hat die Museumspädagogik die Antike so lebendig vermittelt wie gerade jetzt. Die viel zitierte breite Öffentlichkeit verlangt nach antiker Geschichte in welcher Form[53] und aus welchen Motiven[54] heraus auch immer. Antike Texte (in Übersetzung) finden zu ihrer ursprünglichen Form der Aufnahme zurück, sie werden gehört. Der Preis scheint dabei nicht zu interessieren, denn die CD`s bzw. Kassetten sind horrend teuer. Es muß einen Markt dafür geben. Lediglich der staatlich gelenkte Geschichtsunterricht trägt diesem öf-

---

49 Dahlheim Erben S. 115.

50 Ich denke hier nicht nur an die Deutschen im Nationalsozialimus, sondern z.B. auch an die Franzosen mit ihrer Vorstellung von der Gloire der Grande Nation, deren Erhalt zu Atomwaffenversuchen führte oder an die nationalistischen Verirrungen auf dem Balkan, die der Kommunismus nur für eine gewisse Zeit unterdrücken konnte.

51 Im Durchschnitt 70% der Seniorenstudierenden in Mannheim hören Geschichtsvorlesungen, fast alle auch Alte Geschichte.

52 Dahlheim Erben S. 116.

53 Historische Romane finden einen breiten Leserkreis, Comics wie ‚Asterix ' erreichen Rekordumsätze, Filme mit antiken Themen (auch in der Satire) erlangen Kultstatus.

54 Es spielt m.E. keine Rolle, ob die Neugier durch vermeintliche besondere Vertrautheit oder Fremdheit geweckt wird.

fentlichen Interesse keine Rechnung und reduziert die Antike auf einige Stunden in der 7.Klasse, weil man die Aufarbeitung der zeitgeschichtlichen Defizite für wichtiger hält.

Offenheit als europäische Tugend

Würde man einen Amerikaner fragen, was für ihn typisch europäisch sei, so wäre mit Sicherheit eine Antwort, die Pluralität der kulturellen Phänomene auf kleinstem Raum.[55] Daß die Antike im Gesamtbild der europäischen Kultur, deren Vielfalt sich nicht nur innerhalb der verschiedenen Länder, sondern sogar innerhalb der Provinzen dieser Länder dokumentiert, nur eine Komponente darstellt, steht außer Frage. Europa ist eine Gemeinschaft vieler Völker, die ihre Identität in der europäischen Gemeinschaft nicht aufgeben müssen.

Miterbe Islam

Das gegenseitige Geben und Nehmen, angefangen mit den altorientalischen Einflüssen bis hin zu den Amerikanismen der 1950er Jahre, erscheint mir deshalb als ein europäischer Wert, weil es ihn zwar anderswo auch gibt[56], aber nirgends so ausgeprägt, wie in Europa. Dies vermag ein Blick auf den Miterben der Antike, den Islam, hervorragend zu verdeutlichen. Die islamische Eroberung erfaßte den römischen Erdkreis (orbis Romanus) im östlichen und südlichen Mittelmeerraum. Durch rege Übersetzertätigkeit im 8. und 9. Jahrhundert konnte die arabische Welt Schriften der antiken Philosophie, Medizin und Mathematik übernehmen.

> „...die ganze rationale Wissenschaft des Islam, an die wir in erster Linie denken, wenn wir von der Größe der islamischen Kultur sprechen, hängt von der Antike ab.“[57]

Man kann also der Karolingischen Renaissance eine griechisch-arabische zur Seite stellen.

Neben den bewußten Rückgriffen lassen sich auch die kontinuierliche Fortführung antiker Phänomene fassen. Eine typische Erscheinung der arabischen Welt ist der hammam, Fortführung der antiken Thermen, die im Abendland vergessen wurden und uns heute als typisch türkisch bzw. arabisch gelten.[58]

Die arabische Zivilisation wirkte ihrerseits wieder auf die westeuropäische Kultur im Mittelalter zurück. Ihre Überlegenheit z.B.

---

55 Vgl.Natalie Zemon Davies in einem Interview von Rebekka Habermas, in: Europa entdecken, Prospekt auf eine neue Buchreihe, Frankfurt 1996 S. 38 ff.

56 Der sogenannte Schmelztiegel Amerika vermag die verschiedenen Einwanderervölker nicht wirklich zu verschmelzen. Selbst in den Städten sind die ethnischen Grenzen von einer Straße zur anderen scharf gezogen.

57 Rosenthal S. 29.

58 S. Brague S. 18.

in der Textilherstellung[59] drückt sich in entsprechenden Lehnwörtern aus, die uns heute als typisch deutsch erscheinen:

Jacke von arabisch ŝakk = Kriegswams, später kurzer enger Männerrock[60]

Kittel von arabisch quṭn = Baumwolle, mhd. Kit(t)el, ursprünglich ein baumwollenes Hemd[61]

Mütze von arabisch mustaḳah = Pelzmantel mit langen Ärmeln, mhd. umgebildet zu Wams mit Pelzbesatz und Kapuze, schließlich nur Kapuze[62]

Der Prozeß des vielfältigen Austauschs, die Offenheit für neue kulturelle Impulse und deren Integration war für die Antike konstituierend und sollte zu den europäischen Tugenden gezählt und weiter gepflegt werden.

Zwei bedeutende Bereiche der antiken Kontinuität, die mehr als nur Impulse in die Zukunft hinein waren, sollten an dieser Stelle besonders hervorgehoben werden: das römische Recht und das Christentum. Beide sind unmittelbar bis in unsere Tage hinein prägend für Europa und die europäisierte Welt.

Römisches Recht

Die Bedeutung des römischen Rechts in der europäischen Rechts- und Verfassungsgeschichte kann nicht hoch genug veranschlagt werden. Es ist eigentlich nie ganz außer Kraft gesetzt worden, sondern war immer wesentlicher Bestandteil des allgemeinen Rechts (ius commune).

> „Als Recht sah man an:[63] die Gewohnheiten einer Rechtsgemeinschaft, die positiven Satzungen ihrer Herrscher, aber auch die große Zahl der in Texten mit universeller Autorität niedergelegten Rechtsgedanken. Unter diesen Texten nahmen die des römischen Rechts immer schon die prominenteste Stellung ein – nicht nur wegen der Translatioidee[64] (also ratione imperii), sondern auch wegen der schlagenden Überzeugungskraft praktischer Vernunft (imperio rationis).“[65]

Die Durchsetzungskraft des römischen Rechts in Europa hängt, weil von den Prinzipien und nicht von Gesetzen her argumentiert wird, mit dieser Überzeugungskraft zusammen. Daß damit sich in

59 Demandt Spätantike S. 115.
60 Kluge S. 329.
61 Kluge S. 372.
62 Kluge S. 497f.
63 Im Europa des Mittelalters.
64 Gemeint ist die translatio imperii, die Übertragung des Imperium Romanum durch die Wahl des römischen Volkes auf die Franken und die ihnen nachfolgenden Kaiser. S.LexMa VIII, 1997 Sp.944ff.
65 Mayer-Maly, Das römische Recht im Recht der Neuzeit und der Gegenwart, in: W.Schuller (Hg.) Antike in der Moderne (Xenia H.15), Konstanz 1985 S. 186.

Teilen ein Rechtsdenken verankert hat, das dringend einer Revision bedarf, steht wieder auf der Seite der kritischen Annahme des Erbes. Dennoch verdankt Europa dieser römischen Tradition von Gesetz und Recht den Schutz vor Willkür und Gewaltherrschaft, den Schutz der persönlichen Freiheit, wenn es nicht außer Kraft gesetzt wurde.

Christentum

Die monotheistische Religion des Christentums, die sich im 1. Jahrhundert n.Chr. aus dem Judentum entwickelte und das Leben und Wirken des Jesus von Nazareth als Erlöser in den Mittelpunkt stellte, verbreitete sich während des 1.und 2. Jahrhunderts verhältnismäßig schnell. In der gleichen Zeit entstand ein Kanon an heiligen Schriften bestehend aus den Evangelien, der Apostelgeschichte, den Paulusbriefen und anderen Schriften unterschiedlicher Herkunft. Neben den christlichen Inhalten bergen sie das Gedankengut und die gesellschaftlichen Gebundenheiten – überhaupt die Mentalität der hellenistisch-römischen Zeit.[66]

Die Auseinandersetzung mit der heidnischen (paganen) Literatur fand z.B. in Tertullian (ca.150 – 230 n.Chr.) einen engagierten Vertreter. Indem er in seinen Schriften mit den Exempla und Zeugnissen heidnischer Autoren arbeitete, machte er sie indirekt zu Wegbereitern des Christentums, bereitete aber auch eine Renaissance des Römertums vor. Wie sehr die literarische Praxis von Heiden und Christen im 4.Jahrhundert aus dem Fundus einer gemeinsamen Bildungstradition schöpften, zeigt die Auseinandersetzung zwischen Heiden und Christen unter Kaiser Julian, der im Jahr 362 n.Chr. allen Christen untersagt hatte, grammatischen Unterricht zu erteilen. Nur Anhänger der alten Religion seien in der Lage, Homer und die übrige Dichtung zu erklären. Daraufhin verfaßte der Bischof Apollinaris umfangreiche poetische Werke, deren Stoffe zwar aus dem Alten Testament kamen, aber in homerische Hexameter gesetzt waren. Auch seine Tragödien und Komödien verband er mit dem formalen Können seiner Zeit. [67]

Im 2./3. Jahrhundert vollzog sich eine Synthese des griechischen Christentums mit der antiken paganen Philosophie, vor allem des Platonismus, der seinen Höhepunkt im 4.Jahrhundert im Osten mit Gregor von Nazianz fand, im Westen mit Ambrosius von Mailand und mit Augustinus.

Mit der Religionspolitik Konstantins des Großen (die Übereinkunft von Mailand 313 v.Chr.) wurde der Verstaatlichungsprozeß

---

[66] Dahlheim Erbe S. 119 sieht im Christentum das einzige lebendige Erbe der Antike. „Die Antike hat die Zeitläufte überlebt allein in der Gestalt christlicher Grundsätze."(S. 122).

[67] S.Dihle S. 437.

des Christentums eingeleitet. Die offizielle Bevorzugung der Christen z.B. mit Landschenkungen leitete einen Vorgang ein, der mit der fast vollständigen Bekehrung der Bürger des Römischen Reiches endete. Die Gesetzgebung unter den Kaisern Gratian und Theodosius in den Jahren 384 – 392 n.Chr. trug dieser Entwicklung Rechnung. Ab 380 n.Chr. wurde im Westen das Latein als verbindliche liturgische Sprache im Gottesdienst vorgeschrieben. Ab 481 unter Kaiser Zenon mußte jeder römische Bürger getauft sein. Man kann ab dem 4.Jahrhundert entweder von dem beginnenden lateinischen Mittelalter sprechen oder aber von der christlichen Antike im Gegensatz zur heidnischen Antike. Beide Gesichtspunkte haben ihre Richtigkeit. Der Gedanke der Christianitas als einigendes Band aller christlichen Völker kam in der Zeit der islamischen Bedrohung auf und gipfelte in den Kreuzzügen.

Die mittelalterlichen Klöster aber bewahrten das literarische Erbe und die Bildungstradition der Antike und gaben beides an uns weiter.

Im folgenden sollen zwei andere Traditionsstränge ins Auge gefaßt werden, die, gleichgültig wie man sie bewertet, zu den zentralen Themen europäischer Geschichte gehören. Zugleich wollen sie im Kontext einer Einführung in das Studium der Alten Geschichte Lust an der Auseinandersetzung mit der Antike wecken.

2.2 Die attische Demokratie[68] – eine welthistorische Schöpfung

Eine der wichtigsten positiven Hinterlassenschaften der Antike ist das von den Athenern geschaffene Modell der politischen Partizipation aller Bürger – die Demokratie.[69] Sie war unter ganz bestimmten politischen Konstellationen eher als eine Art Sonderform entstanden. Soziale Spannungen in den unteren Bevölkerungsschichten, Auseinandersetzungen verschiedener Adelsgruppen und der Machtwille einzelner Adliger bildeten den Nährboden. Zugeständnisse an die Bevölkerung, die die Machtbasis der Tyrannen bildete, und die Bindung der anderen Adligen an den Hof oder

[68] Sehr häufig wird von der griechischen Demokratie gesprochen. Die entscheidende Entwicklung, von der die prägenden Impulse ausgingen, spielte sich aber in Athen ab. Vgl. die Problematisierung durch W.Schuller, Zur Entstehung der griechischen Demokratie, in: Kinzl/Raaflaub S. 302ff.

[69] Allgemein dazu Bleicken Demokratie.

deren Vertreibung führten zu einem gewissen Machtausgleich der sozialen Gruppen. Schließlich schufen die Mobilisierung aller Gemeinschaftskräfte gegen den Angriff der Perser und der Stolz auf den gemeinsamen Erfolg die Form der Polis (Stadtstaat), in der jeder Verantwortung für das Staatswesen spürte, aber auch seine Rechte wahrnehmen wollte.

> „Vorher konnte man nur sagen, *wie* die führenden Schichten jeweils herrschten, ob besser, ob schlechter, ob gerechter oder weniger gerecht. Es hing von den Personen ab, war ein ethisches Problem. Jetzt wurden institutionelle Unterschiede maßgebend. Man kam darauf, daß es nicht nur eine Ordnung gibt, die erreicht oder verfehlt werden kann, sondern mehrere."[70]

Es würde in diesem Kontext zu weit führen, auf die Forschungsdiskussion zur Entstehung der Demokratie einzugehen.[71] Es muß aber ausdrücklich auf die Tatsache hingewiesen werden, daß die Idee und die Vorbildhaftigkeit – einmal in die Welt gesetzt und praktiziert – allen Widerständen zum Trotz niemals mehr ganz verschwand.[72]

Demokratiefeindlichkeit

Dies ist um so erstaunlicher, als die uns überlieferten Quellen tendenziell der Demokratie eher feindlich gegenüberstehen. Die Kritik an ihr nimmt schon in der Antike, aber auch in der sonstigen europäischen Rezeption stereotype Formen an. Ausgangspunkt der Abweisung bis zum heutigen Tag ist die negative Einschätzung von Volk. Gleichgültig ob bei Pseudoxenophon, Platon oder Aristoteles u.a., der Demos, also das Volk, ist genuin gekennzeichnet durch Unwissenheit, Zuchtlosigkeit und Minderwertigkeit.[73] Das Selbstbewußtsein eines Demokraten übertrifft diese ‚natürlichen' Eigenschaften noch durch Übermut, Maßlosigkeit, Zügellosigkeit, Willkür, Verschwendungssucht und Schamlosigkeit. Demokratie ruft nach dieser Einschätzung Kakonomia (schlechte Ordnung) hervor, wenn nicht sogar Anarchie und Chaos. Der gebildete Adel konnte sich zum Erhalt des ihn begünstigenden Systems leicht von der einfachen Bevölkerung durch seine Bildung abgrenzen. Dies hatte aber mit politischem Urteilsvermögen nichts zu tun. Da die attische Demokratie sich in einer überwiegend mündlichen Kultur entwickelte, standen die Informationswege al-

---

70 Ch.Meier, Entstehung und Besonderheit der griechischen Demokratie, in: Kinzl/Raaflaub S. 275.

71 Sie steht leicht zugänglich in: Kinzl/Raaflaub.

72 Daran ändert auch ihre Kurzlebigkeit (500 v.Chr. bis ins 2.Jh.v.Chr.) nichts.

73 Noch heute umschließt der Begriff Banause (Handwerker) diese drei Eigenschaften.

len offen und waren primär rednerische Talente gefragt. Konkrete Vorwürfe richteten sich auf die Tätigkeit der Volksgerichtshöfe, die rasche Folge von Gesetzen und die demagogische Beeinflußbarkeit der Volksversammlung.

Demokratiefreundlichkeit

Thukydides[74] überliefert mit der von Perikles gehaltenen ‚Rede für die Gefallenen'[75] die positiven Vorstellungen von der Demokratie in seiner Zeit. Es wird deutlich, daß die Demokratie nicht nur ein politisches System, sondern eine Lebensform[76] ist. Sie gewährt gleiches Recht für alle Bürger.[77] Was für das Ansehen zählt, ist nicht die Herkunft oder der Reichtum, sondern die persönliche Tüchtigkeit – ein spezielles Prinzip des Individualismus. Perikles unterstellt, daß jedem Bürger eine Scheu eingegeben sei, Verstöße gegen Recht und Sitte zu begehen. Das Leben im demokratischen Athen ist für die Bürger frei von Zwang, der Umgang miteinander unbeschwert. Die Liebe zu schlichter Schönheit, Wissen und Bildung verweichlicht die Menschen nicht. Jeder Fremde wird in der Stadt willkommen geheißen.[78] Mit Reichtum wird nicht geprahlt, sondern es wird von ihm nur in rechter Weise Gebrauch gemacht. Armut, aus der tätig fortgestrebt wird, bringt keine Schande.

Von zentraler Bedeutung aber ist, daß ein jeder in Fragen der Staatsführung mindestens ein Urteil, wenn nicht sogar eigene Gedanken hat und sich in Beratungen belehren lassen kann. Hier wird das entscheidende demokratische Grundbewußtsein deutlich, nämlich das Vertrauen in die Urteilsfähigkeit des Volkes, das sich in den Auseinandersetzungen in der Volksversammlung bilden kann und zu einem Konsens führt.

Es mag sein, daß dieses so formulierte Ideal der damaligen Realität nicht standhalten konnte. Deshalb ging es aber in Athen niemals zügellos ohne Gesetz und Ordnung zu, wie es die Gegner unterstellten, ganz im Gegenteil. Die von der Volksversammlung verabschiedeten Gesetze waren die Basis für einen Staat, der seinen Zweck primär im Schutz seiner Bürger sah.

Verfassung Athens

Fassen wir kurz einige zentrale Einrichtungen innerhalb dieses Systems zusammen:

---

[74] 2,34-46. Zu Thukydides s.u.S. 74f.

[75] Durch die Redeform schafft er eine gewisse Distanz von der dargelegten Position.

[76] Meier S. 281 spricht sehr treffend von politischer Identität.

[77] Die Betonung liegt allerdings auf Bürger, weder Frauen noch Metöken noch Sklaven besaßen in dieser Beziehung irgendwelche Rechte.

[78] Die drei letzten Aussagen zielen auf den Gegensatz zu Sparta ab.

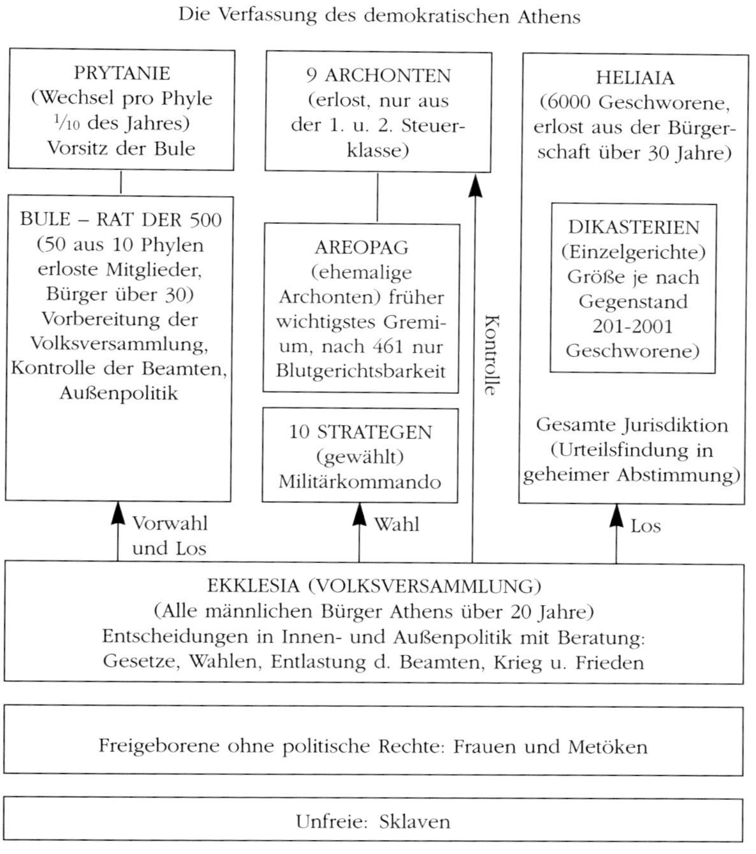

Abb. 4 Verfassungsschema des demokratischen Athens

- Das Losverfahren, dem sorgfältige Vorwahlen vorausgingen, schloß parteiliche Einflußnahme weitgehend aus (s.Abb. 5).
- Ämter, die Sachkenntnis oder Vermögen erforderten, blieben Wahlämter und an den Zensus gebunden.
- Das Prinzip der Annuität[79] und das Iterationsverbot[80] (außer für das Strategenamt) bildete auf lange Sicht eine wirksame Kontrolle gegen die Gefahr der Tyrannis, ebenso wie der Ostrakismos[81].

79 Prinzip des jährlichen Wechsels.

80 Verbot, ein Amt wiederholt zu bekleiden.

81 Allein der Verdacht auf Streben nach Tyrannis genügte zu einer Verbannung auf 10 Jahr ohne Verlust der Ehrenrechte, wenn in einem Quorum von 6000 Bürgern (ca. 1/5 der Bürgerschaft) die Mehrheit so verfügte.

- Durch die Funktion der Bule als Vorberatungsinstanz der Volksversammlung wurden deren Entscheidungen vorstrukturiert.
- Die Bule, im Ansatz ein Repräsentativorgan, überwachte alle Zweige der Staatsverwaltung, verhandelte mit Gesandten fremder Staaten, hatte Volksbeschlüsse auszuführen und nahm Anträge wegen Hochverrats entgegen.
- Die Blutgerichtsbarkeit verblieb beim Areopag.[82]
- Die Volksversammlung beschloß Gesetze, kontrollierte die Amtsführung der Beamten und hatte die Verfassungsaufsicht inne.
- Die Volksgerichte befaßten sich mit Fällen von großer politischer und religiöser Bedeutung.

„Mit alledem entstand jedenfalls in Athen etwas Neues, durchaus Revolutionäres: Damit wagten die Athener einen Schritt in völliges Neuland, einen qualitativen Sprung von welthistorischer Bedeutung."[83]

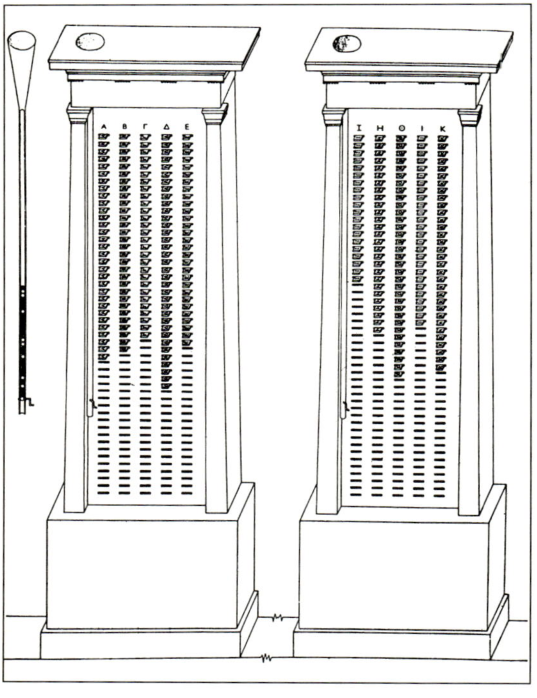

Abb. 5 Losmaschine zur Zufallsauswahl von Geschworenen und Beamten. Jede senkrechte mit Schlitzen versehene Reihe wurde einer Phyle zugeordnet, in den Schlitzen steckten die Namen der zu Erlosenden. In der links abgebildeten Bronzeröhre befanden sich weiße und schwarze Kügelchen, die durch Drehen an der Kurbel herunterfielen. Fiel ein weißes Kügelchen, so waren die Namen der ersten waagerechten Reihe erlost, war das nächste Kügelchen schwarz, so kamen die Namen der nächsten waagerechten Reihe an diesem Tag nicht zum Zuge.

Alle die immer wieder zitierten Fehlentscheidungen der attischen Gerichte oder der Volksversammlung, wie z.B. der Arginusenprozeß (406 v.Chr.)[84] und die Verurteilung des Sokrates im Jahr 399 v.Chr., gehören in die Zeit nach dem olig-

[82] Ältestenrat, der sich aus gewesenen Archonten zusammensetzte.

[83] Kinzl/Raaflaub S. 42

[84] Nach einem Seesieg über die Spartaner sollen es die verantwortlichen Strategen versäumt haben, in einem losbrechenden Sturm die Schiffbrüchigen

archischen Umsturz (411/10) bzw. der Herrschaft der dreißig Tyrannen. Den von Athen ausgehende Imperialismus[85] im Delisch-Attischen Seebund wollte man im Zweiten Attischen Seebund (378/77) korrigieren. Ohne persisches Geld und die Hegemonialbestrebungen anderer Staaten (Theben und Makedonien) hätte die Demokratie in Athen eine echte Chance gehabt. Die formaldemokratische Verfassung in hellenistischer Zeit und unter der Herrschaft Roms kann nicht mehr als Demokratie gewertet werden.

Rezeption

Die Rezeption unter staatstheoretischem Aspekt erfolgte schon in der Antike im Zusammenhang mit der Diskussion um die Verfassungslehre, in der die dreifache Klassifizierung (Oligarchie, Monarchie und Demokratie) durch Pindar[86] zum erstenmal aufgebracht und durch Herodot[87] allgemein verbreitet wurde. Von Platon und Aristoteles über Polybios, Cicero und Seneca befürwortete man rund 2000 Jahre lang eine Mischverfassung, in der einige demokratische Bestandteile Aufnahme fanden, als die beste Staatsform.

> „Außerhalb der Mischverfassungslehre erhielt der Demokratiebegriff erst im Zusammenhang mit den großen revolutionären Epochen eigenständige Relevanz.“[88]

Das Zeitalter der Revolutionen beginnt mit der französische Revolution, in der bestimmte politische Gruppen ihr Vorbild in der attischen Demokratie sahen. Mit der amerikanischen Verfassung von 1787 und der französischen Verfassung von 1791 wurden erstmals wieder demokratische Ordnungen eingeführt, allerdings als Repräsentativverfassungen. Häufig stand in der Rezeptionsgeschichte die attische Demokratie in Konkurrenz mit der römischen Republik[89], die ausgehend von den jeweils herrschenden Systemen weit positiver bewertet wurde. Dazu gehörten wichtige Repräsentanten der

---

zu retten. Sie wurden in einer politisch aufgehetzten Stimmung en bloc verurteilt, was gesetzwidrig war.

[85] In diesem Rahmen wurde die Demokratie in den Bündnerstaaten zwangsweise eingeführt, nahm aber dort mit Sicherheit eine andere Entwicklung als die attische.

[86] Pythien 2,86-88; zur Mischverfassungslehre F.Gschnitzer, Von der Fremdartigkeit griechischer Demokratie in: Kinzl/Raaflaub S. 413, Anm.1. S.dazu W.Nippel, Mischverfassungstheorie und Verfassungsrealität in Antike und früher Neuzeit, Stuttgart 1980.

[87] 3,80-84

[88] H.Münkler, M.Llanque ‚Demokratie' in: NP Bd.13, 1999, Sp. 722, allgemein ausgezeichnet zur Rezeptionsgeschichte.

[89] Z.B. Cola di Rienzo im Rom des 14.Jh., der nach Vertreibung des Adels vom Kapitol sich als Tribun bezeichnete.

englischen und amerikanischen Revolution, aber auch bestimmte Vertreter der französischen Revolution und der erstarkten Bürgergesellschaft des 19. Jahrhunderts.[90]

Wenn wir nach der Vergleichbarkeit der attischen mit der modernen Demokratie fragen, so wird es zentrale Elemente geben, die beiden Systemen eigen sind, aber auch grundsätzliche Unterschiede, die damals wie heute ihre Wirkung tun. Beide Staatsformen vertreten das Mehrheits- und das Gleichheitsprinzip, große Errungenschaften für die Idee der Gerechtigkeit und Freiheit. Der Unterschied besteht allerdings darin, daß diese beiden Prinzipien in Athen nur für die Bürger Geltung besaßen (Frauen, Metöken und Sklaven waren davon ausgeschlossen), während sie zumindest idealiter heute für alle Menschen gelten sollen. Daß dies realiter noch nicht erreicht ist, zeigt z.B. die Behandlung der Schwarzen im Mutterland der modernen Demokratie in Amerika oder der Anteil der Frauen in den politischen Führungspositionen u.a.m.

Dazu kommt, daß der moderne und der griechische Staatsbegriff von ganz unterschiedlichen Voraussetzungen ausgeht. Die Moderne definiert Staat vom Territorium und seiner politischen Organisation aus, der griechische Staat war ein Personenverband, die Gemeinschaft der Bürger.[91] Dieses Verständnis ist die Wurzel der direkten Demokratie, eine Delegierung der Rechte und Pflichten war undenkbar. Die Selbstregierung der attischen Bürger, für die auch die finanziellen Möglichkeiten geschaffen werden mußten[92], stärkten das Engagement und die Mitverantwortung jedes einzelnen. Daß der mögliche unmittelbare Einsatz im Krieg[93] und die damit größere Betroffenheit verstärkend hinzu kam, steht außer Frage.

Heute dagegen haben die Bürger ihre politische Verantwortung an die Berufspolitiker abgegeben und sich zum reinen Wahlvolk

---

90 Auf die sehr differierenden Einstellungen zur attischen Demokratie in der althistorischen Forschung, die lange Zeit von der ablehnenden Haltung Eduard Meyers geprägt war, soll hier nicht näher eingegangen werden. S. dazu W.Schuller, Griechische Geschichte S.82ff.

91 S. auch u. S. 257f. Auch der Aspekt, daß es sich bei den antiken Demokratien um Stadtstaaten, heute um Flächenstaaten handelt, stellt an die Organisierbarkeit andere Anforderungen.

92 Dies sind vor allem Diäten, Theatergeld und Rudergeld. Man muß bei den Diäten beachten, daß die damaligen Diäten dem halben Tageslohn eines Handwerkers entsprachen und nur unregelmäßig, d.h. nur dann, wenn der Bürger seinem Dienst im Staat nachkam, gezahlt wurde. Höhe und Regelmäßigkeit der heutigen Diäten schließen einen Vergleich aus.

93 Dazu Gschnitzer S. 418f.

degradieren lassen. Demokrat zu sein, ist nicht einmal mehr für alle Politiker eine Lebensform, geschweige denn für die Bürger und Bürgerinnen. Wenn z.B. in der Euphorie des Wahlsieges ein deutscher Politiker statt von den Wählern vom Publikum[94] spricht, so wirft die Verwendung eines solchen Begriffs ein Schlaglicht auf das herrschende Demokratieverständnis. Ein Athener könnte unser System in seinem Selbstverständnis nicht als Demokratie begreifen, sondern müßte in den durch die Parteien gestützten demokratischen Repräsentanten Oligarchen erkennen, denen von Zeit zu Zeit akklamiert wird. Die sogenannte Politikverdrossenheit resultiert aus der großen Distanz zwischen Politikern und Wählern und der geringen Möglichkeit selbst mitzuentscheiden und selbst Verantwortung zu übernehmen. Es stellt sich die Frage, ob das so sein muß.

Diesen Überlegungen wird man wohl mit Recht die Kleinheit und Überschaubarkeit antiker Stadtstaaten entgegen halten, die eine Repräsentanz nicht erforderlich machten. Dennoch sollte im Stolz auf die in Teilen mögliche politische Mitwirkung und damit Selbstbestimmung und Freiheit mit der Demokratie sehr sorgsam umgegangen werden. Die Kontrollmechanismen in der attischen Demokratie waren sehr effizient, diese Effizienz sollten z.B. parlamentarische Untersuchungsausschüsse wiedergewinnen. Die Bedeutung der Meinungsfreiheit und die Arbeit der Presse kann in diesem Zusammenhang nicht hoch genug veranschlagt werden. Die heutigen Bürger und Bürgerinnen sollten mit Blick auf die attische Demokratie ihre Freiheit nicht als Freiheit vom Staat begreifen, sondern eine politische Identität für den Staat entwickeln.

> „Identität ist etwas, was gewiß nicht gegen alle Interessen Bedürfnisse und Nöte bestehen oder sich durchsetzen kann. Aber als eine besonders grundlegende, sinngebende und zentrale Größe der Ökonomie der Persönlichkeiten und der Gesellschaft hat sie eine gewisse Resistenz selbst gegen Interessen und Bedürfnisse, ja sie weist diesen in gewissem Umfang sogar ihren Rang zu."[95]

Trotz aller Schwächen der antiken[96] und der modernen Demokratie[97] halte ich sie in der Realität für die einzig mögliche, weil für jeden einzelnen die beste Staatsform. Diese Staatsform ist eine

94 Der Vorsitzende der F.D.P. Wolfgang Gerhard am 28.2.2000 nach der Landtagswahl in Schleswig-Holstein.

95 Meier S. 288.

96 Viel zitiert wird hier auch die Rolle der Demagogen und die Tatsache, daß die führenden Ämter nach wie vor von der Aristokratie besetzt wurden.

97 In Deutschland zeigt sich Ende 1999/2000 eine solche gerade im ‚System Kohl' mit seinem Mangel an innerparteilichen demokratischen Strukturen.

einzigartige antike Schöpfung, die die Welt in großartiger Weise bis zum heutigen Tag verändert hat und die jede Europäerin und jeder Europäer deshalb in ihrer Vertrautheit und in ihrer Fremdartigkeit näher kennen sollte.

2.3 Die Unterordnung der Frau – ein negatives Beispiel antiker Tradition

Frauenfeindlichkeit in Griechenland

Die Gattin des Sokrates, deren Name Xanthippe synonym steht für die streitbare Ehefrau, war eine junge Frau im gebärfähigen Alter, die dem fünfzigjährigen Philosophen in kurzer Zeit drei Söhne gebar. Als er 399 v.Chr. das tödliche Gift trank, waren alle drei noch im Kindesalter. Es ist nichts darüber bekannt, wie oder wer die Familie ernährte oder ob eine Zukunftssicherung bestand. Die überlieferten, meist wohl unhistorischen Anekdoten[98] streichen die Langmut des Sokrates und seine Schlagfertigkeit heraus. Das Bild der Xanthippe dagegen gehört in eine frauenfeindliche Tradition, die – wie wir an diesem Beispiel sehen können – von der griechischen Zeit bis in die Gegenwart reicht. Die misogyne Tradition, die in den antiken Komödien und Satiren genau so festzumachen ist wie in den Blondinenwitzen der Gegenwart, ist aber nur ein Strang der Überlieferung.[99]

In der schon zitierten Gefallenenrede bei Thukydides[100] äußert sich Perikles auch zum geforderten Verhalten der Frauen:

> „Soll ich nun auch der Tugend der Frauen noch gedenken, die jetzt im Witwentum leben werden, so wird mit kurzem Zuspruch alles gesagt sein: Für euch ist es ein großer Ruhm, unter die gegebene Natur nicht hinabzusinken, und wenn eine sich mit Tugend oder Tadel unter den Männern möglichst wenig Namen macht."[101]

In dieser von Perikles so gepriesenen Welt der Demokratie hatte die Frau keinen Platz. Von ihr wurde erwartet, daß sie sich weitgehend aus der Öffentlichkeit zurückzog und man von ihr weder positiv noch negativ zu reden hatte.[102] Als Ehefrau hatte sie legiti-

---

98 Xen. symp. 2,10; Plut.mor.461 d u.a.

99 Die Abwertung der Frau wurde durch die jüdisch-christliche und islamische Tradition noch verstärkt, weil sie religiös sanktioniert war.

100 Cartlegde S. 69 spricht vom „beredten Schweigen" des Thukydides über die Frauen. Herodot dagegen, der Frauen häufiger erwähnt, ordnet sie der Rubrik „Wunderliches" zu (S.64).

101 Thuk.2,45,2.

102 Zur Situation der Frau in Athen s. P.Cartledge, Die Griechen und wir, Stuttgart, Weimar 1998, S. 61-85 (Geschlecht und Geschichte – Männer versus Frauen); M.H.Dettenhofer Männersache S. 16f. und Anm.2, S. 30f.

me Kinder[103] auf die Welt zu bringen und Fürsorge im Haus walten zu lassen.

Frauenfeindlichkeit in Rom

Eine ähnliche Position fassen wir auch im römischen Bereich z.B. in der Grabrede auf Murdia:

> „...das Rühmen aller guten Frauen ist einfach und ähnlich, weil ihre natürliche Güte und ihre Fürsorge, die sie haben walten lassen, Unterschiedlichkeit der Worte nicht erfordern. Es soll genügen, daß sie alle dasselbe Gute getan haben, das sie ihrem Ruf würdig sein läßt; und weil es schwer ist, für eine Frau neue Lobsprüche zu finden, da ihr Leben nur mit wenigen Unterschieden dahinfließt, müssen wir notwendigerweise ihnen allen gemeinsame Werte verehren."[104]

Beide Texte verweisen auf die Natur der Frauen, die ihnen ein solches Verhalten abfordert. Wie kam es zu einer solchen Einstellung?

Methodische Schwierigkeiten

Es ist außerordentlich schwer, diese Frage zu beantworten. Rollenklischees dieser Art oder auch in der boshaften Variante wie bei Xanthippe als solche zu entlarven, macht deshalb Probleme, weil sie sowohl in den von Männern verfaßten Quellen, als auch in der weitgehend von Männern beherrschten Forschung verbreitet werden, wenn auch meist weit subtiler als in den vorgegebenen Beispielen. Werden individuelle Einschätzungen und Wertvorstellungen einigermaßen dezent vorgetragen, gelten sie bald als wahr oder als gesicherte Erkenntnis, auch dann, wenn der methodische Zugang und der eigene Standort nicht reflektiert wurde. Zuweilen ist schwer auszumachen, ob es sich wirklich um eine antike Tradition oder um eine des 19. Jahrhunderts handelt.

Dies sei an einem unverfänglichen Beispiel aus der Archäologie[105] exemplifiziert. Obwohl die meisten Kunstobjekte, die im Laufe der Menschheitsgeschichte entstanden, nicht signiert sind, d.h. der oder die Gestalter/in völlig unbestimmbar ist, besteht z.B. die Auffassung, daß der größte Teil aller Kunst von Männern produziert sei.

> „Mit derselben Regelmäßigkeit, mit der der Anteil von Frauen an der Kulturentwicklung heruntergespielt bzw. erst gar nicht in Betracht gezogen wird, begegnen Textpassagen, in denen die Verdienste des weiblichen Geschlechts um Heim und Herd und die Kindererziehung gewürdigt werden. Ob als Hüterin des Feuers im Paläolithikum, als (ab und zu töpfernde) Bäuerin im Neolithikum oder als mit der Tex-

---

[103] Nach dem von Perikles erlassenen Bürgerrechtsgesetz mußten beide Elternteile attische Bürger/in sein, wenn das Kind in die athenische Bürgerschaft aufgenommen werden sollte.

[104] CIL VI, 10230 = Dess. 8494 (Übersetzung Schuller Röm.Frauen S. 17) (Zur Auflösung der Abkürzungen s.u.S. 173f.).

[105] Röder S. 140.

> tilproduktion und anderen Hausarbeiten befaßte (Ehe-) Frau in der Eisen- und Bronzezeit – stets werden Frauen auf den häuslichen, familiären, privaten Bereich festgeschrieben. Handel, professionelles Handwerk, Politik und Krieg – kurz alles, was mit kommerzieller Güterproduktion, Öffentlichkeit, Macht- und Gewaltausübung zu tun hat, ist die Domäne der Männer.“[106]

Diese Einstellung in einer männerzentrierten Forschung zwingt bei heutigen Untersuchungen zu Frauenthemen dazu, immer erst die ältere Literatur einem ideologiekritischen Forschungsdiskurs zu unterziehen, wenn sie ernst genommen werden wollen.

Umstrittenes Matriarchat

1861 erschien ‚Das Mutterrecht‘ von dem Basler Rechtshistoriker Johann Jakob Bachofen. Mit seiner These vom Matriarchat löste er eine Diskussion aus, die bis heute, emotional höchst aufgeladen, andauert. Sowohl die Erfahrungen der Gegenwart als auch die kulturelle Tradition, in der Frauen stehen, bilden den Rahmen möglicher Interpretationsansätze zu dieser Frage, aber auch den Ausgangspunkt von Empfindlichkeiten. Gleichgültig welche alternativen Deutungen versucht werden, ob die These von der großen Mutter[107] oder andere Gynaikokratievorstellungen, es ist auch in diesem eher feministischen Rahmen notwendig, die Arbeiten einer ideologiekritischen Prüfung zu unterziehen. Hilfreich für diese Reflexion ist die mehr aus archäologischer Sicht verfaßte, schon zitierte Arbeit von B.Röder, J.Hummel, B.Kunz. Stärker althistorisch orientiert ist der Aufsatzband herausgegeben von B.Wagner-Hasel. Beide Publikationen entlarven die Idee des Matriarchats als modernen Mythos. Wagner-Hasel kommt zu folgendem Schluß:

> „Eine Destruktion der Matriarchatsidee als ein moderner Mythos kann nicht darin münden, diesen Glauben an die Universalität der patriarchalen Familie und der Herrschaft des Mannes über die Frau zumindest für die Welt der Antike zu bestätigen. Die Alternative bilden nicht der matrilineare Klan oder die Frauenherrschaft. Die Möglichkeit verwandtschaftlicher Gruppenbildung und Formen häuslicher Gemeinschaft sind weit vielfältiger, als daß sie sich in derartige Schemata pressen ließen, und selbst unter Bedingungen von Patrilinearität können Frauen, so haben Ethnologinnen gezeigt, erstaunliche Machtfunktionen innehaben.[...] Nicht nur die Idee des Matriarchats, auch die eines antiken Patriarchats steht zur Destruktion an.“[108]

Im Bewußtsein dieser Schwierigkeiten und der vielen offenen Fragen möchte ich dennoch die These wagen, daß die Unterordnung

---

106 Röder S. 141,

107 Dazu M. Gimbutas, The Godesses and Gods of Old Europa, 6500 – 3500, ²1982.

108 Wagner-Hasel S. 337.

der Frau ein langsames prozeßhaftes Geschehen war, das in der griechischen Frühgeschichte in Andeutungen noch faßbar wird. Dieser Prozeß fand nicht gleichmäßig statt, sondern er vollzog sich in den verschiedenen Stadtstaaten in ganz unterschiedlicher Weise. Je konservativer eine Gesellschaft war, um so mehr Rudimente einer früheren stärkeren Stellung der Frau blieben erhalten.

Religion als Spiegel der Gesellschaft

Spiegel dieses gesellschaftlichen Vorgangs auf religiöser Ebene scheint mir die allmähliche Verdrängung (nicht Vertreibung) der Göttinnen innerhalb der bedeutenden hellenischen Kultstätten zu sein. Ich will dies am Beispiel Olympia[109] skizzieren.

Olympia als Beispiel eines Verdrängungsprozesses

Die Berühmtheit dieses Ortes beruhte in der Antike nur sekundär auf den sportlichen Wettkämpfen. Primär war es eine heilige Stätte bei dem dort landschaftsbestimmenden Hügel. Der Ursprung des Heiligtums lag bei einer Erdspalte am Fuße dieses später nach Kronos benannten Hügels. Ursprünglich war er namenlos, wie Pindar überliefert und war einbezogen in den gesamten Gebirgszug, der wohl Olympos hieß. Aus der Erdspalte stiegen Dämpfe, die als göttlichen Ursprungs angesehen wurden und Berufene befähigten, ein Orakel zu verkünden. Über den heute unbekannten Platz berichtet Pausanias, der kleinasiatische Reiseschriftsteller des 2. Jahrhunderts n.Chr:

> „Auf dem sogenannten Gaion befindet sich ein Altar der Ge, auch dieser aus Asche, noch früher soll hier auch eine Orakelstätte gewesen sein."[110]

Gaia oder Ge wurde als Göttin der Erde verstanden, sie war das erste Wesen, das dem Chaos entsprang. In der Schöpfungsmythologie des Hesiod schuf sie Uranos, den Himmel, Pontos, das Meer und die Gebirge. Mit Uranos zusammen erzeugte sie die Titanen und Titaninnen einschließlich Chronos und Rhea, die Eltern des Zeus. Gaia war hier und anderswo, z.B. in Delphi, eng verbunden mit Orakel und Weissagungen. Schwüre legte man vielfach in ihrem Namen ab.

Sie war also die älteste Göttin dieser Stätte mit dem Beinamen Olympia, sie gab der Kultstätte den Namen. Ebenfalls Verehrung

---

[109] Man könnte genauso auch Delphi wählen. In dem Mythos des Kampfes und Sieges von Apoll über die Schlange Python, eine Tochter der Gaia in Delphi findet ein vergleichbarer Vorgang statt. Die Urtümlichkeit dieser Landschaft verband sich besonders gut mit chthonischen Gottesvorstellungen. Delphys bedeutet Schoß. Apoll erschlug Python, weil sie die Schlucht bewachte, in der er sein Orakel errichten wollte. Zur Versöhnung der ursprünglichen Besitzerin des delphischen Orakels, nämlich der Gaia, richtete Apoll die pythischen Spiele ein, außerdem war Apolls Prophetin immer eine Frau und hieß Pythia.

[110] Paus.V,14,10.

fand Eileithyia mit ihrem Schlangenkind Sosipolis, wohlbemerkt ohne Gaia zu verdrängen. Pausanias berichtet:

> „An den Abhängen des Kronoshügels gegen Norden der Altis[111] befindet sich zwischen den Schatzhäusern und dem Berg ein Heiligtum der Eileithya, und darin wird Sosipolis (d.h.Stadterretter), ein einheimischer elischer Daemon, verehrt. Die Eileithya nennen sie die olympische und wählen der Göttin jedes Jahr eine Priesterin. Die dem Sosipolis dienende Alte lebt nach dem Gesetz der Eleer in Keuschheit, und sie trägt selber dem Gott Bäder hinein und setzt ihm mit Honig vermischte Brote vor. Im vorderen Teil des Tempels, denn er ist doppelt gebaut, steht ein Altar der Eileithya, und dorthin dürfen Menschen hineingehen; im inneren Teil hat der Sosipolis seinen Kult, und dort darf niemand außer der den Gott bedienenden Priesterin eintreten, wobei sie ein weißes Tuch über Kopf und Gesicht zieht. Im Heiligtum singen währenddessen auch Mädchen und Frauen einen Hymnos; sie opfern ihm auch verschiedenes Räucherwerk, halten aber Trankopfer von Wein danach nicht für erlaubt. Auch ein Eid beim Sosipolis ist bei den wichtigsten Angelegenheiten üblich."[112]

Die Kultausübung wurde ausschließlich von Frauen getragen und dies noch zur Zeit des Pausanias, also im 2. Jahrhundert n.Chr. Die Eileithyia galt in historischer Zeit als Geburtsgöttin.

Abb. 6 Kopf der Herastatue in Olympia.

Mit der Verehrung der Göttin Hera[113] treffen wir auf eine weitere wichtige Göttin der Altis. In der religionsgeschichtlichen Überlieferung gilt sie als die eifersüchtige und rachsüchtige Frau des Zeus.[114] Die archäologischen Quellen sprechen eine andere Sprache. Bei den Ausgrabungen des Heraion in Olympia trat die ursprüngliche Selbständigkeit der Göttin deutlich zutage. Ihr Tempel ist dort der älteste, den wir uns nur in seinen Fundamenten aus Stein, sonst aber aus Holz gefertigt vorstellen müssen, ein Indiz für sein hohes Alter. Noch Pausanias berichtet, daß er im hinteren Teil des Tempels (im Opisthodom) eine Holzsäule sah. Die Säulen dieses Tempels wurden nach und nach durch steinerne ersetzt, was heute noch nachvollziehbar ist, denn jede einzelne Säule hat eine andere Form (s.Abb. 7). Vom Kultbild sagt Pausanias:

---

111 Das ist der heilige Hain Olympias.

112 Paus.VI,20,1 f.

113 Für die folgenden Ausführungen grundlegend ist E.Simon, Die Götter der Griechen, München ²1980.

114 Zu den Wurzeln dieser Auffassung in der Mitte des 19.Jahrhunderts s.Simon Gr.Götter S. 36.

Abb. 7 Tempel der Hera in Olympia. Für sein Alter spricht, daß noch Pausanias eine einzelne Holzsäule sah.

> „Im Tempel der Hera befindet sich ein Kultbild des Zeus und der Hera; dasjenige der Hera sitzt auf einem Thron, Zeus steht daneben, bärtig und mit einem Helm auf dem Kopf. Es sind schlichte Werke."[115]

Diese Anordnung macht einsichtig, wer die eigentliche Besitzerin des Tempels war. Eine gemeinsame Verehrung von Hera und Zeus ist frühestens im 13. Jahrhundert v.Chr. in Pylos bezeugt.[116] In Olympia trägt er den Beinamen Pelops, d.h. „der die Fülle zeugt".

Besonders bemerkenswert ist eine hölzerne, inzwischen verschollene Figurengruppe von der Insel Samos mit Zeus und Hera als Liebespaar (sie ohne Brautschleier und er ohne Bart).

Heraien, Olympiaden

Indem Zeus mit seiner Rechten eine Brust der Hera anhebt, verweist er vor allem auf ihre nährende Kraft. Das Halten und Darbieten der Brüste ist ein Hinweis darauf, daß sie das Leben erhält, ein Motiv, das auch in anderen Kulturkreisen auftaucht. Zahlreiche Mariendarstellungen bedienen sich dieses Motives. Über die kultische Verehrung der Hera in Olympia berichtet Pausanias:

[115] Paus. V,17,1.
[116] Simon Gr.Götter S. 36.

„Jedes fünfte Jahr (d.h. also alle 4 Jahre) weben 16 Frauen der Hera ein Gewand; dieselben Frauen veranstalten auch den Wettkampf der Heraen. Dieser Wettkampf ist ein Wettlauf der Jungfrauen. Sie sind aber nicht gleichaltrig, sondern zuerst laufen die jüngsten, nach diesen die nächst älteren, und als letzte die ältesten von den Mädchen. Sie laufen so: das Haar fällt lose herab, das Gewand reicht bis etwas übers Knie, und die rechte Schulter zeigen sie bis zur Brust. Auch ihnen wird für den Wettkampf das olympische Stadion angewiesen, doch ziehen sie ihnen beim Stadionlauf etwa den sechsten Teil ab. Den Siegerinnen geben sie Ölbaumkränze und einen Anteil von der der Hera geopferten Kuh. Sie dürfen sich Bilder malen lassen und weihen. Auch die Dienerinnen der 16 Frauen sind gleich viel wie die die Wettkämpfe veranstaltenden Frauen. Auch den Mädchenwettlauf führen sie in die alten Zeiten zurück, indem sie erzählen, daß Hippodameia der Hera zum Dank für ihre Hochzeit mit Pelops die 16 Frauen versammelt und mit ihnen zuerst die Heraen veranstaltet habe."[117]

Abb. 8 Wettläuferin

Ob die Wettkämpfe der Männer gleichzeitig oder erst später eingeführt wurden, ist ungewiß. Für eine spätere Einführung spricht die Erzählung um Herakles, der mit seinen Brüdern einen Wettlauf veranstaltet haben soll, dessen Sieger ebenfalls mit einen Kranzreis des wilden Ölbaumes bekränzt wurde. Die Kultfeiern für Hera wurden auf jeden Fall bis in die Zeit des Pausanias beibehalten, standen aber später so sehr im Schatten der Feiern für Zeus, daß sie bis auf den heutigen Tag kaum noch wahrgenommen werden.[118]

Bevor Zeus aber der alles umfassende Herrscher der Altis wurde, spielte die Kornmutter Demeter noch eine wichtige Rolle. Sie wurde in Olympia als Demeter Chamyne verrehrt, was „Streu" oder „Lager auf der Erde" heißt. Dies weist auf eine heilige Hochzeit[119] hin, in diesem Fall mit Jasios, der den wilden Ölbaum nach Olympia gebracht haben soll. Dieser Verbindung entstammte ein Kind namens Plutos, der Reichtum. Ein anderer Sohn der beiden, Philomelos, soll den Wagen erfunden haben, wofür er mit dem entsprechenden Sternbild geehrt wurde. Pausanias berichtet über den Platz der Demeterpriesterin bei den Spielen:

117 Paus. V,16, 2-4.

118 Im Gegensatz zur Antike sind die ‚Olympiaden' heute nicht zweigeteilt in Frauen- und Männerspiele alle zwei Jahre, sondern finden nur alle vier Jahre unter Teilnahme der Frauen statt.

119 Die kultische Vereinigung von Mann und Frau als Symbol der Fruchtbarkeit generell.

> „Das Stadion ist eine Erdaufschüttung, und darauf befindet sich eine Sitztribüne für die Veranstalter des Wettkampfes. Diesen Hellanodiken gegenüber befindet sich ein Altar aus Marmor. Auf diesem Altar sitzend schaut eine Frau den Olympien zu, die Priesterin der Demeter Chamyne, wobei jeweils eine andere diese Ehre von den Eleern erhält."[120]

Im Zuge der Einwanderung hellenischer Stämme ergriff der Wettergott Zeus, der ursprünglich im Freien (Dodona) verehrt wurde, Besitz von dem Heiligtum. Die Sieger siedelten ihn nun im Mittelpunkt der Altis in einem eigenen Tempel an. Die früheren Gottheiten wurden nicht beseitigt, aber beiseite geschoben und mehr und mehr bedeutungslos. Von Gaia übernahm er die Orakelfunktion. Im Mythos tötete er Jasios und machte Demeter zu seiner Geliebten. Hera wurde seine Gattin. Pelops aber sank auf den Rang eines Heros herab.

Mit diesem Zeus traten dank Homer und Hesiod die olympischen Götter ihren Siegeszug in Griechenland an. Olympia wurde zu einer panhellenischen Kultstätte mit überregionaler Bedeutung. Ab 776 v.Chr. veranstaltete man die ersten amtlich registrierten Olympischen Spiele, in deren Tradition auch die Wettkämpfe der Gegenwart stehen.

Hera, die reichste Göttin der Frühzeit?

Im Kontext unserer Fragestellung möchte ich Hera noch einmal näher ins Auge fassen. Sie stand offenbar in engem Bezug zum Wohnen in Häusern, denn neben kleinen Rinderfigürchen sind Tonmodelle von Häusern, vielfach in ovaler Form, die häufigsten Weihegeschenke für sie. Die Lage der Heiligtümer der Hera verweisen auf die veränderte Wirtschaftsform dieser Zeit. Sie liegen – gleichgültig ob in Olympia, in der Argolis, auf Samos oder andernorts – in der Regel in weiten, von einem Fluß durchzogenen Ebenen.

> „Das Stammheiligtum zwischen Argos und Mykene ist von Weideland umgeben. Argos wird bei Homer das rossenährende genannt. Der Hügel neben dem argivischen Heraion hieß Euboia, wie die Insel im Osten Attikas, auf der ebenfalls ein alter Herakult bezeugt ist. Der Name kommt von dem griechischen Wort für Rind, bous, und bedeutet ‚gute Rindergegend', ‚Das Land der schönen Rinder'. Ein anderes Rinderland Böotien, war ebenfalls für seinen Herakult berühmt".[121]

Als Herrin der Weiden und großen Pferde- und Rinderherden muß sie die reichste Göttin der Frühzeit gewesen sein. Bei Homer heißt Zeus nicht selten „der donnernde Gemahl der Hera". Andere Tem-

---

[120] Paus. VI, 20,8f.

[121] Simon Gr.Götter S. 44.

pel erhoben sich in der Nähe des Meeres oder sogar am Hafen, d. h. auch der im Seehandel erworbene Reichtum wurde unter ihren Schutz gestellt. Die Hera in dieser frühen Periode ist also Repräsentantin einer fest angesiedelten Gesellschaft, deren Reichtum auf Seehandel und Weidewirtschaft beruhte. Der Reichtum dokumentiert sich archäologisch in ganzen Bündeln von Metallspießen (Obeloi), die an verschiedenen Plätzen der Hera gefunden wurden.[122]

Abb. 9 Hera, links und rechts von Löwinnen flankiert. Auf dem Kopf trägt sie einen sogenannten Pyleon (Torturm).

Frühe Darstellungen der Hera dokumentieren diesen Status. Sie trägt eine Krone, Pyleon (Torturm) genannt, die aus einem Reifen mit Flechtwerk aus Gräsern und Ranken besteht. Eine andere Darstellung aus Theben zeigt die gleiche Kopfbedeckung, d.h. man muß sich links und rechts von der Krone noch Weinreben vorstellen. Am interessantesten sind hier aber die Löwen, besser Löwinnen, da ohne Mähne, halb aufgerichtet, mit zum Brüllen geöffnetem Rachen, Begleiterinnen der Hera, die ihre Macht symbolisieren (s.Abb. 9). Löwinnen als Begleiterinnen der Hera sind häufig bezeugt. Die Haltung der Löwinnen erinnert sofort an

122 Auch in Rom stand die Münzprägung unter der Obhut der Iuno Moneta.

das Löwentor von Mykene. Obwohl umstritten, sehe ich auch bei ihnen keine Mähne, d.h. das Löwentor ist eigentlich ein Löwinnentor.[123] Zwischen den Tieren dort erhebt sich eine Säule. Durch ein archaisches Epos[124] wird überliefert, daß Hera an ihrem Stammsitz in Argos als hohe Säule verehrt wurde. Es kann also kein Zweifel daran bestehen, daß mit dem Eingangstor von Mykene die Herrin der argivischen Ebene geehrte wurde. Sie ist nun nicht mehr die Göttin der pelasgischen Urbevölkerung, sondern eine machtvolle Königin, würdig Zeus, dem König des Himmels, zur Seite gestellt zu werden. Sie wurde seine Gemahlin.

Wirtschaftliche Voraussetzungen und Veränderungen

Aus diesen Beobachtungen leite ich die These ab, daß, solange Weidewirtschaft und Handel die vorherrschenden Erwerbsquellen waren, die Frauen ihre Stellung neben den Männern gleichrangig behaupten konnten. Gemeinschaftsbesitz war in dieser Gesellschaft bestimmender als Individualbesitz.[125] Als aber die Frauen aus der Nahrungsmittelbeschaffung verdrängt wurden, verloren sie ihr Ansehen.

Die Revolution der sekundären Produkte

Dies geschah, als nach und nach der Feldanbau intensiviert wurde. Die Erfindung und Anwendung des Pfluges war hierbei von entscheidender Bedeutung. Die Kultivierung der Feldfrüchte, vor allem des Getreides, konnte nun in ganz anderen Dimensionen erfolgen. Der Ehe Demeters mit Jasios entsprang Plutos, der Reichtum.

Die zweite Neuerung war die Einführung des Karren bzw. Wagens als Transportmittel. Im Mythos war Demeters Sohn Philomelos der Erfinder. Beides, Pflug und Wagen verlangte neben kraftvoll lenkenden Männerhänden auch Arbeitstiere. Tiere waren nicht mehr nur Fleischlieferanten, sondern mußten zu Arbeitstieren domestiziert werden.

Die dritte Neuerung war die Einführung des systematischen Spinnens und Webens von Wolle, eine Tätigkeit, die mit der Beaufsichtigung des oikos (des Hauswesens) und der Erziehung der Kindern vereinbar war und so ausschließlich von Frauen übernommen wurde. Land, Tiere, Frauen und Kinder waren zu Besitz, ggf. auch zu Beute[126] geworden, über den die Kontrolle zu behalten, nur mit einer Unterordnung möglich war.

---

123 Löwenmähnen sind in der Kunst normalerweise am Hals deutlich abgegrenzt.

124 Die Phoronis von einem unbekannten Dichter; überliefert durch Clemens Alexandrinus Stromata 1,24,163/64. Zur Diskussion s. Simon Gr.Götter S. 61ff.

125 S. dazu genauer Gschnitzer passim.

126 Dies ist durchgängig bei Homer zu fassen, der der meistgelesene Autor in der Antike war.

Man nennt diesen im vorderen Orient und Europa allerdings nicht einheitlich verlaufenden Prozeß die „Revolution der sekundären Produkte“[127], die weitere, z.T. bis heute andauernde Konsequenzen mit sich brachte.

So ist im Übergang von der mykenischen zur archaischen Wirtschaftordnung die Abnahme von Gemeinschaftsbesitz und das Anwachsen von Individualbesitz als Tendenz zu beobachten.

Individualbesitz mußte geschützt und verteidigt werden. Reichte das vorhandene Land nicht aus, so eroberte man neues oder wanderte aus. Das Militär wurde zu dem wichtigsten gesellschaftlichen Faktor. Militärisches Heldentum war nun die bestimmende Tugend.[128] Politisches Mitspracherecht leitete sich vom Maß des militärischen Einsatzes ab. Die militärisch orientierte Gesellschaft schob die Frauen im öffentlichen Leben zwar beiseite, sie verhinderte aber nicht eine eigene Frauenwelt, die in Teilen generell, aber vor allem für sich, ihre alte Bedeutung bewahrte.

Verlust der Gleichrangigkeit der Frauen

Im Gegensatz zu späteren Zeiten dürfen wir im Bezug auf die Frauen in Griechenland nicht nach ihrer Emanzipation, sondern eher nach dem Verlust ihrer Dominanz bzw. Gleichrangigkeit fragen. So bewahrten sich die Frauen von Sparta[129] ein hohes Maß an informeller Mitsprache. Da Sparta von jeher bevölkerungspolitische Probleme hatte, war die Gebärfähigkeit der Frauen ein hoher Wert in dieser Gesellschaft, der ihnen Ansehen verlieh. Entscheidender aber war die wirtschaftliche Verantwortung und das ökonomische Handeln der Spartiatinnen, das für den Status ihrer Männer von existentieller Bedeutung war.[130] Die spartiatische Welt repräsentiert eine Gesellschaft,

> „in der Frauen großes soziales Ansehen und wirtschaftliche Bedeutung besaßen, bei gleichzeitiger politischer Ohnmacht und ritualisierter Unterordnung unter ihre Männer.“[131]

Sie hatten wie in Athen kein politisches Mitspracherecht, aber sie erhielten die gleiche Ausbildung und Ernährung wie die Knaben. In der Ehe besaßen sie die gleiche sexuelle Freizügigkeit wie die Männer. Sie waren berühmt berüchtigt für ihre verbale Schlagfertigkeit. Selbst ihre Kleidung ließ ihnen ihre Freizügigkeit, sie trugen als unverheiratete Mädchen den kurzen Rock mit einer entblößten

---

[127] Der Begriff geht zurück auf A.Sheratt 1981. S. auch M. Ehrenberg, Die Frau in der Vorgeschichte, München 1992 S. 114ff.

[128] Vgl.O.W.Reinmuth ‚Agon(es)‘ in: Kl.Pauly Bd.1, 1964, Sp. 135ff.

[129] S. dazu M.H.Dettenhofer Männersache S. 15-40 und Anm. 9.

[130] Dettenhofer Männersache S.27, Cartledge S. 77.

[131] Cartledge S. 78.

Schulter[132], als reife Frauen den Peplos, das farbenprächtige, faltenreiche, vorne vielfach offene Gewand.

In Athen dagegen mußten die Frauen den stark einengenden Chiton tragen und wurden auch sonst sehr viel restriktiver behandelt. Auch die Athenerinnen erhielten eine sorgfältige Ausbildung, aber begrenzt auf die klassischen Bereiche höherer Töchter.

> „Und im täglichen Leben arbeiteten die Frauen beider Poleis außer Haus. Der maßgebliche Unterschied lag also in der Akzeptanz. In beiden Poleis orientierte sich die ideale Norm an der von der Oberschicht praktizierten Lebensform. Und hier lag der Unterschied."[133]

Es ist kein Zufall, daß die große griechische Dichterin der 2.Hälfte des 7.Jahrhunderts, Sappho, keine Athenerin war. Als sie wegen politischer Äußerung gegen den auf Lesbos herrschenden Pittakos nach Syrakus ins Exil gehen mußte, war sie dort gezwungen, nach korinthischem Recht, das dem attischen sehr ähnlich war, zu leben.

> „Der unabhängig aufgewachsenen Sappho, die sich den Männern gleichberechtigt fühlte, muß diese Beschränkung lästig gewesen sein. Sie verheiratete sich bald, vielleicht um eine größere Bewegungsfreiheit zu erlangen."[134]

Später zog das junge Paar nach Sybaris, dort bestand schon im Bronzezeitalter eine kretisch-minoische Siedlung. Sybaris war für seine Freizügigkeit bekannt. Sappho begründete dort ihren Ruhm, wurde dort aber auch eine gute und glückliche Mutter.

> „Mir gehört ein schönes Kind. Kleis. meine geliebte Tochter,
> wohlgestaltet, goldschimmernden Blüten gleich.
> nicht ganz Lydien tauscht ich um sie.
> nicht Mytilene, nicht meine Insel, die Heimat."[135]

Alle drei genannten Beispiele (Athenerin, Spartiatin und Sappho) zeigen die unterschiedlichsten Spielarten antiker Frauenexistenz. Aber trotz dieser Varianten bleibt das Faktum der mehr oder weniger fortschreitenden Unterordnung bzw. Eingrenzung, das nicht zuletzt durch die großen griechischen Dichter und Philosophen und später durch das Christentum europäisches Allgemeingut wurde.[136]

---

[132] S.Abb. 8.

[133] Dettenhofer Männersache S. 31.

[134] Sappho. Muse des äolischen Eresos, neu übertragen und kommentiert von Stefanie Preiswerk zum Stein, Frankfurt 1990, S. 25.

[135] Sappho S. 31.

[136] S.Cartledge S. 61ff.

II. Die schriftlichen Quellen

1. Die antiken Sprachen

1.1 Generelle Gegebenheiten. Das Griechische

Bei der räumlichen und zeitlichen Abgrenzung der Alten Geschichte wurde schon auf die Bedeutung der Schriftlichkeit für den Historiker hingewiesen. Aber nicht nur die Erhaltung schriftlicher Zeugnisse, sondern vor allem die Kenntnis der hinter der Schrift stehenden Sprache öffnet erst den Blick in die historische Welt.

Antike Schriften

Es gehört zu den Pionierleistungen des menschlichen Geistes, die verschiedenartigsten Schriften der Alten Welt entziffert zu haben. Ausgesprochene Glücksfälle sind Inschriften, deren Text in zwei oder drei Sprachen (Bi- oder Trilingue) beschrieben sind. Das berühmteste Beispiel für eine Trilingue ist der Stein von Rosette, abgefaßt in Hieroglyphen, in demotischer[1] und griechischer Schrift. Der Stein wurde 1799 bei Schanzarbeiten napoleonischer Pioniereinheiten im ägyptischen Delta gefunden. Nach Vorversuchen einiger anderer Wissenschaftler gelang es J.F.Champollion zwischen 1822-1824, ausgehend von seiner Kenntnis des Griechischen und Koptischen und einigen aus den klassischen Quellen bekannten Königsnamen, die beiden ägyptischen Schriften zu entziffern.

Mit der Entschlüsselung der Linear B Schrift[2] 1952 durch die Briten M. Ventris und J.Chadwick, ebenfalls nach Vorarbeiten anderer Wissenschaftler, löste die Entdeckung, daß die verwendete Sprache mit dem Griechischen zu identifizieren war, eine kleine Sensation aus.

Die Fundorte der Schriftträger von Linear B decken sich weitgehend mit der auch archäologisch erfaßten Ausbreitung der mykenischen Kultur der Spätbronzezeit. Inhaltlich handelt es sich ausschließlich um stichwortartig angelegte Verwaltungstexte (Verzeichnisse von Waren, Tieren und Menschen), spröde Zeugnisse, die dennoch Aufschlüsse über die mykenische Kultur, Verwaltung und Wirtschaft erlauben.

---

1 Eine vereinfachte, seit dem 7.Jahrhundert v.Chr.belegte ägyptische Kursivschrift, die bis ins 3.Jahrhundert nach Chr. lebendig blieb. S. K.-T.Zauzich ‚demotisch' NP 3, 1997 Sp. 474.

2 S. S.Hiller, O.Panagl, Die frühgriechischen Texte aus mykenischer Zeit. Zur Erforschung der Linear B-Tafel, Darmstadt ²1986.

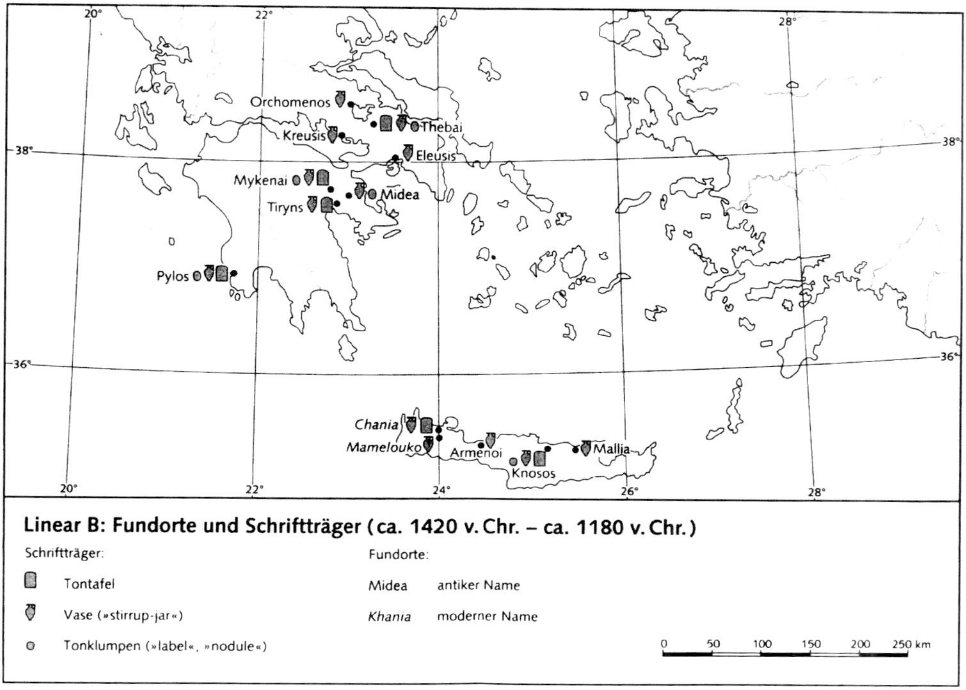

Abb. 10 Karte der Fundorte von Schriftträgern mit Linear B.

Das zur Linear A Schrift gehörige Idiom ist bisher noch unentdeckt, so daß diese Texte nicht gelesen werden können, obwohl hochwahrscheinlich ist, daß es sich auch um Verwaltungstexte handelt.[3]

Schrift und Sprache

Ein weiteres Problem werfen Texte auf, deren Schrift lesbar, die dazugehörige Sprache aber unbekannt ist, wie z.B. das Etruskische. In solchen Fällen können nur Namen oder bekannte Institutionen erkannt werden.

Schließlich muß man sich noch klar machen, daß Schriftsprache und gesprochene Sprache oft nicht identisch sind. Als die Griechen um 1400 v.Chr die Schriftzeichen von den Phöniziern übernahmen und daraus ein phonetisches Alphabet mit Vokalen entwickelten, schufen sie ein Instrument für die früheste in Europa überlieferte indogermanische Sprache. Der erste Zweck diente Verwaltungs- und anderen Gebrauchstexten. Als man aber die

[3] Günter Neumann, ‚Linear A' NP 7, 1999 Sp. 243f.

großen Epen Homers aufzeichnen wollte, entstand im 8. Jahrhundert eine von der Alltagssprache abgehobene Literatursprache.

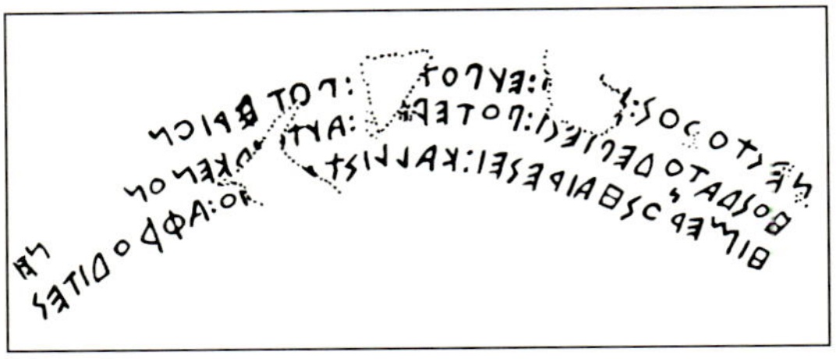

Abb. 11 Aufschrift des sogen. Nestorbechers. Es ist die älteste griechische Inschrift, gefunden auf Ischia Ende des 8. Jahrhunderts, ein metrisches Versfragment. Die Doppelpunkte haben die Funktion der Lese- bzw. Vortragshilfe.

Die epischen Texte wurden zur Phorminx[4] in einer Art Sprechgesang vorgetragen. Die Aufzeichnung der Texte gab dem geübten Sänger wohl auch metrische und rhythmische Hinweise für den Vortrag (s. Abb. 11).[5]

Das gleiche gilt für die Lyrik, die zur Lyra[6] gesungen wurde. Selbst Prosatexte, wie z.B. Herodot oder Thukydides wurden nicht still gelesen, sondern einem Hörerkreis mit entsprechendem Pathos vorgetragen.

Die griechische Kleinräumigkeit führte zur Ausbildung zahlreicher Dialekte, aber mit der politischen und kulturellen Vormachtstellung Athens setzte sich im 5.Jahrhundert das Attische[7] als allgemeine Umgangssprache durch und wurde die Hauptsprache im Alexanderreich.

> „Eine der wichtigsten wissenschaftlichen Erkenntnisse der letzten Jahrzehnte war es nun, daß neugriechische Dialekte zu altgriechischen Dialekten des gleichen Siedlungsgebietes in Bezug stehen. Dies wiederum ist der Beweis dafür, daß in diesen Gebieten eine/die gesprochene Koine nicht völlig Fuß gefaßt hat.“[8]

Ähnlich wie bei pfälzischen Auswanderern in Amerika, bei denen sich der Heimatdialekt über mehrere 100 Jahre hielt, hatten dialektale Formen des Griechischen in entlegenen Gebieten und den Kolonien im Westen eine Überlebenschance.

---

4 Saiteninstrument der homerischen Zeit, aus der später die Kithara entwickelt wurde.

5 Ausführlich dazu Eideneier passim.

6 Saiteninstrument, das auch die Etrusker und Römer übernahmen.

7 Koiné, attisch mit ionischen Konzessionen, die gemeinsame Sprache, Basis für das Neugriechisch.

8 Eidener S. 51.

1.2 Sprachenvielfalt Italiens und Zweisprachigkeit des römischen Reiches

Zu einer Zeit, als die Stadt Rom noch eine unbedeutende Stadt in Latium war, begannen die Griechen, an den Küsten Unteritaliens und Siziliens Kolonien[9] zu gründen.

Die Notwendigkeit, dem Bevölkerungsdruck ein Ventil zu schaffen, aber auch Abenteuerlust und konkrete Handelsinteressen waren wichtige Beweggründe für diese Migrationswelle während des 8. bis 6. Jahrhunderts. Der Begriff ‚Magna Graecia' konnte nicht nur geographisch, sondern auch wirtschaftlich verstanden werden.[10]

Griechische Kolonisation

> „Tatsächlich blühten manche der Kolonien schnell zu reichen Städten auf, die noch in archaischer Zeit ihre Mutterstädte überrundeten und für Reichtum und prahlerisches Wohlleben berühmt waren."[11]

Bekanntestes Beispiel war die Stadt Sybaris, eine achaische Gründung, deren Reichtum und Dekadenz sprichwörtlich wurde.[12] Als die Stadt 510 v.Chr von der Nachbarstadt Kroton völlig zerstört wurde, ging wegen des kulturellen Verlustes ein Aufschrei durch die antike Welt.

Wie dieses Beispiel zeigt, gerieten die griechischen Städte entweder untereinander oder mit anderen Völkern, die sich aus ähnlichen Motiven in Italien niedergelassen hatten, vor allem den Karthagern auf Sizilien und den Etruskern[13] in Mittelitalien, in Konkurrenz. Entsprechend den zahlreichen Migrationsbewegungen, wobei die Kelten in der Poebene nicht vergessen werden dürfen, und dem wechselvollen Ringen um Vorherrschaft[14] in Italien entstand eine erstaunliche Sprachenvielfalt. Historische Zeugnisse für die diversen Einwanderungen gibt es nicht. Sie lassen sich weitgehend nur archäologisch (Bestattungsriten und Keramik), epigraphisch und sprachgeschichtlich fassen (s. Abb.12).

---

[9] Siedlungen, die sich als Tochterstädte einer griechischen Gemeinde verstanden. Die große griechische Kolonisationsbewegung hatte ihre Blütezeit von ca.750-580 v.Chr.

[10] In römischer Zeit bezeichnete der Begriff die wohlhabensten Städte Süditaliens.S.A.Muggia ‚Magna Graecia' NP 7, 1999 Sp. 685

[11] Welck/Stupperich S. 25.

[12] Von einem Sybariten wurde behauptet, er würde schon durchs Ansehen von Arbeiten müde.

[13] Zur Herkunftsdebatte der Etrusker s. A.J. Pfiffig. Einführung in die Etruskologie, Darmstadt 1972; L.Aigner-Foresti, Zeugnisse etruskischen Kulturgutes, Wien 1988.

[14] Dazu M.Pallottino, Italien vor der Römerzeit, München 1987.

Alt-Italien und seine Indogermanisierung (Italien in den Grenzen zur Zeit des Augustus)

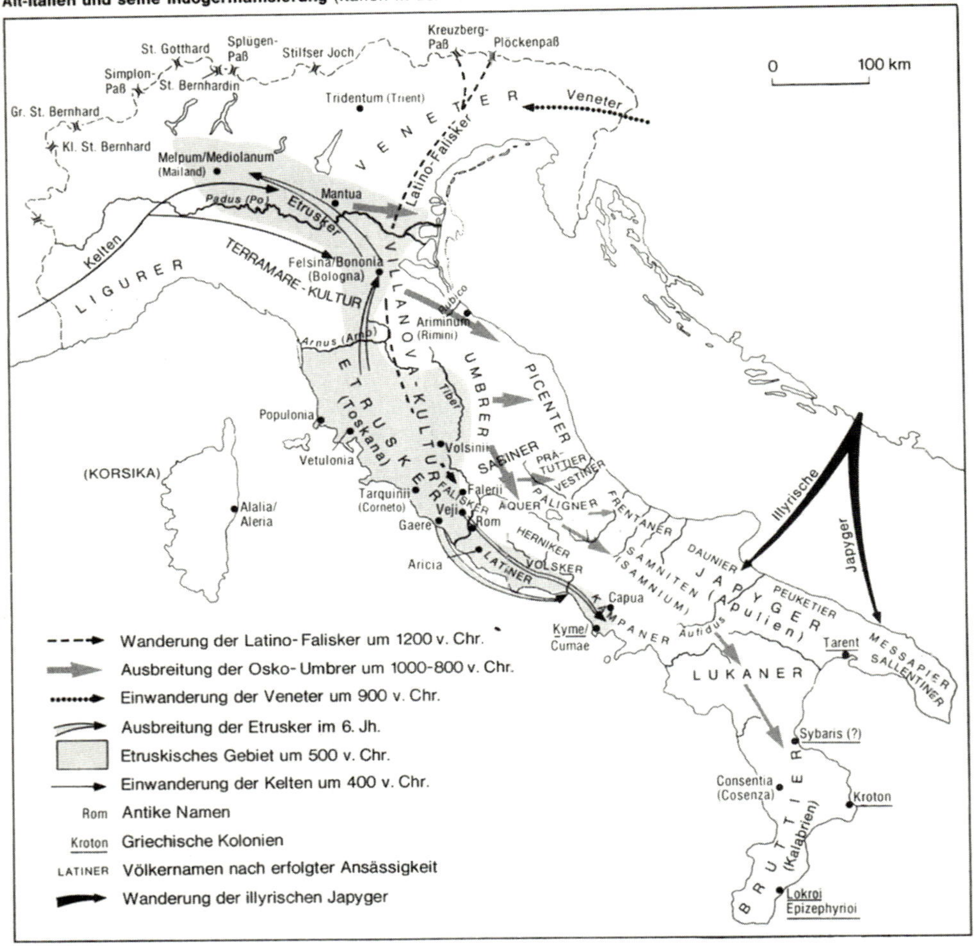

Abb. 12 Die Völker Italiens.

Diese Völker- und Kulturenvielfalt, auf die wir z.T. noch durch die modernen Namen der italienischen Provinzen stoßen, gerieten im Laufe der späteren Entwicklung unter den Römern in Vergessenheit.[15]

15 Ein Beispiel ist die sonst durchaus empfehlenswerte Darstellung von Pierre Grimal, Das antike Italien, Paris [2]1979, der nur den Etruskern und Griechen neben den Römern sein Augenmerk schenkt.

Vereinheitlichung der Sprache

Es kann hier nicht auf die einzelnen Völker und ihre Geschichte[16] eingegangen werden. Dennoch sollte auch bei Anfängern/innen schon ein Bewußtsein dafür entstehen, daß durch die politische Expansion der Römer und das Ergebnis des Bundesgenossenkrieges, nach dem Latein in Italien Amtssprache geworden war, ein langsamer Nivellierungsprozeß einsetzte, der die kulturelle Vielfalt in den Hintergrund drängte. Das politische Verhalten der Bundesgenossen (socii) während des Zweiten Punischen Krieges und des Bundesgenossenkrieges muß unverständlich bleiben ohne Kenntnis ihrer Vorgeschichte. Andererseits verdankte Rom den anderen italischen Bewohnern viel, allen voran den Etruskern.[17]

Mit beginnender Kaiserzeit wurde dieser Romanisierungsprozeß so beschleunigt, daß bis zum Jahr 70 n.Chr. in Italien alle vorrömischen Sprachen verschwunden waren. Was blieb, waren das Griechische und das Lateinische, die beiden Hauptsprachen althistorischer Quellen.

Das Latein, eine indogermanische Sprache[18], gehörte in die gleiche Sprachfamilie wie das Venetische und Sabellische, aus dem sich Oskisch und Umbrisch entwickelten. Es war die Sprache, die im 8. Jahrhundert im Raum von Latium gesprochen wurde.

Lapis Niger

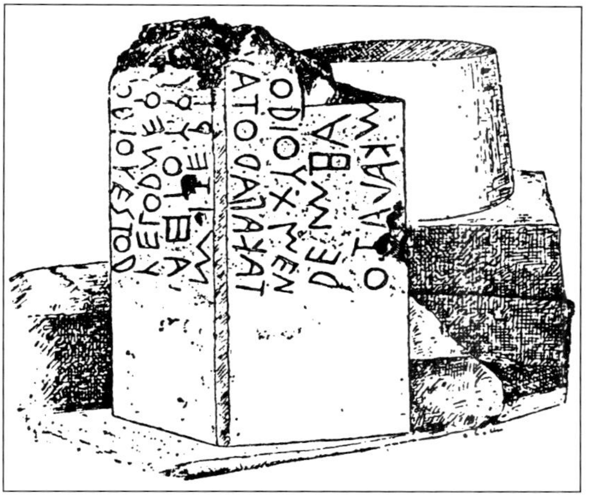

Abb. 13 Lapis Niger auf dem Forum in Rom. Die schwer lesbare Inschrift wohl des 6. Jh. v.Chr. enthält vielleicht eine lex sacra. Erwähnt werden ein König, ein Herold und Zugtiere oder Wagen.

Eines der ältesten Zeugnis, der Lapis Niger[19], wurde 1899 auf dem Forum Romanum gefunden und stammt aus dem 6. Jahrhundert (s. Abb. 13). Die schwer lesbare Inschrift hat wohl eine lex sacra (ein heiliges Gesetz) aus der etruskischen Königszeit zum Inhalt.

[16] Ausführlicher dazu Fritz Graf (Hg.), Einleitung in die lateinische Philologie, Stuttgart, Leipzig 1997 S. 120ff.

[17] So übernahmen sie z.B. von den Etruskern die Schrift, die dadurch, daß sie eine Abwandlung der griechischen Schrift war, keine Schwierigkeiten mit der Lesbarkeit machte.

[18] S. Graf S. 115ff.

[19] T.N.Gantz, „Lapis Niger. The tomb of Romulus", in: PP29, 1974, S. 350-361.

Die latinischen Völker (gentes), die zunächst in unabhängigen Gemeinden lebten, besaßen ein gemeinsames Heiligtum auf dem Mons Albanus, wo sie ein „Bundesfest", die feriae Latinae, feierten. Noch in der Königszeit (vor 510 v.Chr.) errang Rom die Hegemonie über die Latiner und gründete 493 v.Chr den Latinischen Städtebund, der bis 341 v.Chr. bestand. Die Hegemonie der Römer drückte sich in den Ritualen der Feste aus, u.a. mußten die Magistrate der latinischen Städte ein Gebet für das Volk von Rom sprechen.

Später regelten die Römer die politischen Verhältnisse durch bilaterale Verträge, bei denen die ‚verwandtschaftliche' Nähe[20] zu den Latinern durchaus immer wieder zum Ausdruck kam.

Durch politische Expansion und Koloniegründungen[21] breitete sich, wie schon gesagt, das Latein mehr und mehr in Italien aus und erfaßte schließlich auch die Griechisch sprechenden Städte. So richtete z.B. die griechische Stadt Cumae, die seit den Samnitenkriegen mit Rom befreundet war, im Jahr 180 v.Chr. ein Gesuch an den Senat, das wie folgt beschieden wurde:

> „Den Bewohnern von Cumae wurde in diesem Jahr auf ihre Bitte hin erlaubt, das Lateinische als Amtssprache zu gebrauchen, und ihren Ausrufern das Recht zugestanden, bei Versteigerungen in lateinischer Sprache auszubieten."[22]

Griechische Bildung

Allerdings muß man sehen, daß nicht zuletzt durch die griechischen Städte in Italien[23] die Römer schon lange vor der Expansion im Osten[24] mit der griechischen Kultur vertraut waren, so daß eine Basis für deren Übernahme bestand.

> „Die Tatsache, daß trotz der Ausbreitung römischer Macht die Faszination der griechischen Kultur ungebrochen war und die *Graecia capta* den römischen Sieger bezwang (Horaz, Ep.2,1,156), veranlaßte die römische Bildungsschicht zu einer intensiven Beschäftigung mit der Wissenschaft und Literatur Griechenlands. So war zu Zeiten Ciceros eine Bildungsreise nach Griechenland zur Perfektionierung der Sprachkenntnisse und zum Studium griechischer Wissenschaften unerläßlich."[25]

---

[20] Diese drückt sich auch darin aus, daß die socii nominis latini im Hannibalkrieg und im Bundesgenossenkrieg überwiegend treu an der Seite Roms standen.

[21] Militäransiedlungen zur Sicherung eines unterworfenen Gebietes.

[22] Liv.40,42,13.

[23] Z.B. war Livius Andronicus (280/60-200 v.Chr.),der erste ‚römische' Literat, ein zweisprachiger Freigelassener und stammte aus Tarent.

[24] In dieser Zeit kamen riesige Mengen Beutegut nach Rom, u.a. auch Bibliotheken und gebildete Sklaven. S. u. S. 238f.

[25] R.Weis, Zur Kenntnis des Griechischen im Rom der republikanischen Zeit, in: C.W.Müller, K.Sier, J.Werner (Hgg.), Zum Umgang mit fremden Sprachen in der griechisch-römischen Antike, Stuttgart 1992, S. 141.

Dies und die ‚klassizistische Graezisierung'[26] zur Zeit des Augustus führten zu einer Durchdringung der Kultur des römischen Reiches durch Griechenland. Obwohl die Sprache der Reichsverwaltung auch im Osten Latein war, verankerte sich die Zweisprachigkeit des römischen Reiches fest bis zur Abschaffung des Lateins als Amtssprache in Byzanz im 7. Jahrhundert n.Chr. Die Sprachgrenze trennte Dalmatien von Moesien, verlief durch die Adria und trennte wieder Africa proconsularis von der Cyrenaica.

1.3 Vom Umgang mit Übersetzungen

Es dürfte nun hinreichend klar geworden sein, daß die Kenntnis nicht nur des Lateins, sondern auch des Griechischen für die Beschäftigung mit Alter Geschichte, selbst dann, wenn man ausschließlich römische Geschichte betreiben will, eigentlich unerläßlich ist. Die Fähigkeit zu einer intensiven und überprüfbaren Auseinandersetzung mit den Quellen ist eines der ganz wichtigen Ziele des Geschichtsstudiums. Für die Neuere Geschichte mag dies sprachlich gesehen leichter sein, Mittelalterliche und Alte Geschichte können dagegen heute nicht mehr auf den Voraussetzungen des humanistischen Gymnasiums aufbauen, in dem ggf. Englisch größere Schwierigkeiten machte als Griechisch und Latein.

> „Gegenwärtig lernen nur noch ein bis zwei Prozent unserer Gymnasiasten Griechisch, und der Lateinunterricht, den immerhin noch fast jeder zweite Gymnasiast genießt, führt oft nur zu ziemlich bescheidenen Kenntnissen, zu Kenntnissen unterhalb dessen, was für eine flüssige Lektüre lateinischer Originale erforderlich ist."[27]

Mit diesem Faktum muß jede/r Althistoriker/in leben lernen, denn viele Studierende sind schon mit dem Nachlernen von Latein ausgelastet genug.[28] Im heutigen Studienablauf kann auf Übersetzungen der althistorischen Quellen nicht mehr verzichtet werden. Angesichts dieser Tatsache ist es unerläßlich, den kritischen Umgang nicht nur mit den Quellen, sondern auch mit Übersetzungen zu üben. So zu tun, als existierte das Sprachenproblem nicht, hilft nicht weiter.[29]

---

[26] Zu diesem Begriff s. Welck S. 21.

[27] M.Fuhrmann, Übersetzungen antiker Autoren, in: Die Antike in der europäischen Gegenwart, Göttingen 1993, S. 27.

[28] Die Beratungspraxis in den Schulen ist im Hinblick auf die Notwendigkeit des Lateins z.T. sehr unverständlich. Darüber hinaus würde man sich ein offensiveres Auftreten der Klassischen Philologen in dieser Frage wünschen.

[29] S. K.Brodersen, Vom Buch zum Text, in: Ch. Reitz, Vom Text zum Buch, St. Katharinen 2000, S. 80-92.

Arten von Übersetzungen

Dank der regen Übersetzertätigkeit vor allem der Klassischen Philologen befindet man sich in der Alten Geschichte in der günstigen Lage, daß fast alle literarischen Texte der griechisch-römischen Antike in neueren Übersetzungen vorliegen. Nur selten muß man auf Ausgaben des 19. Jahrhunderts zurückgreifen. Aber ein Vergleich älterer und jüngerer Übersetzungen macht deutlich, wie außerordentlich unterschiedlich sie trotz gleicher Ausgangssprache ausfallen können. Das sagt zunächst über die Qualität der Übertragung nichts aus. Entscheidend ist, mit welchem Ziel der Übersetzer gearbeitet hat und an welche Adressaten er seinen Text richtete. So sagt schon der Kirchenvater Hieronymus:

> „Wenn ich wörtlich übersetze, klingt das Ergebnis abgeschmackt, wenn ich aus zwingendem Grunde in der Wortfolge oder im Ausdruck eine Änderung vornehme, dann habe ich offenbar meiner Pflicht als Übersetzer zuwidergehandelt."[30]

Vor diesem Dilemma stehen nicht nur professionelle Übersetzer/innen, sondern jeder Mensch, der sich mit der Übertragung eines fremden Idioms auseinanderzusetzen hat.

Ausgangssprachenorientierung/ Zielsprachenorientierung

Die erste Art, die versucht, die sprachliche Eigenart zu erhalten und so wörtlich wie möglich zu übersetzen, nennt man ‚ausgangssprachenorientiert'. Die zweite Form, die mehr darum bemüht ist, den Geist des Textes in einer zeitgemäßen Sprache zu erfassen, wird ‚zielsprachenorientiert' genannt. Die älteren Übersetzungen des 19. und beginnenden 20. Jahrhunderts, die in der humanistischen Tradition[31] standen und sich an Adressaten richteten, die gute Kenntnisse in den Originalsprachen besaßen, waren primär ausgangssprachlich orientiert, weil sie

> „die Eigentümlichkeiten des ursprünglichen Sprachkleides im Medium Zielsprache abzubilden suchten. Die herausragenden Theoretiker dieser neuen Lehre waren der Platonübersetzer Schleiermacher und Wilhelm von Humboldt; in der Praxis aber wurde sie von niemandem so erfolgreich durchgesetzt wie von Johann Heinrich Voss, dessen zahlreiche Übersetzungen griechischer und lateinischer Dichtwerke für anderthalb Jahrhunderte weithin die Maßstäbe setzte – bis hin zu den Horaz – Verdeutlichungen Karl Büchners."[32]

Diese Art von Übersetzungen wirken heute auf uns oft spröde, verwickelt, gestelzt und unnatürlich. In der Gegenwart werden

---

30 Hieronymus, Epistel 57,5 (zitiert nach Fuhrmann S. 24).

31 Wie stark diese Tradition noch nachwirkt, läßt sich daran erkennen, daß zahlreiche Seniorstudierende Latein- und Griechischkurse besuchen, um ihre früheren Sprachkenntnisse, die im Berufsleben untergegangen waren, wiederzubeleben.

32 Fuhrmann S. 25.

deshalb zielsprachenorientierte Übersetzungen bevorzugt, die deshalb nicht unbedingt ungenauer sein müssen. Sie richten sich in der Regel an ein interessiertes Laienpublikum, dem die Übertragung ohne Verständniskonflikte und mit Freude am Lesen nahegebracht werden soll.

Spezielle Probleme bei Übersetzungen für Historiker/innen

Speziell für Historiker/innen kommen aber noch andere Bedürfnisse zum Tragen. Die Ausgangslage ist, daß jede Übersetzung zugleich Interpretation der vom antiken Autor geschilderten Situation ist. Deshalb gehörte auch hier die Reflexion über den eigenen Standort eigentlich zum Handwerkszeug. Die vorliegenden Übersetzungen sind, wie bereits ausgeführt, in den seltensten Fällen für Geschichtswissenschaftler/innen gemacht, so daß Übersetzer/innen dafür keine Veranlassung haben. Historiker/innen müssen diesen Umstand aber beachten.

Nehmen wir als Beispiel nur die zahlreichen Möglichkeiten für die Übersetzung von ‚plebs'.

Zunächst ist der Begriff ganz neutral zu verstehen für die nicht patrizischen Bürger Roms. Schon die Übertragung ‚Volksmenge' ‚Volk' ist Interpretation, denn sie suggeriert das Auftreten als Menge. Übersetzungen wie ‚die Masse', der Pöbel'[33] sind ganz negativ konnotiert. Übersetzer/innen müssen je nach Autor, Gattung, Kontext der geschilderten Vorgänge, eigener Einstellung etc. entscheiden, welche Variante gewählt wird, und dies ist Interpretation. Für Studierende muß die Konsequenz sein, die Möglichkeit der Übersetzung dankbar anzunehmen, aber immer den Originaltext dazu zu lesen, um im Einzelfall selbst entscheiden zu können, ob die Übersetzung adaequat ist.

Es kommt ein weiteres hinzu, das an dem folgenden Beispiel demonstriert werden soll:

> „Postquam divitiae honori esse coepere et eas gloria imperium potentia sequebatur, hebescere virtus, paupertas probro haberi, innocentia pro malevolentia duci coepit."[34]

Karl Büchner:[35]
Als Reichtum in Ehre zu stehen begann und ihm Ruhm, Befehlsstellung, Macht folgten, begann die Tu-

Wolfgang Will:[36]
Seitdem der Reichtum allmählich Ehre einbrachte und Ruhm, Herrschaft und Macht im Gefolge hatte,

33 Nicht selten wird auch Neudeutsch ‚der Plebs' verwendet (vgl. Duden 1996, S. 573).
34 Sall.Cat.12,1.
35 Reclam 9428/29, Stuttgart 1972, S. 19. Nicht auszuschließen ist, daß Büchner den stilistischen Absichten Sallusts näher kommt, aber römische Ohren waren für Pathos besser geschult.
36 Der römische Mob, Darmstadt 1991, S. 206.

gend zu erlahmen, Armut für Schande zu gelten, Lauterkeit als Böswilligkeit genommen zu werden.

da begann die moralische Kraft zu erlahmen, Armut als Schande zu gelten, Redlichkeit als Böswilligkeit ausgelegt zu werden.

Die beiden Texte verdeutlichen klar, was mit ausgangssprachlicher und zielsprachlicher Übersetzung gemeint ist. Der Text Büchners wirkt auf uns heute gespreizt und mit unterschwelligem Pathos behaftet. Wills Text dagegen ist nüchterner und paßt sich dem politischen Ambiente, in dem er geäußert wird, mehr an. Beide, eigentlich alle Übersetzungen können aber den Assoziationshintergrund bestimmter Schlüsselbegriffe nicht voll wiedergeben. So schließt z.B. der Begriff ‚imperium' die gesamte Führungsmacht im römischen Staat ein, nämlich neben der Herrschaft die Iurisdiktion, die militärische Oberhoheit (Befehlsstellung), auch den offiziellen Umgang mit den Göttern und dies alles im Geltungsbereich des gesamten römischen Reiches, eben dem ‚imperium'.[37] Dies kann man nicht mit einem Wort zum Ausdruck bringen. Deshalb ist es unerläßlich einen Terminus wie ‚Befehlsstellung' oder ‚Herrschaft' in der Originalsprache nachzuvollziehen. Vergleichbare zentrale Begriffe in diesem Text sind gloria und virtus.

Schließlich enthalten bestimmte lateinische Termini wichtige Informationen, die bei der Übersetzung verloren gehen können. Ein Beispiel:

> „Darauf hatte der Volkstribun T. Munatius Plancus den M.Aemilius Philemon, einen namhaften Mann, den Freigelassenen des M.Lepidus, in einer Volksversammlung vorgeführt."[38]

Auf den ersten Blick würde man meinen, ein Volkstribun hat diese Handlung vor dem concilium plebis[39] vorgenommen. Im lateinischen Text wird aber der Begriff contio verwendet. Also geschah die Befragung des Philemon vor der ungeordneten, jedem zugänglichen Versammlung, die vor allem für Informationszwecke einberufen wurde, sonst aber keine Befugnisse besaß.[40] Die Schlußfolgerung muß demnach sein: Steht in einer Übersetzung der Begriff ‚Volksversammlung', muß der Originaltext auf den Ursprungsterminus hin befragt werden, denn es könnte sich auch um die comitia centuriata, die comitia tributa oder das concilium plebis, seltener um die comitia curiata handeln.

---

[37] S. unten S. 269.

[38] Asc.in Mil.18.

[39] Versammlung des römischen Volkes ohne Patrizier, s.u.S. 276.

[40] S.u.S. 275.

Praxis

Um sich schnell in einschlägige Quellen einzulesen, genügt es, allein mit der Übersetzung zu arbeiten. Günstig ist es dennoch, eine zweisprachige Ausgabe zu benutzen. Dies hilft auch, die Barriere des Lateins ein wenig abzubauen. Eine fundierte Quelleninterpretation dagegen hat aus den dargelegten Gründen prinzipiell von der Originalsprache[41] auszugehen und die Übersetzung wird lediglich zur Hilfe herangezogen.

Übersetzungen

Im folgenden sollen die wichtigsten Übersetzungsreihen[42] genannt werden:

Reclam Universalbibliothek, eine Reihe mit zweisprachigen Ausgaben, die in einem Anmerkungsapparat kommentierende Hinweise zum Text sei es sprachlich oder inhaltlich liefern und weiterführende Literatur nennen.

Ebenso geeignet sind preisgünstige Schulausgaben antiker Autoren, erschienen bei Schulbuchverlagen wie z.B. Klett, Aschendorff und Schöningh. Sie sind zwar nicht zweisprachig, aber mit Wortindices und Kommentaren versehen.

Andere Reihen, die in der Regel zur Anschaffung zu teuer, aber meist in den Seminarbibliotheken vorhanden sind:

Sammlung **Tusculum**, ursprünglich bei Heimeran erschienen, dann bei Artemis oder als Lizenzausgabe in der Wissenschaftlichen Buchgesellschaft. Es sind zweisprachige Ausgaben mit Texterläuterungen, Nennung der kritischen Ausgabe, Kommentar zum Autor, weiterführender Literatur und einem Register.

Bibliothek der Alten Welt (BAW), ebenfalls bei Artemis, in der Regel einsprachig, ebenfalls mit Kommentar und Literatur.[43]

Schriften und Quellen der Alten Welt (SQAW) erschien im Akademie-Verlag der DDR und der Wissenschaftlichen Buchgesellschaft, mit Lesartenapparat[44], Texterläuterungen und Register.

Die **Bibliothek der Antike**, erschien im Aufbau-Verlag der DDR, eine einsprachige Ausgabe mit Textkommentar.

Texte zur Forschung, erscheinen in der Wissenschaftlichen Buchgesellschaft.

Zu erwähnen ist die zweisprachige englische Reihe **Loeb Classical Library**, da manche Texte außer in alten deutschen Übersetzungen nur hier zugänglich sind, wie z.B. Strabon und Dionys von Halikarnass.

---

41 In einer textkritischen Ausgabe, dazu s.u. S. 62.

42 Informationen zu Quellensammlungen s.Vollmer S. 52ff. zu Übersetzungsreihen Schuller S. 153 ff.

43 In Lizenz bei dtv.

44 Textvarianten der Handschriften, s. dazu u.S. 62f.

Schließlich die **Bibliothek der Griechischen Literatur** erscheint im Hirsemann-Verlag, eine anspruchsvolle Reihe mit Einleitung, Texterläuterungen und Register.

Übersetzungen einzelner Autoren s.u.S. 337ff. Hinweis aufs Internet s.u. S. 317.

1.4 Der kritische Umgang mit Quellen

Historiker/innen arbeiten wie Kriminalisten/innen, um bestimmte, zeitlich vergangene Vorgänge zu rekonstruieren im Bewußtsein, daß sie irreversibel sind. Sie müssen alle erreichbaren Berichte (schriftliche Quellen) befragen, wobei beide sich mit dem Problem unterschiedlicher Aussagen konfrontiert sehen, aus denen sie *eine* ‚Wahrheit' herausfiltern sollen. Sie müssen darüber hinaus alle Informationen, die anderweitig zu ermitteln sind, zusammenstellen wie z.B. alle Überreste am Tatort (gegenständliche Quellen). In beiden Berufen ist die Fragestellung von entscheidender Bedeutung und ist jeweils auch vom Fragenden und seinem sozio-kulturellen Hintergrund abhängig. Die Fragestellung kann sich während der Ermittlung (Sichtung) ändern.

Zur Phase der Sichtung gehört auch die Analyse der Aussagen, die Klärung unbekannter Sachverhalte und eine erste chronologische und systematische Erarbeitung der Zusammenhänge, die zu einem Geschehen geführt haben. Erst danach erfolgt die Auswertung, indem andere Meinungen herangezogen, Modifizierungen und Korrekturen angebracht werden, bis schließlich die eigene Würdigung des Geschehens erfolgt.

Anleitung zur Quellen-interpretation

1. Sichtung

1.1 Quellenkritik

1.1.1 Sicherung des Textes

1.1.2 Bestimmung des Quellencharakters

1.1.3 Bestimmung der Tendenz des Autors

1.1.4 Aussagen anderer Quellen zum gleichen Sachverhalt

1.2 Klärung sprachlicher Probleme

1.3 Klärung aller im Text vorkommenden Unbekannten

1.4 Erarbeitung des chronologischen und systematischen Zusammenhangs

2. Auswertung

2.1 Konfrontation mit vorhandenen Fragestellungen in wissenschaftlichen Arbeiten

2.2 Historische Einordnung des in der Quelle berichteten Geschehens

2.3 Ergänzung, Modifizierung oder Korrektur der dazu gelesenen wissenschaftlichen Literatur oder durch diese an der eigenen Interpretation
2.4 Eigene Wertung

Im folgenden soll Schritt für Schritt die Vorgehensweise erläutert werden, wobei wir uns zu Beginn fragen müssen, was überhaupt eine Quelle ist.

Definition von Quelle

Als Quelle[45] kann alles bezeichnet werden, was aus der Zeit x oder über die Zeit x erhalten geblieben und geeignet ist, eine historische Aussage zu machen. Aus dieser Definition ist zu folgern, daß Quellengattungen unterschieden werden müssen und daß die Fragestellung erst die Quelle zu dem macht, was sie ist. Eine Aussage oder ein gegenständlicher Fund, die zu der gestellten Frage nichts beitragen, entfallen für diesen Moment als Quelle.[46]

Von der Quelle abzugrenzen ist die wissenschaftliche Literatur. Sie wird erst in der Auswertungsphase als Meinung mit herangezogen. Diese Reihenfolge des Vorgehens ist gerade Anfängern/innen sehr zu empfehlen, weil sie unbefangen und ohne ‚Betriebsblindheit' neue Fragen entwickeln können, die auch ‚Profis' bereichern.

Anfänger/innen mögen des weiteren beachten:

Wenn Mommsens ‚Römische Geschichte' befragt wird z.B. im Hinblick auf die römische Revolution, dann ist seine Arbeit unter wissenschaftlicher Literatur einzuordnen. Wird indessen eine wissenschaftsgeschichtliche Untersuchung angefertigt, zu der Mommsens ‚Römische Geschichte' herangezogen wird, ist sie Quelle.

1. Sichtung

1.1 Quellenkritik

1.1.1 Sicherung des Textes

Sicherung des Textes

In einer Zeit, als die literarische Überlieferung der Antike noch versteckt in Klosterbibliotheken als mittelalterliche Handschriften zu suchen, zu entdecken und zu publizieren war, wäre das erste und oberste Gebot für die historische Arbeit gewesen, überhaupt

[45] S.K.Meister, Die Interpretation historischer Quellen. Schwerpunkt Antike, Bd.1 (Griechenland), Paderborn 1997, S. 15-21 und Einführung in die Interpretation historischer Quellen. Schwerpunkt Antike, Bd. 2 (Rom), Paderborn 1999, S. 14-19.

[46] Hier liegt eine große Schwierigkeit für Archivare, die eine Auslese der Quellen vornehmen müssen, aber nicht alle zukünftigen Fragestellungen im Blick haben können.

erst einmal zuverlässige Texte zu erstellen. Diese philologische Grundlagenarbeit einschließlich der Textgeschichte ist inzwischen weitgehend gemacht. Dennoch sollten auch Anfänger/innen fragen, wie der ihnen vorliegende Text überhaupt entstand.[47]

Vor der Erfindung des Buchdrucks mußten alle Texte abgeschrieben werden, d.h. jeder Text war ein Unikat mit Abschreibefehlern oder anderen Änderungen. Aber auch die ersten Drucke mußten irgendeine erhaltene Handschrift als Basis wählen. Erst nach der Zusammenstellung und dem Vergleich aller erreichbaren Handschriften und frühen Drucke läßt sich ein Abhängigkeitsverhältnis der einzelnen Handschriften erstellen. Daraus entwickelte man dann das sogenannte Stemma, d.h. man machte den Versuch, den ursprünglichen Text (Archetypus) zu rekonstruieren.

Fassen wir diese Arbeitsgänge bis zur Herausgabe eines Textes noch einmal zusammen:

1. Heuristik: Sammeln von Handschriften oder frühen Drucken.
2. Recensio: Untersuchung der Abhängigkeitsverhältnisse der Handschriften voneinander (Leitfehler, Korruptelgemeinschaften[48], Vorlage-Abschrift)
3. Hinzuziehung der indirekten Zeugnisse (antike Zitate) und Erarbeitung der Textgeschichte
4. Edition

Beispiel für ein Stemma[49]

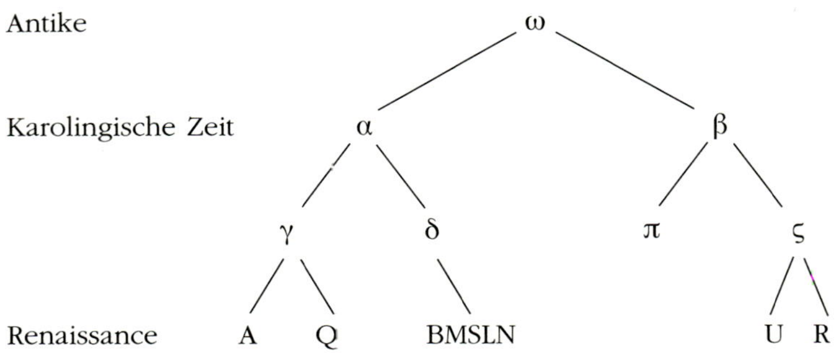

[47] Ausführlich zur Textkritik Graf S. 53ff.

[48] Gemeinschaften mit verderbten Stellen.

[49] Stemma von O. Seel in seiner Ausgabe von Caesars bellum Gallicum p. LXXXIII; die griechischen Kleinbuchstaben bezeichnen rekonstruierte Vorlagen, die lateinischen Großbuchstaben mittelalterliche Handschriften.

Diese Arbeit wie auch die Heranziehung der indirekten Überlieferung schlägt sich im textkritischen Apparat der sogenannten kritischen Ausgaben nieder. Diesen textkritischen Apparat lesen zu können ist wichtig, weil zuweilen die Interpretation einer Textstelle von einer Textvariante abhängen kann. Herausgeber wählen

1. den positiven Apparat: sie nennen sowohl die mit dem gedruckten Text übereinstimmenden als auch die abweichenden Codices.
2. den negativen Apparat: sie nennen nur die abweichenden Lesarten.

Um die Prinzipien einer Edition zu erfahren, ist es nötig, die Einleitungen zu Textausgaben zu lesen.

Fälschungen

Im Kontext der textkritischen Arbeit, zuweilen auch später, kann es nötig werden, die Echtheit einer Quelle zu prüfen, weil der Verdacht aufkommt, die Quelle oder Teile der Quelle könnten z.B. durch Einschübe gefälscht sein. Eklatantestes Beispiel war die Fälschung der Tagebücher Hitlers, wobei die Nähe des Historikers und des Kriminologen auch hier wieder deutlich wurde. Für die sogenannte äußere Kritik (Beschreibstoff, Schreibmaterial etc.) hatte man das Bundeskriminalamt eingeschaltet.

Im althistorischen Bereich orientiert sich die äußere Kritik zwangsläufig an der Gattung, weil für z.B. Papyri andere Maßstäbe anzulegen sind als für Inschriften und die Erfahrung der Experten unverzichtbar ist.

Bei der inneren Kritik wird geprüft, ob der Text in sich schlüssig ist oder Widersprüche auftauchen, ob ungereimte Einfügungen, Interpolationen, vorkommen, ob die Sprache der Zeit verwendet wird u.a.m.

Bei Fälschungen im eigentlichen Sinne können zwei Kategorien unterschieden werden:

1. die kriminelle Fälschung: es geht darum, sich durch die Fälschung materielle Vorteile zu verschaffen.[50]
2. die wissenschaftliche Fälschung: zum Beweis einer These oder um sich einen Namen zu machen, wird ein Quellennachweis selbst hergestellt.[51]

Da der Schutz des Urheberrechtes in der Antike keine Rolle spielte und man mit Originalität auch anders umging, konnte es auch zu unbewußten Fälschungen kommen:

---

50 Berühmtes mittelalterliches Beispiel dafür ist die Konstantinische Schenkung. S.H.Fuhrmann, ‚Konstantinische Schenkung' LexMA 5, 1991, Sp. 1385f.

51 Beispiel ist der berühmte Inschriftenfälscher Ligorius.

1. Naive Fälschung: sie wird vorgenommen, um einen vorhandenen Tatbestand durch Beleg zu sichern, dessen frühere Existenz vorausgesetzt wird.[52]
2. Uneigentliche Fälschung: Hier handelt es sich um Fälschungen, die ohne Absicht und erst im Nachhinein den Charakter von Fälschungen erhielten.

Historische Fälschungen können als Quelle für die Fälschungszeit herangezogen werden. Sie sind dann ausgesprochen wertvolle Zeugnisse vor allem im Hinblick auf die Person des Fälschers und seine Motive, aber auch für die Mentalität der Fälschungszeit.

1.1.2 Bestimmung des Quellencharakters

Quellencharakter

Die Bestimmung des Quellencharakters dient in erster Linie zur Klärung, was von der Quelle an Aufschlüssen erwartet werden kann und wie zuverlässig diese sind, in zweiter Linie zum Aufspüren von Hilfen aller Art, die vielfach quellenspezifisch von Spezialisten erarbeitet wurden.

Schriftlose Quellen		Schriftliche Quellen		
Gegenständliche	Abstrakte	Unmittelbare		Mittelbare[53]
Gebäude, Waffen, Schmuck, Kunstwerke, Alltagsgegenstände, Geländeformen etc.	Institutionen, Sprachen, Sitten, Namen etc.	Notizen,		Historische Schriften
		Akten,		Biographien
		Urkunden		Memoiren
		Fachschriften	⇔[54]	Fachschriften
		Briefe	⇔	Briefe
		Dichtung	⇔	Dichtung
		Reden	⇔	Reden
		Inschriften	⇔	Inschriften
		Münzen	⇔	Münzen

Notizen, Akten, Urkunden

Die drei Kategorien Notizen, Akten und Urkunden in unserer Übersicht scheinen für die Alte Geschichte auf den ersten Blick unpassend aufgeführt, denn erstere betreffen wohl mehr die

---

[52] Beispiel: Der Kalliasfrieden von 449 v. Chr., eine Abgrenzung der Interessenssphären zwischen Griechen und Persern, dessen Historizität schon in der Antike bezweifelt wurde.

[53] Man verwendet z.T. auch die Begriffe Primär- und Sekundärquelle. Z.T. in der Bedeutung wie Tradition und Überrest (S. Meister S. 16f.), z.T. um zeitgenössische von späteren Quellen zu unterscheiden. Im Kapitel ‚Die literarische Überlieferung' werden die Gattungen dieser Spalte außer Inschriften und Münzen behandelt.

[54] Die Pfeile zeigen an, daß individuell die Zuordnung einer Quelle in beide Kategorien möglich ist.

Neuere Geschichte, Urkunden mehr das Mittelalter. – Weit gefehlt, selbstverständlich gab es sie auch in der Antike. Die Art ihrer Erhaltung ordnet sie aber in der Regel den sogenannten Hilfswissenschaften zu. Notizen gibt es die Fülle als Papyri oder auf Tonscherben (Ostraka).

Akten sind ebenfalls häufiger als Papyri überliefert, zuweilen sind sie aber auch auf Steininschriften faßbar. Offizielle Urkunden hielt man in Rom auf Bronze fest, im griechischen Osten dagegen, auch wenn sie von Rom ausgingen, auf Stein.[55] Diese unmittelbaren Quellen sind deshalb der Papyrologie oder der Epigraphik zugeordnet.

Mittelbare, unmittelbare Quellen

Texte, die in irgendeiner Form einer Reflexion unterworfen wurden, also bewußt überliefern, sind mittelbare Quellen oder auch ‚Tradition'. Alle anderen Quellen entstanden aus einem unmittelbaren zeitgenössischen Bedürfnis heraus und werden auch ‚Überrest'[56] genannt.

Reden hält man normalerweise aus einem bestimmten zeitgebunden Zweck, werden sie aber für eine Publikation überarbeitet, gehören sie zu den mittelbaren Quellen. Das Gleiche gilt für Briefe. Eine einfache Grabinschrift zur Kennzeichnung des Grabplatzes ist eine unmittelbare Quelle, dagegen ist z.B. der Rechenschaftsbericht des Augustus, der inschriftlich überliefert ist, eine bewußt für die Nachwelt geformte Quelle mit politischer Tendenz. Auch bei der Dichtung ist die Grenze fließend und muß jeweils im Einzelfall entschieden werden. Die Beispiele ließen sich vermehren. Beide Quellengattungen ergänzen sich.[57]

Wozu, so werden Anfänger/innen fragen, soll dieses Unterscheiden nun gut sein. Es gibt die ersten Hinweise für die Bestimmung des Quellenwertes und setzt den darauf gerichteten Reflexionsprozeß in Gang. Darüber hinaus läßt die Einordnung bestimmte Konventionen einer Quellenart erkennen.

1.1.3 Tendenz des Autors

Tendenz des Autors

In diesem Zusammenhang sind die folgenden Fragen wichtig:

Wer war der Autor? **Wann** hat er den zur Diskussion stehenden Text verfaßt? **Wo** wurde der Text geschrieben? **Warum** hat er ihn geschrieben? **Wie** hat er ihn geschrieben?

---

[55] S.u.S. 187.

[56] Diese Begriffe gehen auf J.G.Droysen zurück.

[57] S.u.S. 100ff. u. 172ff.

Die Bedeutung dieser Fragen soll am Beispiel des C.Suetonius Tranquillus[58], kurz Sueton, und seinen Kaiserbiographien (vitae Caesarum) erläutert werden.

Wer: Die biographischen Daten antiker Autoren sind in der Regel sehr fragmentarisch und oft nur aus dem Werk selbst zu erschließen. Das Geburtsjahr Suetons liegt um 70 n.Chr., sein Todesjahr ist unbekannt, man vermutet um 140 n.Chr. Seine Familie stammte vielleicht aus Afrika und gehörte dem Ritterstand an, d.h. sie war vermögend genug, ihm eine gute Ausbildung wahrscheinlich in Rom zu ermöglichen. Gönner und Freund war Plinius der Jüngere, der sich mehrfach für ihn beim Kaiser verwendete. Wohl noch unter Traian trat Sueton in kaiserliche Dienste als a studiis, a bibliothecis und schließlich als ab epistulis[59] unter Hadrian. Im Jahr 121 n.Chr. wurde er zusammen mit seinem Freund, dem Gardepräfekten C.Septicius Clarus aus kaiserlichen Diensten entlassen, weil er sich unziemlich gegenüber der Kaiserin verhalten haben soll. Danach war er als Privatgelehrter tätig.

Von diesen biographischen Daten wichtig zu wissen ist der Bildungsgrad, die Nähe zum literarischen Sujet, die Möglichkeit, durch seinen Beruf Zugang zu den kaiserlichen Archiven zu haben.

Wann: Die Kaiserbiographien erschienen um 120 v.Chr. mit einer Widmung an seinen Freund C.Septicius Clarus. Der Abfassungszeitraum liegt also vor der Entlassung aus dem kaiserlichen Dienst, was in diesem Fall wegen des Zugangs zu kaiserlichem Aktenmaterial nicht unwichtig war.

Wo: Auch die räumliche Nähe zum Berichteten – Rom – ist gewährleistet. Je näher eine Quelle zeitlich und räumlich zum Berichteten steht, um so besser dürfte der Informationsstand sein. Allerdings müssen oft auch um so mehr Rücksichten genommen werden.

Warum: Hier sind nur Vermutungen möglich, Äußerungen Suetons selbst sind nicht erhalten.[60] Er wollte wahrscheinlich nicht unbedingt Geschichte schreiben, sondern eher seine Zeitgenossen über die Charaktere der Kaiser unterrichten und zugleich unterhalten in ähnlicher Manier wie die heutige Yellowpress. Die privaten Lebensumstände gekrönter Häupter waren zu allen Zeiten von breitem Interesse.

---

58 S.Galland-Hallyn, ANRW II, 33,5 (1991) S. 3576-3622. Nickel S. 274f.

59 Es handelt sich um einflußreiche Hofämter, die ihm Zugang zur kaiserlichen Korrespondenz und zum Archiv erlaubten.

60 Der Anfang der Kaiserbiographien, wo entsprechende Hinweise zu erwarten wären, ist nicht erhalten.

Wie: Sueton hat seine zwölf Biographien nicht chronologisch angelegt, sondern nach einem festen Schema: Nachrichten über die Familie, Vorzeichen, Jugend, Stärken des Kaisers, Schwächen des Kaisers, wobei viele Details über Gewohnheiten, Aussehen, private Gewohnheiten u.ä. erzählt werden. Schließlich geht er auf die Vorzeichen ein, die das Sterben des Herrschers anzeigten und das Sterben selbst.

All diese Fragen bringen uns der Hauptfrage, ob Sueton mit einer bestimmten Tendenz geschrieben habe, sehr viel näher. Daß die Wertung je nach eigenem Standort sehr unterschiedlich ausfallen kann, sollen die beiden folgenden Zitate zeigen.

> „Die Vorzüge, die Suetons Ruhm und Beliebtheit hervorriefen, enthüllen sich bei näherem Zusehen als durchaus ambivalent (deshalb muß die Kritik sich weithin in Negationen aussprechen). Das Ziel des Autors ist keineswegs, Geschichte zu schreiben – eher schon: Geschichten –, der Ablauf chronologischer Fakten ist für ihn so belanglos wie die Frage nach den Triebkräften des historischen Geschehens (darum kann er auch ohne Bedenken neben Akten, historiographischen Berichten und Denkmälern autobiographische Aufzeichnungen und den Straßen- und Hofklatsch als Quelle heranziehen).[...] man muß sich fragen, ob nicht in Wirklichkeit die anscheinend gewissenhafte Berichterstattung ihrerseits nur eine beschränktere, banalere Form der subjektiven Auswahl darstellt, die mit Nebensächlichem das Wichtige verbaut..."[61]

> „Die *Vitae* stellen eine Form der ‚kleinen' Geschichtsschreibung dar, die aus verschiedenen Quellen schöpft: von Archivmaterial über satirische Pamphlete bis zur anticaesarianischen Historiographie. Ohne das Niveau der großen Geschichtsschreibung zu erreichen, stellen die *Vitae Caesarum* doch eine außerordentlich reiche Quelle für die historiographische Rekonstruktion des ersten Jahrhunderts der Kaiserzeit dar."[62]

Beide Wertungen, die nur im Auszug zitiert sind, gehen von den gleichen Informationen aus, haben aber sehr unterschiedliche Erwartungen an den antiken Autor. Studierende werden also nicht umhin kommen, sich selbst ein Urteil zu bilden, zumal ihre eigene Fragestellung den Autor wieder in ein anderes Licht rücken mag.

1.1.4 Aussagen anderer Quellen zum gleichen Sachverhalt

Quellenvergleich

Eine Tatsache erscheint am glaubwürdigsten, wenn sie mehrfach, unabhängig und möglichst gleichzeitig mit mehreren zufälligen,

---

[61] Schmalzriedt S. 400.
[62] Graf S. 259.

aber gleichen Details überliefert wurde. Dieser Fall tritt allerdings nur sehr selten ein, so daß ein Abwägen nach Zuverlässigkeit der einen oder der anderen Quelle, historischer Wahrscheinlichkeit und komplexer Zusammenhänge und der Weiterentwicklung sorgfältig vorgenommen werden muß.[63] Auch dieses Ergebnis wird – wenn auch mit guten Gründen – zwangsläufig subjektiv sein.

Spätestens nach diesen Vorarbeiten erliegen Studierende der Versuchung, in die einschlägige Forschungsliteratur zu schauen, um sich dort ‚Sicherheiten' zu holen. Sie sollten dies bei allem Respekt vor der langjährigen Erfahrung wissenschaftlicher Autoren erst dann tun, wenn sie sich ihre ersten eigenen Eindrücke notiert haben, um den unbefangenen Zugang zu einer Quelle nicht ganz zu verschütten und gegebenenfalls leichter eigene Position beziehen zu können. Dieses Vorgehen ist auch für die Lehrenden oft sehr erfrischend.

Die bisher geleisteten Vorarbeiten bezogen sich jeweils auf die Gesamtquelle und ihren Autor. Sie sind für eine kursorische Lektüre ebenso wichtig, wie für eine Einzelinterpretation. In der Praxis werden die Studierenden mit der Interpretation bestimmter Quellenabschnitte konfrontiert werden. Dafür sind die folgenden Schritte notwendig:

1.2 Klärung sprachlicher Probleme

Nachschlagetätigkeit

Um einerseits die Übersetzungsvarianten abzuwägen, andererseits genauere sprachliche Vorstellungen und Assoziationshintergründe zu ermitteln, ist das Nachschlagen bestimmter zentraler griechischer oder lateinischer Begriffe unerläßlich.[64] Meist ist aus der Schulzeit ein kleineres Wörterbuch vorhanden, das für die Arbeit zu Hause ausreicht. Dies können sein:

Für griechische Texte:

W.**Gmoll**, K.**Vretska**, Griechisch-deutsches Schul- und Handwörterbuch, München, Wien ⁹1965 oder

Langenscheidts Taschenwörterbuch, Altgriechisch-Deutsch (Neuausg.) bearb.von H.Menge, K.-H.Schäfer, Berlin, München 1986

Für lateinische Texte:

Der kleine Stowasser. Lateinisch-deutsches Schulwörterbuch, München 1980

---

[63] Ein Vergleich des Bildes von Domitian bei Tacitus und bei Sueton ist in diesem Zusammenhang von größtem Interesse. S.Wolf Steidle, Sueton und die antike Biographie, München ²1963.

[64] S.o.S. 55ff.

oder

Langenscheidts Großes Schulwörterbuch Lateinisch – Deutsch, bearb. von E.Pertsch auf der Grundlage von Menge-Güthling, Berlin u.a. [8]1992, mit Anhang, das Listen unregelmäßiger Verben, geläufige Abkürzungen von Inschriften und Deklinationsbeispiele enthält.

Beide Wörterbücher orientieren sich an Autoren, die zum Schulkanon gehören.

Für andere Autoren oder umfassendere Information ist im Griechischen der **Liddell-Scott**, im Lateinischen der **Georges** zu empfehlen:

A Greek- English Lexicon. Hg.von H.G.Lidell, R.Scott; rev. v.H.S. Jones, R. McKenzie 1940; Suppl.v.P.G.W.Glare u.a. Oxford 1996 (Abk.LSJ)

Karl Ernst Georges, Ausführliches lateinisch-deutsches Handwörterbuch, 2 Bde, Hannover [8]1913. ND Darmstadt 1961, zuletzt 1992.

Rechtstermini lassen sich gut im **Heumann – Seckel** nachschlagen:

Heumanns Handlexikon zu den Quellen des römischen Rechts, neu bearbeitet von E.Seckel Jena [9]1914, ND Graz 1953.

Da beide Wörterbücher aus dem 19.Jahrhundert stammen, kann ein Kontrollblick in

Oxford Latin Dictionary (OLD), hrsg. von G.W.Glare, Oxford [3]1984 lohnen.

Bei Forschungsproblemen ist der **Thesaurus Linguae Latinae**, begr. von E.Wölfflin 1900ff zu befragen.

1.3 Klärung sachlicher Probleme

Ist die treffendste Übersetzung gefunden, müssen alle sonst im Text vorkommenden unbekannten Begriffe oder Sachverhalte geklärt werden. Dafür stehen spezielle althistorische Nachschlagewerke zur Verfügung. Hier seien nur die für den schnellen, nicht zu ausführlichen Zugang relevanten Werke genannt:[65]

Der **Kleine Pauly** (Kl.P). Lexikon der Antike auf Grundlage von Pauly's Realenzyklopädie der classischen Altertumswissenschaft unter Mitwirkung zahlreicher Fachgelehrter bearb.und hrsg. von Konrat Ziegler und Walther Sontheimer, 5 Bde, Stuttgart, München 1964-1975 (Taschenbuchausgabe bei dtv, München 1979)

Seit 1996 erscheint das in der gleichen Tradition stehende Nachschlagewerk:

---

[65] Zu den Nachschlagewerken s.auch u. S. 336.

Der **Neue Pauly** (NP), hrsg. von H.Cancik und H.Schneider. Geplant sind 12 Bände. Band 13-15 sollen sich mit der Rezeption der Antike beschäftigen. Bisher erschienen sind die Bände 1-9 (A-Poi) und Bd.13-14 (A-Ky).

Siehe weitere Lexika im Literaturteil S. 336.

1.4 Erarbeitung des chronologischen und systematischen Zusammenhangs

Durch genaues Nachschlagen von Unbekanntem wird nicht nur das eigene Wissensdefizit aufgearbeitet, gleichzeitig werden auch Zuverlässigkeit und Wahrheitsgehalt des Textes überprüft. Hierbei stößt man häufig auf Widersprüche oder offene Fragen in der Forschung. Darüber hinaus wird erkennbar, wo die Quelle lückenhaft berichtet. Fast zwangsläufig wird man nun die Konfrontation mit anderen wissenschaftlichen Arbeiten suchen.

Nicht selten stehen Kommentare zu einzelnen Autoren oder für bestimmte Werke einzelner Autoren zur Verfügung. Sie auf den speziellen Quellenabschnitt hin zu befragen, ist unerläßlich. Die Einordnung der Quellenstelle in den chronologischen und systematischen Zusammenhang macht jetzt keine Schwierigkeiten mehr.

2. Auswertung

Interpretation

Bei der Auswertung des interpretierten Quellenabschnitts innerhalb eines Referats oder einer Hausarbeit gehen nun viele der Vorarbeiten in die Erwägungen des wissenschaftlichen Diskurses ein. Die unter 2.1 bis 2.4 genannten Aspekte sollten berücksichtigt werden, wobei die Reihenfolge variieren kann.

2.1 Konfrontation mit vorhandenen Fragestellungen in wissenschaftlichen Arbeiten.

2.2 Historische Einordnung des in der Quelle berichteten Geschehens.

2.3 Ergänzung, Modifizierung oder Korrektur der dazu gelesenen wissenschaftlichen Literatur oder durch diese an der eigenen Interpretation.

2.4 Eigene Wertung.

Bei schriftlicher Abfassung der Quelleninterpretation[66] ist folgende Vorgehensweise empfehlenswert:

---

66 Häufig wird eine Quelleninterpretation in der Zwischenprüfung, wahlweise auch im Staatsexamen oder der Magisterprüfung verlangt.

- Die gewonnenen Erkenntnisse zu Leben, Werk und Adressaten des Autors und die für die Interpretation relevanten Fakten werden vorgestellt.
- Danach sollte eine Einordnung der Quelle in den historischen Kontext vorgenommen und gattungsbedingte Gegebenheiten erwogen werden.
- Eine nach Sinnabschnitten gegliederte Paraphrase des Inhalts schließt sich an. Dieser Schritt ist außerordentlich wichtig, um eine scharfe Trennung zwischen Aussagen der Quelle und eigenem Kommentar zu erreichen. Anfänger/innen meinen häufig, schon die Inhaltsangabe sei Interpretation.
- Nun können die eigenen Auswertungsergebnisse in gleichzeitiger Auseinandersetzung mit der Parallelüberlieferung und den Positionen in der Forschung vorgestellt werden.

Es wurde schon mehrfach darauf hingewiesen, daß oft sehr unterschiedliche, zuweilen sogar gegensätzliche Deutungen ein und derselben Quelle möglich sind. Hier erweist sich als hilfreich, den ersten unbefangenen Eindruck wieder in den Blick zu bekommen und mit den Meinungen der Forschung zu konfrontieren. Gleichgültig, ob er sich als haltlos erweist oder verteidigt werden kann, die so gewonnene eigene Stellungnahme wird immer eine durch Reflexion erlangte, nicht nur eine übernommene sein.

- Ein Resümee, das knapp die Bedeutung des Quellenabschnitts, die eigene Wertung und die sich daraus ergebenden Schlußfolgerungen für die historischen Zusammenhänge darlegt, schließt die Interpretation sinnvoll ab.

2. Die literarische Überlieferung

Im Rahmen dieser Einführung kann im folgenden nur vergleichsweise kurz auf die literarische Überlieferung eingegangen werden und dies auch nur in Konzentration auf die wichtigsten Gattungen und Autoren mit einem Schwerpunkt auf der Geschichtsschreibung. Die antike Arbeitsweise, Phänomene an exempla zu verdeutlichen, soll hier Vorbild sein. Zur Vertiefung seien vor allem empfohlen:

Heinz Günther Nesselrath (Hg.), Einleitung in die griechische Philologie, Stuttgart- Leipzig 1997 und

Fritz Graf (Hg.), Einleitung in die lateinische Philologie, Stuttgart-Leipzig 1997

2.1 Die antike Geschichtsschreibung

In der Auswahl der Geschichtsschreiber will ich mich dem italienischen Literaturhistoriker Arnoldo Momigliano[67] und seiner Begründung anschließen:

> „Betonen will ich, daß unser Urteil über die antiken Historiker Griechenlands und Roms im wesentlichen übereinstimmt mit dem antiken Kanon der Beurteilung. Herodot, Thukydides, Xenophon und Polybios waren schon Vorbilder für die griechischen und römischen Historiker, die in der Lage waren, sie zu lesen. Entsprechend waren Sallust, Livius und Tacitus beispielhaft für ihre lateinischen Nachfolger."

Griechische Geschichtsschreiber: Herodot

Herodot (485 – 425 v.Chr.)[68] stammte aus Halikarnassos (heute Bodrum) in Kleinasien. Aus politischen Gründen verließ er seine Heimat und lebte eine gewisse Zeit auf Samos im Exil. Er hielt sich längere Zeit in Athen auf, wo er gegen Honorar öffentliche Lesungen aus seinem Werk vor der eigentlichen Publikation (425 v.Chr.) veranstaltete. Hier schloß er Freundschaft mit Sophokles und zählte zum Kreis um Perikles. Er unternahm zahlreiche Reisen, deren zeitliche Abfolge unsicher ist und beteiligte sich an der Gründung von Thurioi in Unteritalien (444/43 v.Chr.). Spätestens seit Cicero (de leg.1,5) gilt Herodot als der Vater der Geschichtsschreibung.

Er beginnt seine *historiēs apodexis*[69], seine Darlegung seiner Forschungen, folgendermaßen:

> „Herodot aus Halikarnaß veröffentlicht hiermit seine Forschung, auf daß die menschlichen Werke bei der Nachwelt nicht in Vergessenheit geraten, und wunderbare Taten der Griechen und Barbaren nicht ohne Gedenken bleiben. Vor allem aber soll man erfahren, warum sie gegeneinander zum Kriege schritten."[70]

Mit diesem Proömium spricht er dreierlei an:
1. seine Methode
2. seine Themen
3. seine Zielsetzung.

Methode

Der Begriff ἱστορίη grenzt seine Arbeit vom Mythos deutlich ab. ‚Untersuchungen', ‚Nachforschungen' heißt nichts anderes, als Zeugnisse jeder Art für die von ihm behandelte Zeit zu suchen und auszuwerten. Für die in den Erzählfluß eingestreuten geographischen und ethnologischen Exkurse (logoi) verwendet er litera-

[67] Arnoldo Momigliano, Wege in die antike Welt, Berlin 1991 (Erste italienische Aufl.1955) S. 21.
[68] S.Klaus Meister, ‚Herodotos', NP Bd.5, 1998, Sp. 469ff.
[69] Nickel S. 438f.
[70] Herod. 1,1.

rische Quellen, z.B. Hekataios von Milet[71] und die eigene Anschauung (Autopsie). Die historischen Partien stützen sich ebenfalls auf Erlebtes und auf mündliche Zeugnisse (oral history), nicht zuletzt deshalb, weil er seine jüngste Vergangenheit untersucht. Dabei beruft er sich auf kundige Leute wie Priester oder anonyme Bewohner von Ländern oder Städten. Diese Form des Umgangs mit den Quellen wird begleitet von seinem Grundprinzip:

> „Doch ist es meine Pflicht, alles wiederzugeben, was erzählt wird. Freilich brauche ich nicht alles zu glauben. Die hier geäußerte Auffassung gilt für mein ganzes Werk."[72]

Diesem Prinzip folgend, bezieht er häufig gar keine Position, sondern nennt entweder nur seinen Gewährsmann oder läßt divergierende Positionen nebeneinander stehen. Zuweilen weist er auf Abweichungen in seinen Quellen hin und übt an ihnen Kritik.

Thema

Umstritten ist, ob Herodot von vornherein eine Darstellung der Perserkriege geplant hatte, in die seine geographisch-länderkundlichen Logoi einführen, oder ob er ursprünglich letztere als selbständige Einheiten verfaßte, die er später seinem ersten Teil anfügte. Sieht man die Wurzeln Herodots im Epos, dessen Thema ebenfalls ein Krieg ist (Homers Ilias mit der Schilderung des Troianischen Krieges), so wird man zu der ersten Annahme tendieren.[73] Sein zweites großes Thema ist der Dualismus Griechen – Barbaren, der sich gerade in der Zeit der Perserkriege in Griechenland stark ideologisierte.[74] Herodot berichtet zu diesem Thema meist ausgewogen, wenn auch oft polarisierend: der Perserkrieg als Kampf zwischen Freiheit und Knechtschaft, Kargheit und Wohlleben etc. Er berichtet mit verhältnismäßig großer Sachlichkeit von den Sitten und Gebräuchen der Nichtgriechen und hat sich auch der heutigen Forschung gegenüber als weitgehend zuverlässig erwiesen. Schon in der Antike wird die Buntheit seiner Sprache, die mit der Lebendigkeit seiner Inhalte korrespondiert, gelobt.

Zielsetzung

Ziel seine Schaffens war, die Taten der Menschen, die sie in der Vergangenheit vollbracht hatten, vor dem Vergessen zu bewahren und die Ursachen des Konfliktes zu ermitteln. Darüber stand als geschichtsphilosophischer Ansatz der Gedanke, daß das Menschli-

---

71 Hekataios aus Milet (um 500 v.Chr.) verfaßte eine Erdbeschreibung (Periegesis) in zwei Büchern mit den Titeln ‚Europa' und ‚Asien'; s. Nickel S. 635.

72 Herod. 7, 152.

73 S. dazu Iustus Cobet, Herodots Exkurse und die Frage der Einheit seines Werkes, Wiesbaden 1971.

74 S. Cartledge S. 36-60.

che von göttlichen Kräften bestimmt sei, die zwar auf Gerechtigkeit hin angelegt, letztendlich aber unberechenbar seien.

> „Erst Herodot hat den eigentlichen historiographischen Weg eröffnet und für die neue Gattung nicht nur eine literarische Form gefunden, die Belehrung und Ergötzung des Zuhörers in unnachahmlicher Weise zu verbinden vermochte, sondern auch schon eine ‚Geschichtsphilosophie' entwickelt, die als ein bewundernswerter Versuch der Annäherung an das innerste Wesen der Geschichte überhaupt angesehen werden kann."[75]

Über Ausgaben, Übersetzungen und Literatur infomiert Nickel S.439.

Thukydides

Thukydides (um 460-400 v.Chr.) gehörte zur athenischen Aristokratie, die der perikleischen Politik[76] eher fernstand. Wenn er sich dennoch hinter ihn und seine Politik stellte, so hatte das sehr persönliche Gründe.[77] 425/24 war er Stratege und wurde aufgrund einer militärischen Fehlentscheidung verbannt. Während seiner geschichtswissenschaftlichen Arbeit lebte er also über zwanzig Jahre nicht in Athen, sondern in Thrakien, wo er Landbesitz hatte. Reisen an die Schauplätze des historischen Geschehens unterbrachen seinen dortigen Aufenthalt. Wahrscheinlich durfte er im Zuge einer allgemeinen Amnestie am Ende des Peloponnesischen Krieges (404 v.Chr.) zurückkehren, kam aber mit seinem Werk nur bis zum Herbst 411 v.Chr. Auch andere Partien weisen Merkmale der Unfertigkeit auf. Thukydides schuf die erste historische Monographie ebenfalls über ein zeitgenössisches Thema, den Peloponnesischen Krieg (431-404). Den Plan zu diesem Werk muß er sehr früh gefaßt haben, denn offenbar betrieb er entsprechende historische Vorarbeiten schon in der Vorkriegszeit. In seinem Proömium stellt er die besondere Bedeutung seines Sujets im Vergleich zur vorangegangenen griechischen Geschichte heraus (Archäologie 1,2-21). Daran schließt er sein sogenanntes Methodenkapitel an:

> „Was nun in Reden hüben und drüben vorgebracht wurde, während sie sich zum Kriege anschickten, und als sie schon drin waren, davon die wörtliche Genauigkeit wiederzugeben war schwierig sowohl für mich, wo ich selber zuhörte, wie auch für meine Gewährsleute von anderwärts; nur wie meiner Meinung nach ein jeder in seiner Lage etwa sprechen mußte, so stehen die Reden da, in möglichst engem Anschluß an den Gesamtsinn des in Wirklichkeit Gesagten. Was aber tatsächlich geschah in dem Kriege, erlaubte ich mir nicht nach Aus-

---

[75] Otto Lendle, Einführung in die griechische Geschichtsschreibung. Von Hekataios bis Zosimos, Darmstadt 1992, S. 36.

[76] S.o.S 29f.

[77] S. Wolfgang Will, Perikles, Reinbek 1995 (rororo Monographie 1290).

künften des ersten besten aufzuschreiben, auch nicht ‹nach meinem Dafürhalten›, sondern bin Selbsterlebtem und Nachrichten von andern mit aller erreichbaren Genauigkeit bis ins einzelne nachgegangen. Mühsam war diese Forschung, weil die Zeugen der einzelnen Ereignisse nicht dasselbe über dasselbe aussagten, sondern je nach Gunst oder Gedächtnis. Zum Zuhören wird vielleicht diese undichterische Darstellung minder ergötzlich erscheinen; wer aber das Gewesene klar erkennen will und damit auch das Künftige, das wieder einmal, nach der menschlichen Natur, gleich oder ähnlich sein wird, der mag es für nützlich halten, und das soll mir genug sein: zum dauernden Besitz, nicht als Prunkstück fürs einmalige Hören ist es aufgeschrieben."[78]

Methode

Zunächst äußert sich Thukydides zu möglichen Einwänden gegen seinen Umgang mit Reden, indem er einräumt, sie nicht wörtlich genau wiederzugeben, aber mit hoher psychologischer Wahrscheinlichkeit angemessen der historischen Situation nachgeschaffen zu haben. Auf die eigentliche Funktion der Reden, nämlich unterschiedliche, von seiner eigenen Meinung abweichende Perspektiven und Einschätzungen der damaligen Politik vorzuführen oder Motive und Zusammenhänge zu verdeutlichen, geht er nicht ein.[79]

Der zweite Aspekt betrifft seinen Umgang mit Quellen:

- Er selektiert seine Quellen, indem er nicht jede beliebige Auskunft zuläßt.
- Er untersucht seine Zeugenaussagen und das Selbsterlebte mit Akribie, d.h. mit größt möglicher Genauigkeit, wobei zwangsläufig Richtschnur seiner Einschätzung er selbst sein muß.
- Er betont die Schwierigkeiten quellenkritischen Arbeitens, da die Aussagen sehr voneinander abweichen.

Zielsetzung

Mit dieser Arbeitsweise will er erreichen, daß das Gewesene klar erkennbar wird. Es geht ihm um eine historische Wahrheit, die sich nicht nur an Fakten orientiert, sondern an Strukturen, damit auch das ‚Künftige' durchschaut werden kann. Kategorien dieser Art sind: das Phänomen Krieg, der Dualismus der Mächtigen, der Umgang mit Macht u.a. Die Nützlichkeit seines Vorgehens beruht auf der Grundannahme, daß die menschliche Natur immer gleich oder ähnlich sein wird und daß sie das historische Geschehen prägt. Diese Gesetzmäßigkeit wird lediglich durch das Einwirken des Zufalls unterlaufen. Damit wird seine Schilderung exemplarisch für alle zukünftigen Zusammenhänge.

Im Gegensatz zu Herodot

Obwohl Thukydides mit der sogenannten Pentekontaëtie (Geschichte der fünfzig Jahre zwischen dem Rückzug des Xerxes und

[78] Thuk.1,22.
[79] S.o.S. 30 zur Gefallenenrede des Perikles.

dem Beginn des Peloponnesischen Krieges) den Anschluß zu Herodots Geschichtswerk herstellt, begibt er sich mit diesem Denken in klaren Gegensatz zu Herodot und seiner ,theonomen' Geschichtsauffassung. Das Einwirken der Götter kann Thukydides nicht erkennen. Die Rivalität wird auch anderweitig spürbar, wenn er z.B. die Bedeutung der Perserkriege bewußt herunterspielt. Darüber hinaus grenzt er sich in seiner Art der Präsentation bewußt von Herodot ab. Sein Werk ist ,kein Prunkstück fürs einmalige Hören', sondern soll nützlich sein und dauernder Besitz werden.

Tradition

Mit Thukydides, der u.a. für Xenophon, Sallust und Tacitus ein großes Vorbild war, sieht man in der modernen Geschichtsforschung den Beginn der kritischen Geschichtsschreibung. Das kritische Selektionsprinzip bedingt zwar auch ein höheres Maß an Subjektivität, diese wird aber durch ein schlüssiges Gesamtkonzept ausgeglichen. Thukydides schuf eine Tradition der literarischen Historiographie, die ihr Augenmerk fast ausschließlich auf politisch-militärische Ereignisse lenkt, stringente Motivforschung betreibt und Zusammenhänge analysiert. Wieweit diese monographische Konzentration gemessen an Herodot auch eine gewisse Verarmung bedeutet und der Verzicht auf Unterhaltsamkeit ein Mangel sein mag, muß letztendlich jeder/jede für sich entscheiden.

Informationen über Ausgaben, Übersetzungen und Literatur bietet Nickel S.444.

Xenophon

Xenophon (um 430-355 v.Chr.) stammte ebenfalls aus Athen, allerdings aus einer Familie des Ritterstands mit konservativ-oligarchischer Prägung. Nach 410 muß er die Bekanntschaft mit Sokrates gemacht haben. Er folgte 401 v.Chr. dem Zug des jungen Kyros gegen seinen Bruder Artaxerxes und führte nach dem Tod des Kyros die griechischen Söldner durch Anatolien ans Schwarze Meer und zu dem spartanischen Feldherrn Thibron. Seine Erlebnisse schilderte er in der autobiographischen Schrift Anabasis. Er selbst schloß sich 399 v.Chr. dem Spartanerkönig Agesilaos an, über den er eine Lobrede (Enkomion) verfaßte. An der Schlacht von Koroneia[80] nahm er auf spartanischer Seite teil und wurde deshalb aus seiner Heimatsstadt verbannt.[81] Die Spartaner entschädigten ihn mit einem Landgut bei Skillous (Westpeloponnes). Hier verfaßte er

[80] Sieg des Agesilaos über die Böoter als Verbündete Thebens 394 v.Chr..

[81] Der Zeitpunkt und der Grund für die Verbannung ist umstritten. Meister S. 71 plädiert für eine frühere Verbannung wegen Beteiligung am Hochverrat gegen Artaxerxes, Lendle S. 111 bleibt offen, Nickel S. 402 hält die Verbannung nach Koroneia für wahrscheinlicher.

in den Jahren zwischen 394 bis 371 v.Chr. große Teile seines vielfältigen Oeuvres, bis er nach der Schlacht von Leuktra[82] durch die Niederlage der Spartaner seinen Landbesitz verlor und nach Korinth ging. Sein Exil wurde zwar in dieser Zeit aufgehoben, aber es bleibt offen, ob er je nach Athen zurückkehrte. Er starb um 355 v.Chr.

Thema

Sein historisches Hauptwerk Helleniká (Griechische Geschichte) schließt sich ohne Proömium mit den Worten „im Anschluß daran" (metá taûta) unmittelbar an Thukydides Werk, das im Jahr 411 v.Chr. endete, an. Folgerichtig berichtet er im ersten Teil über das Ende des Peloponnesischen Krieges (Bücher 1-2,3,10). Sowohl in Stil als auch in Arbeitsweise versucht er seinem Vorgänger weitgehend zu folgen. Aber Xenophon bewunderte auch Herodot, weswegen er manche Partien spannender und bunter gestaltete.

Im zweiten Teil (Bücher 2,3,11-7) schildert er die Herrschaft der Dreißig Tyrannen, ihre Absetzung und die Wiederherstellung der Demokratie, den spartanischen Perserkrieg (401-386), das Erstarken Thebens und den Verfall der spartanischen Macht. Der Bogen ist nicht so weit gespannt wie bei Herodot und Thukydides, dennoch kann er nicht auf einen spartanischen Lokalhistoriker reduziert werden, da auch hinter seiner Schilderung eine geschichtsphilosophische Vision steht: die Götter, die einen gebrochenen Schwur mit Zorn und Entzug ihrer Gunst strafen.[83]

Methode

Im Gegensatz zu seinen Vorgängern beruht Xenophons Arbeit im zweiten Teil weitgehend auf der eigenen Anschauung (Autopsie). Eine gründliche Quellenrecherche fehlt, so daß z.T. erhebliche Informationslücken auftauchen. Dies gilt nicht für den ersten Teil, für den er entweder auf Zeitzeugen oder auf schriftliche Quellen angewiesen war.

> „Als ein faszinierender, aber unbeweisbarer und letztlich doch eher unwahrscheinlicher Gedanke wurde erwogen, er könnte irgendwie in den Besitz des thukydideischen Archivs gelangt sein und daraus seine Detailkenntnisse bezogen haben."[84]

Außer den schon genannten Arbeiten verfaßte Xenophon eine Reihe anderer Schriften, die deshalb bedeutsam sind, weil er mit ihnen z.T. völlig neue Genera[85] schuf. Er erfreute sich in der Antike

---

[82] Sieg der Thebaner unter Epaminondas 371 v.Chr. über die Spartaner.

[83] Der Zorn der Götter richtete sich gegen Sparta, weil die Spartaner ihren Schwur, den Griechenstädten ihre Autonomie zu belassen, gebrochen hatten.

[84] Lendle S. 114.

[85] Erziehungsroman (Kyropädie), Staatstheoretische Schriften (Staat der Athener und Hieron), Fachschriften (Über die Reitkunst, Oikonomikos, Staatseinkünfte).

großer Beliebtheit und noch Arrian im 2.Jahrhundert n.Chr. knüpfte bewußt an dessen ‚Anabasis' an. Erst im 19. Jahrhundert erfuhr er eine deutliche Abwertung, die inzwischen korrigiert wurde.

Informationen über Ausgaben, Übersetzungen und Literatur zur Hellenikà bietet Nickel S. 402.[86]

Polybios

Polybios (ca. 200 – 120 v. Chr.) entstammte einer angesehenen Aristokratenfamilie aus Megalopolis (Arkadien). Sein Vater war Stratege im Achaischen Bund und Polybios trat in seine Fußstapfen, als er dreißigjährig zum Hipparch[87] aufstieg.

Als Perseus von Makedonien 168 v.Chr. die makedonische Hegemonie über Griechenland wieder errichten wollte, provozierte er den Einmarsch der Römer. Auch in Megalopolis etablierte sich nach dem Sieg der Römer eine römerfreundliche Partei. Sie veranlaßte, daß 1000 makedonenfreundliche Geiseln nach Rom verbracht wurden, unter ihnen auch Polybios. Da er in Rom schon literarisch bekannt war, fand er dort bald Zugang zum Scipionenkreis[88] und befreundete sich mit dem jungen Scipio Aemilianus. Erst nach 17 Jahren Exil durfte er 150 v.Chr. in seine Heimatstadt zurückkehren, wo er seine politische und diplomatische Tätigkeit wieder aufnahm. Schon bald wurde er von Scipio gebeten, als Berater am Dritten Punischen Krieg (149-146) teilzunehmen.

Obwohl seine Anwesenheit in Griechenland dringend erforderlich gewesen wäre, – der Achaische Bund hatte sich auf eine Auseinandersetzung mit den Römern eingelassen – erlebte er die fundamentale Zerstörung Karthagos, statt die Zerstörung Korinths verhindern zu können. In der Folgezeit bemühte er sich, seine guten Kontakte zu den Römern zum Wohle seiner Mitbürger auszuschöpfen. Er verlebte seine letzten Lebensjahre in seiner Heimatstadt, unterbrochen lediglich von einigen Reisen.

Thema

Polybios vierzigbändiges Geschichtswerk „Historiai" ist zwar als Universalgeschichte angelegt, behandelt im Kern aber den Zeitraum von 220 v.Chr. bis 168 v.Chr. (Bücher 3-29).[89] Etwa ein Drittel[90] ist erhalten geblieben.

> „Denn das Außerordentliche der Ereignisse, über die wir zu schreiben beabsichtigen, dürfte allein schon für jeden, ob jung oder alt, ein hin-

86 S.Nickel zu Agesilaos S. 31; Anabasis S. 517; Kyrupädie S. 518.

87 Reiteroberst = zweithöchstes Amt im Bund.

88 Literarisch interessierte Aristokraten, die sich dem Hellenismus geöffnet hatten, und zahlreiche Künstler um Scipio Africanus.

89 Die Bücher 30-39 behandeln den Zeitraum von 167 bis 145/44; Buch 34 enthält eine abgeschlossene Geographie des damaligen Weltkreises.

90 Bücher 1-5 vollständig, die übrigen in Exzerpten.

reichend starker Anreiz sein, sich dem Studium unseres Werkes zu widmen. Denn wer wäre so gleichgültig, so oberflächlich, daß er nicht zu erfahren wünschte, wie und durch was für eine Art von Einrichtung und Verfassung ihres Staates beinahe der ganze Erdkreis in nicht ganz dreiundfünfzig Jahren unter die alleinige Herrschaft der Römer gefallen ist? Oder wer hätte eine solche Leidenschaft für einen anderen Gegenstand ästhetischer Betrachtung oder wissenschaftlicher Erkenntnis, daß ihm daran mehr gelegen wäre, als hiervon zu hören?"[91]

Polybios wendet sich sowohl an Lesende als auch an Hörende, wobei er sein Thema allein für motivierend genug hält. Er will seinen griechischen Zeitgenossen verständlich machen, wie und warum Rom der Aufstieg zur Weltmacht gelang. Dabei kommt dem Buch 6, in dem er die verschiedenen Verfassungstheorien erörtert, besondere Bedeutung zu. Die Mischverfassung Roms erscheint ihm dabei als die ausgewogenste.

Methode

Methodologisch orientiert sich Polybios ganz an Thukydides, d.h. auch für ihn steht die Befragung der Zeitzeugen und deren kritische Würdigung zur Ermittlung der Wahrheit im Vordergrund. Da auch er die Geschichte seiner Zeit schildert, kommt neben den Zeugen der Autopsie (Selbstbeobachtung) und der Autopathie (Selbsterlebtem) der höchste Quellenwert zu.

Zielsetzung

Wie Thukydides will Polybios Einsicht in die Ursachen und Zusammenhänge vermitteln, die geeignet sind, die ‚Wahrheit' zu erschließen. Sein Ziel ist, weniger zu unterhalten, mehr zu belehren. Er grenzt sich deutlich von anderen Autoren ab, die durch erfundene romanhafte Erzählungen bewußt Emotionen hervorrufen wollen (‚tragische' Geschichtsschreibung).[92] Auch seine eingefügten Reden[93] bemühen sich, die Psychologie des Redenden so objektiv und der Situation so angepaßt wie möglich wiederzugeben.

„Für die Darstellung des Geschehens in der Gegenwart aber habe ich mich entschieden, erstens, weil sich immerfort Neues ereignet und dies infolgedessen fortlaufend einen neuen Bericht verlangt – denn natürlich konnten die Früheren uns nicht von Dingen erzählen, die erst später passierten – , zweitens, weil dies das Allernützlichste schon immer war, vollends aber jetzt ist, da Wissenschaft und Technik in unserer Zeit einen solchen Aufschwung genommen haben, daß man alles, was in jeder Lage an uns herantritt, gleichsam methodisch zu bewältigen in der Lage ist, sofern man sich nur um Erkenntnis und Wissen bemüht. Daher haben wir, nicht sowohl das Vergnügen der Leser als vielmehr den Nutzen der wirklich Interessierten als Ziel vor

[91] Polyb.1,1,5.
[92] Buch 12.
[93] Ungefähr 50 lassen sich nachweisen.

> Augen, das andere beiseite gelassen und uns auf dieses eine Thema beschränkt."[94]

Pragmatische Geschichtsschreibung zur Bewältigung der Gegenwart – so könnte sein Motto lauten. Historisches Wissen erlaubt – gemäß seiner Vorstellung – Prognosen für die Zukunft. Es ermöglicht den politisch Verantwortlichen sachorientiertes Handeln und bietet konkreten Nutzen z.B. bei Verfassungsreformen. Darüber hinaus hilft es, die Wechselfälle des Lebens leichter zu ertragen.

In seiner Vorstellung vom Walten der Tyche geht Polybios einen Schritt weiter als Thukydides. Hat dieser neben der Tyche auch den rationalen Entscheidungen der Menschen einen breiten Raum gegeben, so stellt Polybios die Tyche als eine rational nicht erfaßbare Macht in den Mittelpunkt des Weltgeschehens.

Information über Ausgaben, Übersetzungen und Literatur bei Nickel S. 432.

Bevor die lateinischen Geschichtsschreiber in den Blick genommen werden, seien kurz die Gemeinsamkeiten von Herodot, Thukydides, Xenophon[95] und Polybios zusammengefaßt:

- Alle vier behandelten Geschichtsschreiber haben ein hohes Theoriebewußtsein, das sie generell auch zu vermitteln verstehen.
- Sie sind sich jeweils sehr klar darüber, wer die jeweiligen Adressaten sein sollen.
- Sie beschäftigen sich mit der Geschichte ihrer jüngsten Vergangenheit und veranschlagen die ‚Augenzeugen-Methode' entsprechend hoch.
- Sie schreiben eine ‚historia perpetua', d.h. jeder (außer Polybios) knüpft an den Vorgänger an.
- Sie haben ein hohes Maß an Distanz zum Geschilderten, weil sie aus dem Exil heraus schreiben.
- Sie bemühen sich um wissenschaftliche Arbeitsweise, was den kritischen Umgang mit den Quellen anbelangt.
- Durch Einsatz von bewußt verwendeten Stilmitteln und das Bemühen um eine Gesamtkomposition gelingt ihnen eine kunstvolle literarische Prosa.
- Alle vier beschreiben Kriegsgeschehen und setzen damit eine politisch-militärisch orientierte Geschichtstradition.[96]

Für eine weitere Beschäftigung mit der griechischen Geschichtsschreibung seien folgende Titel empfohlen:

94 Polyb.9,2,2ff.
95 Bei Xenophon sind in einigen Punkten leichte Abstriche zu machen.
96 S. Momigliano S. 21f.

Otto Lendle, Einführung in die griechische Geschichtsschreibung: von Hekataios bis Zosimus, Darmstadt 1992,

Klaus Meister, Die griechische Geschichtsschreibung: von den Anfängen bis zum Ende des Hellenismus, Stuttgart 1990.

Römische Geschichtsschreiber

In die Anfänge der römischen Geschichtsschreibung gehört ein Werk, das von Polybios in seinen Historiai Verwendung fand. Es handelt sich um die nicht mehr erhaltenen, nur in Fragmenten[97] überlieferten Annales von Fabius Pictor (Mitte des 3. Jahrhunderts v.Chr.), der seinen Lesern, die er vornehmlich in der griechisch sprachigen Welt sah (er schrieb griechisch), die politischen Ziele Roms in der Auseinandersetzung mit Karthago verdeutlichen wollte.[98] Er schuf, da ihm Herodot und Thukydides bewußt Vorbilder waren, die Brücke von Griechenland nach Rom. Die ältere und jüngere Annalistik führte dies fort, machte aber die Geschichtsschreibung zum Instrument der innenpolitischen Auseinandersetzung (offene Parteinahme).

> „Die fragmentarische Überlieferung all dieser Werke erlaubt nur selten, die jeweils individuell verschiedene Mischung von Streben nach Unterhaltung, moralischer Erbauung und außen- bzw. innenpolitisch ausgerichteter Propaganda zu eruieren."[99]

Sallust

Sallusts Arbeiten sind die ersten[100] erhaltenen Werke römischer Geschichtsschreibung in lateinischer Sprache. C.Sallustius Crispus (86 – 35 v.Chr.), geboren in Amiternum, durchlief als politischer Neuling (homo novus) die Anfänge der Laufbahn römischer Magistrate (cursus honorum)[101], d.h. er war im Jahr 54 Quästor und 52 Volkstribun. Politisch hatte er sich den Popularen verschrieben und gehörte zu den Anhängern Caesars. Angeblich wegen seines lockeren Lebenswandels, tatsächlich aus politischen Gründen wurde er 50 aus dem Senat[102] gestoßen. 47 wurde er von Caesar

---

97 Fragmente sind Zitate griechischer oder römischer Autoren bei späteren Schriftstellern. Sie sind gesammelt in F.Jacoby, Die Fragmente der griechischer Historiker' Berlin, Leiden 1923ff. (FGrHist), bei H.Peter, Historicorum Romanorum Reliquiae, 2 Bde 1914 ND Stuttgart 1967 (HRR). Rednerfragmente finden sich bei H.Malcovati, Oratorum Romanorum fragmenta liberae rei publicae, Turin ^{4}1976.

98 Das Werk wurde vor dem Zweiten Punischen Krieg verfaßt. Es war wohl eine Art Rechtfertigungsschrift gegen Philinos von Akragas, der die Römer der Kriegsschuld bezichtigt hatte.

99 M. Hose ‚Geschichtsschreibung' NP Bd.4, 1998, Sp.997.

100 Abgesehen von der Sonderform der Commentarii von Caesar.

101 S.u.S. 267ff.

102 Ab der Quästur wurde man automatisch Mitglied des Senats.

rehabilitiert und bekleidete erneut die Quästur. Er begleitete Caesar als Offizier auf seinen Kriegszügen und erlangte 46 die Prätur, woran sich ein Prokonsulat in der Provinz Afrika Nova anschloß. Spätestens[103] nach der Ermordung Caesars (44) zog sich Sallust enttäuscht aus der Politik zurück und widmete sich – während seiner politischen Laufbahn reich geworden – ausschließlich der Schriftstellerei.

Als erstes entstand das Bellum Catilinae zum Jahr 63 v.Chr., danach das Bellum Iugurthinum über die Jahre 111-105 v.Chr., schließlich seine nicht mehr vollendeten und nur fragmentarisch erhaltenen Historiae, die Jahre 78-67 v.Chr. betreffend. In ihrer Echtheit umstritten sind eine Invektive (Schmähschrift) gegen Cicero (54 v.Chr.) und zwei politische Briefe an Caesar (50 und 46 v.Chr.).

> „Sobald also mein Geist nach vielen Widerwärtigkeiten und Gefahren zur Ruhe gefunden und ich beschlossen hatte, mein übriges Leben fern vom Staate zu verbringen, war es nicht meine Absicht, in Trägheit und Schlaffheit die schöne Muße zu vergeuden, aber auch nicht mit der Pflege des Ackers oder mit Jagen, knechtischen Betätigungen, mein Leben zu führen, sondern von welchem Beginnen und Bestreben mich der üble Ehrgeiz ferngehalten hatte, ebendorthin kehrte ich zurück und setzte mir vor, die Taten des römischen Volkes stückweis, wie jede des Gedächtnisses wert schien, zu beschreiben, um so mehr, weil mir der Geist frei war von Hoffnung, Furcht, Parteileidenschaft."[104]

Mit diesen Worten erläutert Sallust die Motive seines Schreibens, nämlich tätige Muße zu pflegen, eine wahrhaft adlige Beschäftigung. Da er ohne politischen Ehrgeiz sei, könne er sich mit Objektivität ans Werk machen. Allerdings verschwieg er, daß der mögliche Anlaß, nach rund zwanzig Jahren auf den Catilina zurückzukommen, die Publikation der von Cicero nachgelassenen Schrift ‚de consiliis suis' war und es galt, Caesar von dem Verdacht, Initiator der catilinarischen Aktivitäten zu sein, reinzuwaschen.

Thema

Was die Monographie über den Charakter einer politischen Broschüre erhebt, ist die anspruchsvolle, in Teilen archaisierende Sprache, die kunstvoll eingefügten Reden und Briefe, die psychologisierende Gegenüberstellung der drei Kontrahenten Catilina, Caesar und Cato[105] und sein Generalthema, der Niedergang der römische Adelsgesellschaft. Die Unsittlichkeit Catilinas ist nur zu erklären aus der moralischen Verworfenheit der römischen Adelsgesellschaft überhaupt. Sallust übernahm das Bild, das Cicero von

---

103 Sallust enttäuschten auch die monarchischen Ambitionen Caesars.

104 Sall.Cat.4,2.

105 Cicero spielt, obwohl agierender Konsul des Jahres, nur eine untergeordnete Rolle.

Catilina gezeichnet hatte. Das konnte so in keinem Fall der Realität entsprechen, denn die Zuspitzung der Ereignisse des Jahres 63 auf Catilina überbewertet ihn, und die ausschließlich negative Zeichnung seines Charakters ist völlig überzogen.

> „Im Ganzen genommen ist freilich das ‚Bellum Catilinarum' eine wenig erfreuliche Arbeit; denn Sallust hat hier mit vollem Bewußtsein die Geschichte der Jahre 64 und 63 verfälscht und aus Catilina einen Romanhelden gemacht."[106]

Zielsetzung

Trotz dieses Sachverhalts erreichte Sallust sein Ziel, einerseits Caesar über jeden Verdacht zu erheben[107] und andererseits ein Sittengemälde seiner Zeit zu zeichnen, das in seiner gesellschaftlichen Zuspitzung durchaus der Realität entsprach. In dem großartigen Vergleich zwischen Caesar und Cato konnte er dann seine scheinbare Objektivität unter Beweis stellen.

Das **Bellum Iugurthinum,** ebenfalls eine Monographie in der Tradition des Thukydides, ist frei von solchen politischen Ambitionen.

> „Da der Krieg gegen Jugurtha außenpolitisch den Charakter einer Episode hatte, war es die eigentliche Absicht des Autors, am Beispiel dieser Episode die innenpolitische Situation in Rom zu erhellen und vor allem die Bestechlichkeit, den Hochmut und die Verworfenheit der römischen Nobilität zu brandmarken."[108]

Er tat dies u. a. in glänzenden Charakteristiken der Hauptakteure Sulla, Memmius und Marius und deren Reden. Auch hier stand in der Zielsetzung die gesellschaftliche Analyse im Vordergrund, zumal der rund 60 Jahre zurückliegende Stoff gut aufgearbeitet war und deshalb an der Schilderung des historischen Ablaufs kein Bedarf mehr bestand.

Die Arbeit an den **Historien** konnte Sallust nicht mehr zu Ende führen. Als er starb, hatte er fünf Bücher geschrieben, die von 78 v.Chr. bis zum Jahr 67 v.Chr. reichten. Er schloß sich mit einem Rückblick auf die letzten 50 Jahre an seinen von ihm bewunderten Vorgänger Sisenna an. Es sind zwar nur einige Reden und Briefe, ein größeres Fragment über die Zeit 75/74 v.Chr. und rund 500 kleinere Fragmente erhalten, aber Sallusts Darstellung beherrschte die nachfolgenden Autoren so stark, daß sich das meiste für den Zeitraum 78-67 v.Chr. Überlieferte auf ihn zurückführen läßt.

Generell ist Sallusts Auffassung von Geschichte getragen von einem tiefen Geschichtspessimismus, resultierend aus seinem sehr

106 Rosenberg S. 177.
107 In diesem Sinne ist die Schrift stark tendenziös.
108 Nickel S. 109.

negativen Menschenbild und der Macht, die er im Geschichtswirken der Einzelpersönlichkeit zuweist.

Informationen zu Ausgaben, Übersetzungen und Literatur gibt Nickel S. 109, 143 und 437.

Livius

T.Livius (59 v.Chr. – 17 n.Chr.) wurde in Padua geboren, ging aber schon 30 v.Chr. nach Rom. Er war nie politisch oder militärisch tätig, wollte aber mit seiner Geschichtsschreibung seinen Beitrag zur augusteischen Erneuerung leisten. Seine Bewunderung für Augustus machte ihn allerdings nicht zum unkritischen Hofschreiber. Dieser selbst bezeichnete ihn als ‚Pompeianer', was damals Republikaner[109] bedeutete.

Thema

Zentrales Thema seiner Darstellung ist die Größe und der Niedergang des Römertums, beginnend mit der mythischen Vorzeit Roms bis zum Jahr 9 v.Chr. Wir wissen nicht, wie er die zeitgeschichtliche Phase schilderte. Von den 142 Büchern sind die ersten 10 Bücher (1.Dekade), die bis ins Jahr 293 v.Chr. reichten, erhalten, gefolgt von den Büchern 21 – 45, im wesentlichen die Schilderung der Zeit des Zweiten Punischen Krieges bis 167 v.Chr. betreffend. Von seinen anderen Büchern haben wir lediglich Kenntnis durch Inhaltsangaben (Periochae), die wohl im 1./2. Jahrhundert angefertigt wurden und Auszüge (Epitome) aus dem 4. Jahrhundert.

Methode

Livius leistete nicht die quellenkritische Arbeit, deren Standards Thukydides gesetzt hatte. Er sammelte kaum Dokumente, sondern folgte meist einem Autor, den er durch weitere Werke ergänzte. Er nahm den annalistischen Stil der frühen römischen Geschichtsschreibung wieder auf, hatte dabei aber durchaus Sinn für eine Dramaturgie der Darstellung. Die Klarheit und Lebendigkeit seines Stils wurde schon in der Antike gelobt.

Zielsetzung

Ziel seines Schaffens war es, den Zeitgenossen eine Vorstellung von wahrem Römertum zu vermitteln, das getragen wurde von einem zu erneuernden Wertesystem. Um dies zu leisten, bot Livius im Laufe seiner Erzählung immer wieder exempla an, die entweder (wenn sie positiv waren) zu Nachahmung anregen oder im negativen Fall abschrecken sollten. Ein solches Beispiel ist Cornelia, die Mutter der Gracchen, die durch ihren Kinderreichtum, aber auch ihre Würde angesichts ihrer Schicksalsschläge und ihrer pudicitia (eheliche Keuschheit) Vorbild für alle römischen Frauen sein sollte. Für die Mentalitätsgeschichte der augusteischen Zeit sind diese exempla von unschätzbarem Wert.

---

109 Befürworter der alten republikanischen Ordnung in Rom.

In der Antike wurde Livius als der römische Herodot gerühmt. Tacitus lobte ihn für seine Glaubwürdigkeit und Beredsamkeit. Im Mittelalter wurde er häufig kommentiert, aber erst in der Renaissance zu neuem Leben erweckt.

Tacitus

Über das Leben des P.Cornelius Tacitus (55-120 n.Chr.) ist wenig bekannt. Er gehörte wohl einer stadtrömischen oder italischen Familie des Ritterstandes an und war durch Vespasian in den Senatorenstand erhoben worden. 81/82 bekleidete er die Quästur, 88 unter Domitian die Prätur. Erst nach dem Sturz Domitians unter Nerva erlangte er im Jahr 97 das Konsulat. Er trat zum erstenmal 98 mit einer Biographie über seinen 93 verstorbenen Schwiegervater Agricola an die Öffentlichkeit. Bald darauf erschien die Germania, eine Schilderung dieses ‚Barbarenvolkes' auf der Folie römischen Sittenverfalls.

Die Historien und Annalen sind seine eigentlichen historiographischen Werke. Gegen 110 vollendete er die Historien, eine analistisch aufgebaute Schilderung der römischen Geschichte in den Jahren zwischen 69 und 96 in 12 Büchern. Auch er schreibt also Zeitgeschichte und fühlte sich in der Nachfolge des Thukydides. Entsprechend sind seine Quellen Augenzeugenberichte und Autopsie. Erhalten blieben nur die Bücher 1-5 mit der Darstellung der Jahre 69-70.

Die Annalen, zwischen 115-120 sukzessive publiziert, behandeln den Zeitraum von 14-68 n.Chr. Verloren gingen die Schilderungen der Jahre 29-31, 37-47 und 66-68.

Thema

Tacitus stellt die Entwicklung Roms unter den Kaisern aus stadtrömischer Sicht und in rein politisch – militärischer Akzentuierung dar. Provinzen spielen nur dann eine Rolle, wenn von der Zentrale aus Regelungen notwendig waren. Kulturelle und wirtschaftliche Aspekte entfallen fast gänzlich. Sein eigentliches Thema aber ist die Beurteilung des Prinzipats als Staatsform, einem System, in dem für ihn die libertas und jegliche Möglichkeit, virtus und gloria zu gewinnen, verloren sind. Seine Bewunderung gilt der Republik und ihren Helden, obwohl er deren Unwiederbringlichkeit begreift und daran leidet.

Methode

Tacitus betrieb ein sorgfältiges Quellenstudium, obwohl er seine Quellen nicht häufig nennt. Mehrfach wird Plinius der Ältere erwähnt. Daß er Augenzeugenberichte einholte, beweist sein Briefwechsel mit dem jüngeren Plinius. Außerdem dürfte er die acta diurna urbis[110] und verlorengegangene Werke frühkaiserzeitlicher Autoren zu Rate gezogen haben.

---

110 Eine Art Tageszeitung, die über aktuelle Tagesereignisse offiziell berichtete.

Zielsetzung

Tacitus wollte seinen Zeitgenossen die inneren Ursachen für den Verlust der libertas vor Augen führen, er wollte zugleich rechtfertigen, daß er selbst kein Tyrannenmörder war. In der Tradition Sallusts arbeitet er mit stark psychologisierenden Charakterisierungen. Zwar versichert er ‚sine ira et studio' (ann.1,1) zu schreiben, historische Objektivität darf man dennoch nicht erwarten. Er beherrschte bei aller Fähigkeit zur Analyse einerseits die Kunst der Andeutung, andererseits die Vermischung von Faktischem und Atmosphärischem. Damit erreichte er seine Adressaten auf einer emotionalen Ebene, die den dargestellten Protagonisten, allen voran Domitian, nicht immer gerecht wurde.

Tacitus entfaltete seine Wirkung erst in der Spätantike, vor allem Ammianus Marcellinus sah sich in seiner Tradition. Er übte große Faszination auf Autoren des 16. und 17. Jahrhunderts aus und es entstanden zahlreiche Schriften in seiner Nachfolge.[111]

Zu Ausgaben, Übersetzungen und Literatur siehe Nickel S. 60, 248, 277 und 425.

2.2 Biographien

Sowohl Xenophons Anabasis als auch Tacitus' Agricola oder die personenorientierte Geschichtsschreibung des Sallust zeigen die große Nähe zwischen Autobiographie, Biographie und Historiographie, vor allem wenn letztere noch zeitgenössisch ist. Dennoch ist der quellenkritische Zugang insofern anders, als thematisch Details der Lebensgewohnheiten, des Charakters, des Aussehens der Persönlichkeit erwartet werden müssen. Die Zielsetzung wird eher der Ehrung oder dem Erhalt des Andenkens der geschilderten Person zugeneigt sein als allgemein geschichtsphilosophischen Erwägungen oder der Analyse politischer Zusammenhänge.

Die Tradition auch dieser Gattung reicht in die griechische Welt zurück, wo man neben Einzelbiographien ganze Gruppen von Berühmtheiten zusammenstellte. Das primäre Interessen galt immer der großen Persönlichkeit.

Eine vermittelnde Funktion zwischen Griechenland und Rom übernahm Plutarch mit seinen in griechischer Sprache geschriebenen Parallelbiographien. Er stellte nach einem bestimmten Gesichtspunkt (Redner, Gesetzgeber, Staatsmann etc.) immer einem Griechen einen Römer gegenüber.

---

[111] Z.B. Boccaccio in seinem Dantekommentar (1363) nimmt mehrfach Bezug auf Tacitus.

Plutarch

Plutarch (ca. 46 – 120 n.Chr.) war in Chaironeia (Boiotien) nicht weit von Delphi geboren. Er entstammte einer wohlhabenden Familie, die ihm ermöglichte, in Athen zu studieren und längere Zeit dort zu leben. Hier stand er der platonischen Philosophie nahe und verfaßte zahlreiche Schriften zur Ethik und allgemeinen Weltauffassung. Daneben übte er mehere munizipale Ämter in seiner Heimatstadt aus. Reisen führten ihn in die Ägais, nach Kleinasien und nach Italien und Rom. Durch römische Freunde erlangte er das römische Bürgerrecht. Im Alter ließ er sich zum Priester des Apoll in Delphi wählen.

Für Historiker am bedeutsamsten sind seine schon genannten Parallelbiographien, insgesamt 24 Doppelbiographien und 4 Einzelbiographien. Erhalten blieben 22 Doppelbiographien, die gelehrte Byzantiner im 13. Jahrhundert sammelten und edierten.

Methode

Plutarch betrieb keine eigene Quellenforschung, sondern bediente sich meist fertiger, älterer Lebensbeschreibungen, die er nach seinen künstlerischern und ethischen Prinzipien umarbeitete. Für die griechischen Biographien fand er in der hellenistischen Historiographie reiches Material, für die römischen mußte er von Fall zu Fall auf sehr variierendes verfügbares Material zurückgreifen. Um nur ein Beispiel zu nennen, die gut informierte Biographie Ciceros geht wohl auf dessen Freigelassenen Tiro zurück, allerdings wohl mit einem unbekannten Vermittler.

Zielsetzung

Plutarch verfolgte primär zwei Ziele: Einmal sollte das Streben der Menschen nach Vollkommenheit unterstützt werden, indem sittlich vorbildhafte Charaktere vorgestellt oder abschreckende Beispiele vorgeführt wurden. Anderseits wollte er unterhalten, von Merkwürdigkeiten berichten, Anekdoten und Aussprüche für die Nachwelt festhalten.

Politisch-militärische Zusammenhänge interessierten ihn nur, wenn sie geeignet waren, den Charakter seines Helden zu erhellen. Dafür bietet er eine unübersehbare Fülle an interessantem Stoff, der unser Bild vom antiken Leben wesentlich bereichert.

Darüber hinaus bemühte sich Plutarch, den Griechen zu zeigen, daß die Römer keine kulturlosen Barbaren waren, sondern auf eine vergleichbare Vergangenheit zurückblicken konnten. Den Römern verdeutlichte er, daß auch die Griechen große Feldherren und Staatsmänner hervorgebracht hatten, nicht nur Philosophen und Ärzte.

Plutarch hatte auch Biographien der Kaiser von Augustus bis Vitellius verfaßt, von denen lediglich die des Galba und des Otho (Kaiser im Vierkaiserjahr 69 n.Chr.) erhalten blieben. Hierin aber war er Sueton Vorbild, der Kaiserbiographien von Caesar bis

Domitian zusammenstellte. Er wurde schon als Muster behandelt.[112]

Informationen zu Ausgaben, Übersetzungen und Literatur siehe bei Nickel S. 113.

Bei den Geschichtsschreibern wurden in gleicher Weise griechische und römische Autoren vorgestellt. Im weiteren Vorgehen soll aus Platzgründen zu jeder Gattung nur noch ein Beispiel gegeben werden. Ich wähle dabei bewußt lateinische Quellen, da die Mehrzahl der Proseminare die römische Geschichte behandeln.

2.3 Fachschriften[113]

In wieweit Fachschriften geeignet sind, historische Aussagen zu machen, hängt in hohem Maße wieder von der Fragestellung ab. Die Antike hat zahlreiche Fachschriften mit unterschiedlichsten Sujets hervorgebracht.[114] Ich will mich als Beispiel auf Catos Schrift ‚de agricultura' beschränken.[115]

Cato Censorinus

M. Porcius Cato (234-149 v.Chr.), ein homo novus, war Teilnehmer an der Schlacht am Trasimenischen See (217) und begleitete 204 Scipio Africanus nach Africa. Er durchlief in schneller Folge die Ämterlaufbahn: 204 Qästor, 199 Ädil, 198 Prätor, 195 Konsul und 184 Zensor. Seinen Beinamen erwarb er sich durch besondere Strenge als Zensor gegenüber bestechlichen Magistraten und durch seine Luxusgesetzgebung. Ziel seiner politischen Bemühungen war es, innenpolitisch die altrömische Strenge und Bescheidenheit wieder zurückzugewinnen, außenpolitisch Karthago als Konkurrenten auszuschalten.

Zielsetzung

Seine Schrift vom Ackerbau ist ebenfalls auf diesem ideologischen Hintergrund zu betrachten und verfolgt eine restaurative Tendenz. Er wollte neben der reinen Sachinformation römischen Adligen sagen, was ihre eigentliche Aufgabe sei, wenn Rom seine Kraft erhalten wolle. Die Schrift ist nicht für den einfachen Bauern bestimmt. Da er ein Wein- und ein Olivengut beschreibt, zeichnet sich auch bei ihm der Trend zu Monokulturen wie sonst in Italien schon deutlich ab.

[112] S.o.S. 66ff.

[113] Zu den geographischen Fachschriften s.u.S. 158ff.

[114] Rhetorik, juristische Schriften, Landvermessung, Wassertechnik, Architektur u.a.m.

[115] Die zahlreichen landwirtschaftlichen Ratgeber der Antike sind durchaus für wirtschaftliche und sozialgeschichtliche Fragen ergiebig.

Zunächst beschreibt er das ideale Landgut mit seiner gesamten Ausstattung, dann macht er einen Durchgang durchs Jahr mit allen anfallenden Arbeiten, schließlich gibt er eine Sammlung von Koch- und Heilrezepten, Gebeten, human- und tiermedizinischen Hinweisen, Ratschlägen für Kauf- und Pachtverträge etc.

Thema

Zu Ausgaben, Übersetzungen und Literatur siehe Nickel S. 183.

2.4 Briefe, Memoiren, Flugschriften

Briefe

Briefe sind an sich unliterarische Gelegenheitsschriften, ein – wie die antike Rhetorik sie charakterisiert – halbierter Dialog. Je nach Absender lassen sie sich in amtliche, halbamtliche und private Schreiben ordnen.[116] Amtliche Antwortschreiben vor allem der kaiserlichen Kanzlei (Reskripte) können Gesetzescharakter annehmen und wurden schon deshalb veröffentlicht. Halbamtliche und private Briefe dienten einem aktuellen Zweck, wie z.B. eine Einladung, Mitteilungen, Bitten etc. Sie verfügten, wie Briefe auch heute, über ein bestimmtes Formular (Absender, Adressat, Grußformel, Schlußformel, Datum).

Eine Zwitterstellung nehmen Briefe ein, die ursprünglich nicht zur Veröffentlichung vorgesehen waren, aber wegen der Bedeutung des Briefschreibers gesammelt und veröffentlicht wurden. Sie zählen dann schon zur literarischen Briefgattung (Epistolographie).

Cicero

Bedeutendes Beispiel dafür sind die Cicerobriefe, die sein Freigelassener Tiro zwar noch zu Ciceros[117] Lebzeiten zu sammeln begann (etwa 45 v.Chr.), aber erst nach seinem Tod veröffentlichte. Von den vielen 1000 Briefen, die Cicero in seinem Leben diktiert hatte, stellte Tiro etwa 70 zusammen, meist unverfängliche Empfehlungsschreiben.

Ältere Briefe sind kaum erhalten, da sie entweder weggeworfen oder 58 v.Chr. beim Brand von Ciceros Haus vernichtet wurden. Die Briefe seiner letzten Lebensjahre müssen politisch zu brisant gewesen sein, als daß an eine Veröffentlichung unter Augustus zu denken war.

Die sehr offenen Briefe an seinen Freund Pomponius Atticus wurden nach seinem Ableben innerhalb der Familie vererbt und erst 60 n.Chr. publiziert. Sie bilden ein wichtiges Korrektiv seiner Reden, da offizielle Stellungnahmen Ciceros und seine private Meinung z.T. sehr divergierten. Darüber hinaus fallen namentliche oder sonstige Verschlüsselungen auf, die notwendig waren, wenn

[116] S. dazu auch unten S. 227f.

[117] Zu seiner Biographie s.u.S. 96f.

kein zuverlässiger Bote zur Verfügung stand.[118] Für Historiker sind die Briefe Ciceros eine wichtige Parallelquelle zu den sonstigen Zeugnissen Ciceros.

Plinius der Jüngere

Bei wirklich literarischen Briefen wurde schon beim Verfassen an ein großes Publikum gedacht. Die Briefform ist streng genommen nur eine Fiktion.

So faßte z.B. Plinius der Jüngere seine Briefe primär als literarische Kunstwerke auf. Seine Sammlung in 9 Büchern enthalten 297 Privatbriefe an unterschiedlichste Adressaten. Ursprünglich dürften echte Briefe zugrunde gelegt worden sein, die dann literarisch ausgestaltet wurden. Die Briefe liefern ein buntes Bild der Lebensgewohnheiten und der Mentalität der Gesellschaft in traianischer Zeit. Berühmt sind die Briefe an Tacitus zum Vesuv-Ausbruch.

Eine Sonderstellung nimmt das Buch 10 ein. Es enthält Anfragen des Plinius als Statthalter von Bithynien und Pontus an den Kaiser und dessen Antworten.[119] Die Briefe sind wichtige Zeugnisse für die Provinzialverwaltung der Kaiserzeit. Eine besondere Stellung nehmen die sogenannten Christenbriefe ein, die auch von den Christen kritisierend wahrgenommen wurden.[120]

Informationen zu Ausgaben, Übersetzungen und Literatur S. Nickel S. 346f.

Libanios

Das umfangreichste Briefcorpus der Antike hinterließ Libanios (314-393 n.Chr.) aus Antiochia. Seine Sammlung enthält 1544 Briefe in griechischer Sprache mit allen Berühmtheiten seiner Zeit.[121] Mit Kaiser Julian war Libanios befreundet.

Seine Briefe waren von vorne herein für die spätere Publikation vorgesehen. Sie vermitteln hervorragende Einblicke in damalige Lebensumstände, die Religionspolitik des Kaisers und das Zusammenleben zwischen Heiden und Christen.[122]

Information zu Ausgaben, Übersetzung und Literatur siehe Nickel S. 345.

[118] Es gab keinen Postvertrieb. Man bat entweder Freunde, Briefe mitzunehmen oder man bezahlte einen Boten.

[119] In der Forschung ist strittig, ob er selbst oder seine Kanzlei die Antwortschreiben verfaßten.

[120] Tertullian Apolog.2,6-9.

[121] Z.B. Ammianus Marcellinus, Basileios, Symmachus u.a.

[122] Libanios selbst war Heide.

Memoiren

Vom quellenkritischen Standpunkt aus liegen Memoiren sehr nahe bei Briefen, auch sie dienen der Selbstdarstellung, aus welchen Gründen auch immer. Die griechische Tradition[123] der Memoirenliteratur kommt aus dem Bereich des Militärs. Wenn ein König oder ein leitender Offizier seine militärischen Erinnerungen schriftlich niederlegen wollte, standen ihm das amtliche Kriegstagebuch oder sonstige Militärakten zur Verfügung. Der Grad der Verschriftlichung war auch im römischen Militär nicht gering, so daß diese Tradition bei den Römern mühelos aufgegriffen werden konnte.

Als Beispiel soll hier Caesars Gallischer Krieg dienen.

Caesar

C.Iulius Caesar (100-44 v.Chr.) gehörte der römischen Hocharistokratie an, ging aber politisch konsequent den Weg eines Popularen[124], auch wenn ihm daraus durch Sulla Schwierigkeiten erwuchsen. Er bekleidete 68 die Quästur, 65 die Ädilität, 62 die Prätur und war danach Statthalter in Spanien, wo er sich finanziell sanierte. Es gelang ihm Ende 60, mit den damals Mächtigen ein informelles Bündnis (sog. 1. Triumvirat) abzuschließen und 59 das Konsulat einzunehmen. Danach erhielt er die Provinzen Gallia Cisalpina, Gallia Narbonensis und Illyrien auf 5 Jahre. Ein Feldzug, um Geld und Truppen zu gewinnen, war innenpolitisch zwingend, um sich einerseits gegen Pompeius behaupten, andererseits dem Senat[125] Paroli bieten zu können. Caesar suchte also den Krieg und einen Kriegsgrund, der ihm durch den Auswanderungswunsch der Helvetier geliefert wurde.

In dieser politischen Situation und weil Pompeius ins Lager der Optimaten gezogen worden war, bedurfte es einer Rechtfertigung für sein Tun. Also verfaßte er wohl in einem Zuge im Winter 52/51 die commentarii rerum gestarum in 7 Büchern für den Zeitraum von 58-52 v.Chr. Als Quelle dienten ihm seine jährlichen Berichte an den Senat. Das 8.Buch vollendete Hirtius, ein Offizier Caesars, dem die gleichen Quellen zur Verfügung standen.[126]

Methode

Die Sprache Caesars ist klar, knapp und distanziert.[127] Dabei setzte er aber alle literarisch-künstlerischen Darstellungsmittel ein, die seinem Ziel dienten: ausgedehnte Exkurse im Stil eines Ethnographen, Reden, Reflexionen des Feldherren u.a.m.

123 Xenophon s.o.S. 76ff., König Pyrrhos.

124 Reformwillige politische Gruppierung in Rom, entstanden in der Gracchenzeit; politische Gegner waren die konservativen Optimaten.

125 Für seine politischen Gegner war sein Konsulat anfechtbar, weil er sich über seinen ihn blockierenden Mitkonsul Bibulus hinweggesetzt hatte.

126 Die Darstellung des Bürgerkriegs (49-48) schließt an das achte Buch an.

127 Er spricht von sich selbst in der dritten Person.

Zielsetzung

Primäres Ziel war, sich selbst als hervorragenden Feldherren darzustellen und diesen Krieg in Anlaß und Durchführung zu rechtfertigen. Dabei arbeitete Caesar mit allen Mitteln wie z.B. Abwertung und Kriminalisierung der Gegner, Angst bei seinen Adressaten (metus Gallicus), das Walten der Fortuna, der Hervorhebung der Umsicht und Tatkraft des Feldherren. Beachtet man diese Zielsetzung als Tendenz, so ist das Werk informativer, als die Schullektüre in der Regel vermittelt.[128]

Informationen zu Ausgaben, Übersetzungen und Literatur siehe Nickel S. 191f.

Flugschriften

Die Memoiren Caesars, die auch für die spätere Literaturentwicklung richtungsweisend waren, entstanden aus dem politischen Tagesgeschäft. Diesem noch stärker verhaftet sind politische Flugschriften. Ihre Blütezeit gehört an sich ins 1. Jahrhundert v.Chr., als die politischen Auseinandersetzungen zwischen Optimaten und Popularen äußerst scharfe Formen annahmen.

Die Veränderung der römischen Regierungsform unter Augustus entzog der politischen Kampfliteratur den Boden. So kann zwar die von Seneca verfaßte Satire auf Kaiser Claudius als politische Flugschrift gelten, aber nur mehr in einem sehr persönlichen Sinne ohne tiefere politische Dimension. Es handelt sich um die Schrift mit dem Titel ‚Apokolokyntosis', die Verkürbissung oder in unserem Sprachgebrauch die ‚Veräppelung', wobei für römische Ohren der Begriff ‚Apotheosis', die Vergöttlichung[129] mitklang.

Seneca

L.Anneus Seneca (um 4-65 n.Chr.) gehörte einer wohlhabenden spanischen Ritterfamilie an. Er erhielt seine Ausbildung in Rom. Ein Kuraufenthalt in Ägypten regte ihn zu ersten geo- und ethnographischen Schriften an. Nach seiner Rückkehr in Rom bekleidete er die Quästur und zeichnete sich durch große rhetorische Brillanz aus. Unter Claudius wurde er nach Korsika verbannt (41-49), weil er wirklich oder angeblich in eine Affaire mit der Prinzessin Iulia Livilla verstrickt war. Von Agrippina, der Mutter Neros und letzten Ehefrau des Claudius, wurde er zurückgerufen und zum Erzieher ihres Sohnes bestellt. In den ersten Regierungsjahren Neros nahm er die Stelle des wichtigsten Beraters neben dem Prätorianerpräfekt Burrus ein. Nero zwang ihn später zum Selbstmord. Er hinterließ ein reiches Oeuvre mit philosophischen Schriften, Tragödien, Briefen und naturwissenschaftlichen Werken.

[128] Den Siegeszug als Schullektüre traten die commentarii erst im 16.Jh. an.

[129] Kaiser Claudius war aus Gründen der dynastischen Legitimation durch Nero vergöttlicht worden.

Geschildert wird in Versen und Prosa, wie Claudius stirbt, sich, da er ja vergöttlicht war, in den Olymp begibt und dort dem Götterrat vorgeführt wird. Es findet eine Gerichtssitzung[130] statt, während der Augustus eine vernichtende Rede auf ihn hält, worauf der neue Gott, vorbei an seinem eigenen Leichenzug, in die Unterwelt geschickt wird. In einem zweiten Prozeß durch den Totenrichter wird er zum Spiel mit durchlöcherten Würfeln[131] verurteilt. Caligula fordert ihn als Sklaven ein und schließlich landet er endgültig bei dem kaiserlichen Sondergericht.

Thema

Seneca, der auch die laudatio funebris für Claudius verfaßt hatte, rächte sich an Claudius für seine Verbannung, indem er ihn der Lächerlichkeit preisgab, wobei die Spannung zwischen der offiziellen Rede auf Claudius und der Satire sicher noch einen besonderen Reiz bewirkte. Gleichzeitig unterstützte er damit auch Neros Thronanprüche, woraus sich auch die Schmeicheleien an diesen erklären.

Zielsetzung

Ausgaben, Übersetzungen und Literatur bei Nickel S. 69.

2.5 Dichtung

Vom quellenkritischen Standpunkt aus wichtig ist, daß Dichtung zu- und für alle Zeiten als eine wertvolle Quellengattung zu betrachten ist. Den Zugang öffnet eine entsprechende Fragestellung, sei es mentalitätsgeschichtlicher, sozialgeschichtlicher, alltagsgeschichtlicher oder politischer Art. Speziell für die Antike kommt hinzu, daß die Grenzen zwischen den literarischen Gattungen z.T. fließend sind.

In politischen Übergangsphasen zeigt sich oft mit aller Deutlichkeit, wie stark einerseits Dichtung von den politischen Verhältnissen und den möglichen Lebensumständen abhängt, andererseits wie intensiv Dichtung zum Wegbereiter neuer politischer Verhältnisse werden kann. Für Griechenland wäre hier an erster Stelle Solon (ca. 640-560 v.Chr.) zu nennen, der mit seiner Dichtung auch mental seinen Reformen den Weg geebnet hat. Es würde zu weit führen, dies zu vertiefen. Ich möchte als Beispiel die augusteische Zeit wählen:

> „Auf rein literarischer Ebene ist die Epoche durch eine außerordentliche und unwiederholbare Dichte von Meisterwerken gekennzeichnet. Innerhalb von zwanzig Jahren sind Vergil, Horaz, Tibull, Properz und Ovid aktiv. In einem gewissen Sinn sind die Meisterwerke gewollt und

130 Claudius hatte als Kaiser seine Gerichtstätigkeit sehr ernst genommen.
131 Sowohl Claudius als auch zuvor Augustus liebten das Würfelspiel.

> erwartet, ‚vorprogrammiert': Maecenas, Augustus' ‚Kultusminister', wählt vielversprechende junge Talente aus und animiert sie zur Produktion von Meisterwerken: sein Kreis, der sich auf enge private und persönliche Beziehungen gründet, erarbeitet eine weithin akzeptierte ‚Nationalliteratur'..."[132]

In diesem Kontext soll nur ganz kurz auf Vergil als Repräsentant seiner Gruppe hingewiesen werden.

Vergil

P.Vergilius Maro (70-19 v.Chr.), in Mantua geboren und in einer Familie kleiner Landbesitzer aufgewachsen, begann seine Ausbildung in Cremona und Mailand. Fünfzehnjährig ging er zum Rhetorikstudium nach Rom. Eine wohl geplante politische Karriere verfolgte er nicht weiter, sondern studierte in Neapel Philosophie. In Rom hatte er mit Cornelius Gallus und Asinius Pollio gute Freunde gewonnen, die ihn auch mit Augustus in Kontakt brachten.

In den Jahren zwischen 42-39 v.Chr. entstanden die Bucolica (Hirtengedichte), die zwar im ländlichen Milieu spielen, aber auch starke Zeitbezüge aufweisen. Es schlossen sich zwischen 37/36 und 30/29 die Georgica an, ein Lehrgedicht über Feld- und Obstbau, Rebenzucht, Vieh- und Bienenzucht. Der Hintergrund war wohl die Besinnung auf die besten Werte eines Römers als Bauer, dessen Arbeit nun, seit Augustus den Frieden wiederhergestellt hatte, wieder ungestört möglich war. In der Anrede dankte er seinem Förderer Maecenas. Höhepunkt seines Schaffens war die Entstehung der Aeneis von 29-19. Vergil konnte nicht mehr letzte Hand anlegen, als er 19 in Brindisi auf dem Weg nach Griechenland starb. Er wurde in Neapel beigesetzt.

Augustus hatte die Arbeit Vergils mit großer Aufmerksamkeit verfolgt. Immer wieder ließ er sich Teile daraus vortragen und nahm sie mit großer Begeisterung auf. Er wußte, daß das Nachleben des eigenen politischen Werkes auch vom Rühmen der Dichter abhängt.

Poetisches Vorbild für Vergil waren die homerischen Epen. So legte er den Büchern 1-6 die 24 Bücher der Odyssee zugrunde und den Büchern 6-12 die 24 Bücher der Ilias. Wie in diesen Epen spielt sich das Geschehen auf zwei Ebenen ab, der göttlichen und der menschlichen. Aeneas ist einerseits der mythische Held, andererseits der augusteische Repräsentant der humanitas, der pietas und der clementia. Sein Menschsein beruht auf dem ständigen Kampf mit den eigenen Kräften, wobei ihm auch nicht die Wunden erspart bleiben, die es bedeutet, wenn man anderen Leid zufügt.

---

[132] Graf S. 193.

Vergil hatte bei aller Schüchternheit schon zu Lebzeiten großen Ruhm und Reichtum erlangt. Er soll nach einer Rezitation seiner Verse im Theater mit soviel Verehrung gegrüßt worden sein wie Augustus persönlich. Der Stolz auf dieses von ihm geschaffene Nationalepos wirkte schon auf seine Zeitgenossen weiter.

> „Die Epoche Karls des Großen war eine Aetas Vergiliana. Für Dante (Divina Comedia) ist Vergil der Dichter schlechthin; er ist ein Führer durch das Inferno.- In der frühen Neuzeit entfaltete die Aeneis eine gewaltige und nicht mehr zu überschauende Wirkung auf die Nationalliteraturen in Europa."[133]

2.6 Reden

Ziel jeder antiken Ausbildung seit dem 4. Jahrhundert v.Chr. war die Beherrschung der Redekunst. Jede Rede konnte in Inhalt, Form und Art des Vortrags als Kunstwerk gelten, obwohl sie aus ganz aktuellen Anlässen entstand. Deshalb lag der Gedanke an eine Veröffentlichung nicht fern. Die Motive waren neben dem künstlerischen Moment die Verteidigung des eigenen Wirkens und die Propaganda für die eigenen Ideen.

Auch wir kennen die Publikation von Reden, sie betreffen aber meist nur politische Reden oder Festreden. In der Antike war praktisch jede Rede ein Politikum, deshalb unterschied man drei Arten von Reden: 1. die politische (beratende) Rede, 2. die Gerichtsrede und 3. die Gelegenheits- bzw. Festrede. Die attische Demokratie lebte geradezu von der Überzeugungskraft der Rede sowohl in der Volksversammlung als auch in den Volksgerichtshöfen (Heliaia), denn hier galt es jeweils mit allen rhetorischen Mitteln, auch den Affekten, die Menge zu überzeugen. Die daraus resultierende Blüte der Rhetorik im 5./4.Jahrhundert begründete eine Tradition, die über Demosthenes (384 – 322 v.Chr.) und andere bedeutende griechische Redner auch ihre Wirkung in Rom zeigte.

Abb. 14 Rednergebärde. Nachzeichnung eines Schalenbildes des frühen 5. Jahrhunderts v.Chr.

Schöpfer der literarischen Rede in Rom war Cato, der seine sorgfältig ausgearbeiteten und aufgehobenen Manuskripte im Alter veröffentlichte. Als sein Vorbild konnte Demosthenes gelten. Allerdings schenkte erst Cicero in seinem ‚Brutus' dieser Leistung die notwendige Beachtung.

133 Nickel S. 30.

Publizierte Reden von anderen republikanischen Politikern muß es gegeben haben. So hat z.B. Plutarch Reden des Tib. Gracchus weiterverwendet. Von seinem Bruder C.Gracchus sind sogar mehrere Bruchstücke im Original erhalten.

Mit den Reden Ciceros blieb neben seinen Briefen der ergiebigste und wirkungsvollste Quellenbestand für das 1.Jahrhundert v.Chr. erhalten.

Cicero

M.Tullius Cicero (106 – 43 v.Chr.) stammte aus einer Ritterfamilie in Arpinum, erfuhr seine Ausbildung zunächst in Rom, später rundete er sie in Griechenland und Kleinasien ab. Seine Jugendjahre fallen in die Schreckenszeit des Marius und Sulla. In der Verteidigung des Sex.Roscius aus Ameria trat er zum ersten Mal auch politisch in Erscheinung und machte sich einen Namen. 75 nahm er die Quästur in Sizilien ein und gewann die dortige Bevölkerung als Patron. Er vertrat die Sizilioten in einem Repetundenprozeß[134] gegen Verres, der in den Jahren zwischen 73 – 71 die Insel ausgeplündert hatte. Politisch ging es Cicero darum zu zeigen, daß auch von konservativer Seite aus wirksam Kontrolle gegen Mißbrauch betrieben werden konnte.[135]

Im Jahr 69 wurde Cicero Ädil, wobei ihm die Sizilioten bei der Beschaffung von Getreide ihre Dankbarkeit erwiesen. 66 folgte die Prätur und 63 erlangte er das Konsulat und nobilitierte damit als homo novus seine Familie.[136] Dieses Konsulat zu bewerten, ist außerordentlich schwer, da die sogenannte Verschwörung des Catilina wohl nicht isoliert als Einzelaktion eines frustrierten Aristokraten betrachtet werden darf, sondern im Zusammenhang mit den Parteienkämpfen dieser Zeit und auf dem Hintergrund der Rückkehr des Pompeius, dessen Verhalten nicht eingeschätzt werden konnte. Cicero selbst sah sich als Retter Roms und sein Konsulat als die größte Tat seines Lebens. Er mußte jedenfalls 58, weil er römische Bürger (die 5 Catilinarier) ohne Verurteilung getötet hatte, ins Exil gehen, aus dem er 57 zurückkehrte. Politisch verfolgte er in dieser Zeit die Maxime der concordia ordinum, überschätzte allerdings seinen politischen Einfluß. In dieser Zeit veröffentlichte er zahlreiche theoretische Schriften, wie z.B. ‚de re publica', ‚de oratore' etc. Im Bürgerkrieg stand Cicero auf Seiten des Pompeius, wurde aber von Caesar nicht nur begnadigt, son-

134 Prozesse gegen Statthalter, die in einer Provinz illegal Vermögen erworben hatten.

135 Verres entzog sich einer Verurteilung, indem er ins Exil ging. Cicero hielt gar nicht alle vorbereiteten und später veröffentlichten Reden.

136 S.u.S. 266.

dern dieser suchte sogar Zusammenarbeit mit ihm. Für Cicero bedeutete diese Situation ein politisches Scheitern, dazu kommt privat die Scheidung von seiner Ehefrau Terentia (46) und der Tod seiner Tochter Tullia (45). Diese Zeit galt in seinen Schriften dem Bemühen, die griechische Philosophie lateinisch faßbar zu machen. Nach der Ermordung Caesars hoffte Cicero nochmals auf die Rückkehr zur Republik und bekämpfte den Caesar-Erben Antonius mit seinen Philippica, in Anlehnung an die Reden des Demosthenes gegen Philipp von Makedonien. Diese Invektive besiegelten seinen Untergang, im Rahmen der Proskriptionen wurde er auf Veranlassung des Antonius auf der Flucht getötet.

Cicero selbst hatte die Veröffentlichung bestimmter Reden, die ihm politisch wichtig erschienen, veranlaßt, so z.B. im Jahr 60 das Corpus seiner consularischen Reden (insgesamt 12), von denen 8 erhalten sind.

Die Verteidigungsrede für Milo

Um wenigstens ein Beispiel zu zeigen, sei eine Rede ausgewählt, für die neben dem publizierten Original noch ein Kommentar vorliegt. Es ist die Verteidigungsrede für Milo (Pro Tito Annio Milone) und der Kommentar des Asconius Pedanius aus dem 1.Jahrhundert n.Chr.

Es ist überliefert, daß diese Verteidigungsrede nur sehr kläglich und schwach von Cicero im Prozeß vorgetragen wurde, da er sich durch ständige Zwischenrufe der Prozeßöffentlichkeit irritiert fühlte. Nicht zuletzt deshalb arbeitete er die Rede unmittelbar nach dem verlorenen Prozeß gründlich aus.

Worum ging es? Am 18. Januar 52 v.Chr. war bei Bovillae P.Clodius Pulcher, der Bewerber um die Prätur, auf Veranlassung des Konsulatsbewerbers T.Annius Milo erschlagen worden. Beide Männer waren zu diesem Zeitpunkt politisch keine Unbekannten: Milo, ein Freund Ciceros, hatte diesen im Kampf gegen die Catilinarier mit Schlägertrupps unterstützt und seine Rückberufung veranlaßt. Clodius war der Verantwortliche für die Verbannung Ciceros. Er hatte als Volkstribun in Rom mit Hilfe der stadtrömischen Plebs eine sehr eigenständige Politik betrieben.

In seiner Rede machte Cicero zunächst deutlich, daß Milo angegriffen worden sei und in reiner Notwehr gehandelt habe. Nachdem er dies als erwiesen ansah, wobei er sich nicht scheute, gesicherte Tatsachen einfach zu mißachten, stellte er das Geschehen in einen größeren politischen Rahmen: Milo habe den Staat von einer großen Belastung befreit und sich als stoischer Held große Verdienste erworben.

Asconius, der sorgfältige Quellenrecherchen betrieben und u.a. auch die Prozeßakten eingesehen hatte, berichtet dagegen, daß

Milo dem Clodius direkt aufgelauert habe. Die Begleitung des Milo, 300 Sklaven, waren laut Cicero Mägde, Zofen, Musiker u.ä. Cicero verschweigt, daß es sich um z.T. namentlich bekannte Gladiatoren handelte, die gut bewaffnet waren. Clodius dagegen hatte lediglich 26 bewaffnete Sklaven bei sich. Milos Gefolgschaft begnügte sich nicht nur mit der Ermordung des Clodius, sondern eilte mit Milo sogar auf das nahegelegene Gut des Clodius, um dessen Sohn zu töten, den treue Sklaven aber schon in Sicherheit gebracht hatten. Drei Sklaven und der Verwalter (vilicus) des Gutes bezahlten ihre Verschwiegenheit mit dem Leben.

Man könnte die Widersprüche noch in vielen Details nachvollziehen. An dieser Stelle genügt es, festzuhalten:

1. Cicero ist in seinen Reden immer Partei. Wenn er nachprüfbar ist, lassen sich sogar blanke Lügen nachweisen. Seine politische Einseitigkeit muß immer beachtet werden.
2. Dennoch sind Ciceros Reden eine äußerst wichtige Quelle. Bis 63 sind seine politischen Positionen stark vom Adressaten abhängig. Er spricht vor dem Senat anders als vor der Volksversammlung. Nach 63 ist er Repräsentant der Optimaten. Will man das politische Klima in der Zeit der ausgehenden Republik begreifen, so sind die Reden Ciceros eine faszinierende Quelle, mit der man allerdings äußerst kritisch umgehen muß.
3. Ciceros Sprache ist bis zum heutigen Tage Grundlage des klassischen Lateins.

III. Althistorische Hilfs- und Nachbarwissenschaften

1. Probleme der Terminologie

Jede Wissenschaft kann jeder anderen Wissenschaft Hilfswissenschaft sein. Dies sei als grundsätzliche Bemerkung vorangestellt, um zu verdeutlichen, daß in dem Begriff ‚Hilfswissenschaft' nichts Abwertendes liegt. Da es heute kaum noch möglich ist, Universalgelehrte/er zu sein, kann auf zuverlässige Spezialisten/innen, deren Forschungsergebnisse weitgehend ungeprüft übernommen werden, nicht mehr verzichtet werden. Von zentraler Bedeutung ist allerdings, soviel Einblick in das jeweilige Spezialfach zu gewinnen, daß die Hilfsmittel und Ressourcen des ‚Hilfsfaches' hinreichend bewertet und voll genutzt werden können.

Historische Hilfswissenschaften

Da die historischen Hilfswissenschaften meist der direkten Erschließung von Quellen oder bestimmten Quellengattungen dienen, wäre die von Bengtson[1] gewählte Bezeichnung ‚Grundwissenschaften' zweifellos besser. Aber obwohl seine Einführung seit 1949 vielen Generationen von Althistorikern/innen den Weg in ihr Fach ebnete, hat der Begriff sich nicht durchgesetzt.[2]

Deshalb soll der Begriff Hilfswissenschaft beibehalten werden. Das Maß der Eigenständigkeit oder die Werkzeugfunktion eines jeden Faches wird von der Terminologie nicht berührt und definiert sich immer im Bezug auf das ‚fragende' Fach.

Studierenden sollte bewußt sein, daß Hilfswissenschaften kein überflüssiger Ballast sind, der dazu erfunden wurde, Studienanfänger/innen in Klausuren damit zu quälen. Im Gegenteil! Mit den Kenntnissen in den Hilfswissenschaften werden zugleich wichtige Grundfähigkeiten zum wissenschaftlichen Arbeiten im Fach Geschichte erworben.

Welche Fächer zu den historischen Hilfswissenschaften gehören, orientiert sich an den Bedürfnissen des jeweiligen Fachbereichs.

---

[1] Bengtson, Hermann, Einführung in die Alte Geschichte, München[8]1979, S.124.

[2] Besondere Grundwissenschaften sind für Bengtson die Epigraphik, die Papyrologie und die Numismatik. Ähnlich sieht dies Vollmer S. 88 Anm.65, der aber sonst den Begriff ‚Hilfswissenschaft' tunlichst meidet. Für Schuller in seiner Einführung S. 150 ist die Epigraphik die „von der Althistorie am häufigsten, ja täglich praktizierte Hilfswissenschaft". Dagegen bezeichnet er die Archäologie als Schwesterwissenschaft der Alten Geschichte (S. 151), die Klassische Philologie ist beider Mutter.

Die drei Teildisziplinen legen, bedingt durch unterschiedliche Quellengrundlagen jeweils andere Schwerpunkte. So besitzt z.B. die Archivkunde in der Neueren Geschichte eine zentrale Bedeutung. In Mittelalterlicher Geschichte wird mehr Gewicht auf die Genealogie und Heraldik gelegt, während in der Alten Geschichte die Epigraphik und die Numismatik eine führende Rolle spielen.

Im Sinne der oben gegebenen Definition soll Hilfwissenschaft hier also etwas weiter gefaßt werden. Gemeinsam ist allen, daß sie sich in etwa mit dem gleichen Raum und der gleichen Zeit wie die Alte Geschichte beschäftigen. Sie haben aber ihre eigenen Forschungsgegenstände und Methoden entwickelt und sind in diesem Sinne eigenständig. Darüber hinaus stellen sie der althistorischen Wissenschaft Informationen zur Verfügung, ohne die im Fach nicht gearbeitet werden könnte.

Die Archäologie stellt die materiellen Grundlagen bereit. Die Geographie und die Chronologie sind übergreifender, gehören aber, bezogen auf Raum und Zeit der Alten Geschichte, doch zu deren Hilfswissenschaften. Beide stellen die geographischen und zeitlichen Grundlagen der Alten Geschichte zur Verfügung. Als die eigentlichen Hilfwissenschaften können die Epigraphik, die Numismatik und die Papyrologie bezeichnet werden. Die Prosopographie ist zwar eine spezielle Methode, hat aber so besondere Arbeitsweisen entwickelt, daß auch ihr Eigenständigkeit zu kommt.[3]

Bei aller intensiven Einarbeitung in Probleme der Hilfswissenschaften gerade im Grundstudium darf darüber nicht die althistorische Fragestellung verloren gehen. Aus diesem Grund soll im folgenden auch immer an Beispielen gezeigt werden, wie man sich das Arbeiten im Bezug auf die Alte Geschichte vorzustellen hat.

Für angehende Lehrer/innen sei noch der Hinweis gestattet, daß gerade aus dem Bereich der Hilfswissenschaften viel Anschaulichkeit für den Unterricht gewonnen werden kann. Allerdings muß ein ausgeprägter Umsetzungsprozeß stattfinden.

2. Archäologie

Buchtitel wie „Götter, Gräber und Gelehrte“ oder „Faszination Archäologie“ vermitteln den Eindruck eines Faches voller Abenteuer, Spannung und spektakulärer Erfolge – eine Art Schatzgräbermentalität. Selbst in Film- und Buchkrimis, wie z.B. ‚Indiana

3 S.u.S. 240.

Jones', wird der braungebrannte, in Kakianzüge gekleidete archäologische Fanatiker, der sein Leben einer Idee verschrieben hat, immer wieder bemüht. Dahinter steht das Mißverständnis, Archäologie nur als die Wissenschaft vom Ausgraben zu verstehen. Die Feldforschung ist aber nur ein, wenn auch sehr wichtiges,

> „Arbeitsfeld des Archäologen, das unter dem Einfluß der Naturwissenschaften und zum Teil mit ihrer Hilfe in den letzten Jahrzehnten außerordentlich verfeinert worden ist."[4]

Es bringt indessen wenig Nutzen, das materielle Erbe der Vergangenheit – Forschungsgegenstand der Archäologie – nur zu bergen. Die zusammenschauende Analyse aller Funde, die Vergleiche ermöglichende Typisierung vor allem der Gegenstände der bildenden Kunst, die Motivforschung, die kunstgeschichtliche Einordnung, die Kartierung der Funde u.a.m. gehören ebenso zur Arbeit des/r Archäologen/in.

Weltweit sind Archäologen/innen mit der Erforschung unterschiedlichster Kulturkreise befaßt.[5] Um die Erforschung der griechisch-römischen Antike von anderen ‚Archäologien' klar abzugrenzen, wird sie als ‚klassische Archäologie' bezeichnet. Sie umfaßt geographisch den gesamten Mittelmeerraum mit seinen Randgebieten (z.B. auch den hellenisierten Orient). Für die nördlichen Provinzen, wo kunstgeschichtliche Fragestellungen weniger ergiebig sind, hat sich die provinzialrömische Archäologie[6] als eine Spezialdisziplin herausgebildet, die allen in der materiellen Hinterlassenschaft faßbaren Lebensäußerungen der Vergangenheit nachgeht und damit auf die allgemeine Archäologie zurückgewirkt hat. Weitere Spezialmethoden wie die Luftbild- und die Unterwasserarchäologie ergänzen die Ergebnisse aus den Grabungen.[7]

---

4 Niemeyer S. 14.

5 Es gibt so viele Bereiche der Archäologie, wie es weltweit Kulturkreise gibt. Lediglich deren Entwicklung hängt von unterschiedlichen, oft politischen Interessenlagen ab. In China kannte man schon in der Songzeit (960-1280) eine einheimische Archäologie. Die Erkenntnis, daß Sachquellen auch z.B. für die neuzeitliche Geschichtsforschung unseres Raums Aussagen zu machen haben, hat in den letzten Jahren zu dem Zweig der Industriearchäologie geführt.

6 R.Fellmann in: Graf (1997), S. 655 definiert das Fach so: „Archäologie der römischen Provinzen bedeutet die Erforschung und Deutung der materiellen Hinterlassenschaft (im weitesten Sinne), der kulturellen, sprachlichen und religiösen Eigenart, der Geschichte und der Kulturgeschichte der römischen Provinzen gemäß ihrer Vorprägung durch die verschiedenen Völker, die nach der Eroberung und Provinzialisierung von der Reichsverwaltung und (teilweise) von der römischen Armee und in der unterschiedlichsten Weise überlagert wurden."

7 S. dazu Bergemann S. 55f.

J.J.Winkelmann

Es würde zu weit führen, an dieser Stelle einen Überblick über die Geschichte des wissenschaftlichen Faches Archäologie zu geben. Für Althistoriker/innen ist aber ein kurzer Blick auf einige, in der Entwicklung des Faches entdeckte, methodische Ansätze unerläßlich.

Als die Geburtsstunde der modernen Archäologie gilt des Erscheinen der „Geschichte der Kunst des Alterthums" von Johann Joachim Winckelmann im Jahr 1764. Alle Beschäftigung mit antiker Kunst zuvor war vornehmlich geprägt durch die Lust am Sammeln. Es ist das Verdienst Winckelmanns, in die ungeordnete Vielfalt antiker Kunstschätze eine chronologische Einteilung in einzelne Phasen gebracht zu haben. Zugleich stellte er die

> „Frage nach den Gesetzmäßigkeiten (...), nach denen absolute Schönheit erreichbar sei."[8]

Seine ästhetischen Kriterien für die Bewertung der griechischen Kunst, allerdings entwickelt an römischen Kopien, blieben lange Zeit Norm, was auch daraus resultierte, daß sie mit denen der antiken Quellen[9] weitgehend übereinstimmten. Die politische Unfreiheit der Griechen spätestens seit der Mitte des 2.Jahrhunderts v.Chr. bewirkte in der griechischen Gesellschaft eine idealisierende Rückwendung, die den Höhepunkt der Kunst im 5./4.Jahrhundert als dem „Goldenen Zeitalter" sah. Diese Auffassung fand Eingang in die Kunstbeschreibung der römischen Autoren. Griechische Kunst dieser Epoche wurde zum Mythos, mit der Konsequenz, daß der zeitlich späteren hellenistischen Kunst auch von den Archäologen des 19. und 20. Jahrhunderts nicht die Beachtung geschenkt wurde, die sie verdient.

> „Winckelmanns Bedeutung für die Entstehung einer Kunstgeschichte der Antike bleibt grundlegend, auch wenn wir heutzutage die Grenzen und die nicht immer positiven Folgen seines mächtigen Einflusses aufzeigen müssen. Tatsache ist, daß die Archäologen Winckelmann oft gefolgt sind, ohne ihre eigenen Fragestellungen zu bringen, die den aus der Entwicklung der modernen Kultur entstandenen neuen Vorstellungen entsprochen hätten."[10]

Die Philologische Schule

Die auf Winckelmann im 19. Jahrhundert folgende „philologische Schule" ging von der Grundannahme aus, daß eine Parallelität zwischen den erhaltenen römischen Kopien und der Beschreibung der Originale in den Quellen besteht. Dieser methodische Ansatz führte zur Identifizierung zahlreicher römischer Marmorkopien mit

---

8 Bandinelli S. 17.

9 Vor allem Plinius der Ältere und Pausanias.

10 Bandinelli S. 49.

den Bronzeskulpturen griechischer Meister, wie – um nur ein Beispiel zu nennen – dem Doryphoros des Polyklet (s. Abb. 15).[11] Gleichzeitig konnte die normative Kraft dieser Kunst für die römische Zeit nachgewiesen werden.[12]

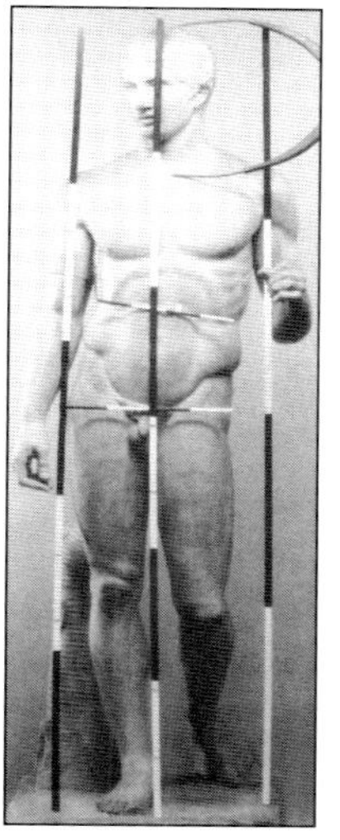

Abb. 15 Doryphoros von Polyklet (römische Kopie) mit modernen Vermessungsinstrumenten zum Nachweis der exakten Proportionskenntnisse des Bildhauers.

Bei aller Bedeutsamkeit dieser Methode, die ein breites Wissen und ein hohes Maß an Kombinationsfähigkeit voraussetzt, blieb außer Acht, daß möglicherweise ein mittelmäßiges Original mehr für das Kunstverständnis einer Zeit aussagt als eine gut untersuchte Kopie. Auch in den Malereien Pompeiis konnte die philologische Schule Reproduktionen nach Originalen der griechischen Malerei ausmachen. Allerdings wurde der Aussagekraft für die eigentliche Entstehungszeit zwischen 50 v.Chr. und 79 n.Chr. mehr Aufmerksamkeit geschenkt. Dennoch gehört seit der Arbeit dieser Schule die gute Kenntnis schriftlicher Quellen zum methodischen Rüstzeug eines Archäologen.

Die Phase der Entdeckungen und großen Ausgrabungen[13] während des 19. und 20. Jahrhunderts stellte die archäologische Forschung vor neue Herausforderungen. Es galt, die Geschichte der antiken Kunst auf der Grundlage der entdeckten Originale neu zu schreiben. Konnte ein Kunstwerk a priori für sich allein sprechen oder mußte die künstlerische Tätigkeit in historische Kontexte gestellt werden, um sie angemessen beurteilen zu können? Fragen dieser Art führten zur Theorie, daß in jeder Epoche der Geschichte ein bestimmter Geschmack herrscht, der sich in ganz bestimmten künstlerischen Ausdrucksformen niederschlägt.[14] Diese Auffassung bedingt, daß das „Kunstwollen"[15] entscheidender ist als ein absoluter Maßstab an Wertigkeiten in Form und Stil.

Aus diesen Ansätzen entwickelten sich zwei entsprechende Forschungsrichtungen der Archäologie. Dem Historiker näher steht diejenige, die sich vorrangig der Untersuchung der handwerkli-

---

11 Näheres s.Bandinelli S. 52-55.

12 So entspricht der Augustus von Primaporta (s.u.S. 213 Abb. 59) im Standmotiv dem Doryphoros, allerdings mit Panzer dargestellt.

13 Mykene, Troia, Olympia, die Akropolis von Athen, Delphi, Milet, Priene, Pergamon u.a.

14 Bandinelli S. 129f.

15 Richtungsweisend war die österreichische Schule, vor allem mit dem Werk Riegls ‚Spätrömische Kunstindustrie' 1901 (1927).

chen Produktion und der Kunstbetrachtung im Kontext politischer, sozialer und ökonomischer Prozesse widmet, als die zweite, stärker kunstgeschichtlich orientierte.

Hier ist an erster Stelle die bei Erscheinen Aufsehen erregende Publikation von Paul Zanker zu nennen.

> „Wie in exemplarischer Weise die gemeinsame Interpretation von Bild- und Textzeugnissen durch einen Archäologen ein instruktives Bild von der Mentalität einer Gesellschaft vermitteln und vor allem wie über die Bilder politische Botschaften transportiert werden, zeigt glänzend: Paul Zanker, Augustus und die Macht der Bilder, München 1987."[16]

Daß sich diese fruchtbare Verbindung von kunstgeschichtlicher Betrachtungsweise und historische Fragehaltung nicht nur auf die ‚große' Kunst des Kaisers anwenden läßt, hat Zanker u.a. schon 1975 mit dem folgenden Aufsatz gezeigt:

Paul Zanker, Grabreliefs römischer Freigelassener, in: Jahrbuch des Dt.Archäologischen Instituts, Berlin 90, 1975, S. 267ff.

Klassische Archäologie, Klassische Philologie und Alte Geschichte sind sich jeweils gegenseitig unverzichtbare „Hilfswissenschaften" bzw. Teile eines eng aufeinanderbezogenen Systems zur Erforschung der antiken Welt.[17] Sie müssen in ständigem Dialog miteinander stehen.[18]

2.1 Die wichtigsten methodischen Ansätze

Am konkreten Beispiel einer provinzialarchäologischen Untersuchung, nämlich einer Grabung in Worms, die 1990 ihren Abschluß fand, soll eine Vorstellung von der archäologischen Arbeitsweise vermittelt werden. Es handelt sich um die Ausgrabung des römischen Nordfriedhofs in Worms, zu der von der Ausgräberin Mathilde Grünewald eine vorbildliche, allgemeinverständliche und beispielgebende Monographie vorliegt, an der weitere Spezialisten mitgewirkt haben.[19]

---

[16] Vollmer S. 100.

[17] Auch die Ur- und Frühgeschichte, die christliche Archäologie, die Archäologie der byzantinischen Kulturkreise Europas und Asiens und die frühmittelalterliche Archäologie gehören diesem System an.

[18] S. auch Bandinelli S. 28. Die Beschneidung der drei Fächer durch die derzeitige Kürzungspolitik in Deutschland wird sich sehr zum Nachteil der jeweils verbleibenden Fächer auswirken und zeugt von großer Kurzsichtigkeit.

[19] M. Grünewald, Der Römische Nordfriedhof in Worms. Funde von der Mainzer Straße, Worms 1990.

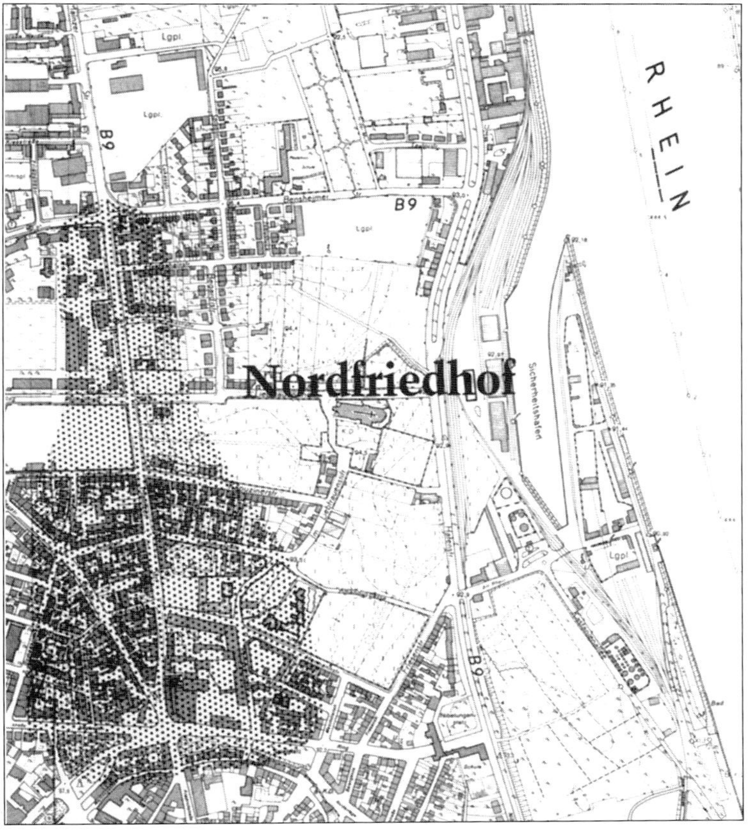

Abb. 16 Die Lage des Nordfriedhofs in Worms.

2.1.1 Topographie und Grabungsgeschichte

Prospektion

Einer der ersten Schritte des Archäologen ist die Erkundung des Geländes (Prospektion), um entweder einen Überblick zu gewinnen oder eine erfolgversprechende Grabung vorzubereiten.

Zahlreiche Funde kamen und kommen aber auch durch Zufall ans Licht, sei es bei Feldarbeiten, bei Bautätigkeit, sei es beim Fischfang oder durch Taucher. Solchen Zufallsfunden folgen, wenn sie nicht sofort gesichert werden, sehr schnell Raubgrabungen, die den Fundzusammenhang zerstören. Bei Bauarbeiten werden nicht erkannte Bodenfunde meist endgültig vernichtet. Gelangen Gegenstände unbekannter Herkunft auf den Kunstmarkt, geben sie gelegentlich sogar Anlaß zu Verdacht auf Fälschungen.

Die systematische Erkundung eines Grabungsgebietes ist deshalb für den wissenschaftlichen Ertrag außerordentlich bedeutsam.

Luftbildarchäologie

Hier haben sich mit der Luftbildarchäologie völlig neue Möglichkeiten eröffnet. Die Nahrungszufuhr für eine Pflanze, z.B. Getreide, wird von der Menge des Erdreichs unter ihr geregelt. Wächst die Pflanze über einem Graben, werden die Halme länger, wächst sie über einer Mauer, bleiben sie kürzer. Bei tiefem Sonnenstand bzw. einem bestimmten Lichteinfall können so aus der Luft ganze archäologische Anlagen sichtbar werden.[20] Nach erfolgreich abgeschlossener Erkundung eines Geländes, wo Funde vermutet werden, unterzieht man den ‚antiken Platz' einer sorgfältigen Prüfung, um schon vorab zu klären, ob eine Grabung verspricht, lohnend zu sein. So lassen sich durch punktuelle Messungen des elektromagnetischen Widerstandes, die im Computer bearbeitet werden, sogar Detailpläne erstellen, die zeigen, wo die Grabung besonders lohnt.[21]

Schwieriger wird es, wenn, wie in Worms, Siedlungskontinuität besteht. Die genannte Monographie zeigt als erstes gerade diese Schwierigkeiten auf, berichtet über frühere bekanntgewordene Zufallsfunde und historische Nachrichten und trägt Ergebnisse älterer Grabungsberichte vor, um einerseits eine topographische Eingrenzung des fraglichen Gräberfeldes zu gewinnen, andererseits alle nachantiken Schädigungen des Grabungsplatzes vor der Grabung zu dokumentieren. Schmerzlich wird konstatiert:

> „So manches Grab, so mancher Fund ist sang- und klanglos verschwunden."[22]

In einer Karte des heutigen Worms wird die Lage des römischen Gräberfeldes veranschaulicht (Abb. 16). Die dichte Bebauung macht einsichtig, daß auch bedingt durch tiefreichende Kellerbauten früherer Zeiten den Ausgräbern nur willkürliche Ausschnitte eines riesigen Friedhofs zur Untersuchung verbleiben.

Diese Vorgehensweise läßt sich ohne Mühe verallgemeinern.[23] Erst nach diesen Vorarbeiten kann die Grabung beginnen, wobei heute das Bewußtsein sehr ausgeprägt ist, daß jeder Eingriff in die Erde zugleich auch Zerstörung ist. Die akribische Dokumentation jedes Befundes in Zeichnung, Photographie und Beschreibung,

---

20 Mit dieser Methode wurde Jericho, die älteste bisher bekannte Stadt, entdeckt.

21 Der Einsatz geophysikalischer Prospektionsmessungen (Elektrik und Magnetik) kann viel Zeit und Geld sparen.

22 Grünewald S. 12.

23 Ausführlicher Niemeyer S. 54.

dazu dreidimensionale Messungen, sind ein absolutes Muß wegen der Unwiederbringlichkeit eines einmal zerstörten Grabungshorizontes.

2.1.2 Stratigraphische Methode

In der Grabung von Worms wird zwischen einer vertikalen und einer horizontalen Stratigraphie unterschieden.

> „Die stratigraphische Methode arbeitet auf der Grundlage der natürlichen Tatsache, daß innerhalb einer Siedlung die übereinander angetroffenen Schichten (Strata, Straten) in der Regel, d.h. wenn keine Störung festgestellt wird, ein zeitliches Nacheinander in der Geschichte der Siedlung anzeigen."[24]

So weisen die zahlreichen Überschneidungen und Überlagerungen von Gräbern in Worms auf ein zeitliches Nacheinander. (s. Abb. 17). Die Dichte der Belegung führte zu ersten Überlegungen zum Bestattungswesen. Offenbar existierte kein Gräberkataster, so daß verfallene Gräber, die oberirdisch unbelegt wirkten, erneut verwendet werden konnten.

Horizontalstratigraphie

Die Horizontalstratigraphie, die Auskunft über die Gleichzeitigkeit von Funden gibt, eröffnete Datierungsmöglichkeiten, z.B. überschneiden sich Gräber mit zweihenkeligen Krügen nicht. Das Gleiche gilt für Gräber mit dreihenkeligen Krügen. Sie sind also jeweils gleichzeitig.

Neben der Gleichzeitigkeit der Strata läßt die Horizontalstratigraphie auch Beobachtungen zur allmählichen Ausdehnung eines Grabplatzes oder der Besiedelung einer Stadtanlage zu.

Die Vertikalstratigraphie ist bei Siedlungsplätzen quasi das Herzstück der Grabung. Schicht für Schicht macht Aussagen zu den jeweiligen Epochen, in denen sie entstand. Oft sind sie durch Einzelfund (Münzen, Keramik) datierbar.

Diese Methode wurde gegen Ende des 18.Jahrhunderts in der Geographie entwickelt. Die Untersuchungsmethoden wurden aber seit den ersten Großgrabungen[25] außerordentlich verfeinert. Auch hier nur ein Beispiel: Verfärbungen in der Erde werden sehr genau untersucht, denn sie können Holzpfosten von einem Haus, zerfallene Eisenpartikel oder die Abfallgrube einer Siedlung anzeigen.

---

[24] Niemeyer S. 77.

[25] Z.B. Schliemann in Troia 1870. Er gilt als der erste, der bei Tiefengrabungen die Schächte bis zum gewachsenen Boden genau beobachtete und dokumentierte. Vgl. dazu das populäre Werk von Birgit Brandau, Troia, Bergisch-Gladbach 1997; Traum und Wirklichkeit-Troia, Stuttgart 2001 S. 64ff.

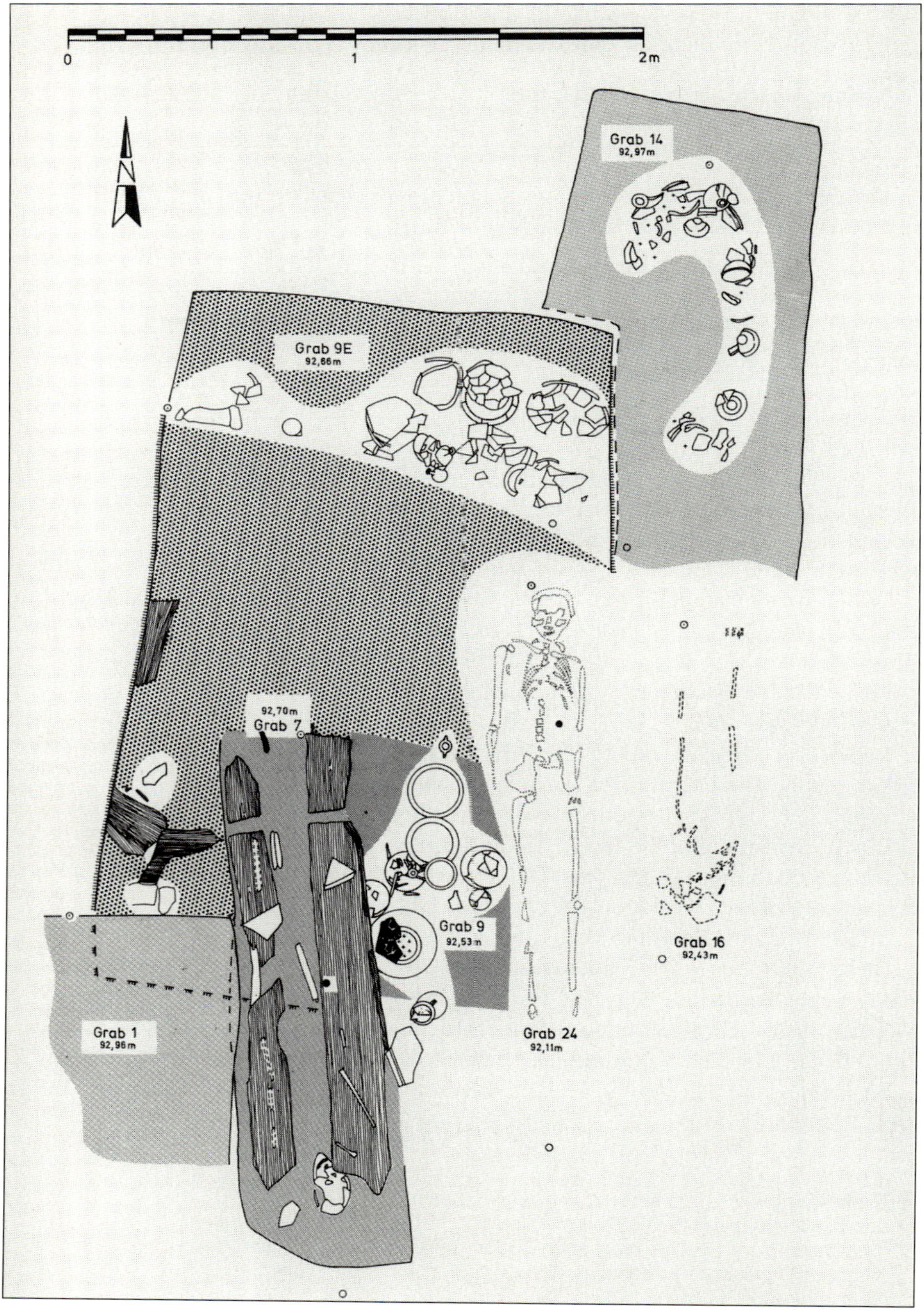
0
1
2m
N
Grab 14
92,97m
Grab 9E
92,66m
92,70m
Grab 7
Grab 9
92,53m
Grab 16
92,43m
Grab 24
92,11m
Grab 1
92,96m

Abb. 17 Grabungszeichnung von sich überlagernden Gräbern.

2.1.3 Kategorisierung bzw. typologische Methode

Kategorisierung

Um Funde vergleichbar zu machen, müssen sie nach bestimmten Kriterien in ein Ordnungssystem gebracht werden. Da es sich bei unserem Beispiel um einen Friedhof handelt, bot sich eine Kategorisierung der Gräber an. Es wurden unter Einbeziehung der einschlägigen Literatur zwei Großgruppen unterschieden, die Brandgräber und die Körpergräber.

Innerhalb der Brandgräber wurden zwei weitere Untergruppen gebildet, solche, wo der Tote an einem anderen Ort (einem ustrinum[26]) und solche, wo der Tote über der Grube verbrannt worden war. Letztere heißen Busta, erkennbar daran, daß Boden und Wände von der Hitze verziegelt sind. Die Funde erlaubten hier, Aussagen zum Bestattungsritus zu machen. Wenn der Scheiterhaufen niedergebrannt war, wurden die ins Grab gefallenen Reste aufgeräumt, der Leichenbrand gesammelt und in eine Urne oder in ein mittlerweile vergangenes Behältnis gelegt. Die Reste der verbrannten Beigaben wurden noch durch unverbrannte Beigaben ergänzt.[27]

Reste von Holzkohlestückchen unterzog man einer Analyse. Es handelte sich um Ast- und Wurzelholz von Eichen, das wegen seines hohen Brennwertes zur Totenverbrennung besonders geeignet war.

Tabellarische Übersichten über die Befunde in den Gräbern ermöglichen innerhalb der Untergruppen ein hohes Maß an Vergleichbarkeit und Information (Orientierung, Beigaben, Fleischbeigaben, Datierung u.a.) selbst für den Laien. Ein besonderes Augenmerk galt den Kindern.

In der Kategorie der Körpergräber war eine klare Unterscheidung zwischen Männer- und Frauengräbern leichter möglich. Außerdem konnte aufgrund anthropologischer Untersuchungen eine Altersbestimmung mit einer Genauigkeit von ca. zehn Jahren erfolgen. Ihnen ist in der Monographie ein eigenes Kapitel gewidmet mit einer Fülle von auch den Historiker interessierenden Details.

Neben der Alters- und Geschlechtsbestimmung (letztere bestätigt die geschlechtsspezifischen Beigaben), der Bestimmung der Kör-

[26] Ein ustrinum (Verbrennungsplatz) wurde in Worms nicht gefunden.

[27] S.Grünewald S. 15.

perhöhe und Robustizität der Knochen und der Schädelanalyse[28] konnten sogar Angaben über Erkrankungen, besonders Zahn- und Kiefererkrankungen und Belastungsschäden gemacht werden.

Ein beigabenloses Grab einer Frau im Alter von 50-59 Jahren war in diesem Zusammenhang von besonderem Interesse. Ihr Skelett zeigte krankhafte Veränderungen, die für eine außerordentliche physische Belastung sprechen, wohl vornehmlich harte Feldarbeit. Dazu litt die Frau an entzündlichen Folgeerscheinungen von Paradentose (Paradontitis) und infolge von Karies an eitrigen Durchbrüchen im Oberkieferknochen.[29] Anders gesagt, sie muß wahnsinnige Zahnschmerzen gehabt haben. Der Abrieb ihrer Zähne weist auf sehr grobe, mineralhaltige Nahrung (vollkörniges Getreide) hin.

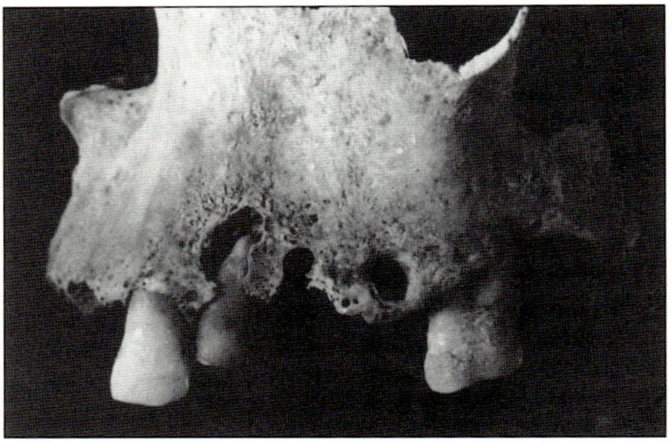

Abb. 18 Gebißerkrankungen an einem weiblichen Gebiß.

„Es ist also naheliegend, daß die Frau aus Grab 24 einer unteren sozialen Schicht angehörte und bei ihrem Begräbnis nicht viel Aufwand getrieben wurde."[30]

Osteoarchäologie

Ein wichtiger wissenschaftlicher Nebenzweig muß in diesem Kontext noch genannt werden, die Osteoarchäologie.[31] Sie beschäftigt sich mit der Analyse von Tierknochen. In Worms konnte unterschieden werden zwischen Knochen, die als Fleischbeigaben ins Grab gelangten, solchen, die eingeschwemmt waren, und benagten Knochen, die alle Kriterien von Küchenabfall trugen. Sie stammten, wie später festgestellt wurde, aus einer wohl mittelalterlichen Abfallgrube.

In einem noch näher zu betrachtenden Grab (55) wurden z B. ein rechtes Schweinehinterviertel, vielleicht ein Schinken, ein

28 Bei nur drei intakten Schädeln war in Worms eine typendiagnostische Auswertung kaum zu leisten. Dennoch vermutet E.Hahn aufgrund der Formenvielfalt eine große Heterogenität der Bevölkerung. Allgemein zu dieser Methode s. G. Ziegelmeyer, Anthropologische Untersuchungen In: Hrouda S. 208 ff.

29 Zu Karieserkrankungen allgemein s. Hrouda S. 235 f., wo u.a. gezeigt wird, daß durch Untersuchungen auf der Basis von Eßgewohnheiten Auskünfte über Kontinuität in der Bevölkerung zu erhalten sind.

30 Grünewald S. 23.

31 S.J. Bossneck, Osteoarchäologie, in Hrouda S. 250 ff.

Fisch, zwei Jungvögel und eine Legehenne als Fleischbeigaben konstatiert.

> „Unter den unverbrannten Hühnerknochen befinden sich neben Resten zweier Jungvögel Teile einer an der ringförmigen Kalkauskleidung der Markhöhle des Oberschenkelbeines erkennbaren Legehenne. Unter Berücksichtigung des Brutverhaltens und des Umstandes, daß Hühner früher aus Haltungsgründen nur in freundlichen Jahreszeiten zur Eiablage fähig waren, erfolgte die Bestattung im Sommer."[32]

Für Althistoriker/innen können aus solchen Erkenntnissen weitere Schlüsse auf die Haustierhaltung, die Ernährungssituation allgemein, aber auch auf Eßgewohnheiten gezogen werden.

2.1.4 Befundbeschreibung

Nach dem beigabenlosen Grab interessiert Historiker/innen das andere Extrem der sozialen Skala – ein auffällig reich ausgestatte-

Abb. 19 Grabungszeichnung von Grab 55

Brandgrab (Leichenbrand in Holzkiste mit Beigaben)
Datierung: 40-55 n. Chr.
Orientierung: N–S
Tiefe: OK 92,60 m NN
(1,80 m unter Oberfläche)
UK 92,57 m NN
(1,83 m unter Oberfläche)
Grabgrube: L 1,20 m; B 0,85 m
Einfüllung der Grube: – sandiger Lößlehm, mit verbrannten Holzstückchen durchsetzt
Lage: – an NW-Seite neuzeitliche Störung
Leichenbrand F 27:
Gewicht: 944 Gramm.
Erhaltungszustand: alle Körperbereiche sind nachweisbar.
Fragmentierung: mittel. Durchschnittl. 30 mm Max. 85 mm
Verbrennungsgrad: alle Körperpartien Stufe IV-V (ab 650 °C).
Robustizität: mittel.
Alter: 30-39 Jahre (Schädelnahtbefund). Spätadult.
Geschlecht: eher weiblich (Befunde am Becken: Incisura ischiadica major und Sulcus praeauricularis).

[32] Grünewald S. 204.

tes Grab, denn die Aussagefähigkeit solcher Gräber in sozialgeschichtlicher Hinsicht ist evident.[33] Geeignet dafür erscheint das gerade genannte Grab (55) einer 30-39jährigen Frau. Die Beschreibung der Einzelfunde dieses Grabes wollen wir zum Anlaß nehmen, auf die Aussagefähigkeit solcher Funde einzugehen.

Keramik

Gefunden wurden: zwei große Krüge, zwei belgische Teller, zwei belgische Näpfe, mehrere Schälchen, davon ein graues feintoniges, das aus Italien importiert war, eine Flasche und eine ungebrauchte Lampe. Mit der Frage ,Wieviele Teller braucht ein Toter?'[34] reflektiert die Ausgräberin die Sitte der Speiseservice, die ja auch für die Lebenden relevant war. Eine feste Regel über die Größe solcher Service ließ sich jedenfalls für Worms nicht finden. Eine kleine Keramikkunde führt in die Datierungsmöglichkeiten ein.

Halten wir zunächst allgemein fest: Geformter und gebrannter Ton ist in der Antike das Gebrauchsmaterial schlechthin. Ob im Haushalt, zu Transportzwecken, als Bau- oder Beschreibstoff – Ton fand seit rund 8000 Jahren in allen Lebensbereichen Anwendung. Besonders herausragende Stücke des Kunsthandwerks zu datieren, gelingt vergleichsweise leicht. Sehr viel schwieriger ist die zeitliche Zuordnung der sogenannten Hausfrauenkeramik, d.h. ein gewöhnlicher Kochtopf, Krug oder Teller. In diesen Fällen kann für Funde weiter zurückliegender Zeiträume die Thermo-Lumineszenz-Methode (TLM)[35] hilfreich sein. In weit größerem Maß ergiebig ist diese Methode im Bereich der Ur-und Frühgeschichte. Sie basiert auf einem einmalig auftretenden Leuchteffekt, der bei Erhitzung eintritt und durch freiwerdende Energie radioaktiver Anteile in Lehm und Sand entsteht. Bei Keramik wird der Zeitpunkt des Brandes ermittelt.

Eine Besonderheit der Römer in der Keramikproduktion ist die Terra sigillata – eine moderne Wortschöpfung für vasa Arretina.[36] Es handelt sich um glatte oder mit Reliefs verzierte, mit rotem, seltener schwarzem Glanzton überzogene Ware, die Edelmetall (Bronze und Silber) vortäuschen sollte. Vom ursprünglichen Herstellungsort Arrezzo aus wurden sehr erfolgreich arbeitende Filialbetriebe in Gallien gegründet, der bekannteste in Rheinzabern.

---

[33] Eine detaillierte Fundbeschreibung mit Zeichnungen und Photographien aller Gräber liefert der Katalog.

[34] Grünewald S. 39.

[35] Genauer K.L.Weiner Thermolumineszenz, in: Hrouda S. 151ff. Zur Anwendung s. Riederer S. 229f.

[36] Vorstufen gibt es im hellenistischen Osten.

Die Stempel in den Gefässen nennen entweder den Hersteller oder den Töpfer. Als Quelle zur Wirtschaftsgeschichte nehmen sie einen hohen Rang ein. Sowohl die Stempel als auch der Reliefstil erlauben oft eine klare Datierung. Zwei der Teller unseres Grabes tragen einen solchen Stempel[37], der aber anderswo nicht nachweisbar ist.

Eine eigene Gruppe innerhalb der Keramikproduktion bilden die Öllämpchen[38]. Sie kamen erst mit den Römern über die Alpen. Brennstoff war das auch aus dem Mittelmeerraum importierte Olivenöl. Mit ihrer Hilfe kann oft besser datiert werden als mit der schwer einzuordnenden Keramik.

Aus dem hier vorgestellten Grab stammt das einzige Öllämpchen mit einer Darstellung, in diesem Fall einer Mänade. Mit einer Ausnahme waren in Worms alle Lämpchen unbenutzt, d.h. ihr Licht war als Symbol für das Licht im Jenseits gedacht. Die Ausgräberin konstatiert, daß eher erwachsene Frauen in den Genuß dieses Lichtsymbols kamen und ahnt interessante Schlußfolgerungen für die Rekonstruktion von Jenseitsvorstellungen, denen nachzugehen die wenigen bisher archäologisch und anthropologisch bearbeiteten Gräberfelder nicht erlauben.[39] Für religions- und mentalitätsgeschichtliche Erkenntnisse sind solche Beobachtungen in jedem Fall sehr wertvoll.

Abb. 20 Gläser aus Grab 55.

Glas

In unserem Mustergrab wurden fünf kleine Glasfläschchen, sogenannte Balsamarien, und ein Glastellerchen aus Streifenbandglas, meist blau mit wenig weiß und rot gefunden. Eine aus gelbdurchscheinendem Glas gefertigte Taube und Kugel gehören offenbar zusammen.

Nach Plinius[40] hätten Natronhändler, die an der Mündung des Belusflusses in Syrien rasteten, in Ermangelung von Steinen Soda-

[37] Er lautet: RVCCOF/AVOTI; in Trier kommt ein BVLLO AVOTI vor.

[38] Es gibt sie natürlich auch aus anderem Material.

[39] Wenn, wie die FAZ vom 23.3.98 S. 46 berichtet, der durch Zufall entdeckte Friedhof am Stadtrand von Rom mindestens 2000 Gräber enthält, böten sich in dieser Hinsicht gute Möglichkeiten.

[40] Plin. n.h.36,191.

brocken für die Feuerstelle benutzt. Durch die Hitze des Feuers hätten sich Soda und Flußsand zu einer glasartigen Masse verschmolzen. So sei Glas entdeckt worden. Ab der Mitte des zweiten Jahrtausends treten in Mesopotamien, Syrien und Ägypten Glasgefäße, hauptsächlich kleine Behälter für kosmetische oder pharmazeutische Produkte, auf. Von hier verbreitete sich die Technik im gesamten Mittelmeerraum. Erst mit der Erfindung der Glasbläserpfeife wohl im 1.Jahrhundert v.Chr. wurden Glasgegenstände zu Massenware. Die Glasindustrie verbreitete sich schlagartig im gesamten römischen Reich und gelangt auch ins Rheinland. Ein brauchbares naturwissenschaftliche Verfahren zur Altersbestimmung von Glas existiert nicht.[41]

Die fünf Balsamarien werden Parfum oder Salböl enthalten haben. Dagegen könnte der Inhalt des Vogels eine Schminke, in der Kugel eine Farbe gewesen sein. Jedenfalls mußte man Schwanz oder Schnabel des Vogels abbrechen, um den Inhalt benutzen zu können.[42] Alle genannten Glasgegenstände stammen aus Oberitalien und entsprachen in der Mitte des 1.Jahrhunderts n.Chr. der neuesten Mode.

Fibeln

Gefunden wurden in unserem Beispielgrab zwei sogenannte Distelfibeln und eine Scheibenfibel mit grüner Einlage.

Fibeln waren zunächst reine Gebrauchgegenstände, vergleichbar unseren Sicherheitsnadeln, mit denen ungenähte Kleidungsstücke zusammengehalten wurden. Im Laufe der Zeit entwickelten sich daraus Schmuckstücke, die gleichermaßen von Männern und Frauen getragen wurden. Fibeln bieten durch ihren Formenreichtum und zeitlich und räumlich unterschiedlichen Gebrauch eine Typologie, die ethnologische Zuordnungen und Datierungen gestatten.

Bei unserem Beispiel waren es gerade die Fibeln, die das Grab datierten. Scheibenfibeln mit Scharnier kommen erst ab claudischer Zeit vor. Ihr Gebrauch ist auf die Zeit von 30/40 bis 60/70 n.Chr. zu fixieren.[43] Die Distelfibeln mit Preßblechauflage gehören in die gleiche Zeit und sind geographisch vor allem dem gallischen Raum zuzuordnen.

Neben der Funktion als Datierungsinstrument können Fibeln, wie oben schon gesagt, auch die ethnische Zugehörigkeit klären. So wurden für Worms neben der ortsansässigen Bevölkerung auch germanische Bevölkerung und Zuwandererfamilien aus Britannien konstatiert. Für Historiker/innen kann also die Archäologie, die

---

41 S.Riederer S. 235.

42 Grünewald S. 24 und 33.

43 A.Böhme-Schönberger in Grünewald S. 55f.

Bevölkerungsstruktur betreffend, wichtiges Basiswissen schaffen, selbst bei einem so kleinen Gräberfeldausschnitt wie dem von Worms.

Holz

All die schon beschriebenen Funde wurden zusammen mit dem Leichenbrand in einer Holzkiste ins Grab gelegt. Die Kiste selbst ist zwar vergangen, aber ihre Spuren – sie maß 20 auf 50 cm – ließen sich zusammen mit Resten von drei Nägeln noch entdecken.

Holz war in der Antike ein Werkstoff, der tagtäglich in allen Bereichen des Lebens zum Einsatz kam. Vom Brennholz wurde schon berichtet. Aus Holz stellte man Möbel, Geräte und Behälter her, es wurde als Baumaterial in Häusern und beim Schiffsbau gebraucht, ebenso zur Verschalung von Brunnen u.a.m. Da Holz als organisches Material der Zersetzung preisgegeben war, finden sich in der Regel nur Verfärbungsspuren, wie z.B. Pfostenlöcher bei Holzbauten oder unser Holzkasten. In luftdicht abgeschlossenen Lagen bleibt Holz erhalten, wie z.B. unter der Schlammdecke von Herkulaneum oder im feuchten Milieu von Brunnen oder Flußsedimenten (Mainzer Schiffe).

Datierung von Holz, wenn es in ausreichender Menge vorhanden ist, kann mit der C 14-Methode oder der Dendrochronologie vorgenommen werden.

C 14 Methode

Die C14-Methode[44] kann bei allen organischen Substanzen auf der Basis ihres radioaktiven Kohlenstoffgehaltes angewandt werden. Nach dem Tod eines Lebewesens erfolgt keine C 14 Aufnahme mehr und das Kohlenstoffisotop zerfällt mit einer Halbwertzeit von 5730 Jahren. Um die für die Analyse notwendige Menge Kohlenstoff zu gewinnen, bedarf es bei trockenem Holz ca. 10-25 g. Die Ergebnisse bringen je nach Fundumständen nicht immer die gewünschte Genauigkeit; die Methode eignet sich daher auch vor allem für prähistorische Untersuchungen.

Dendrochronologie

Sehr viel präzisere Ergebnisse erzielt man dagegen mit der Methode der Dendrochronologie (Jahresringchronologie).[45] Sie beruht auf der Erkenntnis, daß jedes Jahr bedingt durch Klima- bzw. Feuchtigkeitsschwankungen einen individuellen Jahresring im Wachstum des Baumes erzeugt. In feuchten Jahren bilden sich breite und in trockenen dünne Jahresringe. Gleiche Baumarten aus den gleichen Regionen zeigen eine identische Abfolge von Jahres-

[44] Dazu Niemeyer S. 74; W. Rauert, Die Kohlenstoff 14-Datierungsmethode, in: Hrouda S. 111f.

[45] Dazu D.Grosser, Dendrochronologische Altersbestimmung, in: Hrouda S. 125ff. Riederer S. 238 und 298ff.

ringen, mit denen man dann Chronologien aufstellen kann. Dafür sind allerdings Holzfunde aus festdatierten Bauten notwendig. Für Europa wurden zuerst Eichenchronologien ermittelt, weil Eichenholz in der Antike und dem Mittelalter das häufigste Bauholz war. Inzwischen liegen Chronologien für fast alle Baumarten in Europa vor.

Diese Methode hat durchaus für Überraschungen gesorgt. So gelang es z.B., die Römerbrücke in Trier, als man durch einen Kanalbau den Pfahlstellungen ausreichend Holzproben entnehmen konnte, neu zu datieren. Eine erste Holzkonstruktion war schon 122 v.Chr. errichtet worden. Der Bau der eigentlichen Römerbrücke erfolgte schon 18/17 v.Chr. Daß solche Präzisierungen für Historiker/innen außerordentlich wichtig sind, muß nicht ausdrücklich betont werden.[46]

Konservierung von Holz

Eine andere Herausforderung für die Archäologie war das Konservieren von Holz. Ein spezielles Zentrum dafür hat sich im ‚Museum für antike Schiffahrt' in Mainz gebildet.[47] Die dort gefundenen Schiffe wurden nach der Bergung zerlegt, von den Bodensalzen befreit, indem man sie mit destilliertem Wasser durchspülte, dann in großen Mikrowellenanlagen getrocknet, mit Kunstharz getränkt und schließlich wieder zusammengefügt hat. Gleichzeitig wurden von allen Schiffen Modelle gebaut. Dabei gewann man weit mehr Detailkenntnisse zum Schiffbau, als ursprünglich Fragestellungen existierten, weil diese sich erst bei der Rekonstruktion ergaben – ein unschätzbarer Vorgang für die Technikgeschichte.

Eisen

Die drei schon erwähnten Eisennägel wurden wie das Holz nur auf Grund von Verfärbungen erkannt. Eisen, das nicht mehr in Gebrauch ist, rostet sehr schnell und zerfällt schließlich ganz. Auch der Metallbedarf des Mittelalters vernichtete viele antike Metallreste. Für die Datierung kann auch hier die Thermo-Lumineszenz-Methode angewandt werden.

Über die Untersuchung von Eisenschlacke war es möglich, die Technik der frühen Eisenverhüttung zu ermitteln. Das so gewonnene Eisen wurde in an beiden Enden spitz zulaufende Barren gegossen und in den Handel gebracht. Zur Prüfung der Qualität des Eisens brach man an den Spitzen ein Stückchen ab. Im Gegensatz zu heute wurden Werkzeuge, Geräte und Waffen nicht gegossen, sondern geschmiedet. Zur Nagelproduktion gab es

[46] Dazu H.Cüppers (Hg.), Die Römer in Rheinland-Pfalz, Stuttgart 1990, S. 609f.

[47] B.Pferdehirt, Das Museum für antike Schiffahrt, Mainz 1995.

eigene kleine Ambosse mit eingelassenem Loch für den Nagelkopf.

Metallanalysen generell erhellen in erheblichem Maße Produktionszentren und Handelswege (Herkunftsbestimmung). Das für das Eisen Gesagte gilt ähnlich auch für Gold, Silber, Kupfer, Blei, Zink, wobei den Legierungen ein besonderes Augenmerk gilt.[48]

Münzen[49]

In der Antike war es Usus, dem Toten eine Münze mit ins Grab zu geben. Die Motive dafür konnten sehr unterschiedlich sein:

- Als Charonspfennig sollte mit der Münze nach dem griechischen Mythos dem Fährmann seine Gebühr für die Überfahrt über den Styx gezahlt werden.[50]
- Die Einzelmünze stand pars pro toto für das gesamte Vermögen des Toten.
- Die Münze entsprach dem Inhalt der Geldbörse.
- Schließlich stand die Münze als Symbol für den Kauf des Vermögens durch die Erben.[51]

Bei Brandgräbern wurde die Münze mitverbrannt und in den Leichenbrand einsortiert, so auch in unserem Grab. Die gefundene Münze ist ein As[52] aus Lyon, geprägt zwischen 11 bis 14 n.Chr. Da das Grab durch die Fibeln eindeutig der claudischen Zeit zugewiesen wurde, vermag dieses Stück Auskunft über die Umlaufzeit von Münzen zu geben. Die lange staatliche Kontinuität in Rom und die Tatsache, daß Münzen nicht verrufen wurden, sorgten dafür, daß z.B. noch bis weit in die Kaiserzeit hinein republikanische Münzen im Umlauf waren.

Grünewald faßt die an unserem Beispiel gemachten Beobachtungen vorsichtig wie folgt zusammen:

> „Die Dame (oder ihre Angehörigen) dachten sich das Leben nach dem Tod gewiß als Fortsetzung des irdischen Daseins. Hier wie dort legte sie großen Wert auf gepflegtes Aussehen und gutes, reichliches Essen. Fragte man sich, woher sie die Kostbarkeiten wie Glastellerchen oder auch das in Worms nach mehr als 100 Jahren archäologischer Grabung immer noch einzigartige graue Schälchen, das einer italischen Töpferei entstammt, haben könnte, so bleibt angesichts der Datierung in die Jahre um 50 n.Chr. nur ein Schluß: Die Dame hatte mit dem rö-

[48] Riederer S. 1-68.

[49] S. unten S. 193ff.

[50] Zur Problematisierung s. E.Rohde, Psyche I, Tübingen $^{7\text{-}8}$1921, S. 306f. Anm.3.

[51] H.-J.Schulzki, in: Grünewald S. 82 ff.

[52] RIC I^2 245.

mischen Militär zu tun, und da sicher nicht mit dem einfachen Hilfstruppensoldaten.“[53]

Auf dem Hintergrund all der vorgeführten Methoden[54] und damit Möglichkeiten zu historischer Erkenntnis behält die Archäologie ihre Faszination, aber in einem wesentlich anderen und sehr viel weiteren Sinne. Historiker/innen müssen nicht zwingend all diese Methoden kennen, wohl aber die möglichen Fragestellungen und realisierbaren Antworten.

3. Chronologie

3.1 Die Grundlagen der Zeitmessung

Es gehört zur menschlichen Natur, das Phänomen Vergangenheit zu erinnern und sich eine Zukunft vorzustellen. Die Festlegung dessen, was als Gegenwart gelten kann, ist schwierig, da das subjektive Zeitempfinden von Mensch zu Mensch und von Situation zu Situation sehr unterschiedlich ist. Die Fähigkeit unseres Gehirns, Informationen zu verarbeiten, definiert die jeweils körpereigene Gegenwart, d.h. den Moment vom Ereignis bis zur Wahrnehmung, der, wie in psychophysikalischen Experimenten nachgewiesen wurde, zwischen zwei und vier Sekunden dauert.[55] Danach ist ein Ereignis schon wieder Vergangenheit.

Körperliche Zyklen

„Wir bezeichnen das als gegenwärtig, was uns jeweils für wenige Sekunden mental verfügbar ist. Diese Verfügbarkeit beruht auf einem Integrationsmechanismus des Gehirns, der über eine zeitliche Grenze von wenigen Sekunden hinaus nicht wirksam ist.“[56]

Die sich daraus ergebende ‚Drei-Sekunden-Segmentierung‘ wirkt in zahlreiche Lebensäußerungen zurück, wie z.B. in den spontanen Sprachrhythmus, in die Dichtkunst oder auch in die Musik.[57]

Ebenso körpereigen sind Zyklen, die in unterschiedlicher Länge die Funktionen des Körpers regeln, angefangen von der Notwendigkeit, regelmäßig zu essen und zu trinken, über die zyklischen

[53] Grünewald S. 24f.

[54] Es sind auch nicht alle Methoden vorgestellt worden, z.B. fehlt die Pollenanalyse, die auch für die historische Geographie eine wichtige Rolle spielt, weil man früheren Bewuchs und Anbau ermitteln kann.

[55] Ernst Pöppel, Gegenwart – psychologisch gesehen, in: Wendorff (Hg.) S. 15.

[56] Pöppel S. 15.

[57] Die Beobachtung des Drei-Sekunden-Rhythmus ist universal und konnte auch in anderen untersuchten Sprachen nachgewiesen werden.

Darmtätigkeit, den Herzrhythmus bis hin zum Menstruationszyklus u.a.m. So erstaunt es nicht, daß zyklisch wiederkehrende Umweltfaktoren dem Menschen, wenn auch nicht immer bewußt, doch zutiefst nahe waren. Das annähernde Zusammengehen des weiblichen Zyklus mit dem Mondzyklus dürfte als erstes das Bewußtsein für feststehende Zeitintervalle geschärft haben.

Abb. 21 Frau von Laussel. Sie hält in der Hand ein Horn oder einen Halbmond, der deutlich Einkerbungen erkennen läßt.

Die Darstellung dieser nackten, üppigen, wohl schwangeren Frau aus der Zeit um ca. 20 000 v.Chr. (Abb.21) verweist auf den Mond, hier in Gestalt eines mit rotem Ocker gefärbten Büffelhorns, in das dreizehn Striche eingeritzt sind. Möglicherweise zeigen diese Einkerbungen die 13 Tage von Neumond bis Vollmond.

Die Bedeutung des Mondes

Der zu- und abnehmende Mond gewann eine magisch-religiöse Bedeutung lange vor der Sonne. Es war die Nacht, die die numinose Furcht des Menschen zum religiösen Fühlen hin öffnete. Nacht und Tod wurden gleichgesetzt. Der Mond aber war das Symbol für die Überwindung des Todes. Die drei entscheidenden Fixpunkte des zunehmenden Mondes, des Vollmondes und des abnehmenden Mondes[58] versinnbildlichten die Lebensphasen des wachsenden, des reifen und des sichtbar alternden Menschen. Die zyklische Wiederkehr versprach zugleich die Überwindung des Todes und die Verheißung der Wiedergeburt. Der Zusammenhang zwischen Zeitablauf und dem eigenen Tod wird heute vielfach verdrängt.

In zahlreichen antiken Kulturen lassen sich Spuren dieses mentalen Umgangs mit den Himmelsgestirnen, der in seiner ganzen Tragweite hier nicht vertieft werden kann, bis ins Mittelalter hinein nachweisen. Im Kontext der Zeitmessung von Bedeutung ist in diesem Zusammenhang die Begrifflichkeit: Der Monat, indogermanisch abgeleitet ‚menot', lateinisch ‚mensis' ist auf älteren germanischen Sprachstufen gleichzusetzen mit Mond. Mond aber geht auf den indogermanischen Verbalstamm ‚*me' in der Bedeutung von messen zurück.[59]

Die astronomischen Voraussetzungen

Obwohl auch uns der Mondlauf vertraut ist, soll an dieser Stelle kurz der astronomische Sachverhalt dargelegt werden:

Die Umlaufphasen des Mondes wiederholen sich in 29 Tagen, 12 Stunden und 44 Minuten (=Lunationen). Dieser Zeitraum wird

[58] Wir kommen bei den Kalenden, Nonen und Iden darauf zurück, s.S. 131.
[59] S. Kluge S. 486.

synodischer Monat genannt.[60] Da der Mond sein Licht von der Sonne empfängt, er sich in einer Ellipse um die Erde bewegt, wird er von der Erde her als unbeleuchtet wahrgenommen, wenn er in direkter Linie zur Sonne steht (=astronomischer Neumond). In dieser Zeit ist er auf der Erde nicht sichtbar. Ungefähr zwei bis drei Tage später erscheint seine beleuchtete Seite als schmale Sichel von uns aus gesehen auf der rechten Seite der Mondscheibe. Dieses ‚Wiedererscheinen' des Mondes wurde aus den oben genannten Gründen in vielen Kulturen freudig begrüßt und bestimmte den Monatsanfang. Diese allgemeine Orientierung des Monatsanfangs am Neulicht in der Mittelmeerwelt und die Tatsache, daß die direkte Verbindung von Sonne und Mond (Konjunktion) in diesem Raum fast zur selben Stunde eintrat, bedingte eine relative Einheitlichkeit der Monatsanfänge in den Kulturen dieser Welt.[61]

Nach etwa 7 Tagen zeigt der Mond die ganze rechte Seite seiner ‚Scheibe', auch dies für das Messen ein bedeutsamer Einschnitt, und nach rund 14 Tagen ist Vollmond, d.h. der Mond wendet der Erde seine gesamte beleuchtete Seite zu. Er bleibt die ganze Nacht über sichtbar. Dies war der dritte Einschnitt der zur Zeitmessung beachtet wurde. Danach wendet sich der Mond im Gegenuhrzeigersinn wieder der Sonne zu. Beleuchtet wird nun nur noch die linke Mondseite, er nimmt ab, bis er wieder in Konjunktion mit der Sonne tritt. Zwölf Lunationen ergeben ein Mondjahr in der Länge von 354 Tagen, 8 Stunden, 48 Minuten und 36 Sekunden.

Aus diesen astronomischen Tatsachen ergeben sich folgende Schwierigkeiten:

1. Da das Neulicht frühestens am ersten und spätestens am dritten Tag nach der Konjunktion sichtbar wird, waren die Monate unterschiedlich lang (länger oder kürzer als 30 Tage).

Die Länge des Monats unabhängig vom Erscheinen des Neulichts zu fixieren, nahmen schon die Sumerer im 3.Jahrtausend v.Chr. vor, indem sie unregelmäßig wechselnd den Monat entweder mit 29 oder mit 30 Tagen rechneten. Trafen Monatsanfang und Neulicht tatsächlich zusammen, galt dies als gutes Omen. Die Griechen wechselten regelmäßig volle Monate zu 30 Tagen und

---

60 Seine Länge kann nur durch periodisch wiederkehrende Sonnen- und Mondfinsternisse genau berechnet werden, da die Phase der Unsichtbarkeit des Mondes (Neumond) nicht präzise fixierbar ist. Vgl. im Gegensatz dazu der siderische Monat mit einer Länge von 27 Tagen, 7 Stunden und 43 Minuten. S.Kaletsch S. 15.

61 Bickermann Chronologie S. 8 bietet Tabellen mit den Monatsnamen von Athen, Delos, Milet, Delphi, Aetolien, Thessalien, Boiotien, Rhodos, Epidauros, Kos, Makedonien und Babylon.

hohle Monate zu 29 Tagen. Unsere heutigen Monatslängen gehen auf die Regelungen Caesars mit der iulianischen Kalenderreform zurück.[62]

2. Keine glatte Zahl von Mondumläufen paßt auf das Jahr. Das Natur- bzw. Sonnenjahr mit 365 Tagen, 5 Stunden, 48 Minuten und 46 Sekunden ist länger als das Mondjahr, so daß sich bei einem reinen Mondjahr jahreszeitliche Verschiebungen ergeben. Dies mag in Regionen mit wenig differierender Vegetation keine große Rolle spielen.[63] Wollte man aber ‚den Göttern zu denselben Festen diesselben Jahresfrüchte bringen'[64] mußte man Abhilfe schaffen, indem man das Mond- und das Sonnenjahr miteinander kombinierte (= lunisolares Jahr).

Die Berechnung der richtigen Länge des Sonnenjahres war schon in Babylon im 8.Jahrhundert v.Chr. annähernd gelungen, indem man dort systematisch Sonnenfinsternisse aufgezeichnet hatte. Der griechische Astronom Hipparch verfeinerte die Berechnung auf 365 Tage, 5 Stunden, 55 Minuten, 12 Sekunden, d.h. seine Berechnung differierte nur um 6 Minuten von der tatsächlichen Länge.

Das lunisolare Jahr

Erst die Kenntnis der Länge des Sonnenjahres erlaubte eine Anpassung des Mondkalenders an das Sonnenjahr, um so zu einem regelmäßigen Zyklus der Jahreszeiten zu gelangen. Dafür gab es nun zwei Wege:

1. die empirische Schaltung, d.h. es wurde ein mehr oder weniger willkürlicher Ausgleich durch Einschub eines oder mehrerer Tage vorgenommen. Diesen Ausgleich durchzusetzen, bedurfte einer allgemein akzeptierten Ordnungsmacht (Priester, Könige, Magistrate). Die Willkürlichkeit bot Möglichkeiten zur politischen Manipulation.
2. die zyklische Schaltung: Bei Kenntnis der Länge des Sonnen- und Mondjahres konnte die Einschaltung zusätzlicher Tage zum Mondjahr in festem Zyklus vorgenommen werden. Die Willkür einer Ordnungsmacht war damit vermieden. Die Art des Umgangs mit diesen Möglichkeiten bedingt die unterschiedlichen Kalendersysteme.

Der Spott des Aristophanes macht aber deutlich, daß solche angleichenden Regelungen z.T. auf Schwierigkeiten in der Akzeptanz stießen:

---

62 S.u.S. 135.

63 Der mohammedanische Kalender konnte auf eine Angleichung verzichten, weil der Islam seinen Ursprung in solchen Regionen nahm.

64 Geminos 8,6.

(Pallas Athene gegen das Publikum)

„Als wir uns zur Reise fertig machten, hier zu euch herab,
Gab Selene[65], die uns eben traf, uns diesen Auftrag mit:
Grüßen läßt sie schön die Bürger und Verbündeten Athens;
Doch sie sei euch ernstlich böse, daß ihr sie so schlecht belohnt,
Sie, die so reelle Dienste augenscheinlich euch erwies,
Und an Fackeln schon euch jeden Monat eine Drachme spart:
Wenn die Leut am Abend ausgehn, sagen sie zum Sklaven:'Bursch,
Fackeln brauchst du nicht zu kaufen, heut ist prächtiger Mondschein!'
Anderer Dienste zu geschweigen! Dennoch habt auf ihre Tag
Ihr nicht pünktlich acht und werft sie durcheinander kunterbunt.
Darum lesen ihr die Götter ein Kapitel jedesmal,
Wenn sie, nach der alten Rechnung zählend, kommen und kein Fest
Treffen und, um Schmaus und Opfer schnöd geprellt, nach Hause gehn:
Denn am Tage, wo ihr opfern solltet, richtet, foltert ihr:
Wenn wir Götter aber einen Fasttag haben, etwa wenn
Wir um Memnon trauern oder um Sarpedon, opfert ihr
Wein und lacht und scherzt.- Drum haben wir auch dem Hyperbolos,
Der Amphiktyonenbote[66] heuer war, vom Haupt den Kranz,
Wir die Göttinnen, gerissen: merken soll er sich's fortan,
Daß man seine Lebenstage nach dem Mondlauf richten soll!"[67]

Dahinter stand der Versuch des athenischen Astronomen Meton zusammen mit Euktemon, eine Reform des attischen Kalenders durchzusetzen. Er brachte im Jahr 433/32 v.Chr. an der Pnyxmauer in Athen eine Sonnenuhr an und stellte auf dem Markt einen Sonnenzeiger zur Feststellung der Wendepunkte auf. Sein Mitarbeiter war Euktemon, der sich neben Astronomie und der Geographie des westlichen Mittelmeeres vor allem mit der Meteorologie beschäftigte. Beide schufen eine zur öffentlichen Aufstellung bestimmte Kalendertafel, einen Steckkalender (Parapegma), in dessen Löcher, die die Sonnentage bezeichneten, das jeweilige Tagesdatum des bürgerlichen Kalenders ‚beigesteckt' werden konnte.[68]

Neben dem Kalender, der die Ordnung innerhalb eines Jahres regelt, sind die chronographischen Angaben, d.h. die Abfolge bzw. Zählung der Jahre, zu beachten.

Sonnen- und Mondfinsternisse

Zu den wichtigsten astronomischen Grundlagen für Historiker/innen gehören die Sonnen- und Mondfinsternisse. Durch ihre genau zu berechnende Datierung ermöglichen sie, sofern von ihnen

[65] Selene ist die griechische Göttin des Mondes.
[66] Repräsentant einer Amphiktyonie, d.h. eines Zusammenschlusses verschiedener Stämme zum Schutz eines Heiligtums.
[67] Aristoph. Wolken 601ff.
[68] S.Kaletsch S. 52.

antik korrekt berichtet wurde, eine Angleichung antiker chronographischer und Kalenderdaten an unsere heutige Zeitrechnung.[69]

Wenn der Mond in Konjunktion mit der Sonne steht und dabei mit der Sonnenekliptik zusammentrifft, entsteht eine Sonnenfinsternis. Je nach Entfernung von der Erde erscheint der Durchmesser des Mondes kleiner oder größer als der der Sonne. Demzufolge entstehen ringförmige oder totale Finsternisse.

Die Beobachtung von Sonnenfinsternissen und deren Überlieferung ist nicht selbstverständlich, denn sie treten selten auf und können nur von bestimmten Gebieten aus wahrgenommen werden. Sie wurden aber zu allen Zeiten entweder als angstvoll, bedrohend und Unheil verkündend empfunden oder als besondere Omina angesehen.[70]

So heißt es bei Plutarch zur Gründung der Stadt Rom:

> „Jetzt haben die römischen Monatsersten nichts mit den griechischen Neumonden gemein, doch sagt man, daß der Tag, an dem Romulus die Stadt gründete, auf einen echten Monatsdreißigsten gefallen sei, und es habe eine Konjunktion von Mond und Sonne stattgefunden, die eine Sonnenfinsternis brachte..."[71]

Diese Sonnenfinsternis fand zwar nicht statt, dennoch verdeutlicht die Aussage, daß in diesem Fall die Sonnenfinsternis positiv bewertet wurde. Anders dagegen wird die Sonnenfinsternis am 17.Juli 728 v.Chr. eingeschätzt:

> „Bevor die neuen Beamten in ihre Aufgabengebiete aufbrachen, war im Namen des Kollegiums der Decemvirn[72] ein Bittfest für drei Tage an allen Weggabelungen angeordnet, weil am hellichten Tag etwa zwischen der dritten und vierten Stunde[73] eine Finsternis ausgebrochen war. Und ein neuntägiges Opfer wurde angekündigt, weil es auf dem Aventin Steine geregnet hatte."[74]

An den Wegkreuzungen (compitum) standen Altäre bzw. Kapellen für die Lares Compitales, öffentliche Schutzgötter, die normalerweise ein eigenes Fest, nach Beendigung der Erntearbeiten vom Prätor festgelegt, erhielten. Die besondere Bedrohung, die von der berichteten Himmelserscheinung ausging, mißt sich vor allem an der Ungewöhnlichkeit der Gegenmaßnahmen.

---

69 Die Erwähnung der Sonnenfinsternis vom 15.6.763 v.Chr. erlaubt z.B. die Umrechnung der Eponymenliste von Assur von 893-666 v.Chr.

70 S. Deißmann S. 27.

71 Plutarch, Romulus 12

72 Zehnmännerkollegium, das für auswärtige Kulte zuständig war.

73 Im Juli war das etwa zwischen 8 und 9 Uhr unserer Zählung, s.u.S. 139 zur Stundeneinteilung.

74 Livius 38,36,4.

Ein Beispiel dafür, die Angst der Menschen vor Finsternissen, in diesem Fall eine Mondfinsternis, den eigenen Zwecken dienlich zu machen, liefert Tacitus für die Zeit kurz nach dem Ableben des Augustus. Unter den Soldaten in Pannonien war eine Meuterei ausgebrochen, um berechtigte Dienstentlassungen und Soldverbesserungen zu erreichen. Die Soldaten hatten in der Nacht vom 26. zum 27. September 14 n.Chr. fast schon einen ihrer Befehlshaber gesteinigt.

> „Die unheildrohende und verbrechenschwangere Nacht machte ein Zufall erträglich: denn man sah, wie sich der Mond bei klarem Himmel plötzlich verfinsterte. Dies nahmen die Soldaten in Unkenntnis der Ursache als Vorbedeutung für die gegenwärtige Lage, indem sie das Verschwinden des Gestirns mit ihren eigenen Drangsalen verglichen: günstig werde ausgehen, was sie vor hätten, wenn Glanz und heller Schein der Mondgöttin wiedergegeben werde. Daher machten sie Lärm mit dem Dröhnen der ehernen Waffen, mit der Trompeten und Hörner Zusammenklang;[75] je nachdem der Mond heller oder dunkler wurde, frohlockten oder trauerten sie, und als aufsteigende Wolken die Sicht ganz benahmen, glaubten sie, die Göttin sei von der Finsternis verschlungen; zum Aberglauben geneigt, wie eben einmal erschütterte Gemüter sind, jammerten sie, ihnen werde ewige Mühsal geweissagt, von ihrem Handeln wendeten sich die Götter ab. Benützen müsse man diesen Umschwung, meinte der Caesar....“[76]

Gemeint ist Drusus, der Sohn des Tiberius. Er schickte beliebte Centurionen zu den Soldaten, die deren Schuldgefühle verstärkten und sie so zur ‚Liebe zum Gehorsam' zurückbrachten. Die Rädelsführer wurden getötet.

Der Text verdeutlicht über den Hinweis auf die Mondfinsternis hinaus, wie stark der Glaube an die magischen Kräfte des Mondes in der Bevölkerung verwurzelt war, eine Haltung, die heute wieder an Boden gewinnt und z.T. ebenso als Aberglaube abgetan wird.

Damit kehren wir zur Kernfrage der Chronologie zurück, nämlich der Frage nach der Zeit.

Was ist Zeit?

> „Was ist Zeit? ... Zeit ist eine vielleicht willkürliche, meist aber als natürlich angesehene – nämlich vom Schöpfergott, von den Göttern oder von der Natur vorgegebene Ordnungsstruktur zur Reihung von Vorgängen, oder auch nur ein Netz zum Einfangen kausaler Abfolgen. Die Zeitrechnung macht es also möglich, Vorgänge in Beziehung zu setzen. ‚Zeit' schafft diesen Zusammenhang, bringt Ordnung und unterwirft den Menschen dieser Ordnung. ‚Zeit' ist eine große menschli-

---

75 Der sterbenden Luna sollte so geholfen oder böse Mächte abgewehrt werden.

76 Tac.ann.1,28,1-3, vgl. Cass.Dic 57,4,4.

che Syntheseleistung, ‚mit deren Hilfe Positionen im Nacheinander des physikalischen Naturgeschehens, des Gesellschaftsgeschehens und des individuellen Lebenslaufs in Beziehung gebracht werden können.' Zeit ist insofern ein Konstrukt. Der Mensch ist dessen Schöpfer und zugleich Opfer."[77]

Diese Definition zwingt – bei allem Zweifel – zur Reflexion darüber, welcher Anteil der Zeit naturgegeben, welcher nur Konstrukt von Menschen ist. Ist Zeit ein Naturphänomen oder ein Kulturobjekt oder ausschließlich eine Beziehungsform?[78]

Der wachsende ‚Zeitmangel' beruht auf einem Ablösungsprozeß des Menschen aus der natürlichen Zeitordnung mit ihren kosmischen und biologischen Rhythmen. Viele Menschen verkennen, daß nicht die ‚Zeit' vergeht, sondern der natürliche Ablauf ihres Lebens. Je stärker aber der Urbanisierungsprozeß fortgeschritten ist, um so weniger wird dieser Zusammenhang gesehen.

„Nicht ‚Mensch' und ‚Natur' als zwei getrennte Gegebenheiten, sondern ‚Menschen in der Natur' ist die Grundvorstellung, deren man bedarf, um ‚Zeit' zu verstehen."[79]

Die Funktion von Zeit als Ordnungsfaktor ist dagegen präzise beschrieben. Hier liegt auch die Arbeit der Historiker/innen: Kausalzusammenhänge lassen sich nicht erschließen, wenn nicht historische Ereignisse in den Rahmen zumindest einer relativen, noch besser einer absoluten Chronologie gebracht werden. Die absolute Chronologie legt den Abstand eines historischen Ereignisses vom Standpunkt des Betrachters aus fest, indem es in die geltende Zeitrechnung des Historikers nach Jahren, Monaten und Tagen eingefügt wird. Die relative Chronologie bestimmt lediglich das zeitliche Verhältnis von zwei oder mehr historischen Vorgängen zueinander.

Darüber hinaus ist für den Historiker von allen Aspekten seiner Wissenschaft aus von größtem Interesse, wie Zeit in einem Gesellschafts- bzw. Staatssystem verwaltet wurde, wie ein Kalender in das Alltagsleben, das individuelle Leben, die Mentalitätsgeschichte, die Religionsgeschichte, das Rechtsleben u.a.m. einwirkte. Zeitbestimmungen als soziale Einrichtung mit festgelegten Symbolen und deren Zweck und Funktionsweise zu hinterfragen, sind zweifelsohne wichtige historische Fragestellungen.

Aufgabe der historischen Chronologie als Hilfswissenschaft dagegen ist es, mit Hilfe astronomischer Daten und anhand zeitlich

---

77 K.Weis, Zeit der Menschen und Menschen ihrer Zeit in: T. Ehlert (Hg.) S. 158.

78 Vgl.Elias S. 9.

79 Elias S. XV.

fixierbarer Fakten die chronologischen und kalendarischen Systeme der verschiedenen Kulturepochen auf die heute geläufige Zeitbestimmung umzurechnen und dieses Material für die Historiker bereitzustellen.[80]

3.2 Kalendarische und chronographische Praktiken der Antike

In diesem Kapitel soll nur kurz auf einige Eigentümlichkeiten des Alten Orients und der Antike im Umgang mit der Zeitmessung eingegangen werden, um bestimmte Traditionsstränge nicht allzu rigide zu kappen.

Altorientalische Zeitrechnung

In Babylon gab es schon im 2. Jahrtausend eine einheitliche Zeitrechnung, um Steuerzahlungen verbindlich zu regeln. Ab 2350 v.Chr. wurden die Frühjahrsäquinoktien als Jahresbeginn eingeführt. Durch königliches Dekret auf der Basis willkürlicher Schaltung wurde der Ausgleich zwischen Mond- und Sonnenjahr herbeigeführt, in der Regel durch Hinzufügen eines letzten Monats vor dem neuen Jahresbeginn. Als es gelang durch Beobachtung der periodisch wiederkehrenden Sonnenfinsternisse, die Länge des Jahres auf 365,249 Tage zu bestimmen, entwickelte man feste Schaltzyklen, die über Ionien im 6. Jahrhundert auch nach Griechenland gelangten:

1. Die Oktaëteris (Achtjahreszyklus) besteht aus fünf Gemeinjahren zu 12 Monaten und 3 Schaltjahren zu 13 Monaten, was insgesamt 99 Lunationen entspricht. Damit war aber das Jahr, auf die volle Zeit gerechnet, um eineinhalb Tage zu lang.
2. Man verbesserte deshalb mit der Enneakaidekaëteris, einem 19jährigen Schaltzyklus mit 7 Schaltjahren.

Durch delphische Priester erhielt die Oktaëteris in Gesamtgriechenland Geltung. Nun konnten die Opferkalender und die großen panhellenischen Feste periodisch gefeiert werden.[81]

Der 19jährige Schaltzyklus, den Meton 432 v.Chr. in Athen einzuführen versuchte[82], wurde erst in hellenistischer Zeit in größerem Maß verbreitet. Ihm liegt unsere Osterberechnung zugrunde.

Der ägyptische Kalender

Ein anderer Traditionsstrang führt uns nach Ägypten.[83] Innerhalb des Jahres unterschied man drei Jahreszeiten, die auf das alte Nil-

80 Dies leistet immer noch Bickerman Chronology. Zur Anschaffung empfohlen werden kann Deissmann.

81 S.o.S. 41f.

82 S.o.S. 121f.

83 Dazu genauer Kaletsch S. 58ff.

jahr zurückgingen und eng mit dem Lebensspender Ägyptens, dem Nil, verquickt waren: die Überschwemmung während der letzten Juniwoche, die Aussaat im November bis Februar/März und der Ernte März bis Mai/Juni.

Als man zur Organisation der Arbeiten und Zahlung der Steuern ein festes Verwaltungsjahr brauchte, wurde der Monat zu 30 Tagen, das Jahr auf 12 Monate, also 360 Tage gezählt. Dann hängte man 5 Zusatztage (Epagomenai) daran, die als Festtage gefeiert wurden. Der erste der fünf Tage galt als Geburtstag des Osiris, der zweite als der des Horos, der dritte als der des Seth, der vierte als der der Isis und der letzte als der der Nephthys. Vernachlässigt wurde also nur ein Viertel Tag. Diese Regelung machte das ägyptische Jahr zum Wandeljahr. In 4 mal 365 Jahren durchlief der Jahresbeginn das Jahr, um zum 1.Tag des 1.Monats (1.Thot) zurückzukehren. Das Zusammenfallen des 1.Thot mit dem Sothisaufgang ist überliefert und erlaubt weitere Berechnungen. Diesen Zeitraum von 1460 Jahren nennt man Sothisperiode.

Wenn es Ptolemaios III. Euergetes 238 v.Chr. gelungen wäre, alle vier Jahre einen sechsten Epagomenentag einzuführen, hätte dies einen Vorgriff auf den Julianischen Kalender bedeutet. Dies aber verhinderte die ägyptische Priesterschaft. Erst Augustus konnte 9 v.Chr. den Zusatztag durchsetzen.

Der griechische Kalender

Kommen wir noch kurz zur griechischen Kalenderpraxis am Beispiel Athens. Über die Einführung der Oktaëteris in Delphi wurde schon gesprochen. Ebenfalls auf die Babylonier geht die Tageseinteilung zurück:

> „Denn die Sonnenuhr mit ihrem Zeiger und die Einteilung des Tages in zwölf Stunden haben die Griechen von den Babyloniern übernommen."[84]

Das amtliche Jahr der Athener, das trotz besserer Einsicht nach wie vor empirisch geschaltet wurde, unterteilte sich in Prytanien. Eine Prytanie (Regierungsgremium) setzte sich aus 50 Buleuten[85] einer jeden Phyle zusammen, die für 1/10 des Jahres die Regierungsgeschäfte führten. Die Einteilung der Bürgerschaft in 10 Phylen war von Kleisthenes eingeführt worden. Als in hellenistischer Zeit zwei weitere Phylen geschaffen wurden, veränderte sich die Zahl der Prytanien ebenfalls auf zwölf. Interkaliert wurde im Monat Poseidonios, was am Jahresanfang entschieden werden mußte, um die Länge der Prytanien zu bestimmen.

---

84 Herodot 2,109,3.

85 S.o.S. 31f.

Unabhängig davon existierte auch die Kalenderpraxis, sich nach wie vor an der Länge der Mondphasen zu orientieren.

Die Jahrzählung

Außerhalb des Kalenders steht die Jahrzählung, die chronographische Angabe. Die Notwendigkeit, die Abfolge von Jahren so kenntlich zu machen, daß sie einer Gesellschaft nachvollziehbar wurde, dürfte sich primär aus politischen, wirtschaftlichen bzw. sozialen Zwecken ergeben haben und hat weniger Einfluß auf das Alltagsleben.

Sie wird als erstes im alten Orient beobachtet und bezieht sich meist auf aus der Gesellschaft besonders herausragende Persönlichkeiten, nämlich Priester und Monarchen. Zur Festigung und Legitimierung ihrer herausgehobenen Stellung war es wichtig, sich in eine feste Zeitabfolge zu stellen, die über die Einzelpersönlichkeit hinauswies. Die zusätzliche Hervorhebung denkwürdiger Taten und Ereignisse – d.h. also der eigentliche Beginn von Geschichtsschreibung – wurde häufig verstärkend hinzugefügt. So entstanden Priester- und Herrscherlisten, die neben ihrem ideologischen Zweck[86] auch mit dem Ausbau von Verwaltungen administrativen Zwecken dienten.[87]

Im 7. und 6. Jahrhundert[88] übernahmen die Griechen innerhalb einzelner Städte das Anlegen von Listen jährlich wechselnder Magistrate, die dem Jahr den Namen gaben (= Eponymenlisten). Sie wurden nicht selten mit Berichten über lokale Begebenheiten verbunden.[89] Wollte man den engen lokalen Rahmen sprengen, mußte man Synopsen anlegen, respektive bei der Einzeldatierung Aufzählungen vornehmen. Thukydides datiert den Beginn des Peloponnesischen Krieges im Jahr 432/31 so:

> „Hier beginnt nun der Krieg zwischen Athenern und Peloponnesiern, da sie nicht mehr ohne Herold miteinander verkehrten und seit seinem Ausbruch ununterbrochen kämpften. Die Aufzeichnungen folgen der Reihenfolge der Ereignisse nach Sommern und Wintern.
> Sommer. Vierzehn Jahre hatte der Dreißigjährige Friede gedauert, der nach der Eroberung von Euböa geschlossen worden war. Im fünfzehnten Jahre, in Argos war Chrysis das achtundvierzigste Jahr Priesterin, in Sparta Ainesias Ephor, in Athen Pythodoros noch für 4 Monate Archon, zehn Monate nach der Schlacht von Poteidaia.“[90]

---

86 Später rechtfertigte sich das System durch seine Praktikabilität, denn mit Daten Unbekannter hätte man keine Allgemeingültigkeit erreicht.

87 Z.B.Mesopotamien, Babylon (ab 3.Dynastie), Ägypten (ab 2.Dynastie); S. Bickermann, Chronology,Table VI.

88 Beginn der attischen Archontenlisten 682/81. S.Meiggs-Lewis Nr.6 mit Kommentar.

89 Hauptvertreter waren Hellankos von Lesbos (vgl. Thuk.1,97,2) und Charon von Lampsakos.

90 Thuk.2,1-2.

Eponym waren nicht nur Magistrate sondern auch Priester/innen.

Seit 776 v.Chr. beging man das Fest des Zeus Olympios im Wechsel von 49 (hohl) bzw. 50 (voll) Monaten, d.h. alle 4 Jahre, eine halbe Oktaëteris. Diese Olympiadenrechnung diente als Grundlage für zahlreiche andere griechische Festkalender.

Auch in Rom erfolgten üblicherweise die chronographischen Angaben über eponyme Beamte, nämlich die beiden amtierenden Konsuln, deren Namen in den sogenannten fasti consulares von den pontifices geführt wurden. Auch sie wurden mit der Zeit durch Eintragung wichtiger Ereignisse des politischen und religiösen Lebens der Stadt vervollständigt.[91]

Rom verweist uns zugleich auf die andere Art, Jahre zu markieren, nämlich die sogenannte Ärenrechnung. Es wird von einem besonderen Ereignis, in diesem Fall die Gründung der Stadt Rom (ab urbe condita), ausgegangen. Die Konsularfasten in ihrer augusteischen Rekonstruktion setzen den Beginn dieser Ära auf 752 v.Chr., im Gegensatz zu Varro, der die Ära mit 753 v.Chr. beginnen läßt. Im römischen Alltag spielte diese Datierung praktisch keine Rolle. Wegen des Gebrauchs der varronischen Ära in der althistorischen Literatur des 19. Jahrhunderts müssen Umrechnungen vorgenommen werden.[92]

In hellenistischer Zeit entwickelten sich Ären, die nach der Herrscherdynastie benannt wurden. Die Seleukidenära zählt in den Gebieten des seulikidischen Reiches und zahlreichen griechischen Städten ab 312/11 v.Chr. und blieb z.T. bis ins 3.Jahrhundert n.Chr., in Syrien sogar bis ins Mittelalter in Kraft. Sie fand Nachahmer in anderen Königreichen des Ostens z.B. Bithynien und Pontos.

Neben Herrschern sind es vielfach die großen Religionsgründer, die den Ausgangspunkt der Ären bestimmen. Im Islam war es die Flucht Mohammeds von Mekka nach Medina im Jahr 622 n.Chr. (Hedschra), die den Beginn der islamischen Ära fixiert. In der buddhistischen Welt besteht keine Einheitlichkeit der Ären, da je nach verschiedenen Kulturen und Traditionen die Daten von Buddhas Geburt oder Tod unterschiedlich angesetzt werden.

---

91 S.u.S 132. Ein Problem ist, daß die meisten uns erhaltenen Fastenaufzeichnungen in augusteischer Zeit entstanden. Dennoch wird angenommen, daß sie seit dem Beginn des 3.Jahrhunderts geführt und öffentlich zugänglich wurden.

92 Einfacher ist es, bei Deissmann S. 83ff. nachzuschlagen.

Weltweit setzt sich inzwischen die historisch nicht korrekte Ärenzählung des Dionysios Exiguus[93] nach Christi Geburt (ab incarnatione Domini nostri Iesu Christi) durch. Die Verbreitung der christlichen Zeitrechnung hängt mit der wirtschaftlichen Vormacht der christlich orientierten Industrienationen zusammen. Dies verhindert indessen nicht, daß z.B. in Jerusalem eine liberale Zeitung drei Jahresdaten angibt.[94]

3.3 Kulturtradition ‚Kalender'

Die römische Zeitrechnung

Nicht nur der heutige Kalender, sondern sogar der Begriff stehen in unmittelbarer Traditionslinie zur römischen Zeitrechnung. Die Römer selbst nannten ihren Kalender fasti, abgeleitet von fas (= göttliches Recht), bestimmte er doch vor allem den Platz der Götterfeste im Jahr. Der ‚liber calendarii' war, so Seneca[95], das Schuldbuch, denn am ersten jeden Monats mußten die Zinsen oder die Schulden bezahlt werden. Ovid, der Schulden als Heilmittel gegen die Liebe nennt, formuliert:

> „Qui Puteal Ianumque tenet celeresque Kalendas
> Torqueat hunc aeris mutua summa sui."[96]

Der Name Kalender leitet sich zweifelsfrei aus dem Wirtschafts- bzw. Finanzleben ab. Der Hinweis auf den Gerichtshof des Prätors am Puteal macht zugleich auf das Rechtsleben aufmerksam, das ohne gesetzte Fristen keine geregelten Abläufe erlaubte. Spätestens mit der Einführung eines kodifizierten Rechts[97] war es unerläßlich, eine geregelte Zeitrechnung zu haben. Legendär führte sie schon Romulus ein:

> „Als der Gründer der Stadt auch die Zeiteinteilung bestimmte,
> setzte er fest, daß zehn Monate habe das Jahr.
> Mehr von den Waffen verstandst Du doch, Romulus, als von den Sternen."[98]

---

93 Auf seinen chronologischen Studien beruht die seit 525 n.Chr. bestehende christliche Zeitrechnung; s. U. Instinsky, Das Jahr der Geburt Christi, München 1957.

94 Weis S. 157; dies wirkt sich auch auf die kalendarischen Daten aus, da je nach religiöser Zugehörigkeit bestimmte Stadtviertel ihre Geschäfte am Freitag (arabisch), Sonntag (christlich) oder Samstag (jüdisch) schließen.

95 Sen. ep.87,7.

96 Ov. rem.561ff. Wer das Puteal und Ianus fürchtet und die schnellen Kalenden, laß ihn gequält werden durch den Betrag seiner Schulden.

97 Dies war in Rom das Zwölftafelrecht des Jahres 450 v.Chr.

98 Ov. fast. 1,27ff.

Das hier erwähnte zehnmonatige Jahr könnte ein bäuerliches Arbeitsjahr ohne Bezug auf Sonne oder Mond gewesen sein, bei dem die beiden Monate der winterlichen Ruhezeit (Januar und Februar) nicht mitrechneten.[99] Dafür sprechen der Jahresanfang im März und die durchgezählten Monatsnamen bis zum Dezember (decem=10).[100]

Historisch nachvollziehbar ist das sogenannte Jahr des Numa, eingeführt von König Numa oder Tarquinius Priscus. Es war ein vierjähriger Schaltzyklus, bei dem im zweiten bzw. im vierten Jahr ein Schaltmonat Mercedonius von 22 bzw. 23 Tagen nach dem 23. Februar eingefügt wurde. Die restlichen 5 Tage wurden dem interkalierten Monat angehängt und prinzipiell gehandhabt wie Epagomenai.[101] Wichtig ist, daß offenbar ein Mondkalender (ca 354+1 Tage) zugrunde lag und daß bei der Anpassung an das Sonnenjahr mindestens zwei verschiedene Kalendersysteme gemischt wurden.

Die Orientierung am Mondlauf hat sich auch in der Aufteilung des Monats niedergeschlagen. Das Erscheinen des Neulichts wurde von der höchsten Erhebung des Kapitols, der Arx (Burg), durch ein Mitglied des Pontifikalkollegiums laut ausgerufen (calare) und gab damit dem ersten Tag des Monats den Namen ‚Kalendae'. Zugleich wurde auch das Datum der Nonen bekannt gegeben. Sie wurden von den Iden (13. oder 15.)[102], d.h. dem Vollmond aus rückwärts gerechnet. Auch die magisch-religiöse Seite kam mit diesen Tagen zum Tragen. Die Kalenden und Nonen[103], Symbole des Werdens, waren der Iuno heilig, die Vollendung an den Iden kam dem Iupiter zu. An den Iden wurde dem Iupiter ein weißes Lamm geopfert, während der Iuno wohl an ihrem Tempel auf dem Kapitol sehr wahrscheinlich eine Gans geopfert wurde.[104] Diese Art der Rechnung wurde auch dann noch beibehalten, als die römischen Fasti längst einem lunisolaren Kalender folgten.

Ein politischer Akt war die schriftliche Niederlegung und öffentliche Bekanntmachung der Fasti im Jahre 304 durch den kuruli-

---

99 Kaletsch S. 64f.

100 Ov.fast. 1,32 begründet die Zehnmonatsfrist mit der Schwangerschaft der Frauen. Damit hängt die Wartefrist für die Wiederverheiratung einer Frau zusammen, da man sichergehen wollte, daß sie nicht mit einem Kind des Verstorbenen schwanger war.

101 S.o.S. 127.

102 Merkwort Momiul oder Milmo, März, Mai, Iuli, Oktober haben die Iden mit 15 Tagen.

103 Die Nonen waren zugleich dem Ianus heilig.

104 S. dazu Simon Röm. Götter S. 103. Berühmt sind die heiligen Gänse vom Kapitol, die vor den Kelten warnten.

schen Ädilen Cn. Flavius.[105] Damit wurde den Pontifices die Macht entzogen, allein zu wissen, wann Werk- und Feiertage waren.

> „Um sein Recht geltend machen zu können, brauchte der Bürger die Kenntnis der Tage, an welchen Recht gesprochen werden durfte – sie führten im Kalender die Sigle F (=fas) – und der Prozeßformen, um einen Rechtsstreit gültig einzuleiten.“ [106]

Solche Kalender, die öffentlich aufgestellt waren, sind uns als Steindenkmäler erhalten geblieben, wobei die meisten in die frühe Kaiserzeit gehören.

Der einzige noch in der Neuzeit vollständig gesehene[107] Steinkalender sind die Fasti Maffeiani (Abb. 22). Sie wurden 1547 entdeckt und gelangten in den Besitz des Bischofs Gieronimo Maffei. Die ersten drei Monatsspalten dieses Kalenders sollen im folgenden Wegweiser für unsere Betrachtung der heutigen Kalendertradition sein.

Vergleich des römischen Kalenders mit dem heutigen

Sowohl der moderne als auch der römische Kalender beginnen im Januar, beide bedienen sich der gleichen Monatsnamen, auch über den März hinaus. Es ist nicht sicher festzulegen, wann der Jahresanfang vom März[108] auf den 1. Januar verlegt und als Neujahr praktiziert wurde. Seit dem Jahr 153 v.Chr. traten die Konsuln ihr Amtsjahr am 1. Januar zu Beginn des annus novus[109] an. Hinter der Verlegung des Amtsantritts der Konsuln auf den ersten Januar stand ein dringendes staatspolitisches Interesse. Die Ausweitung des Imperiums, das Anwachsen der Amtsgeschäfte, die Tatsache, daß man auf entlegenen Kriegsschauplätzen kämpfte, all dies konnte im März, wenn zugleich die Feldzüge losgingen, nicht mehr geleistet werden. Beim Militär allerdings hielt sich der Märztermin als Jahresanfang bis in die Kaiserzeit. Der Amtsantritt der Quästoren erfolgte am fünften, der der Volkstribunen am zehnten Dezember. Für Historiker/innen ist es in Einzelfällen wichtig zu wissen, daß z.B. die Gesetzesinitiative eines Volkstri-

---

105 Er war Sohn eines Freigelassenen und Schreiber des berühmten Ap.Claudius Caecus, des Erbauers der Via Appia, der sicher hinter der Reform stand. Vgl. Liv.9,46,1.

106 Radke S. 42.

107 1704 in der Villa Farnese. Seither ist er verschollen bis auf wenige wiedergefundene Bruchstücke, die sich heute im Kapitolinischen Museum in Rom befinden. A.Degrassi I XIII 1 Tafel XVII.

108 Der 15. März als Jahresanfang dürfte außerrömischer Herkunft sein, während der 1. März dem ältesten römischen Kalender zugewiesen wird. S.Radke S. 55.

109 S. Radke S. 56 und Anm.113.

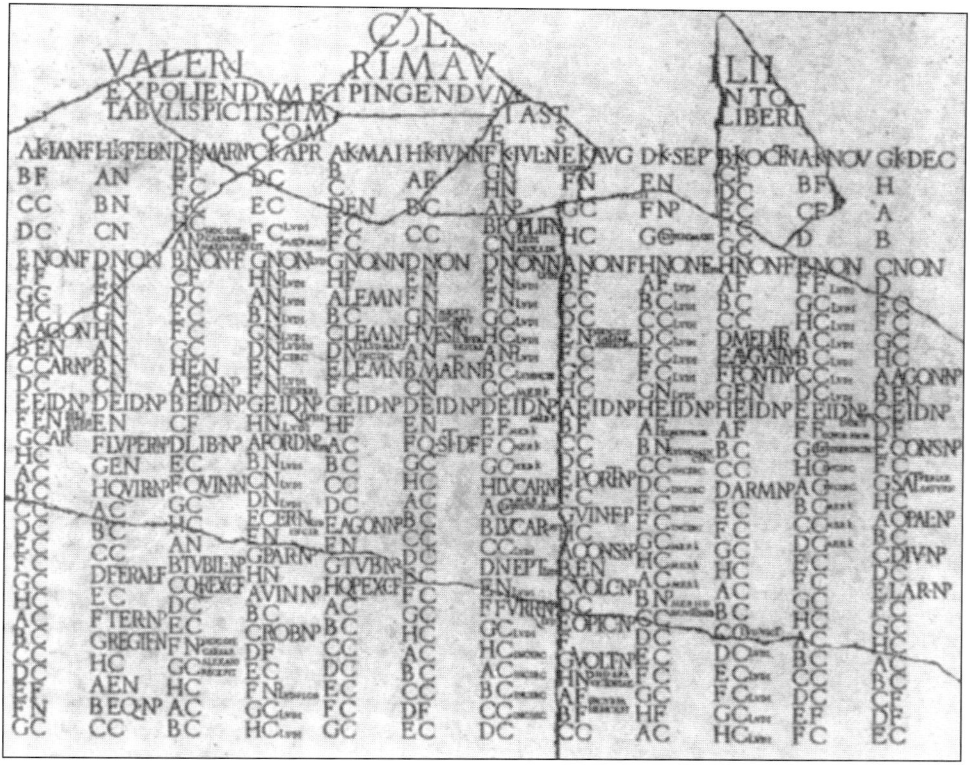

Abb. 22 Fasti Maffeiani.

bunen noch vor dem Amtsantritt der neuen Konsuln erfolgt sein konnte.[110]

Die Monatsnamen

Da wir die gleichen Monatsnamen noch heute verwenden, sollte uns deren Bedeutung trotz aller Deutungsprobleme bewußt sein:

Ianuarius Ovid[111] leitet den Namen von dem Gott Ianus ab. Er galt als der Schirmherr der öffentlichen Tore und Durchgänge, aber auch als der Gott allen Anfangs. Diese Etymologie wird z.T. bestritten, weil im alten römischen Kalender der Ianuar der elfte Monat war.[112]

---

[110] Unterschiedliche Jahresanfänge kennt auch das Mittelalter und die Neuzeit, so z.B. das staatliche Haushaltsjahr der Bundesrepublik, das erst 1961 auf das Kalenderjahr umgestellt wurde. S. auch Günther S. 124.

[111] fast 1,63f.

[112] S.S. 131.

Februarius Abgeleitet von februare = reinigen, sühnen. Der Name verweist auf Reinigungsriten, die mit den am 15. Februar gefeierten Lupercalia in Zusammenhang gebracht werden. Es handelt sich dabei um ein Fest, an dem unter anderen Riten junge Männer in Bocksfellschurzen junge Matronen mit Riemen aus Bockshaut schlugen, um ihnen magische Fruchtbarkeit zu vermitteln. Der Riemen hieß Iunogürtel (amiculum Iunonis). In Rom wie in Byzanz wurde der Ritus noch im frühen Mittelalter begangen.[113] Das Fest sank allerdings zur reinen Volksbelustigung ab. Erinnern wir uns, daß das Schlagen mit Pappkartätschen auch zu den Bräuchen unseres Fastnachtstreibens gehört; letzteres wird ebenfalls im Februar gefeiert. Es ist der Vorabend vor dem Fasten. Germanisch *fes,*fas, mhd. vaseln bedeutet ‚fruchtbar sein'.[114]

Martius Der Monat ist entweder Mars als dem Kriegsgott geweiht oder als dem Gott der Landwirtschaft. In dieser Zeit begannen einerseits die Feldzüge, andererseits war auch mit dem Frühlingsanfang das Erwachen der männlichen Naturkraft in der Pflanzen- und Tierwelt verbunden.[115]

Aprilis Der Name gehört zu den Zahlwortnamen in der Bedeutung von ‚zweiter, folgender'.[116] Nach Ovid (fast.4,89) leitet sich der Name davon ab, daß der Frühling alles öffnet und das fruchtbare Land sichtbar wird.

Maius Entweder gab die Göttin Maia ihren Namen oder der Name geht auf die Maiores (die Älteren) zurück.

Iunius Analog dazu kann sich der Name auf die Göttin Iuno oder auf die Iuniores (die Jüngeren) beziehen.

Iulius Die Benennung erfolgte zu Ehren des C.Iulius Caesar; vor 44 hieß der Monat Quintilis, der Fünfte.

Augustus Wieder analog benannte man den Monat nach dem ersten Princeps Augustus. Vor 9 v.Chr. bezeichnete man den sechsten Monat Sextilis. Die restlichen Monate folgen der Zahlenreihe:

September der siebte Monat
October der achte Monat
November der neunte Monat
December der zehnte Monat.

Die Iulianische Kalenderreform

Des weiteren kann man beobachten, daß die römischen und die heutigen Monate über die gleiche Anzahl von Tagen verfügen.

---

113 S. Simon Röm. Götter S. 94.
114 Kluge S. 186.
115 Sontheimer, Walter, ‚Martius' Kl.Pauly 3, Stuttgart 1969, Sp.1057, Radke S. 36.
116 Radke S. 36 Anm.18.

Dieses Faktum ging aus der Iulianischen Kalenderreform hervor. Da es vor Caesar Brauch war, im Februar zu schalten, blieb er dabei, und dies hat sich bis heute gehalten, obwohl eine Schaltung am Ende unseres Jahres sinnvoller wäre. Caesar richtete sich darin aber nach der Gewohnheit, am 23. Februar, dem tatsächlichen Jahresende des römischen Kalenders mit Märzjahresanfang, an dem die Terminalia gefeiert wurden, zu schalten. Ursprünglich wurden alle zwei Jahre nach dem 23. Februar 27 Tage und alle 4 Jahre 28 Tage eingefügt.

Da in Krisenzeiten die Schaltungen nicht zuverlässig gehandhabt wurden, ging der bürgerliche Kalender gegenüber dem astronomischen und damit jahreszeitlichen Kalender vor. Die Willkür der Pontifices, die diese Situation politisch nutzen konnten, indem sie Schaltungen, wenn überhaupt, sehr kurzfristig vornahmen[117], bot immer wieder Konfliktpotential.

Hier wollte Caesar sowohl als pontifex maximus (49 v.Chr) als auch als Diktator (46 v.Chr.) Abhilfe schaffen. Ziel war es, Deckungsgleichheit zwischen Amtsjahr, bürgerlichem Jahr und astronomischem Jahr zu erreichen. Außerdem sollte das Jahr die dem Sonnenjahr zukommenden Tage erhalten, d.h. dem Sonnenjahr angeglichen werden. Da das Jahr 46 v.Chr. inzwischen durch unterbliebene Schaltungen um 90 Tage voraus ging, fügte er ausnahmsweise insgesamt 90 Tage ein.[118]

Ab dem Jahr 45 v.Chr. sollte am 23. Februar (!) ein dies intercalaris eingefügt werden. Dies wurde durch Verdoppelung der VI. Kal.Mart. zu einem bissextum[119] erreicht. Schaltjahre hießen ab dieser Zeit annus bissextus (frz. bissextil).[120] Die verbleibende Zahl der Tage wurde so aufs Jahr verteilt, daß sie so wenig wie möglich die Lage der Feste im Monat störten. Es ist der noch heute übliche Wechsel von 31 und 30 Tagen, außer im Februar mit 28 oder 29 Tagen.

Nach dem Tod Caesars mißverstand man, aus welchen Gründen auch immer, die vierjährige Schaltregel und schaltete bis zum Jahr 12 v.Chr. alle drei Jahre. Dadurch wurde statt neunmal zwölfmal interkaliert. Erst als Augustus nach dem Tod des Lepidus pontifex maximus geworden war, korrigierte er diese Fehlschaltung. Er ver-

[117] Cic.Att.5,21,14: Cicero schreibt am 13. Februar: „Sobald Du weißt, ob in Rom ein Schaltmonat eingelegt worden ist oder nicht, schreib mir bitte genau, wann die Mysterien sind."

[118] Für die Einzelheiten s. Radke S. 65ff.

[119] Zweimal die VI.Kalenden.

[120] Bickermann Chronologie S. 27.

anlaßte, daß in den Jahren 9, 5 und 1 v.Chr. nicht geschaltet wurde, so daß ab 4 n.Chr. der Kalender seinen korrekten Lauf nehmen konnte.[121]

Wocheneinteilung

Kehren wir zum Vergleich unserer Kalender zurück. Eine Wocheneinteilung, wie sie der heutige Kalender deutlich absetzt, scheint es auf den ersten Blick in Rom nicht gegeben zu haben. Suchen wir aber eine Erklärung für die in der ersten Spalte sehr auffälligen Buchstaben A-H, die regelmäßig wiederkehren, unabhängig vom Monat, so stoßen wir auf das gleiche Phänomen, lediglich mit dem Unterschied, daß die römische Woche acht, die heutige sieben Tage lang ist. Sie endete mit einem Markttag, dem Nundinal.[122] Der folgende Text könnte einen Gegensatz in der Lebensweise der ersten Hälfte zur zweiten Hälfte des zwanzigsten Jahrhunderts beschreiben:

> „... nicht täglich badete er: denn wie die Schriftsteller berichten, die die alten Gewohnheiten der Stadt überliefert haben, wusch man Arme und Beine täglich, die natürlich bei der Arbeit Schmutz aufgelesen hatten, im übrigen nahm man ein Vollbad an Markttagen (ceterum toti nundinis lavabantur). '[123]

Der Text stammt aus dem 1. Jahrhundert n.Chr. und bezieht sich auf Scipio Africanus, der 183 v.Chr. starb. Bei uns wäre der Badetag lediglich der Vorabend zum Sonntag gewesen, wenn man gewaschen in die Kirche ging. Die bäuerlichen Arbeitstage erhielten durch den Markttag also eine angenehme Zäsur. Vorteilhaft war es für die bäuerliche Bevölkerung, als ab 287 v.Chr auch die Gerichtstage auf die Nundinen fielen. Die Nundinen spielten für die Fristenregelungen im Rechtsleben eine wichtige Rolle, so mußte z.B. ein Gesetzesantrag ‚trinundinum', drei Wochen öffentlich gemacht worden sein.[124]

Diese achttägige Wocheneinteilung wurde vielleicht schon in augusteischer Zeit durch die siebentägige Planetenwoche mit dem dies Solis (Sonntag) als erstem Tag abgelöst[125] und geht auf die jü-

---

[121] Um fast ganz korrekt zu laufen, bedurfte es noch des 400jährigen Schaltzyklusses durch die Gregorianische Kalenderreform. Papst Gregor XIII. ließ die auf 10 Tage angewachsene Überlänge des iulianischen Kalenders wegfallen und bestimmte, daß alle 400 Jahre drei Schaltjahre auszufallen haben.

[122] Abgeleitet von novem, da die Römer immer inklusiv zählten.

[123] Sen.ep.86,12.

[124] Eigentlich 9 Tage, bei Inklusivzählung alle acht Tage. Z.B. auch das Zwölftafelrecht III,5: „...inter eos trinis nundinis continuis ad praetorem in comitium producebantur." (Innerhalb dieser Tage wurden sie an drei aufeinanderfolgenden Markttagen zum Prätor ins Comitium gebracht. Dürr S. 33f).

[125] Ausführlicher Radke S. 68ff.

disch-ägyptische Wochenrechnung zurück. Das Christentum hat dann zur schnellen Verbreitung im gesamten römischen Reich beigetragen. Entsprechend wurden die Tage nicht mehr nach der umständlichen rückwärtsrechnenden Kalenden-, Nonen- und Idenkennzeichnung benannt, sondern nach Planeten resp. heidnischen Gottheiten, die die Kirche mit wenigen Ausnahmen nicht mehr verhindern konnte (Abb. 23).

Abb. 23 Steckkalender aus spätrömischer Zeit mit den Göttern der Wochentage und Tierkreiszeichen als Symbol für die Monate.

Unsere Tagesbezeichnungen sind mit Ausnahme des Samstags Lehnübersetzungen bzw. Übertragungen der römischen auf die germanischen Götter:

Sonntag	dies Solis (Sol=Sonnengott)
Montag	dies Lunae (Luna=Mondgöttin)
Dienstag	dies Martis (Mars=Kriegsgott)

Mittwoch	dies Mercurii (Merkur=Gott des Handels) ursprünglich Wodan (engl. Wednesday)
Donnerstag	dies Iovis > (Jupiter) Donar
Freitag	dies Veneris > (Venus) Freia
Samstag	dies Saturni (engl. saturday), auch Sonnabend

Kaiser Konstantin verlegte erstmals die nundinae auf den Sonntag und verbot Gewerbebetrieb und Gerichtssitzungen an diesem Tag. Die für unseren Lebensrhythmus so wichtigen 52 arbeitsfreien Sonntage nahmen 321 n.Chr. ihren Anfang. Obwohl die römischen Menschen diese arbeitsfreien Sonntage bis dahin nicht kannten, gab es weit mehr arbeitsfreie Tage durch die zahlreichen religiösen Feste, die in der Kaiserzeit durch Feste zu Ehren der Kaiser vermehrt wurden.

Kehren wir also noch einmal zu unserem römischen Kalender, den Fasti Maffeiani, zurück.[126] Er weist im Januar die Agonalia[127] und die Carmentalia am 11. und 15.[128], im Februar die Lupercalia[129], die Quirinalia[130], die Feralia[131], die Terminalia[132], das Regifugium[133] und die Equirria[134] aus. Im März folgen die zweiten Equirria am 14., die Liberalia[135], der Quinquatrus[136] und das Tubilustrum[137]. Der 24. März war in alter Zeit der Tag, an dem der König die Heeresversammlung einberief (quando rex comitiavit fas). Das sind allein in drei Monaten soviel Feiertage (feriae)[138], wie bei uns heute im ganzen Jahr.

Unerklärt an unserem römischen Kalender sind schließlich noch die Buchstaben F, C, N und NP.[139] Sie charakterisieren den Tag:

126 S.o.S. 133.
127 Fest für Ianus, eponym für den Monat.
128 Die genaue Bedeutung war schon in der Antike unbekannt.
129 S.o.S. 134.
130 Fest für den Gott der Quiriten, dessen Tempel 293 v.Chr. auf dem Quirinal errichtet worden war. Er brannte 49 v.Chr. ab und wurde von Augustus wieder aufgebaut.
131 Feier für die Toten der Familie.
132 Fest für das ursprüngliche Jahresende mit offizieller Feier am 6. Meilenstein der Via Laurentina.
133 Die Bedeutung war nicht mehr klar. Beteiligung der Priesterschaft der Salier, symbolische Flucht des rex.
134 Pferderennen auf dem Marsfeld.
135 Fruchtbarkeitsfest.
136 Die Salier führen Waffentänze für Mars auf. Fest der Minerva, der Göttin der Handwerker.
137 Rituelle Reinigung der Kriegshörner.
138 Im Mittelalter wurden feriae für Werktage genommen. Erst 1521 erhielten sie ihre alte Bedeutung zurück. Schulferien gab es ab dem 18.Jh.
139 Ausführlicher Radke S. 11ff.

Gerichtstage werden mit F=fas bezeichnet, Tage, an denen die Volksversammlung zusammentreten konnte, mit C=comitialis, Feiertage dagegen mit N=nefas oder NP. Ein halber Feiertag hieß endotercisus, abgekürzt EN.[140] Die kultische Bedeutung dieser EN-Tage ist verloren gegangen. Die von Caesar an die Monate angefügten Tage tragen immer die Sigle F oder C. Lediglich der 30. Januar ist in dem von uns zugrunde gelegten Kalender mit N charakterisiert, also ein Feiertag, was wohl wegen der Einweihung der Ara Pacis (Friedensaltar) im Jahr 9 v.Chr. durch Augustus geändert wurde.

Tageseinteilung

Da mit der Ara Pacis auch das Solarium Augusti, eine riesige, dem Sol geweihte Sonnenuhr eingeweiht wurde, soll zum Schluß ein kurzer Exkurs zur römischen Stundeneinteilung allgemein und zur augusteischen Sonnenuhr im Besonderen erfolgen.

In früheren Zeiten genügte eine Grobeinteilung des Tages in Morgen, Mittag und Abend. Bekannt sind die Worte Jesu zu Petrus

> „...der Hahn wird heute nicht krähen, ehe denn du dreimal verleugnet hast, daß du mich kennst."[141]

Gemeint sind die ganz frühen Morgenstunden. In Rom rief ein Amtsdiener der Konsuln dreimal die Tagesabschnitte aus. Soweit man sich nicht auf sein Zeitgefühl verlassen konnte, war damit eine gewisse Verbindlichkeit z.B. für den Beginn von Senatssitzungen oder Volksversammlungen erreicht.

Im Gegensatz zu uns, die wir seit der Erfindung der mechanischen Räderuhr (ab dem 13.Jh.) den Tag in sogenannte Gleichstunden (immer 60 Minuten) einteilen, richteten sich die Menschen in Rom nach der sogenannten Temporalstunde. Nur zur Tag- und Nachtgleiche ist diese Stunde 60 Minuten lang. Der Tag wird von Sonnenaufgang bis Sonnenuntergang in 12 gleiche Teile mit fixierter Mittagszeit zerlegt. Da der Sonnenaufgang im Winter später, im Sommer früher ist, ebenso der Untergang im Winter früher und im Sommer später liegt, sind die Stunden in der Winterzeit kürzer als im Sommer. Für Rom wurde für den 23. Dezember eine Länge des Tages, ausgedrückt in unseren Gleichstunden, von 8 Stunden und 54 Minuten Dauer berechnet, dagegen für den 25. Juni von 15 Stunden und 6 Minuten. Diese Art der Tageseinteilung entspricht wesentlich mehr dem Biorhythmus, denn jede und jeder kann an sich feststellen, daß der Schlafbedarf im Winter höher ist als im

140 Insgesamt gab es 70 Tage mit NP, 55 mit N (an denen wahrscheinlich gearbeitet wurde) und 8 mit EN.

141 Lucas 22,34.

Sommer. Wenn also Ende Dezember die Tributcomitien um die zweite Stunde zusammentraten[142], so war es nach unserer Rechnung etwa 9 Uhr, im Sommer dagegen hätte die Versammlung schon um 7 Uhr getagt, was in der südlichen Mittagshitze durchaus sinnvoll ist.

Eine solche Stundenangabe verlangte eine öffentliche Zeitmessung, die durch Sonnenuhren vor Tempeln und Thermen geleistet wurde. Uhr leitet sich von hora = Stunde ab. Für Redezeitbegrenzungen bediente man sich der Sanduhren. Die erste Sonnenuhr in Rom kam 263 v.Chr aus Sizilien, war aber auf die dortigen Ortsverhältnisse eingestellt. Das öffentliche Aufstellen von Sonnenuhren an Thermen und in Tempelanlagen tradiert sich mit unseren Kirchturmuhren, die heute aber wegen Ruhestörung meist nicht mehr schlagen dürfen.

Auch die Sonnenuhr des Augustus scheint eine ägyptische Übernahme zu sein, denn es werden Winde genannt, die es nur im östlichen Mittelmeer gibt u.a.m.[143] Entscheidender aber ist, daß die höchst faszinierenden Thesen des Ausgräbers, die zahlreiche Schulbücher inzwischen übernommen haben, zweifelhaft sind. Von den mathematisch-physikalischen Grundlagen her sind sie offenbar nicht zu halten.[144] Die Uhr konnte wohl nur den Sonnenlauf messen. Des ungeachtet handelte es sich um eine beeindruckende Anlage und zugleich um den größten Zeitanzeiger aller Zeiten, der horizontal auf ebener Marmorfläche einen riesigen Platz füllte. Die Groma (der Zeiger einer Sonnenuhr) war ein eigens aus Ägypten importierter Obelisk, auf dessen Spitze die Weltkugel schwebte, Symbol der Weltherrschaft. Die in den weißen Marmor eingelegten Bronzelettern und das bronzene Liniennetz, die wohl wie Gold wirkten oder sogar vergoldet waren, verkündeten in monumentaler Weise das neue, das goldene Zeitalter, das Augustus mit den Jahrhundertspielen im Jahr 17 v.Chr. heraufbeschworen hatte. Auch ohne alle Spekulationen fasziniert es, wie selbst die Zeitmessung und Berechnung, sichtbar an diesem Beispiel, politisch-ideologisch instrumentalisiert wurde.

---

142 Cic.fam.7,30,1.

143 Edmund Buchner, Die Sonnenuhr des Augustus, Mainz 1982.

144 Michael Schütz, Zur Sonnenuhr des Augustus auf dem Marsfeld, in: Gymnasium 97,1990, S. 432-457.

4. Geographie

4.1 Einleitende Überlegungen

Die heutige Mittelmeerwelt

Würde Herodot, für den Geschichte und Geographie noch zusammengehörten, heute die östliche Mittelmeerwelt bereisen, müßte er sein Geschichtswerk völlig neu schreiben. Aber sind nicht die Landschaften, die Berge, die Flüsse, die Küsten und vor allem das Klima gleichgeblieben? Obwohl sich erdgeschichtlich und klimatisch nahezu nichts geändert hat, war vieles, was für uns heute als typisch mittelmeerländisch gilt, Herodot gänzlich unbekannt, wie z.B. die Apfelsinen und Mandarinen. Die Entdeckung Amerikas bescherte der Mittelmeerwelt die Kakteen und Agaven. Es gibt kaum ein südliches Essen, das nicht durch die Tomate bereichert wird, ein Geschenk aus Peru. Dies sind nur die augenscheinlichsten Kennzeichen dieses Raumes für uns heute. Eine vergleichbare Vielfalt kann z.B. auch bei den Völkern beobachtet werden, die sich in diesem Raum neu ansiedelten, oberflächlich die alten Kulturen überdeckten und neue Einheiten zusammen mit den alten bildeten.[145]

Um all diese Veränderungen im Einzelnen zu erfassen, bedürfte es der Methode der Welterkundung (*historiē*) eines Herodots, für den Geschichte, Länderkunde und Völkerkunde eine unauflösliche Einheit bildeten.[146] Die antike Geschichtsschreibung bediente sich in der Folge aber noch der ‚geographischen Exkurse'.[147] In der Moderne dagegen ging die Beobachtung raumbedingter Faktoren häufig gänzlich verloren. Der Zusammenhang von Zeit und Raum ist heute in unseren Schulen praktisch ganz aus dem Blick geraten. Die Schulbücher bieten zuweilen bei Beginn des Geschichtsunterrichts eine kleine theoretische Einführung, kommen dann aber nicht mehr darauf zurück. Das Kartenmaterial beschränkt sich meist auf dynamisch angelegte Geschichtskarten mit farbig gekennzeichneten politischen Einheiten; die physischen Gegebenheiten werden im besten Fall schwach und wenig aussagefähig unterlegt. Kein Wunder also, wenn Lehrende zurückhaltend im Gebrauch von Karten sind[148] und Studierende auf den Gebrauch physischer Karten und die Beachtung geographischer Bedingungen nachhaltig hingewiesen werden müssen.[149]

---

145 Braudel/Duby/Aymard, S. 9f.
146 Bengtson S. 34.
147 Z.B. bei Polybios, Caesar, Tacitus, Ammianus Marcellinus u.a.
148 S. Gautschi S. 132.
149 Dieser Mangel erweist sich immer wieder bei Prüfungen. Zum Gebrauch von Karten s.u.S. 167.

Halten wir also noch einmal fest: Grundsätzlich besteht eine Wechselwirkung zwischen Mensch und Raum, wobei die formale Qualität, d.h. das äußere Erscheinungsbild, von der funktionalen Qualität, d.h. der unmittelbaren jeweiligen Beeinflussung, zu unterscheiden ist. Naturgeographische Verhältnisse haben immer die Lebensbedingungen der Menschen geprägt. Andererseits hat der Mensch zu allen Zeiten mehr oder weniger stark die Natur verändert. Kurzzeitig bewohnte Plätze der nomadisierenden Jäger und Sammlerinnen konnte die Natur zurückgewinnen, aber schon mit der dauerhaften Ansiedlung von Menschen und später der Anlage von Steinhäusern begann ein Prozeß, der bis zu unseren heutigen Umweltproblemen anhält.

Fragen an die historische Geographie

So wie Herodot sehr offen die Frage nach den Ursachen der Veränderungen in seiner Umwelt und der Andersartigkeit seiner Nachbarwelten stellte[150], so müssen wir ebenso offen, ausgehend von der heutigen geographischen Situation, mit Hilfe der verschiedenartigsten Quellen den Weg zurückgehen.

> „Historisch-geographische Untersuchungen nehmen ihren Ausgang grundsätzlich in der Welt von heute, also in der derzeitigen Gestaltung der Landschaft, die den Rahmen für bestimmte thematisierte historische Vorgänge abgegeben hat."[151]

Fragen des Historikers an die historische Geographie zielen im naturgeographischen Bereich auf die von der Gegenwart abweichenden Verhältnisse und ihre Wirkung. Die historische Kulturgeographie dagegen fragt primär nach den Einrichtungen der Menschen in bestimmten Lebensräumen und ihr Handeln in ihnen. Eine dritter wichtiger Untersuchungsbereich betrifft die Welt- und Raumvorstellung der antiken Menschen. Aus letzteren resultieren mentalitätsgeschichtliche Unterschiede, deren Konsequenzen nicht unterschätzt werden dürfen.

Da die Art bzw. die Möglichkeiten der Raumerfassung damals wie heute sehr differieren, je nach dem, ob es sich um Großräume (Erdteile und Länderkomplexe = Geographie), um Mittelräume (Landschaften = Chorographie) oder um Kleinräume (Städte oder andere landschaftliche Details = Topographie) handelt, muß auch diese Unterscheidung in geographische Fragenkomplexe einbezogen werden. Im folgenden sollen nur einige zentrale Aspekte am Beispiel der Mittelmeerwelt, die mit ihren Nachbarländern als die damals bewohnte Welt galt, kurz angerissen werden, um eine

150 Momigliano S. 24.
151 Olshausen S. 4.

Grundvorstellung der Themen zu vermitteln. Für ein vertiefendes Interesse sei vor allem auf Olshausen, ‚Einführung in die historische Geographie der Alten Welt' und seine ausführlichen Literaturangaben verwiesen. Er berührt allerdings den dritten Fragenkomplex nahezu nicht. Hier muß die Arbeit von Kai Brodersen, ‚Terra cognita' herangezogen werden.

4.2 Historische Naturgeographie

4.2.1 Bodenformation

Da, wie schon gesagt, im Mittelpunkt der Geschichte des Altertums die Mittelmeerwelt steht, gehörte an den Anfang eigentlich die Darstellung der erdgeschichtlichen Entwicklung dieses Raumes. Den Historiker interessieren aber im Wesentlichen die Ergebnisse der erdgeschichtlichen Prozesse[152], da sie die Landschaften vielfach bis heute prägen.

Kettengebirge

Charakteristisch für den Mittelmeerraum sind Kettengebirge, die meist in Längsrichtung von Norden nach Süden orientiert sind und bogenförmig auslaufen. Ihre konvexe Seite ist meist nach Süden gerichtet. Im Innern bestehen diese Gebirge wieder aus zahlreichen meist parallel verlaufenden Falten. Man unterscheidet das südliche vom nördlichen Gebirgssystem. Zu ersterem gehören der Taurusbogen mit Armenien, das östliche und mittlere Kleinasien, der griechisch-dinarische Bogen, der sich durch Griechenland und die westliche Balkanhalbinsel erstreckt bis zu den östlichen Alpen und schließlich der Bogen des Apennin mit dem Atlasgebirge, Andalusien und die Balearen, der an die Westalpen anschließt. Das nördliche System besteht aus teils geradlinig verlaufenden Gebirgen, teils aus Bögen in nordwestlicher Richtung. Zu ihm zählen die Krim, die transsylvanischen Alpen, Karpatien, die Alpen und die Pyrenäen.

Tiefebenen

Zwischen den Gebirgszügen liegen Tiefebenen, wie z.B. die oberitalienischen Niederungen, und ältere Rumpfgebirge. Letztere stellen, wenn sie besiedelt sind, kaum gravierende Verkehrshindernisse dar und bieten meist gute Bedingungen für die Vegetation. Im Gegensatz dazu stehen die Kettengebirge, die sich hauptsächlich aus massigen hellen Kalksteinen zusammensetzen und mit ihren schroffen Abstürzen und zackigen Kämmen die wilde Schönheit dieser Landschaften bedingen. Mehr als andere Ge-

152 S.Philippson S. 4ff.

birgszüge dieser Höhe bilden sie ausgedehnte Verkehrsschranken, wenn sie nicht durch Quersenkungen durchbrochen sind. Die Tiefebenen zeichnen sich, soweit sie bewässert werden können, durch große Fruchtbarkeit aus.

Küstengliederung

Zu dieser schwierigen Bodenformation kommen erdgeschichtlich jüngere Einbrüche. Sie bewirken einmal die reiche Küstengliederung mit vielen natürlichen Häfen, zum anderen entstand eine Hügellandschaft auf der Basis von Tonen, Sanden und Mergel, die sich wirtschaftlich und verkehrspolitisch positiv auswirkte.

> „Um ihre Bedeutung zu würdigen, vergleiche man die reich besiedelte Küstenzone an der Südseite des Korinthischen Golfes, wo ein breiter Gürtel des Jungtertiärs sich hinzieht, mit der Nordseite desselben, wo die Gebirge unvermittelt aufsteigen und wo daher, abgesehen von einzelnen Punkten, niemals ein reger Verkehr und eine höhere Kultur sich entwickelt hat.“[153]

Die Bodenformation Griechenlands, nämlich seine kleinteilige Kammerung, wird häufig in Zusammenhang gesetzt mit der politischen und wirtschaftlichen Entwicklung des Landes.

> „Die geographische Struktur Griechenlands, das durch zahlreiche Gebirge in eine Vielzahl von isolierten Tälern und Landstrichen aufgeteilt ist, förderte die Entstehung eigenständiger Gemeinwesen.“[154]

Richtig ist, daß die Verbindungswege vor allem in west-östlicher Richtung ausgesprochen schlecht waren (und sind) und auch die Flußschiffahrt keine entscheidende Rolle spielen konnte.

> „Es gab jedoch gleichsam ein Surrogat, das Meer. Man kann es als Spezifikum der griechischen Geschichte bezeichnen, daß das Meer nicht in erster Linie etwas Trennendes, sondern etwas Verbindendes darstellte – trotz oder gerade wegen der Bedingungen der wenig entwickelten antiken Schiffahrt, die ganz wesentlich Küstenschiffahrt war. Besonders wichtig, daß tiefe Golfe den Seeverkehr bis weit ins Binnenland hinein ermöglichten, daß natürliche Kanäle Schutz gewährten und unermeßlich zahlreiche Inseln immer wieder Landemöglichkeiten gaben. Man konnte so zur See fahren, daß eigentlich immer ein Stück Land in Sicht war. Die Ägäis wurde auf diese Weise im Altertum geradezu zu einem griechischen Binnenmeer.“[155]

Vulkanismus

Für die Gesamtgestaltung des Mittelmeerraumes von untergeordneter Bedeutung, aber chorographisch bemerkbar war der Vulkanismus. Er ist im Wesentlichen auf zwei Zonen beschränkt:

---

153 Philippson S. 20.

154 So z.B. in dem Schulbuch von Cornelsen ‚Geschichte 11‘, Berlin 1992 S. 8.

155 Gehrke S. 17.

Abb. 24 Pompei mit Vesuv beim Ausbruch 1879.

1. die italische Vulkanzone mit dem Vesuv, den phlegräischen Feldern, dem Stromboli, Lipari, Vulkano und schließlich dem Ätna,

2. die ägäische Vulkanzone, in deren Mitte Thera (Santorin) liegt.

Jeder dieser Vulkane[156] erhebt sich aus einer Ebene, bewirkt durch einen kesselförmigen Einbruch, und steigt zunächst sanft, dann steiler an. Das verwitterte Vulkangestein zeichnet sich in der Regel durch besondere Fruchtbarkeit aus, so daß diese Ebenen und sanften Hänge meist dicht besiedelt sind und intensiv landwirtschaftlich genutzt werden.[157]

Die Verschüttungskatastrophe Pompeiis und seiner Umgebung im Jahr 79 n.Chr. hat Historikern/innen und Archäologen/innen ein reiches Arbeitsfeld geschaffen. Nahezu die gesamte Sachkultur der römischen Kaiserzeit des ersten Jahrhunderts hat dort die Erde bewahrt, denn Fruchtbarkeit und Schönheit dieser Landschaft hatten schon in der Zeit der Republik dazu geführt, daß die römische Senatsaristokratie in Campanien Villen anlegte und die Region ab der Zeit der Gracchen zum ständigen Zankapfel für geplante Ackergesetze wurde.[158]

Erdbebentätigkeit

Im Zusammenhang mit dem Vulkanismus steht die Erdbebentätigkeit im Mittelmeerraum, deren Folgeerscheinungen gravierender sein können als das Beben selbst. Labile politische Gefüge konnten durch ein solches Naturereignis in Schwierigkeiten geraten, wie z.B. Sparta im Jahr 464 v.Chr., als ein verheerendes Erdbeben die Hauptstadt zerstörte und zahlreiche Bürger das Leben

[156] Thera mit seiner Insellage bildet eine Ausnahme. Hier wurde um 1450 v.Chr. der gesamte Mittelteil weggesprengt, so daß nur der Kraterrand aus dem Meer herausragt. Die kleinen Inseln in der Mitte des Golfes von Thera sind die Gipfel des unter Wasser neu aufgebauten Kegels.

[157] Die Region um den Golf von Neapel zählt auch heute zu den am dichtesten besiedelten Gegenden Italiens, vgl. Tichy S. 427.

[158] S. dazu Schneider, Wirtschaft und Politik, S. 23f.

verloren[159], vor allem die Epheben im Stadion.[160] Die hohen Verluste an Menschenleben durch das Erdbeben gaben das Signal zu einem Aufstand der messenischen Heloten, der den Staat fast an den Rand seiner Existenz brachte. Nach einem Sieg der Spartaner verschanzten sich die Heloten auf dem Berg Ithome und banden auf Jahre die Militärkräfte der Spartaner.[161] Da solche Naturereignisse vielfach dem Wirken der Götter zugeschrieben wurde, ist auch die mentalitätsgeschichtliche Wirkung als Strafe nicht zu unterschätzen. Eine solche Anspielung bietet Aristophanes:

„Die Spartaner haß' ich, mag Poseidon,
Ihr Gott auf Tainaron, mit einem Erdstoß
Die Häuser alle auf die Köpfe schmettern."[162]

4.2.2. Gewässer

Veränderungen der Küstengebiete

Die Küstengebiete des Mittelmeerraumes sind starken Veränderungen ausgesetzt. Auf sie wirken die verschiedenartigsten Kräfte ein, sei es die starke Küstenströmung und die Brandungsarbeit des Meeres, sei es die Arbeit der Flüsse, die in den Mündungsgebieten Anschwemmungen verursachten. Dazu kam im Laufe der Jahrhunderte der Anstieg des Meeresspiegels um ca. ein bis zwei Meter, wie z.B. Untersuchungen an antiken Bauwerken in Italien bewiesen haben.[163] Extreme Schwemmaktivitäten der Flüsse verhinderten, daß sämtliche Hafenbauten der Antike heute unter Wasser liegen. Als Beispiel sei Pisa genannt, das zur Zeit Strabos nur drei Kilometer vom Meer entfernt lag. Bis ins 14. Jahrhundert hielt man die Fahrrinne offen und tief genug, daß Seeschiffe noch anlegen konnten. Schließlich versandete das Gebiet und Livorno trat an die Stelle von Pisa. Ähnliche Schicksale erlitten Aquileia, heute 10 km landeinwärts gelegen, und Ravenna, einst bedeutende Hafenstädte für den Austausch der Waren mit dem Norden, insbesondere für Öl, Wein, Erz, Glas, Gold, Bernstein und Vieh. An ihre Stelle trat

159 Die Gräber der Opfer zeigte man noch in der Kaiserzeit. S. M.Clauss, Sparta. Eine Einführung in seine Geschichte und Zivilisation, München 1983, S. 43f. Allgemein zu Sparta s.u.S. 258ff.

160 E.Meyer, Geschichte des Altertums 4,1, Darmstadt 1975, ND der 3.Aufl. 1939, S. 440ff.; zum Erdbeben und seinen Folgen: Thuk.1,100ff.

161 Die Belagerung dauerte 10 Jahre, dann erhielten die Heloten freien Abzug. Aber auch danach hatten die Spartiaten aus Furcht vor weiteren Aufständen kein Interesse an auswärtigen Engagements, was Athen Gelegenheit gab, den Delisch-Attischen Seebund auszubauen.

162 Aristophanes, Acharner 508-510 (zitiert nach Clauss S. 43).

163 Tichy S. 115.

Triest, das durch seine Lage an einer offenen Abrasionsbucht keiner Verlandungsgefahr ausgesetzt war, sich allerdings durch eine Mole schützen mußte.

Abb. 25 Etruskisches Grab an der Küste im Golf von Baratti: Hier lag das Zentrum der etruskischen Eisenproduktion. Sowohl das Gräberfeld als auch die Schlackenreste unmittelbar an der Küste sprechen für den Anstieg des Wasserspiegels.

Versandung

Bei der Versandung entstanden im Zusammenspiel von Küstenströmung und Brandung sogenannte Strandwälle. Sie lassen sich heute durch Luftbilder nachweisen. An der toskanischen Maremmenküste bei Grosseto konnten z.B. 17 solcher Wälle beobachtet werden.[164] Der älteste datiert in etruskische Zeit. Durch den Anstieg des Grundwasserspiegels vernässten die neuentstandenen Ebenen. Dadurch bildeten sich Sümpfe, deren Folge eine Verseuchung durch Malaria war. Die Bevölkerung zog ins Hinterland und die Küstenregion verödete.

Versumpfung

Bei Kenntnis von Entwässerungstechniken, wie sie z.B. die Etrusker besaßen, konnte dieser Prozeß verhindert werden. Aber ein durch äußere Bedrohung von der Meerseite her bedingter Rückzug der Bevölkerung ließ erst die Verödung, dann Versump-

164 Tichy S. 115.

fung eintreten, weil die vorhandenen Kanalsysteme zur Entwässerung verfielen.

Ein anderes Beispiel für Versumpfung, verstärkt durch die wiederholt auftretende Flußbettverlagerung des Kaystros, ist die bedeutende Hafenstadt Ephesos mit ihrer Umgebung. Die Flußanschwemmungen des Kaystros verschoben die Küstenlinie um ca. 9 km nach Westen und führten im späten Mittelalter zur Verlandung (Abb.26). Damit wurde eine der bedeutendsten Großstädte des östlichen Mittelmeeres zu einem unbedeutenden seldschukischen Dorf.[165]

Abb. 26 Die Hafenstraße von Ephesos.

Flüsse

Im Kontext der Gewässer seien zum Schluß die Flüsse angesprochen. Ihre Bedeutung war, soweit sie schiffbar waren, transporttechnisch sehr hoch, weil Warentransporte auf dem Wasser erheblich billiger waren. Allerdings konnten bei weitem nicht so viele Flüsse befahren werden, wie heute. Die Flüsse waren ohne regulierende Kanäle ungebändigt und vor allem in Zeiten der Schneeschmelze sehr wild. Um ein Beispiel zu nennen: Der heutige, kanalisierte Neckar ist ein ausgesprochen friedlicher Fluß, der lediglich durch zeitweilig auftretendes Hochwasser Ärger macht. Anders in der Antike! Er machte seinem Namen ‚der Wilde' alle Ehre, veränderte ständig seinen Lauf und seine Mündung, fächer-

165 E.Wirbelauer, ‚Ephesos' in: NP 3, 1997, Sp.1078ff.

te sich in zahlreiche Haupt- und Nebenarme auf. Dieses Delta lag bis ins Mittelalter südlich von Mannheim, heute dagegen liegt die Mündung im Norden der Stadt.

Flüsse wurden und werden als Grenze empfunden [166], denn ohne Brücken und mit starker Strömung waren sie, außer an Furten, die man kennen mußte, nicht passierbar. Lediglich im Winter, wenn sie zufroren, konnten sie überquert werden, z.B. auch von benachbarten Feinden.

4.2.3 Das Klima[167]

Einheitliches Klima der Mittelmeerwelt

Trotz häufiger lokaler Unterschiede kann das Klima des Mittelmeerraumes als relativ einheitlich und konstant bezeichnet werden. Die Sommer sind, beeinflußt von der Sahara, sechs Monate lang heiß und trocken. Die zu dieser Zeit vorherrschenden Nordwinde, die je nach örtlichem Luftdruck westliche oder östliche Richtung nehmen, bringen keine Linderung der Hitze. Allenfalls lokale Winde an der Küste und auf den Inseln, die durch den Temperaturausgleich von Tag und Nacht und die Wechselwirkung von Land und Meer entstehen, sorgen für leichte Erfrischung. Das stabile sonnige Wetter und die ‚dunstige Klarheit' des Lichts machen den Mittelmeerraum für Touristen/innen aus dem Norden attraktiv, die Südländer dagegen meiden die Sonne.[169]

Von Oktober ab dringen atlantische Störungen in den Mittelmeerraum ein, die Randzonen sind von hohem Luftdruck umgeben, während die Meeresfläche selbst durch seine wärmere Temperatur eine Region niederen Luftdrucks erzeugt. Von allen Seiten strömen die Winde in diesen Raum und das Meer selbst liefert die hohe Luftfeuchtigkeit, die zu reichlichen Winterregen führen. So ist die Witterung im Winter gekennzeichnet durch einen ständigen Wechsel zwischen Regenschauern, Tiefs, die von Westen nach Osten wandern, heftigen Stürmen, rascher Abkühlung und dann wieder Erwärmung, klarem Himmel und Trockenzeiten. Die Regen- und Sturmphase läßt die Flüsse, im Sommer kleine Rinnsale, zu reißenden Strömen anwachsen und bringt z.T. auch Überschwemmungen.

---

[166] Zahlreiche Quellenbelege zu Rhein und Donau lassen sich in der Quellensammlung von H.-W. Goetz/K.-W. Welwei (Hgg.), Altes Germanien, Teil 1, Darmstadt 1995 im ersten Kapitel zur Geographie Germaniens finden.

[167] Ausführlicher vor allem Philippson S. 89ff. und für Italien Tichy S. 141ff. In der geographischen Wissenschaft ist ‚mediterranes Klima' ein festgelegter Klimatypus.

[168] Genauer bei Sonnabend S. 260.

[169] Im Mythos ist das die Zeit, in der Persephone in der Unterwelt weilt.

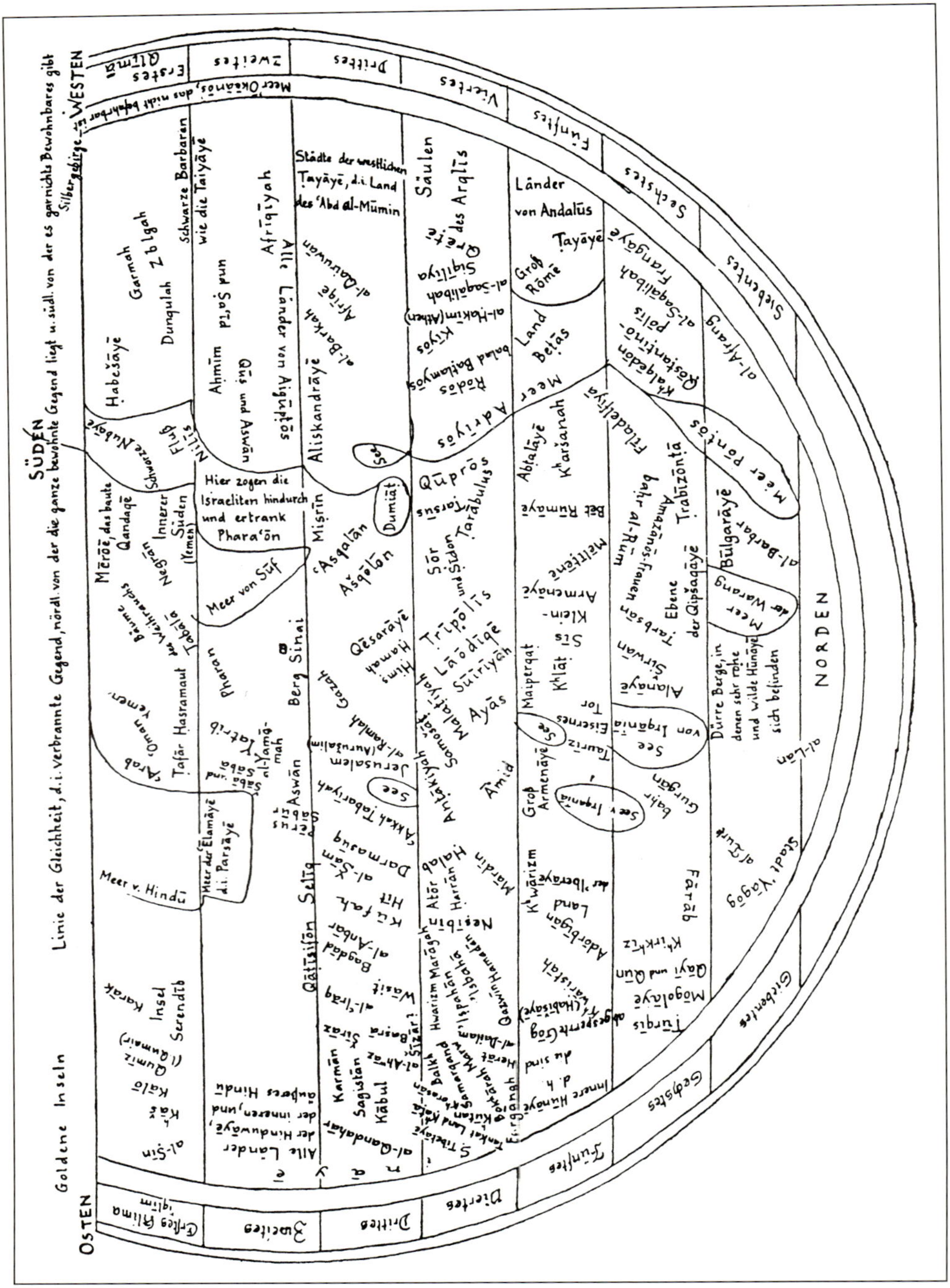
WESTEN
SÜDEN
NORDEN
OSTEN
Linie der Gleichheit, d.i. verbrannte Gegend, nördl. von der die ganze bewohnte Gegend liegt u. südl. von der es garnichts Bewohnbares gibt
Goldene Inseln

Abb. 27 Die sieben Klimata (Karte eines Syrers aus dem 13.Jh). Die Lehre von der Siebenteilung der Klimazonen geht auf Eratosthenes im 3. Jh. v. Chr. zurück.[168]

Mit der Erwärmung im März setzt zwar schon schönes Wetter ein, es können aber immer noch heftige Stürme auftreten, die für die Schiffahrt gefährlich sind.[170]

Abb. 28 Hafenszene (um 200 n.Chr.).

Die römische Administration trug diesen Verhältnissen Rechnung, indem sie am 11. November offiziell das Meer für geschlossen erklärte und erst am 5. März wieder feierlich eröffnete. Dies galt allerdings nicht absolut, es gab immer Wagemutige, vor allem Händler, die sich den winterlichen Gefahren auf dem Meer aussetzten.

Nicht nur die Stürme, auch die Unterwasserströmung machte den Schiffen schwer zu schaffen, so z.B. bei der Umsegelung des im Altertum berüchtigten Kap Malea.[171] Immerhin glaubte Plinius d.J. auf seiner Dienstreise nach Bithynien die Umsegelung des Kaps Traian ausdrücklich melden zu müssen.[172]

---

[170] Zu den Ursachen Tichy S. 141.
[171] S.C. Lienau/E. Meyer „Malea", NP 7, 1999 Sp. 767.
[172] Plin.ep. 10,15.

Abb. 29 Attalosstoa in Athen. In vielen griechischen Städten waren die Plätze mit Wandelhallen wie dieser (rekonstruierten) Stoa in Athen versehen, deren erfrischende Kühle noch heute Touristen/innen in Athen genießen können.

Aber trotz der geschilderten zeitweilig auftretenden klimatischen Unbill im Winter war die Lebensweise der Menschen auf die generell warme bis heiße Witterung eingestellt. Politische Versammlungen wurden unter freiem Himmel abgehalten und fanden ihr Ende mit Sonnenuntergang, wenn man die Stimmen nicht mehr zählen konnte. Die Theater waren ungedeckt und es galt als Attraktion, wenn Sonnenschutzsegel gesetzt wurden. Das Leben fand mehr auf den Straßen und Plätzen als in den Häusern statt, deren Architektur mit kühlespendenden Brunnenanlagen und schattengebenden Säulenhallen ganz den Bedürfnissen Rechnung trug (Abb.29).

„Im ganzen aber kommen wir zu dem Ergebnis, daß die heutigen Bedingungen schon das Leben der alten Kulturvölker des Mittelmeeres umgaben."[173]

Jede Exkursion in die Mittelmeerwelt vermag m.E. den angehenden Althistorikern/innen einen wenn auch geringen Teil des früheren Lebensgefühls zu vermitteln.

4.2.4 Flora und Fauna

Abhängig vom Klima und deshalb fast ebenso einheitlich ist die Vegetation der Mittelmeerwelt, die in ihrem Grundbestand auch als konstant gelten kann. Die drei Urkulturpflanzen prägen noch heute Landschaftsbild und Ernährung, nämlich der Ölbaum, der

173 Philippson S. 128.

Weinstock und das Getreide. Alle drei kommen ohne Bewässerung aus, die beiden ersteren, weil sie tief genug wurzeln, das Getreide, weil es bis zur Trockenzeit reift.

Olivenbaum

Der immergrüne Olivenbaum ist vorwiegend im europäischen und kleinasiatischen Raum beheimatet, weil er die extremeren Temperaturen Nordafrikas nicht verträgt. Er wächst langsam und bringt nur alle zwei Jahre reiche Ernte. Dafür ist er in der Pflege anspruchslos. Es gehörte in der Antike zu den üblichen Kriegshandlungen, die Ölbäume abzuhacken.[174] Kein Wunder also, wenn der Olivenzweig zum Symbol des Friedens wurde. Seine Bedeutung erhellt auch der Mythos, nämlich im Streit zwischen Poseidon und Athena um den Besitz Attikas, den Athena mit der Pflanzung des Ölbaum auf der Akropolis gewann. Jede ‚Eule' trägt auch den Olivenzweig.[175]

Weinrebe

Die Kultivierung der Weinrebe reicht bis weit in die vorgeschichtliche Zeit. Das Keltern verbreitete sich aus dem kleinasiatischen Raum nach Westen. Die Griechen und/oder die Etrusker brachten den Wein nach Italien und Spanien. Im Anbau ließ man den Wein vielfach an Bäumen hochranken und zog ihn dann an Schnüren von Baum zu Baum, was den Anbau weiterer Feldfrüchte erlaubte, die Ernte erfolgte von unten her (Abb. 30).

Abb. 30 Weinernterelief von Speyer. In der Antike führte man den Wein oft an Bäumen oder an Stangen hoch, um das Land darunter zu nutzen. Deshalb ist die Darstellung der Ernte von unten nach oben realistisch.

Da der mittelmeerländische Wein stark und in den Amphoren verdunstet war, galt es als barbarisch, ihn unverdünnt zu trinken.

Der Getreideanbau ist z.T. sehr verschiedenartig und abhängig von der wirtschaftlichen Rentabilität und bevölkerungspolitischen Notwen-

[174] Z.B. Thuk. 6,99.
[175] S.u.S. 200 Abb. 47.

Getreideanbau

digkeit. So war z.B. Athen immer abhängig von den Getreideimporten aus dem Schwarzmeergebiet. Rom machte sich nach dem Sieg über die Karthager abhängig von den Getreideimporten aus Sizilien und Nordafrika und in der Kaiserzeit von Ägypten. Der Getreideanbau in Italien bediente allenfalls noch lokale Märkte.

Zu diesen drei Grundnahrungsmitteln wurden von altersher ergänzend Hülsenfrüchte und Zwiebelpflanzen angebaut. Die wichtigste Obstsorte war die Feige.

Die nichtholzigen Pflanzen wie Kräuter, Stauden und Gräser haben, umgekehrt zu den unsrigen, in der Hitze des Sommers ihre Ruhezeit und gedeihen mit dem ersten Regen im einsetzenden Winter. Der Höhepunkt ihres Wachstums liegt im April/Mai. Holzpflanzen dagegen sind in der Regel immergrüne Hartlaubgewächse, wie der schon erwähnte Olivenbaum oder der Lorbeerbaum. Das immergrüne Laub oder die Nadeln machen die Bäume gegen die Dürre unempfindlich. Aber auch bestimmte Eichenarten entwickelten sich zu fast immergrünen Hartlaubpflanzen. Für die Antike müssen wir generell im europäischen Mittelmeerraum von ausgedehnten Eichenwäldern ausgehen. Auch Buchen, Ulmen, Eschen und Linden waren verbreitet. Dazu kamen in höheren Lagen Nadelhölzer wie z.B. Kiefern, Zedern, Eibe und Wacholder.

Entwaldung

Im Bereich des Waldes haben die Eingriffe des Menschen zu den stärksten Veränderungen geführt.[176] Im Mittelmeerraum ist die Gefahr der Erosion ungleich stärker, wenn die Berge und Hügel ihrer Vegetationsdecke beraubt werden.

> „Der beschleunigte, von der Vegetation wenig gebremste Abfluß führt zu Hochwasserkatastrophen; an Hängen kommt es zu Rutschungen und zur Calancoerosion, Nutzflächen und Siedlungen werden zerstört; in die mit Schutt erfüllten Täler haben sich Flüsse wieder eingeschnitten und Sedimente ins Meer als Delta vorgeschüttet. Deren Abfolge ließ erkennen, daß sich die mit heftigen Hochwassern verbundenen Abtragungs- und Aufschüttungsvorgänge gehäuft am Ende der Antike abgespielt haben müssen, als der Apennin einen großen Teil seines Waldkleides verloren hatte."[177]

Obwohl die Entwaldung sich für das gesamte Mittelmeergebiet zu dem zentralen Umweltproblem auswuchs[178], wollen wir exempla-

[176] Die vielseitige Nutzung führt Plin. n.h. 12,1,2 und 12,2,3-5 vor Augen.
[177] Tichy S. 234.
[178] Allgemein dazu Beate Wagner-Hasel, Entwaldung in der Antike, in: Journal für Geschichte 4, 1988 S. 17f. In diesem Zusammenhang sei verwiesen auf die ausgezeichnete Unterrichtseinheit mit guten Quellen von Alfred Kotter, Entwaldung und Erosion in griechischer und römischer Zeit, in: Umwelt und Geschichte, Akademie für Lehrerfortbildung Dillingen, Bericht Nr. 227, 1993.

risch bei Italien bleiben. Solange in etruskischer und frührepublikanischer Zeit Heiztechnik und Badewesen wenig ausgebildet waren, beanspruchte die einzelne Familie eine vergleichsweise geringe Nutzfläche. In der Zeit des römischen Aufstiegs gab es ausreichend Nutz- und Brennholz, das aus dem Appennin über den Tiber nach Rom geflözt wurde. Ab dem 1. Jahrhundert v.Chr. aber, als allmählich zahlreiche öffentliche und private Bäder eingerichtet wurden und man das System der Hypokaustenheizung (Abb. 31) einführte, stieg der Holzverbrauch immens an. Schon in der Kaiserzeit war der Holzbestand des Appennin so dezimiert, daß Bauholz aus den Alpen eingeführt werden mußte.

Abb. 31 Hypokaustenheizung (Fußbodenheizung). Von einer außerhalb des Raumes liegenden Feuerstelle (praefurnium) wurde Heizluft zwischen die gemauerten Säulchen gelenkt, die eine dicke Estrichschicht unter dem eigentlichen Fußboden erwärmte. Die Abluft wurde durch Hohlziegel (tubuli) die Wände entlang nach außen geführt.

An ein Nachwachsen der Wälder war kaum zu denken, da die Baumschößlinge von Ziegen und Schweinen abgeweidet wurden.[179] Die Abholzung bewirkte darüber hinaus empfindliche Beeinträchtigungen des Wasserhaushaltes. Ackerland wurde aufgegeben und der Weidewirtschaft zugeführt. Dies bewirkte langfristig nicht nur eine Bodenverschlechterung, sondern sogar eine Bodenverminderung und zwar je südlicher, um so stärker. Bestenfalls trat an die Stelle des zerstörten Waldes der immergrüne Buschwald (Macchia). Er war immer noch Holzlieferant zur Holzkohleherstellung bzw. für Brennholz.

Nur dort, wo am Ausgang der Antike in der Völkerwanderungszeit der Mensch nicht mehr einwirkte, konnte sich der Wald in Teilen regenerieren. Für die nachfolgenden Langobarden und Franken hatte der Wald einen anderen Wert als für die Römer. Er wurde vorwiegend für die Jagd oder zur Waldweide genutzt.

Da Holz der wichtigste Energieträger der Antike war, läßt sich gerade an seinem Beispiel die Langfristigkeit von Umweltsünden deutlich zeigen, wenn auch die Verkarstung des Mittelmeerraumes keine ökologische Sünde der Antike allein ist.

[179] Ob es wirklich zur Überweidung kam, ist umstritten. In jedem Fall gab es auch in der Antike ein Bewußtsein für die Schäden von Ziegen und Schafen.

Auch die Fauna wäre relativ konstant in ihrem Bestand ohne die Eingriffe der Menschen. Da Tiere sich leichter anpassen können als Pflanzen, kommen sie mit veränderten Umweltbedingungen sogar besser zurecht.

Fauna

Die wilde Fauna des Mittelmeergebietes kann hier nicht näher behandelt werden, zumal eine allgemeine tiergeographische Einteilung nur sehr begrenzten Wert besitzt. Zu unterschiedliche Faktoren beeinflussen Wanderungswege und Verbreitungsgrenzen. Man müßte sich mit jeder Tiergruppe einzeln befassen.

Deshalb soll der Hinweis auf die verheerende Wirkung der Tierhetzen zu römischer Zeit in den Amphitheatern des Imperiums auf den Tierbestand im Mittelmeerraum genügen. Selbst wenn eine Veranstaltung, wie die im folgenden geschilderte zu den Ausnahmen gehörte, muß der Bedarf sehr hoch gewesen sein.

> „Als Traian nach Rom zurückgekehrt war (107 n. Chr.) fanden sich bei ihm sehr viele Gesandtschaften von Barbaren ein, darunter auch von Indern. Und er veranstaltete Schauspiele von 123 Tagen, während deren elftausend wilde und zahme Tiere getötet wurden und zehntausend Gladiatoren kämpften.“[180]

Die Abbildung eines Stiers[181] auf dem frühen römischen Geld verweist neben dem Hund auf das wohl älteste Haustier, dessen Zähmung in vorgeschichtlicher Zeit liegt. Stier und Rind galten mehr als Arbeitsgefährten denn als Fleischlieferant. Zum Pflügen und als Zugtiere für den Landtransport waren Rinder unverzichtbar. Lediglich für den Transport von Menschen und Waren traten den Rindern die Esel zur Seite, deren Arbeitskraft z.B. auch für Mühlen genutzt wurde (Abb. 32).

Abb. 32 Grabrelief aus Rom. Ein Esel treibt eine Mühle an.

[180] Cass.Dio 68,15 (Xiphilinos).
[181] S.u.S. 194 Abb. 44.

Ebenfalls für den Transport wurde das Pferd eingesetzt. Seine vornehmste und wichtigste Aufgabe aber war es, den Krieger, sei es mit oder ohne Wagen, ins Kampfgeschehen zu bringen oder den Adligen auf die Jagd zu begleiten. Auch im Kult nahm das Pferd einen hohen Rang ein. Zahlreiche Namen griechischer Adliger sind mit Hipp- (hippos=Pferd) zusammengesetzt, z.B. Hipparchos, Hippias, Hippodamas, Philippos u.a.m.

Die wichtigsten Nahrungstiere im Mittelmeerraum von der Antike bis heute sind neben dem Geflügel Schafe und Ziegen. Sie liefern Fleisch, Milch und Käse auf den Speisezettel und gelten als wesentlich bekömmlicher als die gleichen Produkte vom Rind. Mäntel und Decken aus Ziegenhaar, verwebte Schafwolle und Leder jeder Art sind unverzichtbare Produkte dieser Herdentiere. Sie sind anspruchslos und bleiben das ganze Jahr über auf der Weide.

Transhumanz

Verbreitet war die Wanderweidewirtschaft (Transhumanz), d.h. man führte die Tiere in unterschiedliche Regionen mit mehr oder weniger großer räumlicher Distanz je nach Jahreszeit. Als Winter- bzw. Sommerweide wurden oft Regionen mit unterschiedlichen Vegetationshöhepunkten gewählt, Außerdem mußte Rücksicht auf die Witterungsverträglichkeit der Schafe genommen werden. Varro ließ z.B. seine Herden im Winter in Apulien, im Sommer in den Sabiner Bergen weiden.[182] Die Ergänzungsweiden erlaubten eine wesentliche Erhöhung des Viehbestandes ohne Gefahr der Überweidung.

4.3 Quellenbasis der historischen Geographie

Wie Olshausen[183] in seiner ‚Einführung in die historische Geographie' verdeutlicht, ist nahezu jede Quellengattung des Altertums geeignet, Informationen zur Geographie der Antike zu liefern.

> „Historisch-geographische Themen lassen sich im gesamten antiken Schrifttum entdecken, ohne daß sich auch nur eine einzige Gattung mit Sicherheit ausschließen ließe. Bei der Auswertung jeglicher Literatur für die historisch-geographische Thematik müssen dabei grundsätzlich die Tradition und die Eigenheiten der jeweiligen Literaturgattungen berücksichtigt werden."[184]

In die Kategorie der Fachschriftstellerei gehören

---

[182] Varro rust. 2,1,16. S. dazu Flach S. 303.
[183] Olshausen S. 18-111.
[184] Olshausen S. 20.

> „Arbeiten zur Philosophie, zur Geographie und Geschichte, zur Medizin und Mathematik sowie zur Rhetorik, zu verschiedenen naturwissenschaftlichen Gebieten und auch zur Militärwissenschaft."[185]

Bezüglich der Schriften der Historiker[186] sei auf Kapitel 2.1 der literarischen Überlieferung verwiesen.[187]

Pomponius Mela

Im Kontext der Geographie soll wenigstens ein Geograph zu Wort kommen. Der von seinen Zeitgenossen viel gelesene Pomponius Mela[188], er wurde schon von Plinius dem Älteren (vor 79 n. Chr.) benutzt, schrieb in der Zeit des Kaisers Claudius ‚de chorographia'. Diese ist die älteste erhaltene lateinische geographische Fachschrift.

> „All das also, was es auch sei, dem wir die Bezeichnung Welt und Himmel beigelegt haben, ist ein und dasselbe .....und umschließt sich und alles in einem einzigen Umkreis. In seinen Teilen unterscheidet es sich; wo die Sonne aufgeht, nennt man es Osten oder Sonnenaufgang, wo sie sinkt, Westen oder Untergang, wo sie entlang läuft, Süden, auf der gegenüberliegenden Seite Norden.
>
> In dessen Mitte ist die Erde schwebend allenthalben vom Meer umschlossen; durch es wird sie in zwei Seiten, Hemisphären genannt, geteilt und in fünf von Osten nach Westen (verlaufende) Zonen geschieden. Die mittlere macht Gluthitze unsicher, die beiden äußersten Frost; die übrigen sind bewohnbar und haben die gleichen Jahreszeiten, wenn auch nicht in gleicher Weise. Die eine bewohnen die Antichthonen (griech.: Gegen-Erde-Bewohner), die anderen wir."[189]

In dem kurzen Textstück kommt Melas Vorstellung von der Welt zum Ausdruck, die wohl allgemein in seiner Zeit so Gültigkeit hatte.[190] Die Textstelle verdeutlicht, wie wenig präzise die Kenntnisse waren und daß viel Spekulation in die Beschreibung fließt. Von den insgesamt fünf Zonen sind der Norden und Süden wegen der Kälte und die Mitte wegen der Hitze unbewohnbar. Der südlich liegende, bewohnbare Teil ist unbekannt, während der nördlich von der Mitte liegende Teil die bekannte Oikumene ist, die genauer zu beschreiben er sich anschickt (Abb. 33).

---

185 Olshausen S. 22.

186 Olshausen S. 23-64 führt sie in alphabetischer Reihenfolge mit einer Kurzcharakteristik im Hinblick auf den historisch-geographischen Informationswert an.

187 S.o.S. 72ff.

188 Olshausen S. 47; Brodersen S. 84ff. Wie Brodersen ausführt, begann der neuzeitliche Geographieunterricht mit einer Mela-Ausgabe von 1512 und hielt sich als Schullektüre bis ins 19.Jahrhundert.

189 Pomponius Mela I,3 und 4.

190 Mela ist nicht selbst gereist, sondern stützt sich dabei auf ältere Berichte; s. Brodersen S. 5.

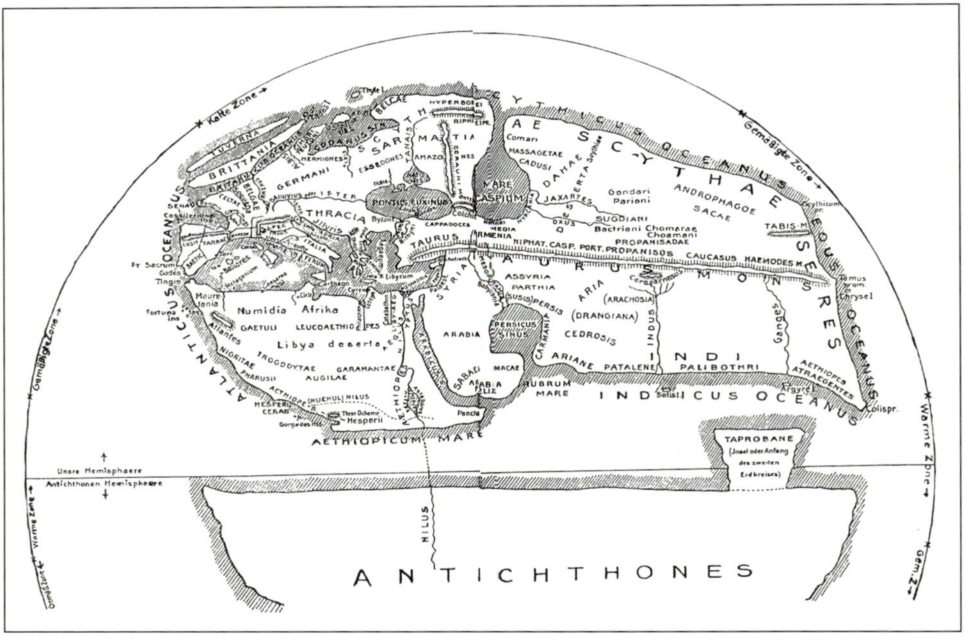

Abb. 33 Rekonstruktion von Melas Weltsicht durch H. Philipp.

Die Oikumene ihrerseits ist rings von Wasser umgeben und wird durch einen nördlichen Fluß (Don) und einen südlichen Fluß (Nil), die beide ins Mittelmeer münden, in die Kontinente Europa, Afrika und Asien geteilt. Diese sehr theoretischen Vorstellungen hatten Gültigkeit bis ins Mittelalter und sind in ihrer mentalen Wirkung dem Europazentrismus unseres Jahrhunderts vergleichbar.

Antike Karten

Antike Karten bilden insofern ein besonderes Problem, als die meisten heutigen wissenschaftlichen Texte ihre Existenz voraussetzen. Es besteht lediglich Einigkeit darin, daß nur geringe Reste erhalten sind, oder wir nur durch schriftliche Nachrichten von ihnen Kenntnis haben. Die Entwicklung von Karten wird vielfach auf die astronomisch-mathematischen Weltbilder der Griechen zurückgeführt, die im Zuge der griechischen Kolonisation (ca. 750-550 v.Chr.) nachhaltige Anstöße dafür erhielten.[191]

Maßstäbliche Karten aber – dies sei nachdrücklich betont – sind Produkte der Neuzeit. Die Methoden zur genauen geographischen

191 S.Olshausen S. 91.

Ortsbestimmung wurden erst im ersten Viertel des 17. Jahrhundert entwickelt:

> „Genaue maßstäbliche Karten im allgemeinen und Schulatlanten im besonderen erweisen sich also in allen drei Erfordernissen der Kartographie – dem Erwerb, der Umsetzung und der Vervielfältigung der geographischen Erkenntnisse – als Produkte der Neuzeit, genauer des 16.-17., in einem schulischen Zusammenhang gar erst des 19. Jahrhunderts."[192]

Darüber hinaus geht man für die römische Zeit von der Grundannahme aus, daß im Zuge der Eroberungen ein kartographisches Denken entstanden sei, das seinen Höhepunkt in der von Kaiser Augustus vollendeten Karte des Agrippa gefunden habe.[193]

Nicht bestritten wird, daß das griechische Fachwissen von Anaximandros von Milet (1. Hälfte des 6. Jahrhundert) bis Eratosthenes von Kyrene (um 295-215 v.Chr.) auf der Beobachtung des Sonnenstandes basierte, um die geographische Breite einzelner Punkte zu bestimmen. Es ist das Verdienst des Ptolemaios von Alexandria (2. Jahrhundert n.Chr.), bei seiner Aufzählung von rund 8100 geographischen Fixpunkten (landmarks) den Breitengraden noch Längengrade hinzugefügt zu haben. Allerdings ging dieses Fachwissen, wie wir schon in der Chronologie beobachten konnten, nicht ins Allgemeinwissen über. Lediglich Rudimente des Wissens um die Gestalt der damaligen Welt wurden in Form von Schemata allgemein rezipiert.

Dem scheint eine von Herodot (5,49,1ff.) berichtete Begebenheit zu widersprechen. Der Tyrann von Milet Aristagoras bat im Jahr 499 v.Chr. den Spartanerkönig Kleomenes um Hilfe gegen die Perser. Bei dem Zusammentreffen benutzte er eine Bronzetafel, in die der ‚Umriß der ganzen Erde, das ganze Meer und alle Flüsse' eingraviert waren.

Olshausen[194] äußert die Vermutung, daß diese Karte eine Kopie der Karte des Hekataios (2.Hälfte des 6. Jahrhunderts – 1.Hälfte des 5. Jahrhundert aus Milet) sei. Aristagoras aber zählt einfach die Völkerschaften nacheinander auf, er gibt ein Itinerar[195] mit Orts-

---

[192] Brodersen S. 36.

[193] Anders dagegen Brodersen S. 23; er charakterisiert S. 26ff. auch die Gegenpositionen in der Forschung, deren Vertreter das Vorhandensein maßstäblicher Karten oder zumindest deren Nutzung für unwahrscheinlich halten, aber keine Erklärung für das vorhandene Raumdenken der Römer geben. Vgl. auch Brodersen in: Gymnasium 108, 2001, S. 137-148.

[194] S. 93 mit von Fritz S. 55.

[195] Brodersen bezeichnet diese Art der Aufzählung als ‚route'. Zur Interpretation dieser Stelle S. 79f.

charakteristika. Gleichgültig ob nun eine zweidimensionale Karte oder nur ein Itinerar auf dieser Bronzeplatte vorlag, Aristagoras konnte sich Kleomenes nur eindimensional, d.h. lediglich mit Entfernungsangaben verständlich machen.

Diese Stelle gibt neben der Widerlegung der praktischen Nutzung von Karten zugleich den Hinweis auf die Art der Raumerfassung im antiken Denken.

Hier muß wenigstens ganz kurz auf die grundsätzlichen Beobachtungen Brodersens in seiner Arbeit ‚Terra cognita' eingegangen werden. Ausgehend von der Kognitionsforschung konstatiert er drei Modi der Raumerfassung, die, obwohl sie in keiner Verbindung zueinander stehen, durchaus sehr wirksame Raumvorstellungen, wenn auch andere als die unseren, vermitteln konnten:

Großraum

1. Der Großraum (Geographie) wurde durch sogenannte landmarks, geographische Fixpunkte erschlossen, z.B. die Säulen des Herakles (Gibraltar).[196] Mit ihrer Hilfe machte man die Grenzen der Welt erfahrbar. Dabei mußte weder deren absolute Lage im Koordinatensystem, noch die Position zum Betrachter bekannt sein. Ein Name oder Symbol genügte.

Mittelraum

2. Der Mittelraum (Chorographie) wurde durch sogenannte routes, Streckenbeschreibungen, erfaßt. Die Raumerfassung erfolgte von Orientierungspunkt zu Orientierungspunkt, wobei lediglich ein Richtungswechsel vermerkt werden mußte. Jede mündlich mitgeteilte Wegbeschreibung folgt diesem Prinzip noch heute. Eine Vernetzung solcher routes ist uns in den topologischen Diagrammen unserer Verkehrsnetze geläufig.

Antike ‚Karten' sind also Listen von Orten, Flüssen und Bergen, zur See Periplus, zu Land Itinerarium genannt.

Periploi[197] entstanden im 8. Jahrhundert v. Chr. im griechischen Raum. Sie dienten den nautischen Bedürfnissen, in dem sie bestimmte Strecken entlang den Küsten beschrieben und durch Erfahrungsberichte ergänzten.

Itinerarien

Itinerarien sind detaillierte Reisepläne für Wege über Land, die Auskünfte über die Abfolge der Orte und die zur Verfügung stehende Infrastruktur gaben. Olshausen[198] geht davon aus, daß sich aus solchen Itinerarien Straßenkarten entwickelt hätten, von denen die sogenannte ‚Tabula Peutigeriana' als Kopie einer antiken Vorlage einen Eindruck vermittelt (Abb. 34). Sie ist benannt nach dem

[196] Andere Orientierungsmerkmale konnten Altäre, Türme, Siegesdenkmale, ja sogar Städte sein.

[197] S. auch Olshausen S. 81ff.

[198] S. 89.

Augsburger Humanisten Konrad Peutinger (1465-1547) und wird heute in der Wiener Nationalbibliothek aufbewahrt. Die sonderbar verzerrten Proportionen machen bei dem Ansatz Brodersens keine Erklärungschwierigkeiten, da es sich für ihn um ein topologisches Diagramm und keine maßstäbliche Karte handelt. Dargestellt werden auf ursprünglich 12, heute noch 11 Blättern, Straßen der Mittelmeerwelt mit Knotenpunkten und Stationen, die durch Vignetten markiert werden. Die Länge der Straßen und die Richtung der Haken sind nur durch die Beischriften identifizierbar. Berge und Flußläufe sind reine Dekoration und haben mit der Wirklichkeit wenig zu tun.

Entscheidend ist, daß es sich bei der Tabula Peutingeriana um die graphische Umsetzung eines Itinerartextes handelt, dessen Informationswert sich durch die graphische Darstellung nicht etwa erhöht hat.

Kleinraum

3. Auch der Kleinraum (Topographie) wurde in der Antike nicht durch maßstäbliche Karten erfaßt, aber es gelangen sogenannte surveys, Übersichten aus der Vogelperspektive, z.B. Städtedarstellungen auf Münzen, wobei nicht im eigentlichen Sinne eine Perspektive eingehalten wurde, sondern was ‚hinten' lag, wurde ‚oben' dargestellt.

Für Landverteilungen und Steuererfassung wurden von römischen Landvermessern sogenannte limitationes angelegt. Die Arbeit der römischen Feldmesser (agrimensores oder gromatici) muß man sich prinzipiell so vorstellen, wie uns Polybios die Errichtung eines Feldlagers schildert:

> „Nachdem sie (ein Tribun und einige Centurionen) den ganzen Platz, wo das Lager angelegt werden soll, in Augenschein genommen haben, legen sie zuerst ... die Stelle fest, wo das Feldherrenzelt stehen und wo von hier aus gesehen die Front und die Seiten des Lagers liegen sollen... Dann stecken sie zuerst den Platz um das Feldherrenzelt herum ab, danach die Gerade, an der die Zelte der Tribunen aufgeschlagen werden und die Parallele dazu, an der der Lagerplatz der Legionen beginnt. Wenn das geschehen ist – in sehr kurzer Zeit, denn das Abstecken ist einfach, da alle Entfernungen durch lange Übung genau festgelegt sind –, rammen sie zuerst eine Fahne an der Stelle in den Boden, wo das Feldherrenzelt stehen soll, eine zweite an die Frontseite des Platzes...(und so fort) ... Sobald die anmarschierenden Verbände den Lagerplatz zu Gesicht bekommen, ist ihnen sofort alles bekannt: sie brauchen nur von der Feldherrenstandarte aus die Entfernung zu berechnen."[199]

[199] Polyb.6,41.

Abb. 34 Tabula Peuteringiana.

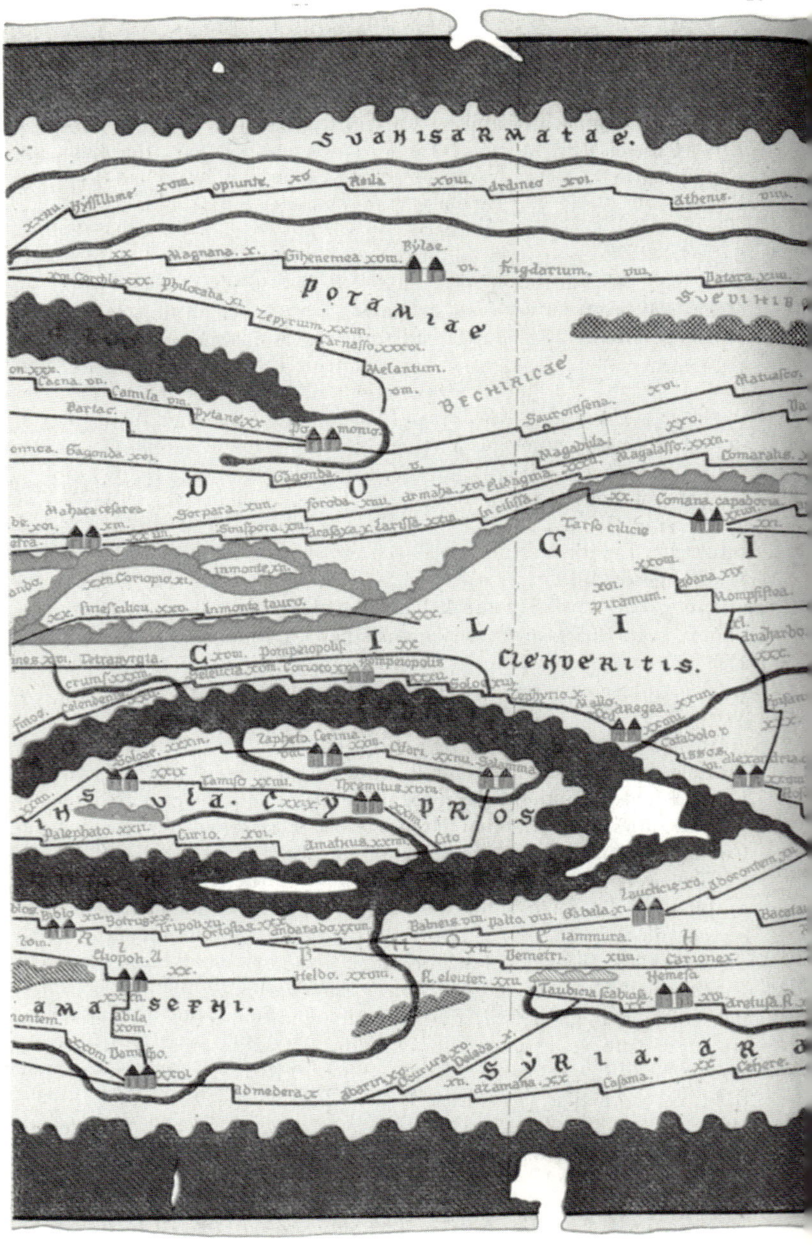

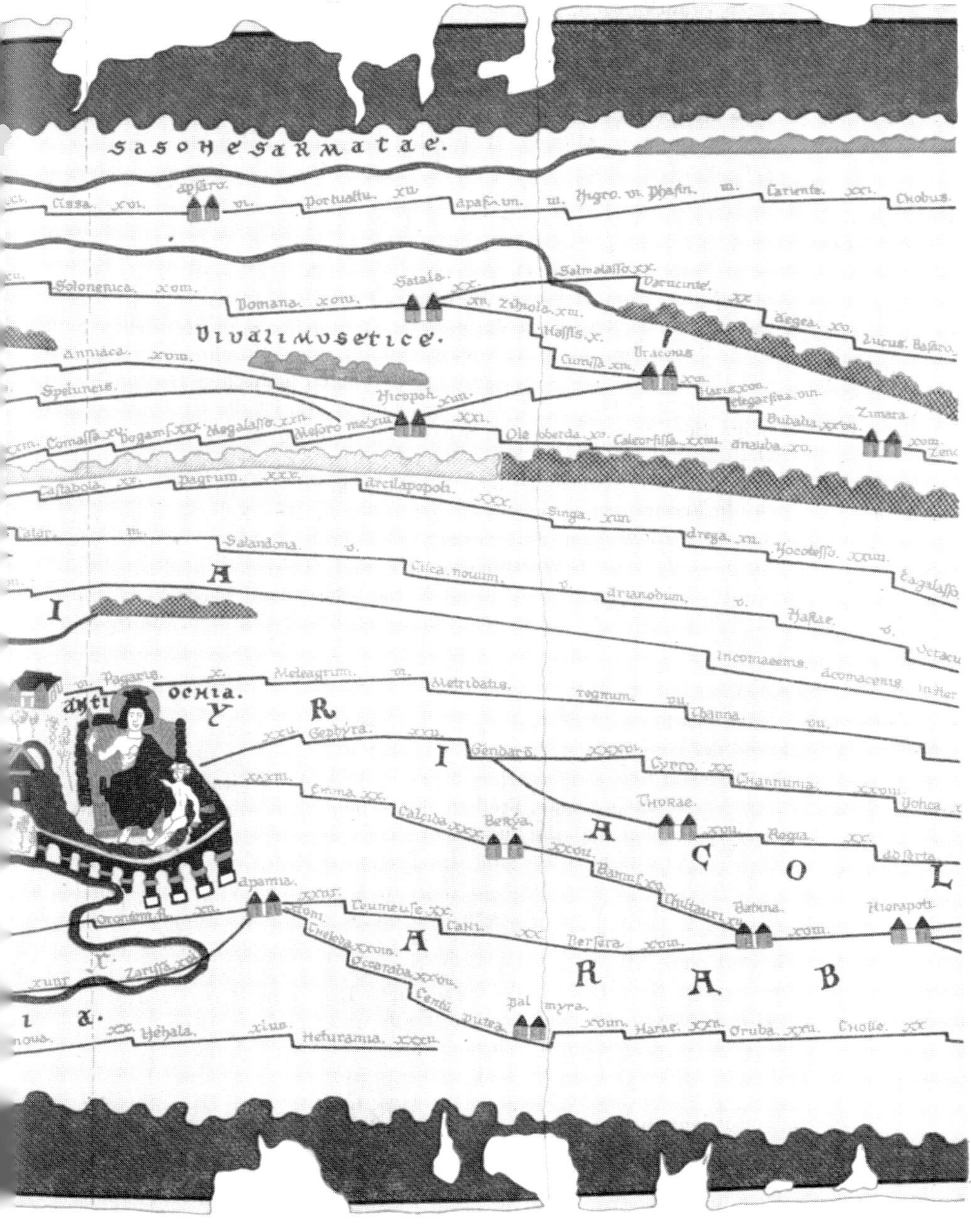
SASOHESARMATAE.
Cissa. xvi.
apsaro.
Portualtu. xii
Carlente. xxi.
Chobus.
Solonenica. xviii.
Romana. xviii.
Satala.
Salmalasso xx.
Zimara
VIVALIMUSETICE.
Speluncis.
Castabola. xx.
Arcilapopoli.
Singa. xiii
Salandona.
Cilica nouum.
Arianodum.
Incomacenis.
Pagaris.
Meleagrum.
Metridatis.
Antiochia.
Gephyra.
Gendaro.
Cyrro. xx.
Thorae.
Emma xx.
Calcida xxx.
Berya.
Regia.
Apamia.
Coumeuse xx.
Batnna.
Hierapoli
Orontem fl.
Palmyra.
Oruba.
Heturamia.
Y R I A
A C O L
A R A B

Einfacher gesagt, von einem festgelegten Ausgangspunkt (umbicilius) aus wurden, nachdem die beiden sich im rechten Winkel kreuzenden Hauptlinien (decumanus maximus und cardo maximus) festgelegt waren, Rechtecke oder Quadrate ausgemessen. Ähnlich wurden Koloniegründungen vorgenommen. Man stellte die groma, das Vermessungsgerät, auf den als Forum vorgesehenen Platz, bestimmte den decumanus maximus und den cardo maximus, an deren Enden die Haupttore lagen und unterteilte dann den Rest in gleiche Quadrate oder Rechtecke (insulae).

Wenn bei Landzuweisungen die rechteckigen Stücke in nordsüdlicher Richtung länger als breit waren, hießen sie strigae, wenn sie in ostwestlicher Richtung breiter als lang waren scammna. Der Groma waren in hügeligem oder bebauten Gelände Grenzen gesetzt. Räume in denen keine Sichtverbindung bestand blieben unberücksichtigt. Das Ergebnis der Vermessung wurde aufgezeichnet. Für die Erhebung von Abgaben bzw. für die Einteilung der Landzuweisungen genügten Texte mit Größenangaben (tabulae) oder schematische Graphiken (formae), aber auch diese nicht maßstäblich genau. Maß- oder Nummernangaben wurden einfach hinzugeschrieben.

Vielfach führt man als Ausweis römischer Genauigkeit die Kataster von Orange an.[200] 1856 fand man die ersten Bruchstücke. Durch neue Grabungen zwischen 1949 bis 1952 konnte die Zahl der Bruchstücke beträchtlich erweitert werden. Es handelt sich um drei verschiedene Kataster (A, B und C). Der Mißstand, daß Privatleute öffentliches Land in Besitz genommen hatten, das Augustus Veteranen der legio II Aug. angewiesen hatte, hatte Vespasian im Jahr 77 n.Chr. veranlaßt, Neuvermessungen vornehmen zu lassen. Es zeigte sich

> „für Kataster, daß quadratische centuriae von je 710 m Seitenlänge durch Rechtecke von ca. 14 cm Höhe, aber nur 12 cm Breite wiedergegeben sind, was einem Verhältnis von 7:6 und damit einer ‚Stauchung' in eine Richtung entspricht, auch in Kataster C ist bei der Wiedergabe von Quadraten die Höhe größer als die Breite."[201]

Auch die aus dem frühen 3. Jahrhundert stammende Forma Urbis[202] bietet keinen maßstabgetreuen Plan der Stadt Rom. Der Wechsel des Maßstabs sogar innerhalb der gezeigten Gebäude und die Art der Anbringung[203] erweisen, daß hier kein Stadtplan zur

---

200 Flach S. 15, Buckler S. 275.

201 Brodersen S. 223.

202 Brodersen S. 236.

203 An einer 235 qm großen Wand eines Seitenraumes am Vespasiansforum.

Orientierung fremder Besucher vorlag, sondern ein „bildliches Äquivalent zu panegyrischen Beschreibungen Roms.“[204]

Zum Schluß sei die für antike Karten viel zitierte Weltkarte des Agrippa vorgestellt.[205] Plinius erklärt in seiner Naturgeschichte, warum sich im Bezug auf Spanien widersprüchliche Maßangaben finden und kommt zu dem Schluß:

> „Wer könnte glauben, daß sich Agrippa bei seiner so großen Genauigkeit und außerdem bei der so großen Sorgfalt, die er auf sein Werk verwendete, indem er den Erdkreis der Stadt (Rom) vor Augen führen wollte, geirrt habe, und mit ihm der göttliche Augustus? Dieser nämlich vollendete die von der Schwester des M.Agrippa nach dessen Angaben und nach dessen Aufzeichnungen begonnene Säulenhalle.“[206]

Plinius beruft sich über dreißigmal auf die Angaben des Agrippa. Bei näherer Überprüfung ergibt sich, daß er keine Karte, sondern einen Text konsultierte.[207] Die sogenannte Karte des Agrippa war eine Inschrift mit einer Liste von Fixpunkten (landmarks). Erst im 19.Jahrhundert kam man auf die Idee, darin eine Karte zu sehen.

Halten wir also fest: Antike maßstäbliche Karten als Quelle scheiden aus, weil es keine gab. Althistoriker/innen müssen sich die der Antike eigenen Möglichkeiten der Raumerfassung vergegenwärtigen und von der eigenen Vertrautheit mit Karten absehen. Erst dann werden sich in der Mentalität unterschiedliche Wahrnehmungsmuster erschließen.

4.4 Die Benutzung neuzeitlicher Geschichtskarten[208]

Im Gegensatz zur Antike ist uns bewußt oder unbewußt die Raumerfassung mit Hilfe von Karten sehr vertraut, wenn auch die konkreten Kenntnisse z.T. sehr ungenau sind. Schon in der Grundschule werden im Fach Erdkunde Grundvorstellungen vermittelt. Karten prägen im wahrsten Sinne des Wortes unser Weltbild. Sie spiegeln ein Maß an Objektivität vor, das sie so eo ipso nicht besitzen.

---

[204] V. Hesberg S. 128.

[205] Olshausen S. 95, Brodersen S. 268-287.

[206] Plin.n.h.3,17.

[207] Man achte nur bei Plinius auf die Art der verwendeten Verben.

[208] Geschichtskarten als Arbeits- und Anschauungsmittel im Gegensatz zu historischen Karten als Quellen.

Das didaktische Konzept des früheren Geschichtsunterrichts lag vorrangig auf der politischen und militärischen Geschichte. Gebiets- bzw. Grenzveränderungen lassen sich vergleichsweise leicht im Kartenbild zeigen. Karten wurden dadurch sehr viel häufiger im Unterricht zum Einsatz gebracht als heute. Sowohl das Kartenbild als solches als auch die Legenden können zum Träger bestimmter zeitgenössischer Tendenzen ge- bzw. mißbraucht werden.

„Bei der Darstellung der Folgen des Versailler Vertrages springt das bei unterschiedlichen Auflagen des ‚Putzger' besonders deutlich ins Auge. Während gegen Ende der Weimarer Republik die Formulierung „Abtretungen im Frieden von Versailles 1919" sehr neutral gehalten ist, heißt es in den Auflagen aus der Zeit des Dritten Reiches „Landverluste und Hoheitsbeschränkungen (Einige Beispiele der Knebelung des Deutschen Reiches durch das Diktat von Versailles)".[209]

Abb. 35 Geschichtskarte

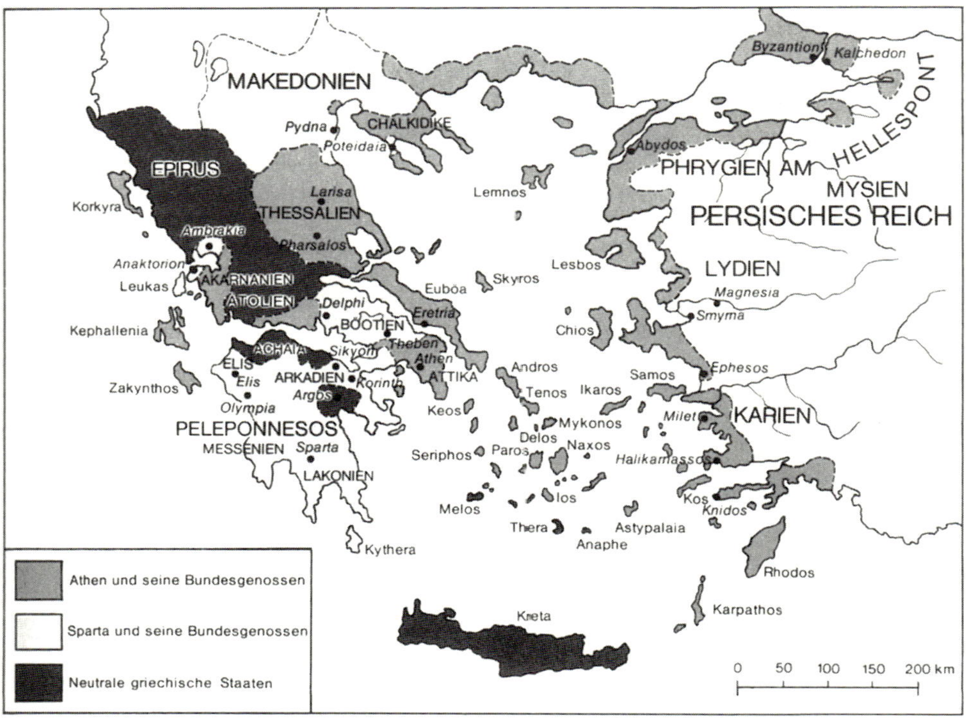

Athen und Sparta mit ihren Verbündeten

[209] I.Hantsch, Geschichtskarten im Unterricht, in: Geschichte lernen H.59, 1997, S. 6.

Ein Beispiel des propagandistischen Mißbrauchs im Bereich der Alten Geschichte sind die von Mussolini in Rom aller Welt präsentierten Karten des Imperium Romanum mit dem unausgesprochenen Anspruch, eine vergleichbare Größe wieder erreichen zu wol-

Physische Karte

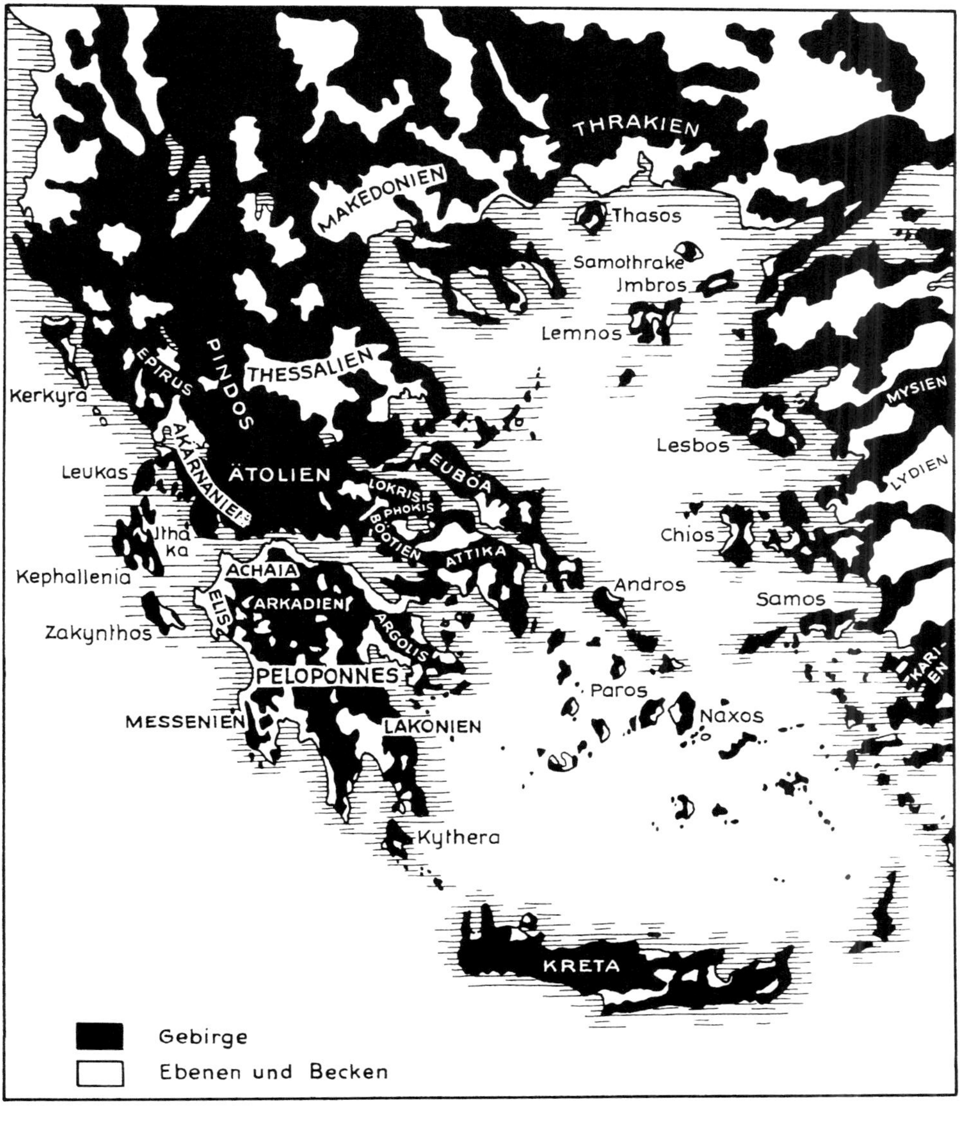

len.[210] Die essentielle Gefahr, aber auch Chance von Karten liegt in ihrer Anschaulichkeit. Aus eben diesem Grund sind sie einerseits unverzichtbar, müssen andererseits aber mit ständig wachsamer Kritik benutzt werden. Für historische Fragestellungen in gleichem Maß wichtig sind physische Karten und Geschichtskarten, ihr Aussagewert ist aber sehr unterschiedlich.[211]

Physische Karten

Physische Karten helfen, die naturräumlichen Verhältnisse und deren politische Folgen zu verstehen, soweit eine gewisse Konstanz vorausgesetzt werden kann. Dies läßt sich am Beispiel der Beziehungen zwischen Rom und dem Partherreich sehr gut zeigen. Beide Staaten mußten ein großes Interesse daran haben, in Armenien politischen Einfluß zu besitzen, da Armenien ein Bergland war, das die militärische Ausgangsbasis für Einfälle von parthischer Seite aus nach Syrien und Kleinasien, von römischer Seite aus ins Zweistromland bilden konnte. Beide Staaten hatten also ein Sicherheitsbedürfnis. Der Kompromiß, der unter Augustus ausgehandelt wurde, trug dem in jeder Hinsicht Rechnung. Die Herrscher Armeniens sollten aus der Sekundogenitur des parthischen Königshauses ausgesucht werden. Die Throneinsetzung bedurfte aber der Zustimmung Roms.[212] Diese politische Konstellation kann ohne physische Karte nicht einsichtig gemacht werden.

Geschichtskarten

Geschichtskarten verzichten meist auf die Darstellung der physischen Gegebenheiten. Allenfalls werden letztere durch Unterlegung schwach angedeutet. Das Ziel der Geschichtskarte ist primär

> „mit den nur ihr eigenen Darstellungsmitteln einen historischen Zustand zu versinnbildlichen und einen historischen Vorgang zu erläutern."[213]

Mit diesen streng genommen zwei Zielen sind Karten in Teilen überfordert, denn sie bieten, da sie grundsätzlich statisch sind, nur eine Momentaufnahme. Historische Vorgänge und Veränderungen können nur durch Aneinanderreihung in zeitlichen Sprüngen gezeigt werden. Die Wahl verschiedener Farben lassen die Zeitsprünge deutlicher hervortreten.

---

210 Brodersen S. 37.

211 Gute Anregung zum Gebrauch von Karten im Unterricht bietet Gautschi S. 132ff. Auch im Hochschulunterricht ist die Overlay-Technik von Folien hervorragend geeignet.

212 Zu einem Problem wurde, daß die jungen Prinzen z.T. in Rom aufwuchsen und dadurch Rom gegenüber zwar loyal waren, aber den Rückhalt im eigenen Land verloren hatten. Dadurch kam in das Arrangement ein neues Moment der Instabilität.

213 Quirin S. 599.

Diese Vorgehensweise wird z.B. häufig für die Entwicklung des Imperium Romanum gewählt.[214] Die Legende weist die den Farben zugeordneten Zeiträume aus. Darüber hinaus verweisen die den Provinznamen beigegeben Jahreszahlen auf das Einrichtungsdatum als Provinz. Die Karte gewährt eine klare Übersicht über die Verteilung der römischen Provinzen. Die Entwicklung als solche wird nur unzureichend klar. Die Problematik der traianischen Eroberung im Osten deuten sich ausschließlich den Wissenden an.

Noch problematischer ist der Einsatz von Pfeilen, um Entwicklungen zu veranschaulichen.[215] Die Bedrohung des römischen Reiches seit der Mitte des 3. Jahrhunderts will z.B. eine Karte des Imperiums zeigen, indem man das römische Reich mit auf die Grenzen gerichteten Pfeilen und den dazugehörigen Namen von Völkerschaften spickt.[216] Die Verhältnisse werden so vereinfacht, daß die Karte eigentlich nur noch eine Aussage machen kann: Das Reich wird bedrängt von allen Seiten. Die Suggestivkraft solcher Karten führt zu einer starken Emotionalisierung. So kann aber ein Verständnis für die innere Krise des Reiches nicht geweckt werden, im Gegenteil.

Da die möglichen Gestaltungsmerkmale sehr variantenreich sind, ist der gründliche Gebrauch der Kartenlegende von großer Wichtigkeit, wird aber häufig vernachlässigt. Dies gilt z.B. auch für den gewählten Maßstab.

Die Wahl des Maßstabs ist ein Moment subjektiver Wahrnehmung scheinbar objektiver Karten. So wird z.B. das Heilige Land[217] als Ursprungsland des Christentums immer in detaillierten Einzelkarten dargestellt. Nur so lassen sich die Schauplätze der biblischen Geschichte wiedergeben.

> „Man kann fragen, ob auch in diesem Fall die ‚unspoken assumption', daß Palästina genug Raum für alle Bevölkerungsgruppen bietet, zumindest zu einem Teil ebenfalls auf einem unreflektierten Kartenbild beruht."[218]

Ziel einer guten Geschichtskarte ist es, geographische Bezüge mit historischen Phänomenen in einer Momentaufnahme zu verbinden. Sie soll nicht mit Symbolen überfrachtet sein, um die An-

---

214 Putzger Historischer Weltatlas, hrsg.von Walter Leisering, 100. Aufl., Berlin 1979 S. 24.

215 Zur Differenzierung von statischen und dynamischen Karten s. Hantsche S. 7.

216 „Wir machen Geschichte" Bd.1 (Diesterweg) Frankfurt 1996 S. 200

217 Putzger S. 42.

218 Brodersen S. 42.

schaulichkeit nicht zu gefährden. Die Einsicht in die Begrenztheit der Aussagefähigkeit zwingt zur didaktischen Reduktion, die gekonnt umgesetzt, ein hohes Maß an Anschaulichkeit und damit Einprägsamkeit bewirkt. Ihren Zweck erreicht die Karte, wenn sie den Betrachter zu neuen Fragen oder Einsichten anregt.

5. Epigraphik

5.1 Vom Umgang mit Inschriften und ihren Editionen

Die Epigraphik[219] beschäftigt sich grundsätzlich mit allem Geschriebenen, das auf ein dauerhaftes Material aufgebracht worden war, d.h. dem gesamten nicht durch mittelalterliche Handschriften überlieferten Schrifttum der Antike, gleichgültig, ob gemeißelt, gepunktet, aufgestiftet, geritzt oder gemalt. Schriftträger sind Stein, Metall, Ton, Holz, aber eigentlich auch Papyri und Pergament. Aus methodischen Gründen geht man aber in der Praxis nicht soweit, letztere mit einzuschließen, denn die Papyrologie hat sich zu einem eigenen Wissenschaftszweig mit spezifischen Methoden entwickelt, wobei beschriftete Tonscherben in Ägypten wegen der engen inhaltlichen Verbindung der Papyrologie zugeschlagen werden. Gleiches gilt für die Numismatik (Münzlegenden).

Unterschied zwischen literarischer und epigraphischer Überlieferung

Sprachliche Selbstäußerungen aus antiker Zeit in Form von Inschriften müssen als Quellen anders behandelt werden als literarische Texte, die meist durch mittelalterliche Handschriften erhalten blieben. Zentrale Unterschiede beider Überlieferungsformen sind:

literarische Überlieferung	epigraphische Überlieferung
Die Auslese erfolgt nach Gesichtspunkten des Wertes, des Interesses bzw. den Bedürfnissen späterer Zeitgenossen.	Die Auslese ist durch den Zufall resp. archäologische Ausgrabungen bestimmt.
Literarisch liegt eine Vielzahl von Exemplaren vor, die immer wieder (auch mit Fehlern) abgeschrieben wurden.	Inschriften sind meist nur in einem Exemplar erhalten. Auch sie wurden zwar abgeschrieben, sind aber überwiegend am Original nachprüfbar.

219 Der Begriff Epigraphik ist abgeleitet von *epi* = in/auf und *graphein* = schreiben.

Ein literarischer Text ist in der Regel für sich verständlich.	Eine Inschrift bedarf oft – vor allem wenn der Kontext nicht klar ist – der Erklärung und Ergänzung aus der literarischen oder monumentalen Überlieferung.
Literarische Überlieferung ist stärker von Adressat und Absicht des Verfassers abhängig und damit subjektiver.	Epigraphische Überlieferung dient meist einem punktuell fixierbaren Zweck und ist deshalb objektiver (unmittelbarer).
Literarische Quellen informieren fast ausschließlich über die Oberschicht.	Epigraphische Quellen legen auch Zeugnis von Angehörigen des einfachen Volkes, Freigelassenen und Sklaven ab.
Funde neuer Texte sind heute höchst selten.	Epigraphische Zeugnisse vermehren sich mit fast jeder Ausgrabung.
Der Archetypus (Urtext) muß oft mit großen Schwierigkeiten rekonstruiert werden.	Die Inschrift ist authentisch und fast stets gleichzeitige Redaktion der Antike.

Die erste und grundlegende Arbeit des Epigraphikers besteht in der Herstellung eines gesicherten Textes. Dabei müssen alle Mängel der antiken Redaktion und die Lücken der Überlieferung sichtbar gemacht werden.

Inschrifteneditionen

Das überlieferte Inschriftenmaterial ist für die Studierenden heute vergleichsweise leicht zugänglich durch die großen Corpora, Inschrifteneditionen, die auf Vollständigkeit hin angelegt sind, ohne sie erreichen zu können. Die griechischen Inschriften sind ab 1828 im Corpus Inscriptionum Graecarum (CIG) zusammengestellt, eine Sammlung, die seit 1873 teilweise durch die Inscriptiones Graecae (IG) ersetzt wurde.

Entsprechend steht für lateinische Inschriften das Corpus Inscriptionum Latinarum (CIL) zur Verfügung. Beide Corpora sind nach Landschaften geordnet.

Schon in der Antike wurden Inschriftensammlungen[220] angelegt, die in der Zeit der Renaissance ihre Fortsetzung fanden.[221] Aber

220 Klaffenbach S.12.

221 Die wichtigsten Sammler sind: Cola di Rienzo (im 14.Jh.), Ciriaco de Pizzicolli (1.H.15.Jh.), Martinus Smetius (1588), Ianus Gruter und Iustus

erst im 19.Jahrhundert entstand die erste Sammlung nach klaren wissenschaftlichen Kriterien. Für den griechischen Bereich leistete August Böckh, für den lateinischen Theodor Mommsen die Pionierarbeit.

Böckh begann seine Arbeit gestützt durch die Preußische Akademie der Wissenschaften schon 1815 mit der Hoffnung, in vier Jahren fertig zu sein. Es dauerte aber bis 1828, bis der erste und 1843 der zweite Band des Corpus Inscriptionum Graecarum (CIG) erscheinen konnte. Der dritte Band, bearbeitet von Johann Franz erschien 1853 und der vierte 1859, ergänzt durch einen Index von 1877. Seit 1873 wurde das Corpus durch die oben schon genannten Inscriptiones Graecae (IG) abgelöst.

Die Preußische Akademie faßte als Parallelunternehmen die Herausgabe eines lateinischen Inschriftencorpus ins Auge und beauftragte 1845 Theodor Mommsen und Otto Jahn, einen Arbeitsplan vorzulegen. Mommsen mußte 10 Jahre um seine Grundsätze kämpfen und konnte sie nur deshalb durchsetzen, weil er selbst ihre Durchführbarkeit bewies. Diese waren:

1. Der Vergleich mit dem Original ist unerläßlich, d.h. der Bearbeiter muß die betreffenden Länder bereisen.
2. Die Abschrift vom Original muß mit älteren Veröffentlichungen verglichen werden.
3. Die gesamte, auch nicht gedruckte Literatur muß mit herangezogen werden.
4. Durch Vergleich und sachgerechte Kritik müssen verlorene Inschriften rekonstruiert werden.
5. Offenbare oder vermutete Fälschungen sind auszusondern.

1863 konnte in Zusammenarbeit mit W.Henzen der erste Band des Corpus Inscriptionum Latinarum (CIL) erscheinen.

Mommsens Grundsätze wurden ab 1868 von A.Kirchhoff für die griechischen Texte übernommen und waren seit 1873 Basis jeglicher Inschriftenpublikation.

Um Inschriften einem größeren Benutzerkreis zugänglich zu machen, wurden neben den Corpora Auswahlsammlungen angelegt.

Die wichtigsten Auswahlsammlungen sind:

a) für die griechischen Inschriften:

W. Dittenberger (Hg), Sylloge Inscriptionum Graecarum, 4 Bde. Leipzig ^{3}1915-1924 (abgekürzt Syll.^{3} oder SIG.^{3})

W.Dittenberger, Orientis Graeci Inscriptiones Selectae, 2 Bde. Leipzig 1903-1905 (abgekürzt OGIS)

Scaliger (1603, 2.Aufl. 1707), Francesco Scipione Marchese di Maffei (ab 1732).

Dazu: W.Gawantka, Aktualisierende Konkordanzen zu OGIS und Syll.[3] (Subsidia Epigraphica 8) Hildesheim 1977 (dort Angaben zu weiteren Sammlungen)

b) für die lateinischen Inschriften:

H.Dessau, Inscriptiones Latinae Selectae, 3 Bde. Berlin 1892-1916 (abgekürzt ILS oder Dess.)

Da ständig Neufunde von Inschriften gemacht werden, bedarf es ergänzender Publikationsorgane. Die Ergänzung leistet im griechischen Bereich das Supplementum Epigraphicum Graecum, Leiden, seit 1923 (SEG) und im lateinischen die Année épigraphique (AE), Paris, seit 1888, die gleich dem SEG auch Verbesserungen älterer Lesarten anbietet. Auch sie ist regional geordnet und erscheint jährlich.

Inschriftensammlungen mit oder in Übersetzungen

Für die Studierenden bedeuten die Inschriftensammlungen mit Übersetzungen und z.T. auch Kommentaren eine große Erleichterung:

Für die **griechischen Inschriften** sind die wichtigsten:

Gerhard Pfohl, Griechische Inschriften als Zeugnis des privaten und öffentlichen Lebens, München 1966, [2]1980.

Kai Brodersen/Wolfgang Günther/ Hatto H.Schmitt, Historische griechische Inschriften in Übersetzung, Bd.1 Die archaische und klassische Zeit, Darmstadt 1992, Bd.2 Spätklassik und früher Hellenismus, Darmstadt 1996, Bd.3 Der griechische Osten und Rom 1999 (nur Übersetzungen).

Für die **römischen Inschriften** sind u.a. zu nennen:

Helmut Freis, Historische Inschriften zur römischen Kaiserzeit von Augustus bis Konstantin, Darmstadt 1984 (nur Übersetzungen).

Leonhard Schumacher, Römische Inschriften, Stuttgart 1988[222]

Gerold Walser, Römische Inschriftenkunst, Stuttgart 1993[223]

Ute Schillinger-Häfele, Lateinische Inschriften. Quellen für die Geschichte des römischen Reiches, Waiblingen 1982

Einführungen

Schließlich sei noch auf die wichtigsten Einführungen hingewiesen:

a) für die griechischen Inschriften:

G.Klaffenbach, Griechische Epigraphik (Studienhefte zur Altertumswissenschaft 6), Göttingen [2]1966

A.G.Woodhead, The Study of Greek Inscriptions, Cambridge [2]1981.

---

222 Mit einer knappen, aber sehr gewinnbringenden Einführung.

223 Jede vorgestellte Inschrift ist mit einer guten Abbildung versehen.

b) für die lateinischen Inschriften

E.Meyer, Einführung in die lateinische Epigraphik, Darmstadt 1973 = ²1983. Hier kann die Aufstellung sämtlicher seinerzeit erschienenen Bände des CIL nachgeschlagen werden.[224]

Abb. 36 Römische und

Griechische Inschrift

Griechische und römische Inschriften unterscheiden sich in einigen Punkten wesentlich voneinander. Die Schrift verlief bei griechischen Inschriften ursprünglich von rechts nach links, wobei gegebenenfalls die neue Zeile mit umgedrehten Buchstaben, vergleichbar der Gangart des Ochsens beim Pflügen, am Zeilenende zurücklief (= Boustrophedon) (Abb. 36). Bei der Schreibweise von links nach rechts bürgerte sich ausgehend von Athen ein, Buchstaben unter Buchstaben zu setzen (=Stoichedon). Die Folge war, daß Buchstabenverbindungen willkürlich getrennt wurden und Worttrennungen innerhalb der Zeile unterblieben. Auf Interpunktion und Hervorhebungen wurde weitgehend verzichtet.

Die Römer dagegen komponierten häufig ihre Inschriften nach wichtig und weniger wichtig. Sie nahmen selten Worttrennungen vor, verwandten sehr viel zahlreicher Abkürzungen und trennten die Worte und Sätze deutlich voneinander (Abb. 36).

Umgang mit lateinischen Inschriften

In den folgenden Ausführungen erfolgt eine Beschränkung auf den Umgang mit lateinischen Inschriften, da griechische Sprachkenntnisse nicht vorausgesetzt werden können.

224 Eine Übersicht zu den Griechischen und lateinischen Inschriftenpubklikationen bietet Metzler Lexikon Antike S. 682-683. Dabei wird auch eine Übersicht über die Bände des IG und CIL geboten.

Die Steinmetzarbeit

Gehen wir von einer Steininschrift aus, so kann der Besuch in einer Steinmetzwerkstatt einige Aufschlüsse gewähren. Aus einem vorgegebenen Text fertigt der Steinmetz eine Zwischenvorlage an, die er auf den Stein überträgt und dann herausarbeitet. Der Schrifttypus, die Größe u.s.w., die er wählt, hängt vom Charakter des Inschriftentextes (z.B. öffentlich oder privat) ab, kann darüber hinaus auch Eigentümlichkeiten der Werkstatt aufweisen und ist in jedem Fall vom Können des Steinmetz' abhängig. Darüber hinaus gab und gibt es auch bei allen Gattungen Modetrends.

Bei Inschriftträgern mit Bild weicht die Qualität von Schrift und Bild zuweilen ziemlich voneinander ab. In einem solchen Fall war wohl der Bildteil vorgefertigt und die Schrift bei Vergabe des Auftrags in ein freigelassenes Schriftfeld nachgetragen. Bei Grabschriften muß mit Nachträgen später Verstorbener gerechnet werden. Wurden in Inschriften Tilgungen vorgenommen, so war die Person, deren Name eradiert war, der damnatio memoriae verfallen.[225] Beschädigungen am Stein konnten aber auch durch Kriegseinwirkungen, unsachgemäßen Transport u.ä. entstehen. Jeder Inschriftenstein hat seine eigene Überlieferungsgeschichte.

Abb. 37 Grabstein des Reiters Rufus aus Mainz.

Lateinischer Text in Abb. 37:
Rufus.Coutus | vati.f(ilius).natio(ne)(H)elvetius | eques.alae.
(H)ispanae | sti (pendiorum) XIIX.an(n)o(rum) XXXVI | her(es) p(osuit)·h(ic)·s(itus)·e(st)
Übersetzung: Rufus, Sohn des Coutusvatus, Schweizer in der Spanischen Reiterabteilung, 18 Dienstjahre, 36 Jahre alt. Der Erbe hat den Stein gesetzt. Er liegt hier begraben.

Bei dem Grabstein in Abb. 37 hat der Steinmetz offenbar gleich losgemeißelt ohne Vorzeichnung der Schrift, denn er kam in keiner Zeile außer der letzten mit dem Feld aus. Die Buchstaben wurden rechts über den Rand gedrängt. Darüber hinaus vergaß er dann noch bei natio das A und fügte es klein ein. Diese Fehler

[225] Die römischen Kaiser wurden mit wenigen Ausnahmen entweder divinisiert (vergöttlicht) oder die Erinnerung an sie wurde getilgt (=damnatio memoriae), d.h.auf Inschriften wurde der Name eradiert, Münzen wurden eingezogen. Zu den Ausnahmen gehörten u.a. Tiberius, Caligula und Galba.

waren nicht korrigierbar. Andere, wie z.B. ein falscher Buchstabe, ließen sich zugipsen, denn die Schrift wurde zum besseren Lesen übermalt. Die Übermalung ließ unter der Farbe alle Korrekturen verschwinden. Solche Korrekturen sind meist nicht nachweisbar, da der Gips im Laufe der Zeit herausfiel.

Farbigkeit

Die Farbigkeit antiker Steinmonumente ist uns fremd, muß aber immer mitgedacht werden. Deshalb hat man in manchen Museen heute zumindest bei Nachbildungen volle Übermalung vorgenommen. Vielfach beschränkte man sich zur besseren Lesbarkeit auf ein Nachmalen der Buchstaben. Dabei können auch in der Moderne Versehen passieren, ein Grund dafür, bei Neuaufnahme einer Inschrift einen Abklatsch mit ungeleimtem Spezialpapier vorzunehmen. Diese Methode ist auch bei schwer lesbaren Inschriften hilfreich.

Abkürzungen

Bei gängigen, d.h. formelhaften Wendungen erleichterte sich der Steinmetz damals wie heute seine Arbeit mit Abkürzungen. Sie vor allem machen es dem Laien schwer, Inschriften zu entziffern. Bei unserem gewählten Beispiel sind dies:

STI (pendiorum), AN(n)O(rum), HER(es) P(osuit)[226] und H(ic) S(itus) E(st). Sie gehören zu den gängigen Abkürzungen, die in zahlreichen Soldateninschriften vorkommen.

Links im Stein ist ein Bruch erkennbar, der in unserem Fall glücklicherweise nicht die Inschrift tangiert.[227] Inschriftfragmente sind zuweilen in Analogie zu anderen Inschriften (vorrangig bei Kaisertitulaturen) und formelhaften Wendungen ergänzbar.

Leidener Klammersystem

Bei der Publikation einer Inschrift muß all dem Rechnung getragen werden. Um sich allen Benutzern verständlich zu machen, hat man das sogen. Leidener Klammersystem entwickelt:

[ ] = Ergänzung durch den Herausgeber
{ } = Tilgung durch den Herausgeber
( ) = Auflösung von Abkürzungen durch den Herausgeber
< > = Zusatz bzw. Veränderung durch den Herausgeber
[[ ]] = Tilgung durch den Steinmetzen
///// = Rasur, falls Buchstaben erkennbar blieben Alexander oder Alexander
..... = Lücke auf dem Stein, Punkte geben die Zahl der fehlenden Buchstaben an (hier fünf).
– – – = Lücke von unbestimmbarer Länge
v = vacat; freigelassener Raum
| = Zeilenwechsel auf dem Stein

226 Man könnte auch heredes posuerunt auflösen.

227 Wahrscheinlich der Grund, warum die Edition diesen Sachverhalt nicht wiedergibt.

Arbeiten mit dem CIL

7026 Mainz rep. una cum n. 7031 FVCHS; *in dem Hauss des Stiffts Amtmanns von St. Johann* LAMEY (1764); inde ab a. 1766 extat Mannheim in museo

eques
R V F V S · C O V T V | S
VATI · F ·NATIO ·ELVETI | VS
EQVES · ALA · ISPAN | AE
STI · XIIX · ANO · XXX | VI
HER · P · H · S · E |

Contulimus Mommsenus et ego. Lamey cod. 300g fasc. *a,* qui vidit a. 1764; Donat. 468, 13; Fuchs 1p. 107 = lat. 110 usus schedis paternis (inde Orelli 480); Lehne 2 p. 277; Gräff 1,41; Brambach n. 1227 ex prioribus; Becker ann, Bonn. 44 (1868) p. 253; Haug cat. mus. Mannh. (1877) n. 155.

1 seq. *Coutusvati f(ilius).*

Die Wiedergabe der Inschrift im Corpus Inscriptionum Latinarum XIII hält sich so eng wie möglich an die Vorlage:

Jede Inschrift trägt ihre Nummer und ist zusammen mit der Nennung der Bandzahl eindeutig zitierbar. Im Absatz nach der Nummer wird häufig die Form des Steins (z.B.cippus, ara u.ä.) angegeben, manchmal auch das Material (tabula marmorea) oder sogar die Größe der Inschrift genannt. Darauf folgt die Angabe des Fundortes direkt oder wie ihn frühere Inschriftensammlungen wiedergeben (z.B. ‚in dem Haus des Stiftsamtmanns von St. Johann'). Der dahintergesetzte Name bezieht sich auf den Überlieferer. Andreas Lamey war ständiger Sekretär der Kurpfälzischen Akademie der Wissenschaften, die 1763 durch den Kurfürsten Karl Theodor gegründet worden war. Lamey war zugleich der Herausgeber der Akademieschriften. Schließlich folgen Informationen zur Geschichte des Steins, hier, daß er 1766 nach Mannheim kam, wo er sich noch heute befindet.

Mit etwas Übung und wenn man weiß, worum es geht, erschließen sich diese Mitteilungen auch den epigraphischen Anfängern/innen im Studium.

In der Mitte steht die eigentliche Inschrift:

‚eques' in Kleinbuchstaben gibt den Hinweis auf die bildliche Darstellung eines Reiters. Die Schrift, die über den Rand läuft, wird mit einem Strich gekennzeichnet, das nachgetragene A kleiner geschrieben. Die Zeilen werden genau eingehalten.

Unter der Inschrift befindet sich die Information ‚Contulimus Mommsenus et ego', d.h. Mommsen und der Herausgeber dieses

CIL-Bandes, nämlich Zangemeister, haben den Text der diversen Inschrifteneditionen von Lamey bis Haug mit dem Original verglichen. Dies verbürgt die Zuverlässigkeit der Wiedergabe. Auch ein ‚Descripsi' oder ‚Mommsenus vidit' u.ä. kann so eingestuft werden. Anders verhält es sich dagegen, wenn der Stein verlorengegangen und man auf Abschriften angewiesen ist. Ungereimtheiten in solchen Inschriften können auf Abschreibfehlern beruhen. Ein ‚sic' am Rand einer Zeile verweist generell auf einen Fehler im Text, der gesehen und so vom Stein übernommen wurde.

Das Nachschlagen einer Inschrift im CIL lohnt sich nicht zuletzt deshalb, weil vielfach Hilfen gegeben werden, wie z.B. die Auflösung von Datierungen oder Abkürzungen, kurze Erklärungen, Hinweise auf Parallelüberlieferung u.a.m.

In diesem Zusammenhang sei nachdrücklich auf die Benutzung der Indices hingewiesen. Sie ermöglichen einerseits das Auffinden der Inschrift, andererseits vertiefen sie Kenntnisse je nach Fragestellung. So ist es in unserem Beispiel ein Leichtes, unter militärgeschichtlichem Aspekt festzustellen, daß neben Rufus noch vier weitere Soldaten seiner Einheit belegt sind, davon ein weiterer Helvetier (6234) und zwei aus Spanien rekrutierte Kameraden (7027, 11317). Der Vierte war sogar signifer, Feldzeichenträger.

Der Indexband für das CIL XIII enthält neben dem Verzeichnis der Gentil- und Cognomina alle Belege, die die Kaiser und das Kaiserhaus betreffen. Es folgen die Konsuln, Honoratioren und Militärs, der religiöse Bereich und Geographica (Tribus, Provinzen, Städte, Gaue, Stadtteile und Flüsse). Verwaltungstechnische Organisation wird in der Rubrik ‚Res municipalis' faßbar. In die Sozialstruktur führen die Indices zu den Collegia (Vereine) und den Berufen. Schließlich sei auf das ausführliche Abkürzungsverzeichnis und die Karten hingewiesen.

5.2 Die Interpretation

Wie bei jeder anderen Quelleninterpretation kommt es auch bei Inschriften primär auf die Fragestellung und den historischen Kontext an, in den die untersuchte Inschrift gestellt wird.

Datierung von Inschriften

Davon losgelöst muß aber in jedem Fall eine Datierung versucht werden, ein schwieriges Problem in der Epigraphik. Nur eine verschwindend geringe Zahl von Inschriften sind datiert. Jahresangaben wurden durch Nennung eponymer[228] Beamter oder Priester

[228] S.o. S. 129.

gemacht. Bleiben wir bei lateinischen Inschriften, so waren dies die beiden Konsuln, in der Kaiserzeit in der Regel die consules ordinarii.[229] Auch die Zeitgenossen konnten, trotz besserer Gedächtnisleistung als heute, die Auflistung der consules nach Jahren nicht im Kopf haben. Deshalb legte man in vielen Städten entsprechende Listen, sogenannte Fasti, an, die z.T. erhalten blieben. Am berühmtesten sind die Fasti Capitolini[230], Konsularfasten, die heute im Kapitolinischen Museum in Rom besichtigt werden können. Ursprünglich waren sie für jedermann gut sichtbar auf einem Ehrenbogen für Augustus auf dem Forum angebracht worden. Die Jahresangaben beziehen sich auf die Gründung der Stadt Rom, bei vorliegender Rechnung im Jahr 752 v.Chr.[231]

Eine Datierung über die Buchstabenformen ist unsicher und wenig zuverlässig. Zuweilen wählte man bewußt archaisierende Buchstabenformen oder Schreibweisen.[232] In offiziellen Inschriften bediente man sich einer Kapitalschrift, deren Entwicklung hier nachzuvollziehen zu weit führen würde. Für die lateinische Kursive muß man allein für das Lesen Spezialist sein.

In vielen Fällen bleibt nur das indirekte Erschließen einer zeitlichen Einordnung. Enthält eine Inschrift eine Kaisertitulatur, so fällt die Datierung nicht allzu schwer, vor allem dann, wenn die tribunicia potestas angegeben wird.[233] Schwieriger, aber möglich ist die zeitliche Eingrenzung bei Nennung kaiserlicher servi und liberti. So kann z.B. ein T. Flavius Aug. l. Onesimus allein durch das einfache L der Freilassungsangabe dem 1.Jh. n. Chr. zugewiesen werden.[234] Das Praenomen T(itus) und das Gentilnomen Flavius läßt als Patrone die Kaiser Vespasian, Titus und Domitian zu, d.h. der Mann muß in der Zeit zwischen 69 n.Chr. und 96 n.Chr. freigelassen worden sein.

Für die Datierung hilfreich sind zuweilen auch Formeln. Generell sind lokale Eigentümlichkeiten dabei zu beachten. Hier einige Beispiele:

---

229 Zum Problem der consules ordinarii und suffecti s. Meyer S. 99.

230 Inscriptiones Italiae XIII,1 S. 19; in Übersetzung z.T. bei Schumacher S. 45ff.; vgl. Ruth Stiehl, Die Datierung der Kapitolinischen Fasten, Tübingen 1957.

231 S. den Kommentar von Schumacher S. 45ff.

232 Z.B. in claudischer Zeit statt ae ai oder den Vokal o statt u. Dazu Meyer S. 23ff. und S. 98f.

233 S. dazu Kienast, Kaisertabellen. Andere Datierungskriterien sind: pater patriae, Konsulate, Prokonsulate, imperatorische Akklamationen etc.

234 Nur in diesem Zeitraum verwendete man das einfache L. S. dazu Heinrich Chantraine, Freigelassene und Sklaven im Dienst römischer Kaiser. Studien zu ihrer Nomenklatur, Wiesbaden 1967.

D(is) M(anibus)	ab 70 n.Chr. (in Italien etwas früher)
H(ic) S(itus) E(st)	in unserem Raum bis Ende des 1.Jh., im Donauraum länger.
I(n) H(onorem) D(omus) D(ivinae)	ab 140 n.Chr.
I(upiter) O(ptimus) M(aximus)	meist Ende 2./Anfang 3.Jh.

Schließlich gelingt bei Kenntnis des Fundortes einer Inschrift und Nennung einer militärischen Einheit ebenfalls eine Datierung, da man für letztere häufig die Stationierungszeiten und -orte kennt.[235] So kann z.B. eine Inschrift aus Mainz, in der die legio XIV Gemina genannt wird, in die Zeit von 13-43 n. Chr. eingeordnet werden, weil die Legion danach nach Britannien verlegt wurde.[236]

Eine relative Chronologie läßt sich bei Grab- oder Ehreninschriften ermitteln, die den aufsteigenden (Beginn mit dem niedrigsten Amt) oder abfallenden (Beginn mit dem höchsten Amt) cursus honorum eines römischen Adligen verzeichnen. Ähnliches gilt in der Kaiserzeit auch für Ritter. In diesem Zusammenhang sei nachdrücklich auf die Bedeutung der Prosopographie[237] für die Epigraphik hingewiesen.

Schließlich sind noch, wenn möglich, archäologische Fundumstände, wie z.B. datierende Münzen oder Keramik, Giebelformen, Rosetten u.a.m. mit heranzuziehen.

Namenwesen

Um Inschriften zum Sprechen zu bringen, sind Grundvorstellungen vom römischen Namenwesen[238] erforderlich. Die korrekte Namensnennung eines römischen Bürgers enthält fünf Elemente:

1. Vorname (Praenomen)
2. Familienname (Gentilnomen)
3. Herkunft (Filiation)
4. Angabe der Tribus
5. Beiname (Cognomen)

Die Vornamen lassen sich auf wenige, aber häufig verwendete reduzieren:

A(ulus) L(ucius) Ser(vius)

---

235 Nachschlagemöglichkeiten sind: Ernst Ritterling, ‚legio‘ RE XII,2, Sp.1186-1829; E. Stein, Die kaiserlichen Beamten u. Truppenkörper im römischen Deutschland unter dem Prinzipat, Wien 1932; ND Amsterdam 1965; Geza Alföldy, Die Hilfstruppen der römischen Provinz Germania inferior, Düsseldorf 1968.

236 Sie lag erneut zwischen 71-93 n.Chr. in Mainz, hieß dann allerdings leg. XIV GMV.

237 S.u.S. 240ff.

238 W.Schulze, Zur Geschichte lateinischer Eigennamen, Berlin 1904, ND Zürich /Dublin 1966; B.Doer, Die römische Namengebung, Stuttgart 1937.

Ap(pius)	M(arcus)	Sex(tus)
C (Gaius)	MV (Manius)	Sp(urius)
Cn (Gnaeus)	N(umerius)	Tib(erius)
D(ecimus)	P(ublius)	T(itus)
K(aeso)	Q(uintus)	V(ibius)

Bei bestimmten römischen Familien wurden nur einzelne wenige Vornamen vergeben, wie z.B. bei den Claudii Nerones nur Tib. und D. oder bei den Cornelii Scipiones nur Cn., L. und P. Frauen erhielten in aller Regel kein Praenomen.

Die römischen Familiennamen enden meist auf -ius, -eius,-eus. Sie unterscheiden sich darin von den ursprünglich etruskischen, die auf -as, -arna, -inna u.ä. enden (z.B. Aemilius – Maecenas). Alte vornehme Familien waren oft so verzweigt, daß ein hinzutretendes Cognomen den Zweig kennzeichnete, z.B. Cornelii Scipiones und Cornelii Lentuli.

Nennt ein römischer Bürger seinen vollen Namen, was im Alltag nicht immer geschah, so muß sein Vater, manchmal auch sein Großvater genannt werden. Dies geschieht in abgekürzter Form mit dem Praenomen des Vaters, aufzulösen im Genitiv, und einem f für filius. Also: M.Licinius M(arci) f(ilius) Crassus.

Hinzu tritt bei korrekter Namensangabe die Tribus, die Bürgerabteilung, in die jeder römische Bürger eingeschrieben sein mußte, um für Abstimmungen, finanzielle Einstufung und Militärdienst faßbar zu sein. Insgesamt gab es letzlich 35 Tribus[239], wobei 4 städtische und 31 ländliche unterschieden wurden. Nach dem Bundesgenossenkrieg, als jeder Bürger Italiens das römische Bürgerrecht erhielt, gab man zusätzlich oft noch seine Herkunft, seine origo an, z.B. M.Braetius M(arci) (f.) Stel(latina) Taur(inis)[240] = Markus Braetius, Sohn des Markus zugehörig der Tribus Stellatina aus Turin.

Die Cognomina kamen allgemein[241] erst in nachsullanischer Zeit auf und dienten der näheren Charakterisierung eines Mannes, wie z.B. Ahenobarbus = der Rotbärtige. Bei Adoptionen, die oft zur Erhaltung eines Geschlechtes vorgenommen wurden, übernahm der Adoptierte den Namen seines Adoptivvaters, fügte aber seinen alten

239 Aem(ilia), Ani(ensis), Arn(ensis), Cam(ilia), Cl(audia), Clu(stumina), Coll(ina), Cor(nelia), Esq(uilina), Fab(ia), Fal(erna), Gal(eria), Hor(atia), Lem(onia), Maec(ia), Men(enia), Ouf(entia), Pal(atina), Pap(iria), Pol(lia), Pom(ptina), Pub(lilia), Pup(inia), Quir(ina), Rom(ilia), Sab(atina), Scap(tia), Ser(gia), Stel(latina), Sub für Suburana, Ter(etina), Tromentina, Vel(ina), Vol(tinia), Vot(uria).

240 CIL XIII 6887.

241 In vornehmen Kreisen waren Cognomina schon seit früher Zeit üblich, z.B. die Scipionen Elogia.

Familiennamen mit der Endung -ianus (-sohn) an. Ein berühmtes Beispiel ist Scipio Aemilianus, Sohn des L.Aemilius Paullus.

Die volle Namensangabe mit der sogenannten tria nomina lautet demnach: A(ulus) Titius C(ai) F(ilius) Pom(ptina) Severus.[242] Peregrine unterschieden sich namentlich dadurch, daß sie nur einen Eigennamen und die Filiation nennen, wie z.B. in der Inschrift Abb. 37:

Rufus Coutusvati f. = Rufus, Sohn des Coutusvatus

Rufus war Helvetier und mit 18 Jahren zu einer Reitereinheit rekrutiert worden.[243] Peregrine Frauen handhabten ihre Namensgebung ebenso.

Frauennamen

Für römische Bürgerinnen gestaltete sich der Name bescheidener als für die Männer. In der Zeit der Republik erhielten sie lediglich das Gentilnomen ihrer Familie und die Filiation. Allenfalls differenzierte man noch die Ältere (maior) und die Jüngere (minor). Ab augusteischer Zeit setzte sich allmählich auch ein Cognomen für Frauen durch, das sich bei vornehmen Familien z.B. aus dem väterlichen Cognomen oder dem mütterlichen Gentilnomen ableitete, z.B. Vipsania Agrippina, deren Vater M.Vipsanius Agrippa war. Neben der Herkunft war für Frauen die Heirat gesellschaftlich relevant. Deshalb wurde der Ehemann oft im Genitiv an den Frauennamen angefügt. Frauen behielten bei Heirat ihren eigenen Familiennamen:

Caecilia Q. (Caecilii) Cretici f(ilia) Metella Crassi = Caecilia Metella, Tochter des Q.Caecilius Metellus Creticus, Gattin des (M.Licinius) Crassus.

Durch diese Gewohnheiten in der Namengebung lassen sich oft weit verzweigte verwandtschaftliche Beziehungen ermitteln, die in Rom von hoher politischer Relevanz waren.

Äußerst aufschlußreich ist darüber hinaus auch die Benennung der Freigelassenen, die mit der Freilassung das römische Bürgerrecht erhielten und ebenfalls die tria nomina führten. Der Patron gab sein Prae- und Gentilnomen, er war der staatsrechtliche Vater, d.h. an die Stelle der Filiation trat die Freilassungsangabe. Der alte Sklavenname wurde als Cognomen übernommen, z.B. Q.Caecilius Q(uinti) l(ibertus) Onesimus. Ließ eine Frau ihren Sklaven frei, mußte in Ermangelung eines eigenen auf das Praenomen ihres Vaters zurückgegriffen werden. Die Freilassungsangabe wird mit einem Ɔ, einem umgedrehten C in der Bedeutung von Gaia, gemacht, z.B. Q.Caecilius Ɔ. l.Onesimus.

---

242 CIL XIII 8174.

243 CIL XIII 7026; daß er kein römisches Bürgerrecht besaß, erschließt sich auch aus der Zugehörigkeit zu einer Auxiliareinheit.

Familiäre, gesellschaftliche und politische Verflechtungen lassen sich auf der Basis dieser dargelegten Gewohnheiten in der Namengebung zuweilen so spannend ermitteln wie Zusammenhänge in einem Krimi.

Da in der gebotenen Kürze nicht alle Aspekte berührt werden können, sei noch einmal exemplarisch und zusammenfassend die Interpretation einer Inschrift vorgeführt.

Interpretation der Inschrift einer kaiserlichen Frisöse

Abb. 38 Grabstein der Dorcas, Freigelassene der Livia.

CIL VI, 8958 tabula marmorea. In vinea nobb. de Naris ad Salariam FABR. – Apud Ciampinium BON. – *Comperata dalla casa Ciampini per l'Ecc. S. D. Alessandro Albani dec. 1715* BIANCH. – In museo Capitolino GVASCO, ubi adhuc servatur. – Catanae in museo principis Biscaris TORR. de exemplo novicio.

IVNONI
DORCADIS
IVLIAE · AVGVSTAE · L
VERNAE · CAPRENSIS
ORNATRICIS
LYCASTVS · CONLIBERTVS
ROGATOR · CONIVGI
CARISSIMAE · SIBI

Descripsi. Exhibent Fabretti 74, 74 (inde Giorgi sched. Casanat. vol. XI et Orelli 1320); schedae Bonarrotii in cod. Marucelliano A 43; Bianchini Veron. 348 f. 14 et 20; Guasco M. C. 240. – Torremuzza inscr. Sicil. p. 3, 7 edidit exemplum novicium hoc: IVNONI | DORCADIS | IVLIAEVGV | IAE VERNAECA.
4 cf. calend. Antiat. C. I. L. I p. 327 C pag. 3, 3: *ver. Capr.* Intellegendi sunt, ut fortasse etiam n 8409, nati Capreis in familia Augusta.

Dess 1784 Iunoni[1] | Dorcadis | Iuliae Augustae | vernae Caprensis[2] | ornatricis, | Lycastus conlibertus | rogator, coniugi | carissimae sibi.

Romae (VI 8958) vidit Henzen). – 1) Titulos sepulcrales dedicatos Iunonibus mulierum defunctarum infra dabimus plures. – 2) Intellegenda nata Capreis in familia Augusta.

Durch das CIL erfahren wir, daß sich die Inschrift auf einer Marmortafel befindet, den Fundort und daß sie noch heute im Kapitolinischen Museum aufbewahrt wird. Weder Dessau noch CIL lassen ahnen, daß es sich um einen elegant gestalteten Stein in der Größe 61x40 cm handelt, dessen Inschrift in eine Art Tempelfassade mit Giebel und zwei Pilastern eingefügt war (Abb. 38). Es ist

Walser unbedingt recht zu geben, wenn er betont, wie wichtig gute Abbildungen sind, wenn schon nicht das Original gesehen werden kann.

Hinzu kommt noch eine Irritation in Zeile drei, in der bei Dessau die Freilassungsangabe (L.) fehlt. Nach Dessau wäre Dorcas dann nämlich Sklavin und das conlibertus würde nicht passen. Die Abbildung nimmt jeden Zweifel.

„Descripsi“ bzw. „vidit Henzen“ zeigen an, daß der Herausgeber die Inschrift selbst gesehen hat.

Die Übersetzung lautet:

Der Iuno der Dorcas, der Freigelassenen der Iulia Augusta, der hausgeborenen (ehemaligen) Sklavin aus Capri, der Friseuse. Lycastus, Mitfreigelassener und Kammerdiener seiner zärtlich geliebten Frau.

Die Datierung ist eindeutig durch die Nennung der Patrona. Livia wurde nach dem Ableben des Augustus testamentarisch adoptiert. Ihre Liberti vor 14 n. Chr. hießen M. Livius Aug(ustae) l. Onesimus. Nach der Adoption gehörte sie der gens Iulia an, deshalb Iulia Augusta. Livia starb als 86jährige im Jahr 29 n.Chr., wurde aber erst 42 n.Chr. durch Kaiser Claudius divinisiert. Ab diesem Zeitpunkt wäre Dorcas eine Divae Augustae l. gewesen. Dorcas muß also in der Zeit zwischen 14 und 42 n.Chr. freigelassen worden und gestorben sein. Eine nähere zeitliche Eingrenzung ist nicht möglich.

Lycastus, der Inschriftensetzer, hätte auch Iuliae Aug. l. Dorcas schreiben können. Die enge Verbundenheit mit dem Kaiserhaus war in diesem Fall wichtiger. Darauf verweist das ‚verna Caprensis‘. Innerhalb der Sklavenhierarchie, die es in jeder familia gab, war es ehrenvoller, hausgeborene Sklavin zu sein. Die Insel Capri war im Jahr 29 v. Chr. durch Tausch mit der Insel Ischia zum persönlichen Besitz des Kaisers geworden. Da wir das Alter der Dorcas nicht kennen, kann sie ihren Beruf sowohl auf der Insel als auch später im Haus der Livia in Rom ausgeübt haben. Jedenfalls lernte sie wohl bei der Ausübung ihres Berufes ihren Mann kennen, der die Kleiderverwaltung der Livia unter sich hatte. Beide hatten durch den persönlichen Kontakt zur Herrin erhöhte Freilassungschancen gehabt.

Daß Lycastus die Iuno der Dorcas anspricht, ist ungewöhnlich und verweist die Inschrift ebenfalls in die 1. Hälfte des 1. Jahrhunderts. Unter Iuno verstand man den unsterblichen Teil einer Frau, so wie Genius der unsterbliche Teil des Mannes war. Augustus hatte die Verehrung des Genius Augusti in Rom an den Altären der Lares Compitales eingeführt. Der dahinterstehende gedankliche Kontext war also in dieser Zeit geläufig.

Für die Zeit ungewöhnlich ist ‚coniugi carissimae', d.h. die Wendung hat noch keinen Formelcharakter.[244] Dies und die sorgfältige Gestaltung des Steins sprechen für eine sehr enge Bindung des Inschriftensetzers an die Verstorbene. Mit ‚sibi' sichert auch er sich das Grabrecht.

Weitere Schlüsse könnten je nach Fragestellung gezogen werden, wenn z.B. die Parallelbelege zu verna Caprensis, ornatrix und rogator herangezogen würden. Aber auch so zeigt sich, daß trotz des knappen, etwas spröden Textmaterials einiges an Informationen gewonnen werden konnte.

5.3 Inschriftengruppen und ihre Aussagefähigkeit

> „Die Inschriften sind so bunt wie das Leben; sie reichen von den hochpolitischen Staatsverträgen und Erlassen hellenistischer Herrscher oder römischer Kaiser und Beamten über die Gesetze und Dekrete oder Verwaltungsurkunden der Stadtgemeinden, über Verzeichnisse und Listen aller Art zu den Aufzeichnungen des religiösen und privaten Lebens, ja bis zu den belanglosen Gedenkinschriften der Reisenden oder den spielerischen Kritzeleien an den Wänden von Schülerhand."[245]

Öffentliche Inschriften

Klaffenbach umreißt hier mit wenigen Worten die ganze Bandbreite inhaltlicher Möglichkeiten von Inschriften. Aufgrund des staatsorientierten Denkens in der Geschichtswissenschaft in früheren Zeiten hat es sich eingebürgert, eine Klassifizierung in Inschriften öffentlichen und privaten Charakters vorzunehmen. Man sollte damit – wie es Klaffenbach noch tut – keine Wertung vornehmen. Die Bedeutung von Inschriften, gleichgültig welcher Art, resultiert ausschließlich aus der Fragestellung und dem historischen Kontext, in den diese Quelle gestellt wird. Für eine Geschichte des Kindes z.B. dürften die hochpolitischen Staatverträge wenig Aussagekraft haben, wohl aber die Kritzeleien der Kinder.

Im Zusammenhang einer Klassifizierung bedeutsamer ist die Tatsache, daß die Römer selbst offizielle und zur Veröffentlichung bestimmte Dokumente kennzeichneten, in dem sie sie auf Bronzetafeln schrieben. Dies gilt für Rom und den Westen, während im Osten auch für solche Texte Stein verwandt wurde. Auf Bronze

---

244 S. Günther, Frauenarbeit- Frauenbindung. Untersuchungen zu unfreien und freigelassenen Frauen in den stadtrömischen Inschriften, München 1987 S. 306.

245 Klaffenbach S. 55f.

geschrieben und an markanten Gebäuden der Stadt befestigt, gaben sie jedem Besucher Roms Gelegenheit, Einsicht zu nehmen.[246]

Das Senatus Consultum de Bacchanalibus

Zu den wichtigsten Urkunden dieser Art gehören Gesetze, Plebiszite und Senatsbeschlüsse (senatus consultum = SC), aber auch Anordnungen und Erlasse, zu denen auch die Militärdiplome zählen.

Als eines der berühmtesten Beispiele sei die Bronzetafel mit dem SC de Bacchanalibus aus dem Jahr 186 v.Chr angeführt, die sich heute im Kunsthistorischen Museum in Wien befindet (Abb. 39).[247]

Abb. 39 SC de Bacchanalibus.

Wie bei Gesetzen gliedert sich der Text in drei Teile.

1. Die Praescriptio benennt die einberufenden und das Jahr datierenden Konsuln, es folgt die kalendarische Angabe (an den Nonen des Oktobers), der Tagungsort (beim Tempel der Bellona) und die Protokollanten.
2. Darauf folgt der eigentliche Text der Bestimmung, hier das Verbot, den Bacchuskult auszuüben, außer fünf Personen, denen dies ausdrücklich vom Praetor urbanus und dem Senat gestattet werden mußte.
3. Abgeschlossen wird die Urkunde durch die Sanctio, d.h. die Strafbestimmung. Dazu kommen Ausführungen zur Publikation, nämlich Verkündigung in der Volksversammlung an drei Markttagen und Ausfertigung einer gravierten Bronzetafel, die dort anzubringen ist, wo sie am leichtesten zur Kenntnis genommen werden kann.

Der historische Hintergrund war, daß man in Rom politische Unruhen, ausgehend von dem in ganz Italien verbreiteten Mysterien-

---

246 Das Staatsarchiv befand sich im Tempel des Saturn bzw. seit 78 v.Chr. im Tabularium am Fuße des Kapitols. Vgl. Suet. Vesp. 8,5.

247 CIL I² 581 = ILLRP² = Degrassi, Imagines Nr.392, übersetzt von Schumacher Nr.11.

kult für Bacchus-Liber (Dionysos) befürchtete. Offiziell wurden orgiastische Ausschreitungen unterstellt.

Rom griff mit diesem SC erstmalig in die innenpolitische Autonomie der Bundesgenossen ein, was verdeutlicht, wie schwerwiegend man die Übergriffe einschätzte.

> „Die Vernichtung der bacchischen Kultgemeinschaft gelang offenbar vollkommen. Der Vorgang ist im Vergleich zur Haltung Roms gegenüber anderen Kulten (z.B. Druidentum, Christentum) von besonderem Interesse.[248]

Dieses SC ist prinzipiell gestaltet wie ein Gesetz (praescriptio, Bestimmung, sanctio).[249] Ein typischer Senatsbeschluß dagegen besteht aus der Präambel (Konsulnennung, Datum, Ort, Protokoll), an zweiter Stelle steht die relatio. Sie beinhaltet die an den Senat zur Beratung vorgelegte Frage und endet mit der Formel: ‚quid de ea re fieri placeret'= Q.D.E.R.F.P. Dann folgt der Senatsbeschluß, die sententia, mit der Formel ‚de ea re ita censuerunt'.

Gesetze erhalten ihren Namen immer vom Antragsteller, wie z. B. die lex Iulia municipalis.[250] Das Gesetz regelt die wichtigsten organisatorischen Probleme einer Landstadt, eines municipiums. Es wurde im Jahr 45 v.Chr. von C.Iulius Caesar initiiert.

Weitere wichtige Gesetze, Erlasse und Senatsbeschlüsse lassen sich leicht bei Freis oder Schumacher nachlesen.

Meilensteine

Eine eigene Kategorie sind die Meilensteine, die auf ca. 3 m hohe, runde Steintrommeln geschrieben wurden. Sie nennen den Erbauer der Straße, in der Kaiserzeit den oder die amtierenden Kaiser, und geben dann die Entfernung vom genannten Ausgangspunkt an. Das ist meist die nächstliegende Stadt, z.B. a Camb(odunum) M(ilia).P(assuum).XI (von Kempten 11 Meilen)[251]. In den gallischen und germanischen Provinzen konnten ab dem 2. Jahrhundert statt der Meilen auch Leugen[252] (1,5 röm. Meilen) als Maßangabe auftreten (Abb. 40).

Abb. 40 Leugenstein aus Ladenburg.

Durch die volle Kaisertitulatur sind Meilensteine meist datierbar und dadurch wichtige Zeugnisse im Bereich der Geschichte des Straßenbaus, der römischen Expansion, der Militärgeschichte und unserer Kenntnis römischer Ortsnamen.

248 Schumacher S. 83.
249 S.E.Meyer ANRW I 2, 978f. mit Anm.51.
250 CIL I^2 593 = Dess 6085; Übersetzung Freis Nr.41.
251 CIL III 5987; übersetzt und mit Bild bei Schillinger-Häfele Nr.30; eine römische Meile = ca. 1,5 km.
252 Ein einheimisches Wegemaß.

Militärdiplome

Aus der Klasse der öffentlichen Inschriften seien lediglich noch die Militärdiplome näher betrachtet, weil sie uns nicht nur Aspekte der Militärverwaltung und die Standorte bestimmter Einheiten, sondern sozialgeschichtliche Gesichtspunkte auch aus den Provinzen erschließen.

Militärdiplome sind Erlasse des Kaisers, die von dem Kommandanten einer militärischen Einheit ausgestellt und beglaubigt werden. Sie bestehen aus zwei Bronzetafeln und einer Abschrift, die in Rom an einem öffentlichen Gebäude, das die Urkunde nennt, angeschlagen wurde. Die Bronzetafeln besitzen an der Seite je zwei Durchbohrungen, eine Seite dient zum Zusammenschnüren, die andere zum Versiegeln.

Abb. 41 Römisches Militärdiplom vom 30. Juni 107 n.Chr. aus Weißenburg.

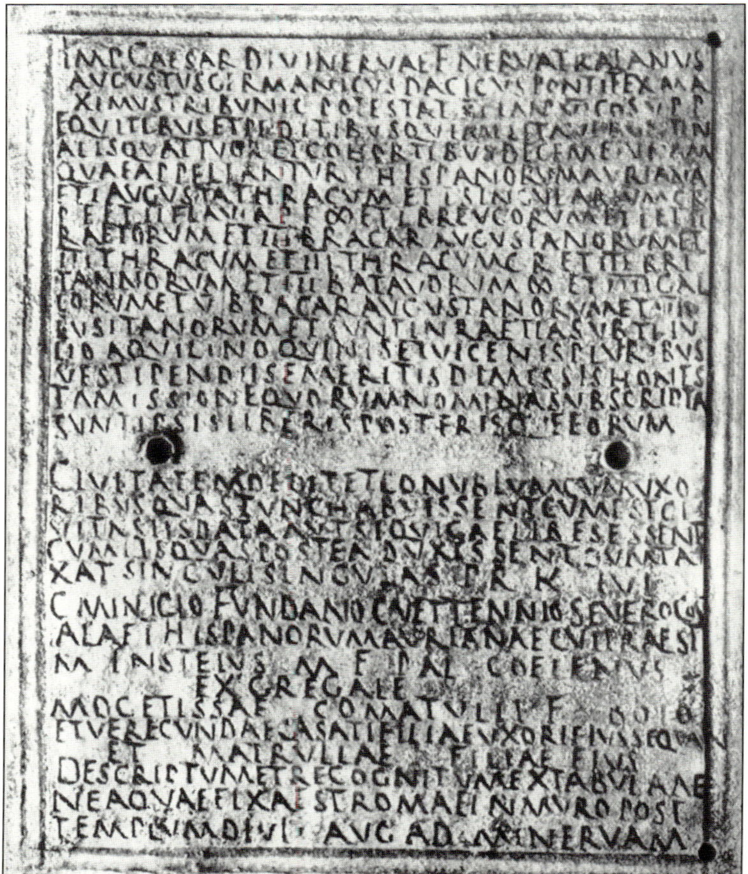

Legionssoldaten mit römischem Bürgerrecht erhielten bei ihrer ehrenvollen Entlassung eine Abfindung in Geld oder Land. Peregrine Auxiliarsoldaten bekamen vor allem das römische Bürgerrecht. Die Bestimmungen lauten immer sehr ähnlich, so daß wir den Text der Abb.41 für viele setzen können:

> „Der Imperator Caesar, des göttlichen Nerva Sohn, Nerva Traianus Augustus, Germanicus, Dacicus, Pontifex Maximus mit tribunicischer Gewalt zum elftenmal, Imperator zum sechstenmal, Konsul zum fünftenmal, Vater des Vaterlandes,
> hat den unten namentlich aufgeführten Reitern und Fußsoldaten der 4 Reiterregimenter (Aufzählung), die in Rätien unter (dem Procurator) Tiberius Iulius Aquilinus stehen, nach 25 oder mehr Dienstjahren, bei ehrenvoller Entlassung, denen, deren Namen unten aufgeführt sind, ihren Kindern und deren Nachkommen das Bürgerrecht verliehen und das Recht zur Ehe mit den Frauen, die sie bei Verleihung des Bürgerrechtes hatten, oder wenn sie ledig sind, mit den Frauen, die sie später heiraten, sofern es sich um eine Frau handelt,
> am Tage vor den Kalenden des Juli, im Konsulatsjahr des Gaius Minicius Fundanus und Gaius Vettenius Severus – am 30.Juni 107 n.Chr. – An den in der Ala I Hispanorum Auriana – unter Marcus Insteius Coelenus, des Marcus Sohn, vom Stimmkörper Palatina – dienenden Gemeinen Mogetissa, Sohn des Comatullus, einen Boier, und dessen Frau Verecunda, Tochter des Casatus, eine Sequanerin und deren Tochter Matrulla.
> Überprüfte Abschrift von der Bronzetafel, die in Rom an der Mauer hinter dem Tempel des göttlichen Augustus beim Standbild der Minerva angeschlagen ist (auf dem Palatin).“[253]

Die Inschrift zeigt, welche Fülle von Informationen solchen Dokumenten zu entnehmen sind, angefangen von der Formularpraxis, über die ‚Eheverbindung‘ bis hin zur Archivierungspraxis römischer Behörden.

Staatsverträge, zwischen Rom und einer auswärtigen Macht, sind in Rom inschriftlich nicht überliefert, dagegen in der griechischen Welt. Öffentliche Ehreninschriften, Bauinschriften an öffentlichen Gebäuden und staatliche Götterweihungen gehören ebenfalls zur Kategorie der öffentlichen Inschriften, obwohl bei ihnen eine klare Zuweisung nicht immer möglich ist, denn Bauinschriften und Götterweihungen sind auch im privaten Bereich möglich.

Privatinschriften

Wenden wir uns also den Inschriften privaten Charakters zu. Beispiele aus dem wohl umfangreichsten Bestand, nämlich den Grabinschriften, wurden schon vorgestellt. Dazu kommen die privaten Götterweihungen, die uns nördlich der Alpen auch z.T. den keltischen Götterhimmel erschließen.

---

253 P.Filtzinger, Limesmuseum Aalen, Stuttgart ^{3}1983, S. 124f.

Einen wichtigen Beitrag für das schwer zugänglichen Gebiet der Mentalitätsgeschichte leisten die Fluchtafeln.[254] Wünsche, Ängste, Eifersucht, unbefriedigter Ehrgeiz, Liebeskummer, all das sind Motive, jemanden mit einem Schadenszauber zu belegen. Man bediente sich dabei hauptsächlich kleiner Bleitafeln oder Stücke, die leicht zu beschaffen und gut zu bearbeiten waren. Außerdem sollte Blei seine eigene Wirkkraft für die Intensivierung des Fluches entwickeln, ebenso wie das Vergraben in Brunnen oder Gräbern.

Schließlich sind noch die christlichen Inschriften zu nennen, die sich sowohl in den Formularen als auch in den Symbolen erheblich von den paganen unterscheiden und einen Mentalitätswandel anzeigen (Abb. 42).

Abb. 42 Christliche Grabinschrift aus Worms:
„Hier ruht in Frieden Ludino, der 30 Jahre lebte. Den Grabstein setzte seine Gattin Duda."

Unter der Inschrift befindet sich ein Christogramm mit Alpha und Omega, darunter zwei Tauben.

Für die Wirtschafts- und Handelsgeschichte wichtige Zeugnisse sind die Inschriften auf Töpfereiprodukten, sei es als Herstellerstempel auf Dolien und Amphoren oder terra sigillata, sei es der Name eines Exporteurs oder das Handelsobjekt. Wenn z.B. in Ladenburg ein Dolium mit Henkelinschriften Töpfer und Olivenölproduzent aus Spanien nennt (Abb. 43), so gibt dies Hinweise auf Handelsbeziehungen und -entfernungen in der frühen Kaiserzeit.

Ganz in die Alltagswelt führen uns die Graffiti, wie sie uns in Fülle vor allem aus Pompeii und Herkulaneum überliefert sind. So können wir den Bogen schließen, denn hierher gehören die Kritzeleien und Schreibübungen von Kindern genauso wie die Empfeh-

[254] S. die Sammlung von A. Audollent, Defixionum Tabellae, Paris 1904, ND Frankfurt 1967.

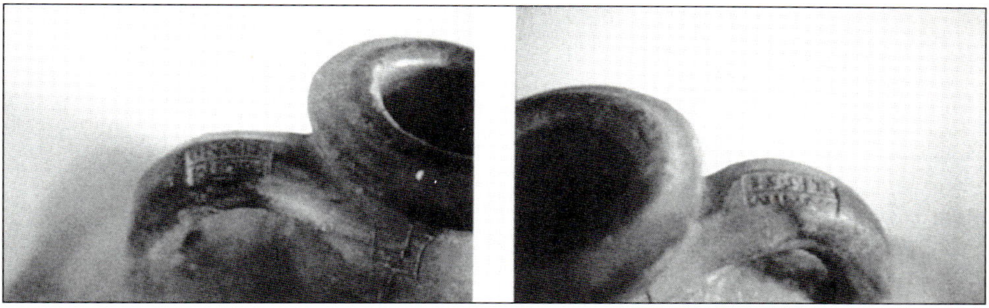

Abb. 43 Henkelinschriften einer Dolie aus Ladenburg. Linker Stempel: Des Lucius Iunius Melissus (er war Olivenölproduzent in Spanien). Rechter Stempel: F.Sicimniano (er war Amphorentöpfer in Andalusien).

lungen eines Freiers im Lupanar (Bordell) oder eine Karikatur auf einen der bewunderten Gladiatoren u.a.m.

Will man antikes Leben, gleichgültig aus welchem Gesichtswinkel heraus, hautnah und authentisch vermitteln, so sind Inschriften unverzichtbare Zeugnisse.

6. Numismatik

6.1 Einführende Überlegungen zum Geld- und Münzwesen

Nehmen wir zur näheren Betrachtung einer Münze eine Deutsche Mark, so stellen wir uns in eine Tradition, die etwa um 630 v.Chr. in Lydien und Ionien ihren Anfang nahm.[255] Die dort entstandenden Münzen stellten für die damalige Zeit die späteste Form des Geldes dar, denn vormünzliche Geldformen waren schon lange zuvor verbreitet. Auch danach gab es noch Neuerungen, wie z.B. das Papiergeld im 18./19. Jahrhundert[256] oder das heute sehr verbreitete sogenannte Plastikgeld. Aber aus Gründen der Praktikabilität und der Gewohnheit fällt ein Verzicht auf Münzen zumindest in Europa heute schwer.[257] Grundsätzlich muß zwischen Münze

[255] Herod. I,94; Pollux Onom.9,83 (2.Jahrhundert n. Chr.).

[256] S.Göbl S. 194 ff.

[257] Einige Länder haben praktisch nur noch Papiergeld im Umlauf, weil die Währungseinheit (z.B. in Griechenland die Drachme) nur noch geringen Wert hat.

und Geld differenziert werden, denn jede Münze ist Geld, aber nicht alles Geld ist in Münzform.

Andere Geldformen bzw. Tauschobjekte

Fragen wir danach, was die Münze gegenüber anderen Geldformen auszeichnet, so sollten wir zunächst diese anderen Geldformen betrachten. Als Geld diente alles, was auf der Basis gegenseitiger Absprache als Zahlungsmittel auf dem Tauschwege angenommen wurde und als anerkannter Wertmesser diente. Die auch nach Einführung des Münzgeldes noch verwendete Begrifflichkeit legt z.T. noch Zeugnis darüber ab, welche Tauschobjekte in Gebrauch waren. Wenn die Griechen[258] den Obolos zahlten, so

Abb. 44 Aes Signatum von 280/270 v.Chr.
Vorder- und Rückseite: ein Stier
in nach links laufender Schrift: FUKES SESTINES.

[258] Sprichwörtlich noch heute: einen Obolus entrichten.

geht dieser Begriff zurück auf obelos = Spieß. Die Drachme leitet sich von drax = eine Handvoll Spieße ab.[259] Gerätegeld war in Griechenland ein beliebtes Zahlungsmittel. Dazu gehörten bronzene Becken, Dreifüsse, Beile und eben Spieße.

Neben Metallen galten auch Tiere als beliebte Tauschobjekte. Der römische Begriff für Geld pecunia leitet sich von pecus = das Vieh ab, im damals viehreichen Italien[260] ein gängiges Zahlungsmittel. Im frühesten gegossenen Bronzegeld gibt es entsprechende Bilder.[261]

Der Barren (Abb. 44) war wohl als Opfergabe Eigentum des Tempels von Sestinum.

Eine abgewandelte Tierform mit besserer Transportfähigkeit und Haltbarkeit waren Tierhäute; entsprechend gab es auch Barren, deren Form an diese Zahlungsform erinnert.

In den Katalog von Tauschobjekten anderer Völker gehören Häute, gewebte Stoffe ebenso wie gelochte Muscheln, Tierzähne, Elfenbeinperlen u.ä. Die Kriterien für die Auswahl lassen sich heute kaum noch bestimmen. Ob diese Gegenstände wegen ihrer Brauchbarkeit im Alltagsleben, als kultische Opfergaben aus magischen Vorstellungen heraus, als Gastgeschenke wegen sozialer und politischer Notwendigkeit oder aus Gründen des Prestigegewinns ausgewählt wurden, muß offen bleiben.[262]

Den Übergang vom vormünzlichem Geld über Barrengeld zu den ersten Münzen schildert Aristoteles so:

> „Es lag aber nahe, daß sich aus ihm (= dem Tauschhandel) jene Kunst des Gelderwerbs entwickelte. Als sich nämlich die durch Einfuhr des Bedarfs und Ausfuhr des Überflusses gewonnene Hilfe nach immer ferneren Ländern ausdehnte, mußte notwendig das Geld in Gebrauch kommen, da nicht alle Naturbedürfnisse leicht zu transportieren waren. Man kam daher überein, behufs Tausches gegenseitig eine Sache zu geben und anzunehmen, die selbst zu den nützlichen Dingen zählte und bei ihrer Verwendung im Verkehr am leichtesten zu handhaben war, wie es z.B. Eisen, Silber und dergleichen ist. Zuerst bestimmte man sie einfach nach Größe und Gewicht, schließlich drückte man ihr ein Zeichen auf, um sich das Messen und Wägen zu ersparen, indem die Prägung als Zeichen ihrer Qualität galt."[263]

---

259 Jenkins S. 47.

260 Eine irrige, aber in den Bundesgenossenkriegen bewußt eingesetzte Volksetymologie ist die Ableitung Italia von vitulus (Jungstier).

261 S. Plin.n.h. 33, 43.

262 Zur Diskussion s. Alföldi S. 64f.

263 Arist. Polit. A 1257a zitiert nach Alföldi S. 63f.

Nach Aristoteles bedingte also der weiter ausgedehnte Güterverkehr ein Tauschobjekt, das leicht zu transportieren war, dessen Nützlichkeit als allgemein erwiesen galt, das leicht zu handhaben war und das schließlich Haltbarkeit bewies. Dies genau beschreibt die Vorteile der Münze gegenüber anderen Geldformen. Dazu kommt noch die leichtere Teilbarkeit und eine relativ hohe Wertbeständigkeit.

Solange die Münze ihren Metallwert bewahrte, blieb das Wiegen wichtiger als das Zählen. Auch dies hielt die lateinische Sprache fest:

> „Der As wurde ein Pfund schwer gewogen, woher auch heute noch die Bezeichnung ‚kleines Pfund' (libella) und ‚Zwei-As-Stück'(Dupondius) kommt; deshalb bezeichnete man eine Geldstrafe als schwer und spricht noch heute bei Rechnungen von ‚Ausgewogenem' (=Ausgaben *expensa*), ebenso von ‚Aufgewogenem' (=Aufwand *inpendia*) und abwägen (=bezahlen, *dependere*), ja auch zuwägen (=Sold *stipendia*) der Soldaten, d.h. von Pfunden von Geld (*stipis pondera*), von Auswägern (= Schatzmeistern *dispensatores*), von ‚Waagehaltern (=Zahlmeistern *libripendes*), und nach dieser Gewohnheit wird auch jetzt noch bei Käufen, durch die mit Kaufvertrag Eigentum erworben wird, eine Waage dazwischengestellt."[264]

Die Prägung als Zeichen der Qualität garantierte Gewicht und Feingehalt (Schrot und Korn[265]) und setzte Vertrauen in den Prägenden[266] voraus. Die psychologischen Komponenten Vertrauen und Akzeptanz spielen also von Anbeginn an bis ins heutige Wirtschaftsleben hinein beim Geldverkehr eine zentrale Rolle. Dies spiegelt sich im griechischen Sprachgebrauch für Münze nomisma (νόμισμα); der Begriff leitet sich vom Verb nomizo (νομίζω) ab, etwas als Brauch anerkennen.

Münzgeld

Kommen wir zu dem eingangs erwähnten Markstück zurück:

Es scheint aus Silber zu bestehen, was nur bei Einführung und auch nur zu einem geringen Teil zutrifft. Man unterscheidet deshalb zwischen Wertgeld und Kreditgeld, wobei antike Münzen in der Regel Wertgeld waren. Bei Kreditgeld garantiert derjenige, der die Münze (oder auch Papier) prägt, ihren Nennwert. Gewicht und Wert unseres Markstücks garantiert die Bundesrepublik Deutschland mit der Umschrift und dem Adler als Hoheitszeichen.

---

264 Plin.n.h.33, 43.

265 Sprichwörtlich‚von rechtem Schrot und Korn'.

266 Für die Frühzeit sind Privatpersonen (reiche Handelsherren und Schiffsunternehmer) nicht auszuschließen. Da das Münzrecht ein beachtlicher Machtfaktor war, ging es bald in öffentliche Hand über, d.h. Garant war die prägende Stadt oder der Staat.

Der Buchstabe unter dem Schwanz des Adlers nennt die Münzstätte.

Der Adler[267] als staatliches Hoheitszeichen ist kein antikes respektive römisches Phänomen, weil staatliche Macht nie abstrakt gedacht wurde. Weder in der römischen Republik, wo die Münzmeister ihre Familienpropaganda betrieben, noch in der Kaiserzeit spielte der Adler als Staatssymbol eine Rolle. Er gelangte entweder als Zeichen für Iupiter oder als Legionsadler auf die Münze. Erst im Mittelalter kam der Gedanke auf, der Adler (als Legionsadler) sei das Hoheitszeichen des römischen Weltreichs gewesen. In der Zeit der Staufer setzte Heinrich VI. den Adler als Wappen auf seinen Schild und Friedrich II. prägte eine Adler-Münze. In den zeitgenössischen Quellen werden die Staufer als gens Aquila bezeichnet. Als Kaiseradler setzte er die Tradition fort, wurde 1919 zum Reichsadler und schließlich als Staatsymbol der Bundesrepublik Deutschland eingesetzt.

> „Dabei ist es eine erstaunliche Tatsache, daß der so durchaus abstrakt demokratische Staat noch das uralte Tierzeichen und Königssymbol braucht, um sich darzustellen."[268]

Dieser kleine Exkurs verdeutlicht, wie aussagefähig die Beobachtung von Bild und Schrift für den Historiker sein kann, selbst bei einer Münze, die praktisch keinen Varianten unterworfen ist.[269]

Fassen wir noch einmal an unserem modernen Beispiel zusammen, welche Auskünfte wir von einer einzelnen Münze erwarten dürfen:

Die Physis der Münze:	
	1.Gewicht
	2.Feingehalt und Metallart
Nominal	3.Dicke und Durchmesser
	4.Rundform
	5.Randgestaltung
Das Münzbild:	
	1.Vorderseite (Avers) im Amboß
Typus	2.Rückseite (Revers) Meißelbild[270]
	3.Münzschrift

---

[267] Vgl. zu den folgenden Ausführungen Himmelmann S. 203ff.

[268] Himmelmann S. 203.

[269] Lediglich das Prägedatum ändert sich.

[270] Da in der Regel die Meißelstempel schneller abnutzen als die Amboßstempel, wurden erstere schneller erneuert. Dies erlaubt die numismatische Methode der Stempelkoppelungsuntersuchung, die für die Kenntnis von Serien und Datierungen wichtige Aufschlüsse gibt.

Alle diese Merkmale unterlagen bzw. unterliegen der Planung. Dazu kommt die Entscheidung über die Emissionsmenge, die Art der Auslieferung und den Adressatenkreis. Die Tatsache, daß die Münzhoheit in städtische/staatliche Befugnis kam, macht die Münze zu einem offiziellen Dokument mit absoluter Authentizität. Außerdem können Münzen als die vollständigste Denkmälergruppe der Antike gelten.[271]

Mehr oder weniger dem Zufall überlassen ist die Menge der auf uns gekommenen Fundstücke, deren Anzahl nicht unterschätzt werden darf, der Erhaltungszustand und die Fundumstände. Diesen Aussagemöglichkeiten tragen die Standardpublikationen in Form von Katalogen Rechnung, z.B. RIC (The Roman Imperial Coinage):

RIC I,99:

	AV*	AR*	Obverse	Reverse	
99		D	TVRPILIANVS III · VIR · FERO (or FERON). Bust of Feronia r.	CAESAR AVGVSTVS SIGN RECE. Kneeling Parthian presenting standard.	C 484
laufende Nr.	Metallart		Vorderseite	Rückseite	weitere Informationen

* AV: aurum (Gold)
AR: argentum (Silber)

Fundumstände

Vielfach werden Münzen aber nicht einzeln gefunden, sondern entweder zusammen mit weiteren Münzen oder in anderen Fundzusammenhängen. Die Aussagemöglichkeit und historische Nutzung erweitert sich dadurch erheblich:

Datierungsmittel:

Soweit eine Münze datiert werden kann, können andere archäologische Gegenstände wieder durch sie datiert werden. Dies ist besonders hilfreich bei Grabfunden.

Verbreitung von Streufunden:

Die geographische und zeitliche Verbreitung von Münzen erlaubt Rückschlüsse auf den politischen Wirkungs- und den wirtschaftlichen Einflußbereich des prägenden Landes.

Münzschatzfunde:

Die Frage nach der Vergrabungsursache und eine Kartierung der Münzschatzfunde, können Aussagen machen über die politische

271 Mannsperger S. 922.

Situation eines Gebietes, wie z.B. feindliche Einfälle, staatlichen Steuerdruck, Spartätigkeit[272] oder ähnliche Ursachen. Das Vergrabungsdatum liefert die jüngste Münze im Bestand. Auch die innere Zusammensetzung eines Münzschatzfundes ist für den Historiker von größtem Interesse. Ein stempelfrischer Münzschatz aus einer Emission gehörte sicher in den staatlichen Bereich (z.B. Geld zur Soldzahlung des Militärs). Private Hortungen können Auskunft geben, wie lange sich welche Münzen aus welchen Gründen im Umlauf befanden.

Neben den Fundumständen muß der Historiker auch bedenken, daß die Münze Teil verschiedener Systeme ihrer Zeit ist:

1. des Prägesystems
2. des Währungssystems
3. des Wirtschaftssystems
4. des politischen Systems

> „Es gehört zum Wesen der Numismatik, in entsprechendem Rahmen über die Münzen hinaus, die auf sie bezogenen und mit ihr verknüpften Geldverhältnisse zu untersuchen und jedenfalls aus der Praxis ihrer Grundmaterialien heraus nach eigenen Methoden das Nötigste abzuleiten und das keinesfalls praxisfernen Geldtheorien zu überlassen. Daher sind auch alle Reflexionen des Geldwesens in Münzedikten, Münzverträgen, literarische Nachrichten über Geldgeschäfte und Geldgebrauch in ihrer vollen Ausdehnung berechtigte Untersuchungsgegenstände und Umgangsmaterialen der numismatischen Forschung.“[273]

6.2 Kleine Entwicklungsgeschichte der Münze mit besonderem Augenmerk auf die Entwicklung von Bild und Schrift

Die frühesten Stücke, die als Münzen gelten konnten, waren zunächst bild- und schriftlose Elektronstücke (Blaßgold), dann wurden sie mit bildlosen Einstempelungen versehen, die sich zu in sich unterteilten quadratischen Einstempelungen weiterentwickelten (quadratum incusum). Später kamen zum Quadrat einseitige Prägebilder, zu denen in seltenen Fällen Schriftzeichen treten konnten[274] (Abb. 45).

---

272 Bei sinkendem Münzwert werden die älteren wertvolleren Stücke bewahrt (Grashamsches Gesetz). Zu Münzschatzfunden s.Alföldi S. 57f.

273 Göbl S. 23.

274 Das Bild hatte den Vorrang, weil es einprägsamer und für jeden verständlicher war.

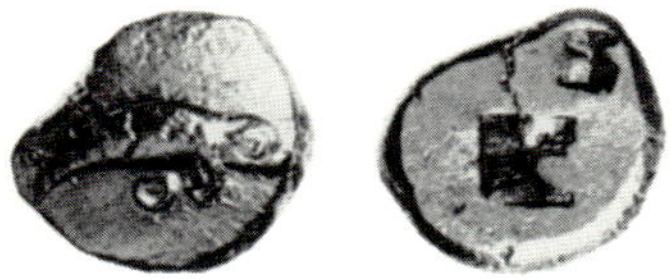

Abb. 45 Stater aus Phokaia in Ionien, Elektron, datiert um 600-580 v.Chr.
VS: Seehund, darunter Θ
RS: Quadratum incusum.

Münzen mit quadratum incusum

Eines der Kriterien für die Wahl des Bildes in Abb. 45 wird hier deutlich. Der Seehund stellt ein sogenanntes sprechendes Wappen dar, er heißt griechisch phoke. Bald verwendete man neben dem Elektron auch Gold und Silber.

> „Gold- und Elektronprägungen blieben im allg. auf die Randzonen der griechischen Welt beschränkt (Kyrene, Kyzikos, Lampsakos, Mytilene, Pantikapaion u.a.) und waren typisch für Monarchien (Persien, Philipp II., Alexander d.Gr., die Diadochen). Das griechische Mutterland und der Westen prägten Silber."[275]

Im griechischen Mutterland wurden die ersten Münzen auf der Insel Ägina geprägt. Um 600 v.Chr. war Ägina als Handelsmacht bedeutender als Athen und verfügte darüber hinaus über die Gold- und Silbervorkommen der Insel Siphnos. Geprägt wurde in Silber.

Abb. 46 Stater von Ägina, Silber, 6. Jahrhundert v. Chr.
VS: Seeschildkröte[276]
RS: Quadratum incusum.

Die Griechen nannten diese Münzen ‚Schildkröten' (Abb.46).

Bildmotive der Münzen

Die erfolgreichste Münzsorte im griechischen Raum vor Alexander dem Großen war aber die ‚Eule'.

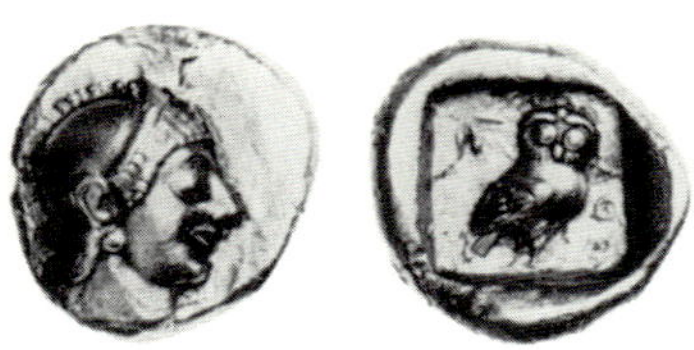

Abb. 47 Tetradrachmon aus Athen, Silber, um 510 v.Chr.
VS: Kopf der Athena mit Helm, nach rechts gewendet.
RS: Eule in Quadrat, links darüber Ölzweig.

Diese nun doppelseitig mit Bild versehene Münze (Abb. 47) bezieht sich auf die Stadtgöttin Athena, die Rückseite auf das ihr heilige Tier. Der Ölzweig erinnert daran, daß Athena der Stadt den ersten Ölbaum schenkte. Der Sage nach hatte sie mit diesem Geschenk Poseidon besiegt, der die Stadt mit einem Pferd bereichern wollte.

---

275 H.Chantraine, ‚Münzwesen' Kl.Pauly Bd.3, Stuttgart 1969 Sp. 1448.

276 Zur Entwicklung der Schildkröten und zur Datierung s. Alföldi S. 82.

Lokalgötter, wie in diesem Beispiel, ihnen heilige Tiere, lokale Sagen oder sprechende Wappen bilden den Fundus, aus dem für die frühen Münzabbildungen geschöpft wurde. Erst mit Zunahme der Prägeorte wird die Kennzeichnung durch ein oder mehrere oft archaische Buchstaben (hier altertümliche Form des K) als notwendig empfunden.

Abb. 48 Stater aus Korinth, Silber, ca. 540-510 v.Chr.
VS: Pegasos nach rechts gewendet, darunter ϙ (Koppa, altertümliche Form des K).
RS: Büste der behelmten Athena nach rechts, darunter ϙ .

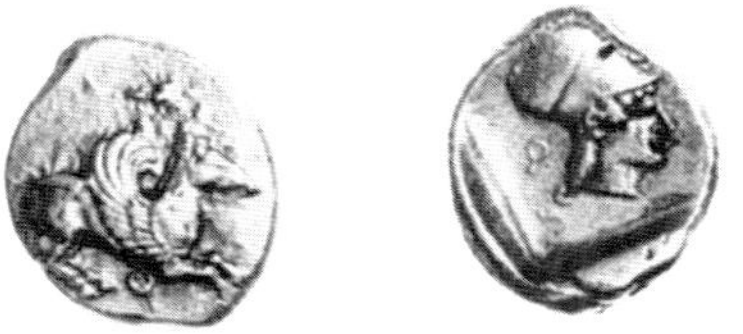

Die Münze in Abb. 48 hieß bei den Zeitgenossen das ‚Pferdchen', bezogen auf Pegasos, das von der Gorgo Medusa geborene geflügelte Pferd. Es war der Sage nach von Athena gebändigt worden. Mehr als 20 Orte (Tochterstädte Korinths) orientierten ihre Maße und Gewichte an Korinth, vor allem in Süditalien und Sizilien.

Münzlegenden

Die Ausformung des vollen Ethnikon (stadtstaatliche Zugehörigkeit) begründet die Tradition der Münzlegenden, in denen sich der Garant der Münze nennt, zugleich sich selbst beim Zahlungsverkehr ins Bewußtsein der Zahlenden hebt.

Die in der folgenden Entwicklung zu beobachtende Anpassung der Währungssysteme aufeinander erlaubt Rückschlüsse auf das herrschende Wirtschaftssystem. Bestimmend für das Währungssystem ist die wirtschaftiche Vormacht. Der in Abb. 45 gezeigte Stater aus Elektron orientierte sich z.B. zunächst am aiginetischen Währungssystem: 1 Stater Phokaias entsprach 10 aiginetischen Silberstater. Die griechische Inselwelt stand im 6. Jahrhundert ganz in der Einflußspäre Aiginas. Ab 522 v.Chr., als die samische Vormachtstellung mit dem Tod des Polykrates verlorenging und sich die Machtverhältnisse in der Ägäis zugunsten Athens verschoben, verringerte Phokaia die Legierung dergestalt, daß ein Stater 24 attischen Drachmen entsprach.[277] Der Ausbau der attischen Handelsmacht und die politische Hegemonie Athens im delisch-attischen Seebund zeigten während des 5. Jahrhunderts ihre Rückwirkungen auf die herrschenden Währungssysteme sowohl in Großgriechenland als auch in Kleinasien.

> „Die ‚Eulen' verdrängen in der Ägäis und in Ägypten alsbald die ‚Schildkröten' von Aigina und gefährden zweifellos mit Erfolg die

[277] Alföldi S. 95, s. auch Anm.19.

Porträtmünzen

Handelspräsenz von Korinth in Süditalien und auf Sizilien... Es ist daher kein Zufall, daß der dorische Vorort Siziliens, Korinths Tochterstadt Syrakus, bereits im attischen Gewicht zu prägen anfängt."[278]

Bildeten menschliche Köpfe zunächst ausschließlich Götter bzw. Göttinnen ab, so begannen im 5./4. Jahrhundert v.Chr. persische Satrapen, ihr Porträt auf Münzen zu setzen.

Abb. 49 Tetradrachmon des Satrapen Tissaphernes, 412 v.Chr
VS: Porträt des Tissaphernes (ohne Namen!)
RS: die attische Eule, aber die Inschrift bas(ileus).[279]

Vermutlich wurde die Münze in Abb. 49 zwecks Subsidienzahlungen an Sparta in Ionien geschlagen. Rein rechtlich gesehen müßten Porträts eine konkrete Person abbilden, die als persönlicher Garant für die Qualität der Münze erscheint.[280] Aber schon an diesem ersten Beispiel wird deutlich, daß der Propagandaeffekt wohl wichtiger war, in diesem Fall für den persischen Großkönig (s.o. basileus).

Eine echte Porträtmünze eines lebenden Sterblichen ist die des Satrapen Pharnabazos, da sie seinen Namen neben seine Abbildung setzt (Abb. 50).

Abb. 50 Tetradrachmon des Satrapen Pharnabazos, 410 v.Chr.
VS: Bärtiger Männerkopf nach rechts mit aufrechter Mütze (=Tiara).
RS: Drei Delphine um Schiffsschnabel.

Ob dieses Vorgehen in der griechischen Welt als Sakrileg empfunden wurde, ist schwer zu entscheiden. Tatsache ist, daß es noch fast ein Jahrhundert dauerte, bis Alexander der Große auf diese Vorgänger, und zunächst auch nur versteckt, zurückgriff (Abb. 51).

Alexander der Große ließ die Deutung seiner Prägungen also bewußt noch unbestimmt. Es war nicht zu entscheiden, ob Herakles mit den Gesichtszügen Alexanders oder Alexander als Herakles abgebildet war.

Nach Alexanders Tod[281] prägten einzelne Diadochen sein Porträt, setzen ab 305 v.Chr. dann ihr eigenes oder das des Dynastie-

[278] Alföldi S. 85; im attischen Münzfuß wog die Drachme 4,37g, im äginetischen 6,24g.

[279] basileus = König.

[280] S. Alföldi S. 122f.

[281] Noch heute werden auf unseren Zwei- oder Fünfmarkstücken oder 10 DM-Gedenkmünzen nur verstorbene Politiker abgebildet.

Abb. 51 Tetradrachmon Alexanders des Großen, 336-323 v.Chr.
VS: Kopf des Herakles im Löwenfell mit den Porträtzügen Alexanders.
RS: Inschrift rechts: ALEXANDROU, Zeus mit Zepter und Adler nach links, thronend, Münzstättenkennzeichen und Fackel.

gründers auf die Münzen. Dies begründete die Tradition der Herrscherporträts, die zugleich Ausweis für Monarchien sind.[282]

Einfluß griechischer Münzen

Währungssysteme anderer Völker entstanden durchweg unter dem Einfluß griechischer Münzprägung. Dabei ist nicht nur die Rede von hellenisierten Reichen, wie z.B. Baktrien und dem gräko-indischen Reich in der Nachfolge Alexanders, sondern z.B. ab 200 v.Chr. von den Kelten, die im Kontakt mit den Griechen zunächst deren Münzen, später auch römische, nachahmten, dann aber künstlerisch eigene Wege gingen (Abb. 52). Die modern anmutende Abstraktionsfähigkeit der Kelten und die vergleichsweise wenig ausgeprägte Staatlichkeit im keltischen Gesellschaftsverband erlaubte Münzprägungen in enormer Vielfalt und Kreativität. Für Menschen ohne eigene Schriftlichkeit sind bestimmte Grundthemen, die, wie auch immer, in Bilder umgesetzt werden, eindrücklicher. Die Deutung dieser Umsetzungen ist bis heute schwierig, da zu wenig keltisches Gedankengut erhalten blieb. Selbst Schriftzeichen wurden zu Phantasiezeichen aufgelöst, da die keltischen Münzen offenbar keines Garanten bedurften. Ob ein definiertes Prägerrecht existierte und wem es zukam (reichen Handelsherren oder Stammesfürsten), kann ebenfalls nicht entschieden werden.

Abb. 52 Keltischer Stater nach dem Typ Alexanders.

Die Karthager prägten erst ab 410 v.Chr. aus militärischen Erfordernissen oder handelspolitischer Notwendigkeit für Sizilien, nicht für das Mutterland selbst. Die Prägungen orientierten sich stark an den syrakusanischen Emissionen.

Das Ausgreifen Roms nach Großgriechenland im Pyrrhoskrieg verlangte auch von den Römern eine Anpassung an die in der

282 Um den ideologischen Tatbestand der ‚res publica' auszuweisen, prägte Augustus vor 27 v.Chr. in vergleichbarer Unbestimmtheit Münzen seines Hauptgottes Apoll mit seinen eigenen Gesichtszügen bzw. Münzen mit Augustusporträt und den Attributen Apolls. S. Albert S.23.

Das römische Münzsystem

griechischen Welt üblichen Währungen, die mit der Schaffung der römisch-campanischen Didrachme (Legende Romanom, später Roma) geleistet wurde (Abb. 53).

Abb. 53 Didrachmon, Silber, Rom 225/212 v.Chr.
VS: Ianuskopf.
RS: Iupiter in von Victoria gelenkter Quadriga nach rechts, unten im Rahmen ‚ROMA'.

Dieser sogenannte Quadrigatus schloß sich in seinem Gewichtsstandard den griechisch-unteritalischen Silberprägungen an.

Der Quadrigatus hatte münzähnliche Vorläufer, nämlich das Aes grave, das nicht geprägt, sondern noch gegossen wurde.[283] Das römische Schwergeld bestand aus ‚Erz' (95 Teile Kupfer, 4 Teile Zinn, 1 Teil Zink), denn nach den Samnitenkriegen stand Rom viel Bronze zur Verfügung, hinzu kamen die ehemals etruskischen Kupferminen. Da zum As (Abb. 54) noch kleinere Nominale gegossen wurden, kann man von einem aes-grave-System sprechen, das von Rom seinen Ausgang nahm und von anderen italischen Gemeinden (z. T. mit anderem Grundgewicht, ebenfalls Pfund benannt[284]) übernommen wurde.

Abb. 54 As, Erz, Rom 225/217 v.Chr.[285]
VS: Kopf des bärtigen Ianus mit Lorbeerkranz.
RS: Prora (Schiffsvorderteil), darüber Wertzeichen I.

Das Bild wurde für die frühen Prägungen insofern wichtig, als es das Nominal kennzeichnete,

Beispiel der Prora-Serie:

Namen	Zeichen	Bild	Gewicht
As	I	Ianus/Prora	1 Pfd
Semis	S	Iupiter/Prora	1/2 Pfd
Triens	oooc[286]	Minerva/Prora	4 Unciae
Quadrans	ooo	Hercules/Prora	3 Unciae
Sextans	oo	Mercurius/Prora	2 Unciae
Uncia	o	Bellona/Prora	1 Uncia

283 Zum gegossenen Roherz s.o. Abb. 44.

284 Die Bandbreite reicht von 341 g bis 272,88 g (oskisches Pfund). Ein römisches Pfund entspricht 327,45 g.

285 Die Münzserie wurde sprichwörtlich, denn beim Hochwerfen einer Münze fragte man noch in der Spätantike ‚capita aut navia' (Köpfe oder Schiffe).

286 Kreisrunde Kugeln, die die Wertstufen markieren.

Wohl um 289 v.Chr. unterstellte man das Münzwesen dem Kollegium der Tresviri monetales. In ihre Verantwortlichkeit fällt wohl die Schaffung des aes grave.

Die Einführung des Didrachmon im Zusammenhang des Pyrrhoskrieges (280-275 v.Chr.) wurde schon erwähnt. Im 2. Punischen Krieg verschlechterte sich sein Feingehalt erheblich. Um dem römischen Silbergeld wieder Geltung zu verschaffen, führte man kurz vor 211 v.Chr.[287] den Denar ein.

Es entstand das römische Münzsystem, das im Jahr 135 v.Chr. noch einmal eine Angleichung erfuhr, die im folgenden in Klammern steht:

10	(16)	Denar	AR[288]	Zeichen X oder X̶ [289]
5	(8)	Quinar	AR	Zeichen V oder V
2,5	(4)	Sesterz	AR[290]	Zeichen IIS oder IS
1	(1)	As	Kupfer	
1/2		Semis		
1/4		Quadrans		

Aureus (ab Caesar) = 25 Denare

Goldquinar (ab Augustus) = 12,5 Denare

Münzmeisternennungen

In der Entwicklung von Bild und Schrift ergab sich etwa in der Mitte des 2. Jahrhunderts v.Chr. noch einmal ein erheblicher Einschnitt, weil um diese Zeit die Münzmeister begannen, ihre Namen auf die Münzen zu setzen und Propaganda für ihre Familie zu machen. Zwei Beispiele für viele:

Abb. 55 Denar, Silber, um 104 v.Chr.
VS: Romakopf nach rechts, unter dem Kinn X, oben im Feld Roma, links P.Laeca.
RS: Ein Soldat im Panzer legt die Hand auf den Kopf eines Togatus links von ihm; rechts ein Lictor mit Fasces; im unteren Abschnitt ‚PROVOCO'.

Der familiäre Bezug des Münzmeisters P.Porcius Laeca zielt auf das Jahr 195 v.Chr. ab, in dem einer seiner Vorfahren mit dem gleichen Namen die lex Porcia de provocatione eingebracht hatte. Das Recht auf Berufung in der Volksversammlung wurde mit diesem Gesetz auf das gesamte

287 Alföldi S. 149.
288 AR für Silber (= argentum).
289 Man konnte, wenn man das Wertzeichen geschickt verdeckte, beim Zahlen jemandem ‚ein X für ein V' vormachen.
290 Unter Augustus (wohl ab 18 v.Chr.) wurde der Sesterz in Messing (aurichalcum) geprägt.

Reichsgebiet ausgedehnt. Der Togatus[291] darf also auch in Gebieten außerhalb der Stadt sein Berufungsrecht in Anspruch nehmen. Im Jahr 104 v.Chr. eine solche Münze zu prägen, war aber auch ein Politikum, da seit Tib. Gracchus zahlreiche Verstöße gegen das Provokationsrecht erfolgt waren.

In die Zeit Caesars gehört die Münze in Abb. 56.

Abb. 56 Denar, um 46 v.Chr.
VS: Büste der Iuno nach rechts mit Ohrring und Halskette, Inschrift links ‚MONETA'.
RS: Münzwerkzeuge im Lorbeerkranz, ein Amboß, links und rechts davon Zange und Hammer, darüber die Kappe des Schmiedegottes Vulkan.

Abgesehen davon, daß uns die Rückseite dieser Münze Auskünfte zur Technik des Münzschlagens liefert, weist sie auch auf eine Tradition in den europäischen Sprachen hin, die in Rom ihren Anfang nahm. Wir kennen den Begriff Moneten, aber auch das Wort Münze leitet sich davon ab, da das Wort vor der hochdeutschen Lautverschiebung nach Germanien kam.[292] Auf dem Kapitol befand sich neben der republikanischen Prägestätte der Tempel der Iuno Moneta. Er war 344 v.Chr. von L.Furius Camillus aus Dankbarkeit für die Errettung des Kapitols durch die Gänse der Göttin eingeweiht worden. Ihr Beiname geht auf monere (mahnen, in Erinnerung rufen) zurück. Sie soll ihre Stimme bei einem Erdbeben erhoben und ein Sühnopfer angemahnt haben.[293]

Goldprägungen

Unter der Diktatur Caesars erfolgte noch einmal ein zukunftsweisender Einschnitt mit der Einführung regelmäßiger Goldprägungen, die ab diesem Zeitpunkt nicht mehr abbrechen und deutlich auf die mit seinem Nachfolger beginnende Monarchie hinweisen. Eine erste römische Goldprägung tauchte wegen Silbermangels in der Not des Zweiten Punischen Krieges im Jahr 216 v.Chr. auf mit der Darstellung einer Eidesleistung (coniuratio) zur Mobilisierung aller militärischen Kräfte. Aufgrund imperatorischen Rechtes[294] prägten T.Quinctius Flamininus in Griechenland und Sulla im Osten zur Zeit der

[291] Die Toga war Ausweis für einen römischen Bürger.
[292] Kluge S.494: o zu u und e zu i = munita > mhd. münze.
[293] Cic.de div. I 45, 101; dazu Simon Röm. Götter S. 104.
[294] Imperatoren hatten das Recht, in Kriegsgebieten Edelmetall zu prägen. Dieser Tradition trägt Augustus insofern Rechnung, als Goldprägungen unter ihm nur außerhalb Roms vorgenommen wurden. Erst seit Caligula wurde auch in diesem Bereich nicht mehr der Schein gewahrt.

römischen Republik ebenfalls Goldmünzen. Caesar aber war der erste, der dies auch wiederholt in Rom veranlaßte. Darüber hinaus erhielt er vom Senat das Recht, sein Porträt auf Münzen zu setzen. Damit war die Basis gelegt für die Prägungen der römischen, aber auch der europäischen Kaiser und Könige. Die Vorderseite trägt das Porträt des Monarchen und seine Titel. Die Rückseiten setzen entweder diese fort oder dienen für politische Aussagen oder der Herrschaftspropaganda.

Münzgeschichte der Kaiserzeit

Ein Ausblick der Münzgeschichte in die Kaiserzeit erweist eine zunächst langsame, später schnellere stetige Münzverschlechterung. Die durch das Regierungssystem bedingten Probleme zeigten sich nicht sofort unter Augustus, da durch den Ptolemäerschatz und die Ausbeutung der Gold- und Silberminen in Spanien und Noricum reichlich Ressourcen vorhanden waren. Rom war reich geworden. Gold z.B. erfuhr eine drastische Verbilligung: ein Aureus (zu 7,8 g) entsprach 25 Denaren. Im 2.Jahrhundert mußte man für 7,9 g Gold 35 Denare zahlen.

Das Prinzipat hatte sein Fundament im Militär. Spätestens ab Claudius ‚machte' das Militär die Kaiser. So kam der Besoldung der Truppen ein besonderes Gewicht zu.

> „Die Münzprägung des Augustus diente offenbar in erster Linie der Besoldung der Truppen. Die Notwendigkeit, die Truppen und ihre Offiziere mit einer einheitlichen, überall gültigen Kurantmünze zu entlohnen, führte wohl vor allem zur Bildung einer Reichswährung und zur Vereinheitlichung besonders der Edelmetallprägung im ganzen Imperium. Die Münzstätten lagen dann auch nicht zufällig meist dort, wo auch die großen Armeeverbände stationiert waren oder von wo diese Armeeverbände doch leicht erreicht werden konnten..."[295]

Donative und erhöhte Soldzahlungen um sich die Soldaten geneigt zu machen, bewirkten im Laufe der Zeit, daß der Münzfuß unaufhaltsam sank.

Die Münzreform Neros im Jahr 64 n.Chr. trug dieser Entwicklung offiziell Rechnung. Er setzte den Aureus von 1/42 unter Augustus auf 1/45 Pfund zu 7,4-7,25 g herab. Mit kurzer Unterbrechung unter Domitian blieb der Aureus so bis ins 3.Jahrhundert. In dieser Zeit verfiel er bis zu 1/72 Pfund und auch der Goldanteil von bis dahin 99% wurde reduziert. Erst Konstantin der Große erreichte mit der offiziellen Einführung des Solidus (zuverlässig, beständig) zu 1/72 Pfund (4,4 g) eine Goldwährung, die stabil blieb. Dank Konstantins machtpolitischem Erfolg wurde der Solidus mit seinen Teilstücken zur Reichswährung und begründete eine bis ins fränkische Münzsystem reichende Tradition.

---

[295] Kienast S. 330f.

Auch die Silberwährung, der Denar, wurde von Nero auf 1/96 Pfund (vorher 1/72) zu ca.3,4 g gesenkt. Der Feingehalt wurde von 95% auf 93% reduziert. Im Laufe des 2.Jahrhunderts n.Chr. verlor er weiter an Gewicht bis zu 3 g und der Feingehalt sank auf 72%.

Mit der Schaffung des Antoninian paßte Caracalla um 215 n.Chr. die Silberleitwährung den realen Verhältnissen an. Der Antoninian war ein untergewichtiges Doppelstück des Denars von 5,3 - 4,7 g. Erkennbar war er an der Strahlenkrone für den Kaiser und der Mondsichel für die kaiserlichen Frauen. Als Hauptnominal des 3.Jahrhunderts wurde er zum Träger der rapiden Münzverschlechterung: um 260 fällt der Feingehalt von 33% auf 4-6% oder er enthielt gar kein Silber mehr. Selbst beim Bronzeantoninian wurde das Gewicht verringert. Staatsverfall und Münzverfall hingen eng miteinander zusammen. Nach der Münzreform Diocletians lebte der Denar nur noch als Rechenwert fort.

Das von Augustus eingeführte System der Aeswährung überlebte bis in die Mitte des 3.Jahrhunderts, bevor auch hier eine Verschlechterung eintrat. Die einschneidenste Veränderung im Bereich der Bronzeprägungen erfolgte mit der Einführung des Follis (Beutel) unter Diocletian (ab 293). Die Bezeichnug geht auf eine durch Siegel verbürgte Menge von Kupfergeld in einem Beutel zurück. Ab Diocletian hieß aber wohl auch die einzelne Münze so. Sie wurde zum Hauptnominal der Kleingeldsorten. Fast mit seiner Einführung setzte auch eine Abknappung ein, d.h. er wurde ständig kleiner. Spätere Nominale (Maiorina und Centeniales) markieren weitere wenig erfolgreiche Münzreformen.

Die wichtigsten Abkürzungen einer kaiserzeitlichen Münze

Das folgende Beispiel in unserer kleinen Überblicksgeschichte soll mit den wichtigsten Bestandteilen einer kaiserlichen Prägung vertraut machen.

Abb. 57 Vespasianus, Sesterz, Messing, 71 n.Chr.
VS: Kopf des Vespasianus mit Lorbeerkranz nach rechts, Legende: IMP CAES VESPASIAN AVG P M TR P P P COS III.
RS: Unter einer Palme sitzt eine trauernde Frau, links davon ein Mann im Militärgewand; Legende IVDAEA CAPTA darunter SC.

Die Münze in Abb. 57 verkündet die Niederwerfung des jüdischen Aufstandes. Der Sieg, von Vespasians Sohn Titus errungen, gehört dem Kaiser, denn seit Augustus stehen alle Kämpfe unter den Auspizien[296] des Kaisers. Die Abkürzungen sind wie folgt aufzulösen:

[296] Auspicia sind Zeichen des göttlichen Wohlwollens oder Unwillens, wie z.B. Blitz, Donner, Vogelflug u.a.

IMP – Imperator, anstelle des Praenomen C. von Octavian im Jahr 38 angenommen (praenomen imperatoris); taucht IMP nach dem Namen auf und ist mit einer Zahl versehen, bezieht sich dies auf imperatorische Akklamationen[297], die dem Kaiser nach militärischen Siegen zukamen. Die romanischen Sprachen bewahren den Begriff z.B. empereur.

CAES – Ursprünglich das Cognomen von C.Iulius Caesar, der es durch die Adoption an Octavian und dieser an die Nachfolger des iulisch-claudischen Hauses vererbt. In Form von ‚Kaiser' wird es als erstes Lehnwort im Germanischen übernommen. Ab Hadrian (137 n.Chr.) bezeichnet Caesar den vorgesehenen Nachfolger.

AUG – Im Jahr 27 v.Chr. wurde Octavian vom Senat der Ehrenname Augustus verliehen. Er steht immer für den amtierenden Kaiser und hinter dem eigenen Namen. In der Folge wird der Ehrenname zur Herrschaftsbezeichnung. Bei zwei Herrschern erscheint die Abkürzung: AUGG .

P M – Der pontifex maximus steht allen großen Priesterkollegien Roms vor. Caesar erhielt die Würde noch durch Wahl, Augustus übernahm sie im Jahr 12 v.Chr.[298] Ab diesem Zeitpunkt bis ins 4.Jahrhundert n.Chr. blieb sie dem jeweiligen Augustus bzw. dem gleichrangigen höchsten Herrscher vorbehalten.

TR P – Die tribunicia potestas ist die vom Amt losgelöste Amtsbefugnis eines Volkstribunen. Sie wurde Augustus im Jahr 23 v.Chr. auf Lebenszeit verliehen und formal jährlich erneuert. Stehen also Zahlen bei der Abkürzung dabei, kann man das Regierungsjahr des Kaisers erschließen.[299]

P P – Der Ehrentitel pater patriae wurde Augustus im Jahr 2 v.Chr. verliehen und von den nachfolgenden Kaisern sehr schnell übernommen.

COS – Konsul. Die Kaiser übernehmen bei besonderen Gelegenheiten, z.B. Vorstellung ihres Nachfolgers u.ä., das Konsulat. Die Zahl gibt die Häufigkeit an. Vespasian hatte im Jahr 71 n.Chr. das Konsulat zum dritten Mal inne.

---

297 Ausrufung eines Sieges im Feld durch die Truppen.

298 Im Jahr 12 v.Chr. starb M. Aemilius Lepidus, der frühere, aber abgesetzte Triumvir. Da die Würde auf Lebenszeit vergeben wurde, hatte er eine frühere Übernahme blockiert.

299 Diese Abkürzung kann auf Münzen auch fehlen.

6.3 Massenmedium Münze – Aussagefähigkeiten und Grenzen

In der heutigen Medienlandschaft gibt es so zahlreiche andere Möglichkeiten, daß die Münze als Träger von Botschaften kaum in den Blick rückt, sie ist reines Zahlungsmittel. Erst die Diskussion um Bilder und Aufschriften des Euro verdeutlichen die Bedeutung von Bild und Legende einer Münze, wobei die bisher vorgestellten Vorschläge wenig Inspiration im Sinne europäischer Integration verraten, am allerwenigsten das Bewußtsein für die gemeinsamen Wurzeln in der Antike.

Wir haben uns also die Frage zu stellen, ob – um mit Göbl zu sprechen – die Münze „das erste Massenkommunikationsmittel der Geschichte“[300] ist. Dabei können die griechischen Münzen beiseite gelassen werden, da sie selten direkte historische Bezüge aufweisen. Zum offiziellen ‚Nachrichtenorgan‘ wurden Münzen zweifelsohne in der römischen Kaiserzeit. Die Herstellung bewußt aufeinander abgestimmter Serien, die Menge der Emissionen, die Langlebigkeit im Umlauf[301] und die Haltbarkeit machten die Münze zu einem hervorragenden Informationsträger.

Massenkommunikation

Aber Massenkommunikation ist mehr als nur Information. Vom Ursprung her ist der Begriff ein Widerspruch in sich. Masse, abgeleitet vom griechischen μαζα Brotteig, resp. μασσειν kneten, lat. massa meint den ungestalteten Klumpen oder Stoff, der erst von außen geformt, geknetet wird. Der Mangel an Selbsttätigkeit schließt also eigentlich Kommunikation aus und lenkt unser Augenmerk vor allem auf die Beeinflussung von außen.

> „Der Übergang zur Masse erfolgt, wenn die Menge derart intensiven und eindringlichen, sie in gleichem Maße beeinflussenden Eindrücken, Erlebnissen und Reizwirkungen ausgesetzt ist, daß sie von einer gemeinsamen Spannung und Gemütsbewegung erfaßt wird, die geeignet ist, eine gemeinsames Vorgehen und Handeln konstituierende psychische Lage hervorzubringen.“[302]

Durch den Intensitätsgrad der Gemütsbewegung entstehen Erwartungen, die etwas der Kommunikation Vergleichbares auslösen und worauf der ‚Prägende‘ reagieren muß, will er glaubwürdig bleiben. Es entsteht also durchaus eine Art Kommunikation, wenn

---

300 Göbl S. 42.

301 Vorneronische Prägungen werden noch im 3. Jahrhundert als legale Umlaufmünzen genannt.

302 Johannes Chr. Papalekas, ‚Masse‘ in: Handwörterbuch der Sozialwissenschaften Bd.7, Stuttgart, Tübingen 1961, S. 221.

auch die Initiative resp. der stärkere Handlungsspielraum beim Beeinflussenden liegt, der das Massenmedium, in unserem Fall die Münze, handhabt.

An einem Beispiel soll diese Wechselwirkung verdeutlicht werden:

Das Partherproblem

Die Römer hatten seit dem mißglückten Feldzug des Crassus, bei dem im Jahr 53 v.Chr[303] Feldzeichen verloren gegangen und römische Bürger in Gefangenschaft geraten waren, größte Probleme mit dem Partherreich. Caesar plante kurz vor seiner Ermordung einen Partherfeldzug und Antonius scheiterte im Jahr 36 v.Chr. mit seinem Rachefeldzug für Carrhae. Diesem immer noch schwelenden Problem mußte von Octavian Rechnung getragen werden. Die Friedenssehnsucht in Rom und Italien wurde von ihm in die Erwartung eines Goldenen Zeitalters gelenkt, dessen eine Vorbedingung die Wiederherstellung der Größe Roms und die Tilgung der römischen Schmach im Osten war. Am Ende der Georgica Vergils heißt es:

> „Caesar indes, der gewaltige, schleudert am tiefen Euphrat Blitze im Krieg. Als Sieger gibt er Gesetze den willigen Völkern, so strebt er hinan die Bahn zum Olympus.“[304]

In diesem Text wird Octavian in die Nähe Iupiters gerückt, wenn er erfolgreich den Krieg gegen die Parther führt. Die Georgica entstanden zwischen 37 und 29 v.Chr.

> „Es liegt nicht fern, hier einen Reflex der öffentlichen Meinung darauf zu sehen, daß Augustus nach der Eroberung Ägyptens und der Neuordnung Kleinasiens die Auseinandersetzung mit den Parthern hinausschob.“[305]

Augustus kam also an einer Lösung des Partherproblems nicht vorbei, ließ sich aber von der öffentlichen Meinung nicht unter Druck setzen. Er veranlaßte im Jahr 20 v.Chr. den massierten Aufmarsch von Truppen im Ostteil des Imperiums, gleichzeitig aber verhandelte er mit dem Partherkönig Phraates IV. und erzielte auf diplomatischem Wege einen Kompromiß ohne militärischen Konflikt. Für ihn wichtigster Bestandteil der Regelungen war die Rückführung der Gefangenen und der Feldzeichen.[306] Letzteres feierte er dann wie einen militärischen Sieg:

---

303 Vernichtende Niederlage von Carrhae in Obermesopotamien.
304 Vergil, georg. 4, 604f.
305 Hans D. Meyer, Die Außenpolitik des Augustus und die augusteische Dichtung, Köln, Graz, 1961, S.25. Zur Gesamtdeutung auch Zanker S. 191ff.
306 am 12.Mai 20 v.Chr.

„Augustus nahm sie (die Feldzeichen) auf eine Art und Weise in Empfang, als ob er den Parther in einem Krieg besiegt hätte."[307]

Münzpropaganda zur Partherfrage

Auf einer in großer Menge geprägten Münzserie wurde dieses Ereignis der Öffentlichkeit bekannt gemacht (Abb. 58). Verantwortlich scheinen zwar die Münzmeister der Jahre 19 und 18 v.Chr., dennoch ist eine Einflußnahme durch Augustus m.E. nicht auszuschließen.

Abb. 58 Denar, Münzstätte Rom, Münzmeister P.Petronius Turpilianus, ca. 18 v.Chr.
VS: Drapierte Büste der Feronia mit Diadem und Halskette nach rechts; Umschrift:TURPILIANUS IIIvir, unten F – ero (Feronia).
RS: Kniender bärtiger Parther in Hosentracht mit einem römischen Feldzeichen in der Rechten. Umschrift CAESAR AUGUSTUS SIGN(is) RECE(ptis).

Der Kult der Feronia, der zum römischen Staatskult gehörte, war über ganz Mittelitalien verbreitet. Ihre Herkunft und Funktion sind unklar, sie scheint aber etwas mit Freilassung oder Freigelassenen[308] zu tun zu haben. Vermutlich bezieht sich die Vorderseite der Münze auf die freigelassenen Gefangenen, die Rückseite auf die Rückgabe der Feldzeichen. Der Parther – und dies ist entscheidend – kniet bei der Übergabe wie ein Unterworfener, was dem wirklichen Sachverhalt gleichrangiger Verhandlungspartner nicht entspricht. Auch bei den anderen Münztypen des Turpilianus, einmal mit Bacchuskopf[309], das andere Mal mit ausgeschriebenem Namen P.Petron(ius) Turpilian(us)[310], bleibt der Parther kniend.

Bildnerische Darstellung der Feldzeichenübergabe

Eine differenziertere Sehweise dokumentiert sich im mehr privaten Bereich des Kaisers, nämlich auf dem Brustpanzer des Augustus von Prima Porta (Abb. 59).

In der gleichen Szene steht der Parther zwar rechts, aber gleichrangig dem links[311] stehenden Römer gegenüber, d.h. der

---

307 Cass.Dio 54,8,2

308 217 v. Chr. opferten ihr Freigelassene den Erlös einer Geldsammlung (Liv. 22,1,18).

309 RIC I[1] Aug 98; Bacchuskopf und Elephantenbiga verweisen auf Dionysos, was in diesem Kontext eigentlich nur als Rückbezug auf Antonius gewertet werden kann.

310 RIC I[1]Aug 100.

311 In der gängigen Ikonographie kommt der Sieger von links.

Abb. 59 Augustus von Prima Porta.

Römer ist zwar Sieger, aber der Parther kein Unterworfener. Wichtig ist die kosmische Einbindung (Uranos, Sol, Erdgöttin Tellus).

> „Der Princeps, der dieses neuartige Siegesbild auf seinem Panzer trägt, wird als Sachwalter von Vorsehung und Götterwille verstanden. Es kommt nicht mehr auf glanzvolle Taten an. Der Göttersproß garantiert die Ordnung der Welt."[312]

Expansionserwartung in der Dichtung

Die an die breite Öffentlichkeit Roms gerichteten Münzen tragen also indirekt der Expansionserwartung breiter Schichten Roms

312 Zanker S. 195.

Rechnung. Die offiziöse Hofsprache blieb auch in der Folgezeit dabei, so, wenn es z.B. im Carmen Saeculare des Horaz heißt:

> „Und erhöret ihn, der euch weiße Rinder
> Opfert, ruhmvoll Blut des Anchises und der
> Venus, ihn, im Kampf erprobt und gütig
> Zu den Besiegten.
>
> Seht, schon fürchten Meder zu Land und zu See die
> Heeresmacht und Beile von Alba Longa,
> Schon gehorcht der Skythe, Rebell noch kürzlich,
> Und selbst der Inder.[313]

Dieses Lied wurde als Festgesang für die Saekularspiele im Jahr 17 v.Chr. für eine große Menschenmenge verfaßt, d.h. zu einem Zeitpunkt, als die Partherfrage längst geregelt war. Selbst in seinem Tatenbericht hat sich Augustus diese Auffassung zu eigen gemacht:

> „Die Parther zwang ich, Beute und Feldzeichen dreier römischer Heere zurückzugeben und dabei demütig bittend (supplices petere) um die Freundschaft des römischen Volkes nachzusuchen."[314]

Ein Zitat dieser Münze taucht im Jahr 77/78 n.Chr. wieder auf, nun allerdings für einen ausgesuchteren Adressatenkreis, da in Gold ausgemünzt wurde.[315] Es bezieht sich auf ein parthisches Hilfsgesuch, wodurch ein ganz anderer historischer Kontext entsteht.

Gefahren der Münzinterpretation

Halten wir also fest: Durch den glücklichen Umstand der Parallelüberlieferung (Münze, bildliche Darstellung, Dichtung) vermag dieses Beispiel hervorragend die Nutzung der Münze als Massenmedium, aber auch die Wechselwirkung der Massenkommunikation nachzuweisen. Wir sind nicht immer in einer so glücklichen Quellenlage.

Ein generelles Problem ist, daß sich die Münze im wesentlichen nur in Symbolen auszudrücken vermag. Diese waren den Zeitgenossen geläufig, mußten es sein, wenn sie wirken sollten, sind uns zuweilen aber fremd und verschließen sich dann einer Deutung. Darüber hinaus müssen sich Historiker/innen bei Heranziehung anderer Quellen vor zu schnellen Querverbindungen hüten.

Eine andere Gefahr besteht in individualisierenden und aktualisierenden Interpretationen. Auch dem antiken Prägeherrn war die vergleichsweise lange Umlaufzeit bewußt, d.h. die gewählten Aus-

---

313 Zitiert nach Erika Simon, Augustus, Kunst und Leben in Rom, München 1986, S. 18. Mit Meder sind die Parther und mit Alba Longa Rom gemeint.

314 RGDA 29.

315 Kent Tafel 60 Abb. 236.

sagen zielten vielfach auf Grundwerte und Überzeitlichkeit ab, auch in unserem gewählten Beispiel:

> „Der Parthersieg wird also als Voraussetzung und zugleich Folge des saeculum aureum gefeiert. Aus dem einmaligen historischen Ereignis wird ein exemplarisches Geschehen der neuen Heilsgeschichte." [316]

Appelle als Wunschvorstellung, nicht als Realität, formuliert, treten besonders in Krisenzeiten vermehrt auf.

7. Papyrologie

7.1 Allgemeine Einführung

Abgrenzung der Papyrologie

Die Papyruskunde[317] leitet ihren Namen allein von dem Schriftträger Papyrus ab. Unbefangene würde daraus schließen, daß alle Quellen, die auf Papyrus verzeichnet sind, in den Forschungsbereich der Papyrologie gehören. Dies trifft aber in zweierlei Weise nicht zu:

1. Die Papyrologie beschäftigt sich ausschließlich mit den griechischen und wenigen lateinischen Texten Ägyptens und Vorderasiens[318] ab der Eroberung durch Alexander den Großen (332 v.Chr.) bis zur arabischen Eroberung (641 n.Chr.). Damit entfallen für die Papyrologie alle Papyri, die der vorhellenischen Zeit angehören.[319] Sie werden der Ägyptologie überlassen, was z.T. nicht unproblematisch ist, da dadurch für die hellenistische Zeit Strukturen der Pharaonenzeit nicht immer als solche erkennbar sind. Die Papyrologie und die Ägyptologie sind also engstens miteinander verzahnt.
2. Aus inhaltlichen Gründen ordnet man die zahlreichen beschrifteten Tonscherben (Ostraka), aber auch Holz- und Wachstafeln aus Ägypten ebenfalls der Papyrologie zu, die sonst von der Epigraphik erschlossen werden. Tonscherben waren immer zur Hand und konnten deshalb schnell für Notizen, Abrechnungen oder auch kleine Nachrichten verwendet werden. Holz wurde insbesondere für Mumientäfelchen und die auch sonst im Imperium verbreiteten Wachstafeln gebraucht.

---

[316] Zanker S. 191.

[317] Grundlage meiner Ausführungen ist die Arbeit von Rupprecht, auf die vor allem im Hinblick auf weiterführende Literatur verwiesen wird.

[318] Es kommen einzelne, wenige Texte aus anderen Regionen des römischen Reiches dazu; s.u.S. 219.

[319] Die ersten Papyri stammen aus dem dritten Jahrtausend v.Chr. Die ältesten und besterhaltenen Papyri sind die Hieroglyphenrollen, unter ihnen der 40 m lange Papyrus Harris, ein Tatenbericht Ramses III.

Herstellung des Papyrus

Pergament fand erst ab dem 3./4. Jahrhundert Aufnahme, vornehmlich für literarische Texte. Steininschriften werden in Ägypten von Epigraphikern bearbeitet, müssen aber auch von der Papyrologie beachtet werden.[320]

Abb. 60 Herstellung von Papyri.

Papyrus wurde aus der Papyrusstaude, einem ein bis drei Meter hohen Riedgrasgewächs, hergestellt, dessen Verbreitung von Zentralafrika nach Süden und Norden ausging und im Norden vor allem in Unterägypten heimisch wurde. Da nur frisch verarbeitete Markstreifen eine gute Qualität erbrachten, wurde in unmittelbarer Nähe des Wuchsortes auch produziert. Obwohl das Vorkommen der Papyruspflanze außerhalb Ägyptens bezeugt ist, kann die Produktion in der Antike nur für Ägypten nachgewiesen werden. Die Herstellung unterlag in der Ptolemaier- und Römerzeit staatlicher Kontrolle.

Das entrindete Stengelmark wurde in feine, möglichst breite Streifen geschnitten, diese dicht nebeneinander gelegt, eine zweite Lage quer zum Faserverlauf darübergebreitet und zusammengeklopft bzw. gepreßt. Durch den stärkehaltigen Zellsaft verklebten beide Lagen beim Trocknen fest miteinander. Nach dem Trocknen wurden die Blätter geglättet und poliert. Plinius der Ältere überliefert neben der Herstellungsart die verschiedensten Sorten, deren Qualität vom Papyrus, aber auch von der Weiterverarbeitung abhing:

> „Die beste Beschaffenheit weist die mittlere Lage auf, dann die anderen in der Reihenfolge der Abtrennung. Hieratisches Papier hieß ehemals das nur für religiöse Bücher bestimmte, das dann aus Schmeichelei den Namen des Augustus erhielt, wie das zweitbeste nach seiner Gattin Livia benannt wurde. So stieg das hieratische zum dritten Rang herunter. Die nächste Sorte hatte nach dem Ort der Herstellung die ‚amphitheatrische' geheißen; nach Rom eingeführt, wurde sie in der kunstreichen Werkstätte des Fannius[321] durch sorgfältige Bearbeitung dünner gemacht, so daß aus dem gewöhnlichen das führende Material entstand, dem er auch seinen Namen gab."[322]

Die einzelnen Blätter wurden in beliebiger Zahl[323] aneinandergeklebt und in Form von Rollen (volumina), selten als Einzelblätter

320 Andere Beschreibstoffe sind Blei (vorrangig Fluchtafeln), Gold (die Tafeln von Pyrgi), Leinen (s.u.S. 232). Dazu Blanck S. 40ff.

321 Die Fanniana war 9 Finger (16,6 cm) breit, d.h. Sorte und Format wurden kombiniert.

322 Plin.n.h. 13,74 f.

323 Zwanzig Bogen ist nicht das Höchstmaß, wie Plinius sagt, sondern möglicherweise ein Fabrikmaß zur Berechnung der Kosten des unbeschriebenen Papyrus.

(folia) in den Handel gebracht. Die Klebungen wurden so sorgfältig durchgeführt, daß sie sogar überschrieben werden konnten. Die Textkolumne mußte sich also nicht nach der Blattgröße richten.

Eine systematische Untersuchung der Formate steht noch aus. Im Durchschnitt betrug die Höhe eines Blattes bzw. einer Rolle 20-40 cm. Die Angaben zur Länge einer Rolle variieren für den Durchschnitt zwischen 2,2 bis 11 m.

Von Interesse sind auch die Preise für Papyrus. Es wurden zwar Preisangaben[324] überliefert, aber sie sind nach Zeit, Format und Währung nicht vergleichbar. Weil wir wissen, daß für den schnellen Alltagsgebrauch Tonscherben verwendet wurden, daß auch Rückseiten beschrieben oder beschriftete Seiten zur Wiederverwendung von der Tinte gereinigt wurden, so kann Papyrus nicht all zu billig gewesen sein. Hier ein Beispiel:

Übersetzung:

An den hochverehrten, lieben Nepheros, Paulos.
Ich habe auch schon durch die Brüder Aspidas und Paulos Briefe an Deine Frömmigkeit gesandt, daß Du, wenn es Dir gut dünkt, den Weizen, den uns Papnuthis, der Sohn des Horion, schuldig ist, in Empfang nimmst und davon drei Artaben in Broten an die Armen verteilst, die übrigen dreizehn aber bei dir behältst und uns in drei Lieferungen Brot sendest. Schicke uns aber, wenn möglich, schnell einen Korb voll! Wenn Du geruhst, uns schriftlich zu antworten, so denke daran, uns mitzuteilen, ob Du das Öl bekommen hast, das wir durch unsere Schwester Taese zu Deiner Verfügung gesandt haben. Schreibe uns unverzüglich, was du aus Alexandria brauchst! Richte Protos in bezug auf das Eisen, worüber er mir geschrieben hat, aus, daß es die Ware zur Zeit in Alexandria nicht gibt.
Wir grüßen alle Brüder, die bei Dir sind; wir bitten Dich, mit ihnen gemeinsam in Euren Gebeten auch unser zu gedenken.
Der Herr des Universums möge Dich an Leib und Seele gesund erhalten!

Rückseite:
An den hochverehrten, lieben Nepheros, Paulos.

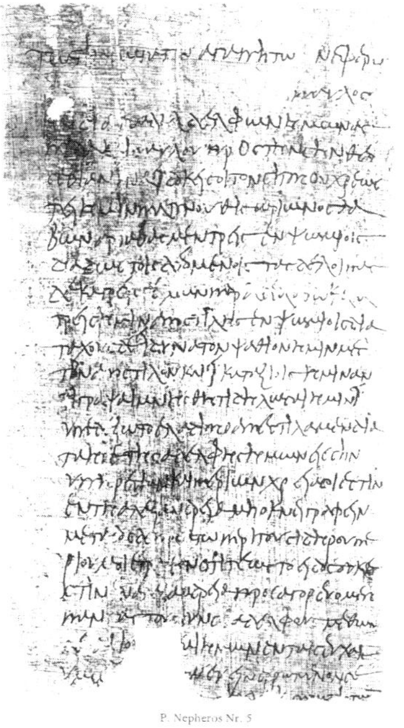
P. Nepheros Nr. 5

Abb. 61 Papyrus Nepheros Nr. 5 (Herkunftsnachweis s. S. 342)

324 Z.B. die auf Stein erhaltene Baurechnung des Erechtheion in Athen aus dem 5. Jahrhundert. (IG I^{2}374, col. IX,279-281) Hier zahlte man für zwei Papyrusblätter zwei Drachmen und vier Obolen. S. Schubart S. 22

Aus schreibtechnischen Gründen bildete die Seite mit den Horizontalfibern die Innenseite. Sie wird als recto bezeichnet und liefert einen chronologischen Anhaltspunkt, da sie immer als erste beschriftet wurde, wenn man aus Kostengründen auch die Rückseite, verso, benutzen wollte (opistrographe Papyri). Die Rolle erhielt meist noch ein Vorsatzblatt mit Vertikalfibern, das lediglich dem Schutz der Rolle diente.

Geschrieben wurde mit Lösungen aus Ruß, militärische Inhalte oder Überschriften in Rot mit einer Zinnoberlösung. Als Schreibgerät diente ein schräg geschnittenes Binsenrohr, als Unterlage meist eines der Knie, unterstützt zuweilen durch eine Holzunterlage. (s. Abb 62 linke Figur)

Abb. 62 Schulszene aus Neumagen.

Beim Lesen hielt man die Rolle waagerecht und las bei griechischen oder lateinischen Texten von links nach rechts. Ein Holzgriff (scapus), um den der Papyrus gewickelt wurde, erleichterte das Weiterlesen (Abb. 62). Nach der Lektüre mußte man wieder an den Anfang zurückrollen.

Verbreitung

Papyrus wurde als Beschreibstoff und Verpackungsmaterial (emporitischer Papyrus) während der gesamten Antike bis ins Mittelalter hinein überall im Mittelmeerraum, im Imperium Romanum und seinen Nachfolgestaaten verwendet. Ab dem 3. Jahrhundert verlor der Papyrus immer mehr an Qualität. Nach und nach wurde er im Osten von Hadernpapier, im Westen von Pergament abgelöst.[325]

Dieser weiten Verbreitung entspricht nicht die Fundsituation, da das Material sich nur in trockenem, heißen Klima hält. Der heiße Wüstensand Ägyptens bot die besten klimatischen Bedingungen, aber auch das Klima des Zweistromlandes und Palästinas. Außerhalb solcher Klimabereiche überdauerte Papyrus nur in karbonisierter (verkohlter) Form, wie z.B. die in Herkulaneum 1752-1764 gefundenen Papyrusrollen.[326]

Sowohl Herstellung als auch Erhaltung verweisen auf Ägypten. Dieser geographischen Einseitigkeit steht ein großer Reichtum an Funden gegenüber.

> „Papyri gibt es demgegenüber in so ungeheuren Mengen, daß an eine vollständige Erfassung nicht zu denken ist; selbst diejenigen, die bereits in Museen lagern, sind so zahlreich, daß ihre Sichtung hinter den Neufunden erheblich hinterherhinkt. Das ist ja auch kein Wunder, denn Papyri sind nichts anderes als Papier, das in Unmengen täglich benutzt wurde. Wir haben also gewöhnliche Notizzettel, Privatbriefe, Schülerhefte, Verträge, bis hin zu Grundstückskatastern, Teilen von Büchern mit Texten der schönen Literatur und staatlichen Dokumenten einschließlich königlicher Gesetze."[327]

Ein großer Teil der Papyrusfunde stammt aus den Abfallhügeln (Sebbach) mittelägyptischer Orte, die die Fellachen wegen des darin enthaltenen Düngers abbauten. Die mit dem Hausabfall weggeworfenen Papyri wurden, als das Interesse der Europäer daran bekannt wurde, von den Bauern verkauft. Über den Antiquitätenhandel kamen die Funde durch Privatleute nach Europa, wobei – um des besseren Geschäftes willen – die Papyri oft zerschnitten und Zusammengehörendes getrennt wurde.

Systematische Grabungen europäischer Wissenschaftler begannen dann Ende des 19. Jahrhunderts im Fayum, einer Oase am Westrand des Niltales, in Magdala und anderen Orten. Darüber hinaus liefern die sogenannten „Mumienkartonagen" reiches Material, seit man den buntbemalten Stuckbezug unbeschädigt abziehen kann. Diese Kartonagen bestehen aus bis zu zehn Schichten übereinandergeklebtem Altpapyrusblättern, deren Beschriftung durch Ablösung wieder zugänglich wird.

---

325 Die päpstliche Kanzlei stellte noch bis ins 11. Jahrhundert auf Papyrus geschriebene Urkunden aus. Auch für Briefe verwendete man bis ins 11. Jahrhundert Papyrus. Der Vatikan wurde von Sizilien beliefert.

326 In Derveni bei Thessaloniki fand man 1962 einen ebenfalls karbonisierten Text aus der Zeit zwischen 325-275 v.Chr. S. dazu Rupprecht S. 8 mit Literatur.

327 Schuller, Einführung S. 62.

Bearbeitung

Angesichts dieser Fundumstände erstaunt der schlechte Zustand vieler Papyri nicht. Bevor sie überhaupt gelesen werden können, sind meist umfängliche Restaurierungsarbeiten notwendig: Entfernen von Schmutz, Trennen einzelner Lagen, Glätten der Blätter und Blattfragmente, Zuordnung der Fragmente mit Hilfe des Faserverlaufs und der Schrift. Als beste Sicherung vor Verderb hat sich inzwischen die Aufbewahrung in säure- und holzfreiem Papier erwiesen. Auch zwischen Glasscheiben als Exponate sind die Papyri gesichert, solange eine Luftzirkulation möglich ist.

Die Papyri zu entziffern, gelingt in der Regel auch nur dem Fachmann. Man schrieb in der scriptio continua, d.h. ohne Wort- und Satztrennung und ohne Punkt und Komma, zumindest in literarischen Prosatexten. Noch schwieriger zu entziffern sind Handschriften der verschiedensten Korrespondenzen in Kursiv. Abkürzungen und grammatikalische Abweichungen erschweren zusätzlich die Lesbarkeit.

Wie in der Epigraphik hat man sich, um alle editorischen Vorgänge kenntlich zu machen, auf ein System diakritischer Zeichen (Leidener Klammersystem) geeinigt, das heute jeder Publikation zugrunde liegt.[328]

Papyri in Corpora zusammenzufassen ist bisher nur in Ansätzen versucht worden.[329] Es gibt aber selbständige Veröffentlichungen nach dem Fund- oder Bewahrort. Die Papyri werden zitiert mit P, abgekürzter Name des Fundortes oder der Sammlung und Nummer z.B. P.Oxy. nach dem Fundort Oxyrhynchos oder P.Giss. nach der Sammlung griechischer Papyri im Museum des Geschichtsvereins zu Gießen, hrsg. von O. Eger, E. Kornemann und P.M. Meyer, Leipzig/Berlin 1910-1922. Wir gehen auf einen dieser Papyri im Folgenden noch ein.[330] Den relativ kleinen Bestand an lateinischen Papyri erfaßt R. Cavenaile, Corpus Papyrorum Latinarum, Wiesbaden 1958 (CPL).

7.2 Eine kleine Beispielsammlung

Die große Zahl der Papyri – Rupprecht[331] spricht von etwa 40 000 publizierten Texten und mehreren 10 000 unpublizierten – bietet eine Fülle von Informationen aus allen Lebensbereichen. Literarische Papyri sind meist nur als kleine Fragmente erhalten geblie-

328 S.o.S 178; Hengstl S. 14 oder Rupprecht S. 27.

329 Heidelberger Gesamtverzeichnis der griechischen Papyrusurkunden Ägyptens. S. http://aquila.papy.uni-heidelberg.de

330 S.u.Hengstl Nr. 29.

331 S. 24.

ben. Zu den größeren Texten gehört u.a. ‚Die Staatsverfassung der Athener' von Aristoteles und Auszüge aus der Römischen Geschichte des Livius.

Papyri vermögen außerordentlich anschaulich das pralle Leben zu vermitteln. Das macht ihre Stärke aus, ihre räumliche Begrenztheit aber bedingt ihre Schwäche. Vielfach läßt sich nicht entscheiden, ob Geschildertes spezifisch ägyptische Verhältnisse betrifft oder verallgemeinert werden darf. Die Forschung neigt in den letzten Jahren zu großer Vorsicht bei Verallgemeinerungen. Entscheidungen dieser Art sind eigentlich nur dann möglich, wenn eine entsprechende Parallelüberlieferung aus anderen Reichsteilen vorliegt.

Mit einigen Beispielen soll den althistorischen Anfängern/innen eine Idee von dem Reichtum dieser Quellenart vermittelt werden. Basis ist die von Hengstl erarbeitete griechisch-deutsche Ausgabe „Griechische Papyri".[332]

Hingewiesen werden muß zuvor noch auf die für Ägypten spezifische Art der Datierung, nämlich nach Herrschern. Mit der makedonischen Eroberung wurde der ägyptische Kalender mit 365 Tagen und der makedonische mit 354 Tagen nebeneinander benutzt. Eine Angleichung erfolgte erst im 2. Jahrhundert v.Chr. Augustus schuf einen fixen Kalender, indem er alle vier Jahre einen sechsten Epagomenentag einführen ließ.[333] Die ägyptischen Monatsnamen blieben bis zur arabischen Eroberung in Gebrauch.

Verwaltung

Im dritten Jahr des Imperator Caesar Traianus Hadrianus Augustus, am 13. Payni (7. Juni 119 n.Chr.) richten drei Bewohner des Dorfes Naboo eine Beschwerde bzw. den Antrag auf Prüfung an den Strategen namens Apollonius:

> „Gar sehr werden wir benachteiligt von Psais, dem Dorfschreiber (Komogrammateus) von Naboo, und notgedrungen zeigen wir an, daß er eine Umlage im Dorf Naboo veranstaltet hat, die einen erpreßte er um 20 Drachmen, die anderen um 12 Drachmen und um 8. Und desgleichen trieb er sonstige (Abgaben) gemäß der Personenliste und der Steuerliste ein... 6 Artaben[334] ( ) Weizen... indem der Tyrann die Steuerliste des 3. Jahres und des 2. Jahres mit (dem Ergebnis) der Ackervermessung (?) verglich. Wir bitten, o Herr, falls es Dir gut dünkt, die Nachprüfung zu veranstalten, damit sich als Folge keine Mindereinnahme für den Fiskus ergibt." (Datierung und Unterschriften)[335]

---

332 In der Papyrologie muß wegen der Erhaltung auf griechische Texte zurückgegriffen werden.

333 S.o.S. 127.

334 Hohlmaß für Getreide, das nicht einheitlich festgelegt werden kann.

335 Hengstl Nr. 29 (P.Giss. 61).

Der Text führt zwei Verwaltungsebenen vor, auf der untersten der Dorfschreiber, der mit der Führung der Personen- und Steuerlisten beauftragt war. Welche Manipulationen er vorgenommen hatte, wird nicht ganz klar. Deutlich wird nur, daß er in die eigene Tasche gewirtschaftet hatte. Der ihm an sich übergeordnete Komarch, der Dorfbürgermeister, war entweder machtlos oder besaß in diesem Fall keine Zuständigkeit. Sehr geschickt argumentieren die Beschwerdeführer nicht mit ihrem eigenen Schaden, sondern mit dem am Fiskus, der kaiserlichen Kasse, in die die Einnahmen Ägyptens flossen.

Die zweite Verwaltungsebene betrifft den Strategen. In der Ptolemaierzeit standen den ca. 40 Gauen (nomoi) Strategen vor, deren Sitz sich in der Metropolis, der Hauptstadt eines jeden Nomos befand. Der zwischen Dorf und Gau liegenden Verwaltungsebene stand der Toparchos vor. Dieser Verwaltungsstruktur vorgeschaltet wurden in der Römerzeit drei, später vier Epistrategien. An der Spitze stand in Vertretung für den Pharao resp. den römischen Kaiser der praefectus Alexandriae et Aegypti, ein ritterlicher Amtsträger mit vollem imperium proconsulare. Ihm zur Seite gestellt, zuweilen auch als Kontrollinstanz, waren die procuratores, vorrangig mit der Finanzverwaltung befaßt.

Die besondere innenpolitische Bedeutung Ägyptens für die Getreideversorgung der Hauptstadt hatte Augustus veranlaßt, die Verwaltung des Landes ausschließlich Rittern anzuvertrauen. Senatoren mußten die ausdrückliche Genehmigung des Kaisers einholen, wenn sie Ägypten betreten wollten.

Die Steuern und die sonstigen Leistungen (z.B. die leiturgia), die die Bevölkerung erbringen mußte, waren hoch, so daß der angezeigte Mißbrauch auf die Dauer die Zahlungsfähigkeit der Bürger des Dorfes eingeschränkt hätte.

Der hier genannte Nomos liegt in der Epistrategie der Thebais im Süden des Landes. Die Antragsteller nennen sich mit Namen und Vatersnamen. Den Text selbst hat offenbar ein Schreiber abgefaßt, den dann die Antragsteller unterschrieben. Es lassen sich vier verschiedene Handschriften unterscheiden.

Militär

Wichtige Änderungen gegenüber der Ptolemaierzeit verdeutlicht das folgende Empfehlungsschreiben, das ebenfalls aus dem Archiv des schon vorgestellten Strategen Apollonius stammt.

> „Faberius Mundus dem Strategen Apollonius Gruß. Den Ulpius Malchus, den beneficiarius unseres erlauchten Präfekten Rammius, der sich um das Dir unterstellte Gebiet kümmern soll und der ein ausgezeichneter Mann ist, den empfehle ich Dir. Ich hoffe aber, daß er sich

Mühe geben wird, Dir als ein solcher zur Seite zu stehen, wie ich ihn Dir garantiere. Aber auch ihm habe ich geschrieben, damit er, wenn Du Dich mit ihm verständigt hast, sich um so williger zur Verfügung stelle. (2.Hand) Ich wünsche Dir Wohlergehen, sehr geehrter Bruder (3.Hand) Gehab Dich wohl.[336]

In der Ptolemaierzeit war der Stratege auch für das Militär zuständig. Im Gegensatz dazu besaßen sowohl der Epistratege als auch der Stratege in der Römerzeit ausschließlich zivile Gewalt, das Militär war ganz dem Präfekten unterstellt. Deshalb wird in dem Schreiben betont, daß der Empfohlene beneficiarius des Präfekten Q.Rammius Martialis war, d.h. er gehörte als höherer Unteroffizier dem Stab des Präfekten an. Dem Namen nach handelt es sich bei Ulpius Malchus wohl um einen Nabatäer, der von Traian das römische Bürgerrecht erhalten hatte. Offenbar war Malchus mit einer Sonderaufgabe betraut, bei der es auf eine enge Zusammenarbeit mit dem Strategen ankam. Hengstl[337] vermutet eine durch die Kriegsfolgen des Judenaufstands (115-117)[338] bedingte Verwaltungsreorganisation oder Überwachung von Aufräumungsarbeiten. Die Empfehlung an beide Funktionäre resultierte wohl aus dem Bemühen, Kompetenzstreitigkeiten zu vermeiden.

Rechtspflege[339]

Der folgende Text führt uns in die Ptolemaierzeit und gibt Auskunft über verschiedenartige Rechtskompetenzen. Es handelt sich um die Eingabe einer Frau an den König Ptolemaios IV. Philopator (221-204) aus dem Jahr 221 v.Chr. mit der Bitte, ihr bei einem Rechtsstreit Beistand auf dem Instanzenweg zukommen zu lassen.

„Dem König Ptolemaios Gruß von Thamunis aus dem Herakleopolitis-Gau. Mir wird Unrecht zugefügt von Thothortais, Einwohnerin von Oxyrhyncha im Arsinoites-Gau. Als ich nämlich im Hathyr des 1.Jahres in Oxyrhyncha zu Gast war und mich ins Bad begab, warf mich die Beschuldigte aus dem Badebecken, als sie hinzukam und mich beim Waschen im Becken des Frauenschwitzraumes antraf. Als ich nicht aufgab, verabreichte sie mir voll Verachtung, weil ich fremd sei, Schläge und zwar viele, welchen Teil meines Körpers sie auch gerade traf, und den Halsschmuck aus Edelsteinketten nahm sie mir weg. Ich beschwerte mich danach bei dem Dorfschulzen Petosiris deswegen, die Thothortais wurde vorgeladen und erzählte, was sie wollte; der Kom-

336 Hengstl Nr. 154 (P.Brem. 5).

337 S. 368.

338 Die Juden hatten sich in Cyrene, Judäa, auf Cypern und in Ägypten erhoben und wüteten gegen alles, was mit Rom zu tun hatte; vgl. Cass.Dio 68, 32, 1-3.

339 Wie differenziert die Rechtspflege war, zeigt ausführlich Rupprecht S. 94-153.

> arch machte mit ihr gemeinsame Sache, warf mich ins Gefängnis und hielt mich 4 Tage fest, bis er mir das angelegte Kleid – 30 Drachmen wert – raubte, welches nun die Beschuldigte besitzt, und so wurde ich entlassen. Ich bitte Dich nun, o König, beauftrage den Strategen Diophanes, er möge dem Epistates Moschion schreiben, daß dieser ihm die Thorthortais überstelle und, wenn es wahr ist, sie zwinge, mir das Kleid zurückzugeben oder als Preis die 30 Drachmen, und über die mir widerfahrene Untat soll Diophanes entscheiden, damit ich durch Dich, o König, mein Recht erhalten werde. Gehab Dich wohl. (2.Hd.) Dem Moschion. Vor allem versöhne sie, wenn nicht, überstelle sie, damit über sie vor den Laokriten entschieden werde. Im 1.Jahr, am 28 Gorpiaios = 12 Tybi. (Verso) Thamunis gegen Thothortais wegen eines Gewandes."[340]

Der hier vorgezeichnete Instanzenweg beginnt beim Komarchen, dem Bürgermeister, der so viel Rechtsprechungskompetenz besaß, daß er inhaftieren und Entschädigungsregelungen treffen konnte. Da dieser aber der einheimischen Dorfbewohnerin mehr Glauben schenkte, wandte sich die Geschädigte gleich an die oberste Instanz, den König, der lediglich sicherstellen sollte, daß die zuständigen Behörden tätig würden, nämlich der Epistates Moschion für den Sachschaden und der Stratege Diophanes für die Körperverletzung – so die Vorstellung der Thamunis.

Wie die Versotitelei zeigt, wurde der Rechtsfall aber auf die Rückerstattungsklage reduziert. Der Epistates wurde – wohl von der Kanzlei des Strategen – angewiesen, einen Vergleich zwischen den beiden Frauen herbeizuführen. Erst wenn dies nicht gelingen sollte, wäre ein anderer Gerichtshof zuständig, nämlich der der Laokriten.

Seit der Eroberung Ägyptens durch Alexander herrschte dort Rechtspluralismus, nämlich ägyptisches, griechisches und durch die Ptolemaier gesetztes Recht. Dazu kam ab 30 v.Chr. noch römisches Recht. Für die verschiedenen Bevölkerungsgruppen waren unterschiedliche Gerichtshöfe zuständig: Für Griechen und sonstige Einwanderer das Dikasterion, ein Zehnmännergericht, für die einheimische Bevölkerung das Gericht der Laokriten und für gemischt nationale Prozesse das Koinodikion. Die beabsichtigte Überstellung unseres Rechtsfalles an die Laokriten macht zusammen mit den Namen deutlich, daß beide Frauen Ägypterinnen waren, beide stammten aus Mittelägypten, wenn auch aus unterschiedlichen Gauen. Der von Thamunis unterstellte Aspekt der Fremdenfeindlichkeit wird dadurch etwas in Frage gestellt. Könnte sich die Empörung nicht auch dagegen gerichtet haben, daß

---

340 Hengstl Nr.45 (P.Ent. 83).

Thamunis sich im Badebecken wusch? Wir wissen es nicht, ebenso wenig wissen wir, wie der Rechtsfall ausging. Merkwürdig ist auch, daß von den geraubten Edelsteinketten keine Rede mehr war.

Die Quelle bietet über den eigentlich Rechtsfall hinaus noch weitergehende Informationen, wie z.B. zum Badewesen, zur ‚Fremdenfeindlichkeit', wenn sie denn vorliegt, sowie zur Bedeutung und dem Wert eines Kleides.

Religion

Abb. 63 Mumientäfelchen.

Einer der wichtigsten religiösen Belange für einen Ägypter war die Form der Bestattung. Die Mumifizierung der Leiche garantierte das Weiterleben nach dem Tod, und die nächsten Angehörigen hatten dafür Sorge zu tragen. Es war auch nicht gleichgültig, wo die Beisetzung der Mumie stattfand. Der folgende Brief aus dem 2./3. Jahrhundert handelt davon:

> „Senpamonthes (ihrem) Bruder Pamonthes Gruß.
> Ich habe Dir die mumifizierte Leiche meiner Mutter Senyris mit einem Mumienschild um den Hals durch Gales, sein Vater ist Hierax, auf dessen eigenem Schiff geschickt. Der Frachtlohn ist von mir vollständig bezahlt. Das Kennzeichen der Mumie: die Leinwand ist außen mit Stuckrosen, aufgeschrieben auf dem Bauch ist ihr Name. (2.Hd.) Ich wünsche, daß es Dir, Bruder, wohl ergehe. Im 3. Jahr, am 11. Toth.
> Verso: An Pamonthes Moros von (seiner) Schwester Senpamonthes.[341]

Die Mutter der Senpamothes war offenbar nicht am Familiensitz verstorben, sondern dort, wo ihre Tochter lebte. Diese trug nun Sorge dafür, daß die mumifizierte Leiche an den Ort, wo sich das Familiengrab befand, gebracht wurde. Der Bruder, an den die Lei-

[341] Hengstl Nr.59 (P.Par.18 bis).

che gesandt worden war, würde dann wohl alles weitere veranlassen. Daß dies kein Einzelfall war, zeigt die Sorge der Senpamonthes vor Verwechslung der Mumie. Obwohl ein Mumienschild am Hals angebracht wurde, beschreibt sie die Mumie und hatte zuvor veranlaßt, daß der Name noch einmal auf den Bauch der Hülle geschrieben worden war. Von der korrekten Identifizierung hing schließlich das Weiterleben der Mutter ab.

Solche Mumientäfelchen aus Holz und Mumienaufschriften auf der Umhüllung sind häufig erhalten (Abb. 63). Sie nennen den Namen des Toten, seine Abstammung und sein Alter, manchmal noch weitere Angaben. Trotz ihrer Kürze sind sie als sozialgeschichtliche Quelle von großem Interesse.

Darüberhinaus hält es die Schwester für nötig, den Bruder darüber zu informieren, daß sie den Frachtlohn vollständig bezahlt hat. Offenbar gab es auch andere Zahlungsmodalitäten, oder sie will verhindern, daß der Schiffer noch mal kassiert.

Sozial- und Wirtschaftsgeschichte

Es gibt kaum einen Bereich der Sozial- und Wirtschaftsgeschichte, der nicht durch Papyri erhellt wird. Angefangen von den staatlichen und privaten Vermögensverhältnissen über das Bankwesen, Pachtverträge, Handelsabkommen, Arbeitsgesuche, bis hin zu den verschiedenen Gewerben. Repräsentativ für beide Themenbereiche ist das folgende Dienstangebot zweier Weber an Zenon, rechte Hand des Dioiketen Apollonios (eine Art Wirtschafts- und Finanzminister) aus dem Jahr 256 v.Chr. Das Schriftstück stammt aus dem sogenannten Zenonarchiv[342], mit über 1000 Papyri, alle an Zenon adressiert, die allerdings über die ganze Welt zerstreut sind. Die Texte enthalten Briefe, Rechnungen, Quittungen, Listen, Eingaben u.a.m.

> „Zenon Gruß von den Brüdern Apollophanes (und) Demetrios, Fachleute in der Weberkunst, der gesamten durch Frauenarbeit ausgeübten Wollweberei. Falls es Dir gut dünkt und Du zufällig Bedarf hast, sind wir bereit, Dir Dienste zu leisten. Als wir nämlich vom Ruhm der Stadt hörten und Du als Vorsteher gut und gerecht seist, hielten wir es für richtig, nach Philadelphia zu Dir zu kommen – wir selbst, (unsere) Mutter und die Ehefrauen. Damit wir nun Arbeit haben, beschäftige uns, falls es Dir gut scheint. Wir fertigen nach Wunsch Mäntel, Kleider, Gürtel, Bekleidung, Degengehänk, Tücher, für Frauen geschlitzte (Gewänder), Umschlagtücher, langes Gewand, Frauenkleider mit Purpursäumen; wir bilden auch jemanden aus, wenn Du willst. Weise den Nikias an, uns Quartier zu geben. Damit Du (uns) Vertrauen schenkst, werden wir sogar Zeugen beibringen, teils vertrauenswürdi-

342 S. dazu Hengstls Kommentar zu Nr.3.

> ge (Leute) von hier, teils in Moithymis. Sei glücklich. (Verso) Im 30.Jahr, am 28 Gorpiaios, 28 Thoth. Die Brüder Apollophanes und Demetrios."[343]

Das Weberhandwerk ist durch Papyri am besten bezeugt. Stoffe waren ein Exportartikel. So galten z. B. in Rom die ägyptischen Webmusterstoffe als besonders qualitätvoll. Ob, wie Hengstl vermutet, die Familie arbeitslos war oder ob sie sich lediglich zu verbessern suchte, darüber kann auf der Basis des Textes keine Aussage gemacht werden. Sehr lebensnah ist der schmeichlerische Stil dieses Bittschreibens. Daß dabei leichte Übertreibungen unterlaufen (z.B. Philadelphia als Stadt zu bezeichnen, obwohl es nur ein Dorf ist), rechtfertigt sich aus dem Anliegen. Interessant ist die sich aus dem Text andeutende Arbeitsorganisation. Wollweberei wird als spezifische Frauenarbeit bezeichnet, in diesem Fall ausgeübt durch die beiden Ehefrauen und die Mutter der beiden Schreiber. Die Betriebsleitung liegt aber bei den beiden Brüdern, die sich als Fachleute bezeichnen. Die Bereitschaft, einen Ausbildungsplatz zur Verfügung zu stellen, soll einen weiteren Anreiz schaffen. Die Auflistung der Produkte gliedert sich in Männer- und Frauenkleidung, wobei Kleider mit Purpursäumen einen besonderen Luxus darstellten, da Purpur teuer war.

Die Anfrage um Arbeit und Wohnung an den Verwalter des Besitzers des staatlichen Lehenslandes zeigt, daß die Vergabe offenbar planwirtschaftlichen Kriterien unterworfen war und daß den Zuschlag nur solche Handwerker erhielten, die als tüchtig galten. Sonst hätten die beiden Brüder keine Leumundszeugen benennen müssen.

Der Text verdeutlicht, wie eng wirtschafts- und sozialgeschichtliche Aspekte miteinander verzahnt sind.

Alltag, Familie

Als letztes Beispiel sei ein Brief eines ‚Gastarbeiters' an seine daheim gebliebene Frau zitiert:

> „Hilarion an Alis seine Schwester viele Grüße! Auch an Berus meine Herrin und Apollonarin! Wisse, daß wir auch jetzt noch in Alexandrea sind. Ängstige Dich nicht, wenn beim allgemeinen Einrücken ich in Alexandrea bleibe. Ich bitte Dich und flehe Dich an, sorge für das Kindchen. Und sobald wir erst Lohn erhalten, werde ich (ihn) Dich hinaufsenden. Wenn Du — gebierst, wenn es männlich war, laß es (leben), wenn es weiblich war, setze es aus. Du hast der Aphrodisias aufgetragen: ‚Vergiß mich nicht!' Wie könnte ich Dich vergessen? Ich bitte Dich also, Dich nicht zu ängstigen. Im Jahr 29 des Kaisar, Pauni 23."[344]

---

[343] Hengstl Nr.103 (PSI IV 341).

[344] Deissmann S. 134 (im Besitz des Egypt Exploration Fund).

Dieser sehr persönliche Brief Hilarions an seine Frau vom 17. Juni 1 v.Chr. ist offenbar das Antwortschreiben auf eine durch Aphrodisias überbrachte Nachricht der Alis an Hilarion, die von vielen Ängsten, Zweifeln und Not zeugt. Hilarion arbeitete anscheinend in einer Gruppe (er spricht von wir), von der er sich aber trennen will, um in Alexandria zu bleiben. Lohn konnte er noch nicht schicken, verspricht aber, es gleich nach der Auszahlung zu tun. Er kann nur hoffen, daß Alis für das (gemeinsame?) Kind sorgt. Ein zweites (?) Kind ist unterwegs. Die von ihm empfohlene Aussetzung des Kindes, wenn es ein Mädchen sein würde, war nicht nur in Ägypten üblich. Für die ärmere Bevölkerung war die Aussetzung meist die einzige Möglichkeit der Geburtenregulierung, während Frauen mit Geld durchaus an eine Abtreibung denken konnten.[345] Die Findelkinder wurden vielfach von Fremden als Sklavenkinder aufgezogen, Mädchen nicht selten für Bordelle.[346]

Zuordnungen

Von den Gattungen her sind zunächst literarische und nichtliterarische Papyri zu unterscheiden. Die literarischen Papyri haben viel Gewinn gebracht z.B. für die altgriechische Lyrik (Archilochos, Alkaios, Sappho). Von dem Dichter Menander wurde der „Dyskolos" auf Papyrus gefunden. Zu nichtliterarischen Papyri gehören unter der Rubrik der amtlichen Schriftstücke Dekrete, Anordnungen, Ausführungsbestimmungen, Gerichtsurteile, Verwaltungskorrespondenz und -inventare, Steuerlisten und schließlich Schriften aus dem Bereich des Militärs.

Die vorgestellten Beispiele sind meist den halbamtlichen Papyri zuzuordnen, nämlich Empfehlungen, Bittschriften, Steuererklärungen, Geburts- und Todesanzeigen.

Gebete, Orakelantworten, Zauberformeln und Tempelchroniken sind dem religiösen Bereich zuzuordnen.

Schließlich sind die rein privaten Dokumente zu nennen, wie z.B. Testamente, Geschäftsnotizen, Einladungen und Briefe jeder Art vom Geschäfts- bis zum Liebesbrief.

7.3 Bücher und Bibliotheken

Buchform und Lesegewohnheit

In einem Brief läßt sich Plinius d.Jg. über die hinterlassenen Schriften und die tägliche Beschäftigung seines Onkels aus. Neben seinen nächtlichen Studien beschäftigte er sich den ganzen Tag mit Büchern:

345 Für Rom vgl. Iuv.6, 529ff.
346 Plautus Castellaria 164ff.

> „Nach dem Essen .... legte er sich im Sommer, wenn er einen Augenblick Zeit hatte, in die Sonne, ließ sich etwas vorlesen, machte sich Notizen und Exzerpte."

Danach badete er kalt, nahm einen Imbiß, schlief ein wenig und studierte wieder bis zur Hauptmahlzeit:

> „Bei Tisch wurde etwas vorgelesen und Notizen gemacht, und zwar wie im Fluge. Ich entsinne mich noch, wie einmal einer seiner Freunde den Vorleser unterbrach, als dieser eine Stelle schlecht vorgetragen hatte, und verlangte, sie zu wiederholen, und wie mein Oheim zu ihm sagte: ‚Du hattest es doch verstanden, nicht wahr?', und als der nickte: ‚Warum unterbrichst Du ihn dann? Mehr als zehn Zeilen haben wir durch diese Störung verloren!"

Plinius fährt weiter unten fort:

> „ ...denn beim Frottieren und Abtrocknen ließ er sich vorlesen oder diktierte. Auf Reisen widmete er sich, sozusagen aller anderen Sorgen ledig, allein dieser Tätigkeit; ihm zur Seite mit Buch (libro) und Schreibtafel (pugillaribus) ein Stenograph, dessen Hände im Winter durch Handschuhe geschützt wurden..."[347]

Plinius will den ungeheuren Fleiß seines Onkels vor Augen führen, durch den u.a. die 37 Bücher seiner Naturgeschichte entstanden. Daß Plinius d.Ä. einer extremen Lesefreude frönte, steht außer Zweifel. Entscheidend ist die Information, daß er nicht nur selber las, sondern sich zu allen Zeiten und Gelegenheiten vorlesen ließ. In der Antike spielte die akustische Wahrnehmung eines literarischen, dichterischen oder wissenschaftlichen Textes neben dem Hören von Reden eine weit größere Rolle als in der Neuzeit.[348] Auch allein las man in der Regel laut.[349] In seinem Unterhaltungswert kam neben dem Theaterbesuch das Vorlesen wohl dem heutigen Fernsehen gleich. Dies galt zumindest für die Oberschicht, denn ihr standen eigens dafür ausgebildete Sklaven zur Verfügung, die auch inschriftlich bezeugt sind.[350]

Hier stellt sich nun die grundsätzliche Frage, ob die Gestalt eines Buches von der Art des Lesens abhängt.[351] Das Buch der Antike war die Papyrusrolle. Diese in den beiden Händen des stehenden[352] Vorlesers war erheblich praktischer und leichter zu

347 Plin.ep.3,5.
348 Für Mittelalter und Neuzeit s. Manguel S. 138-149.
349 Augustinus (conf.6,3) merkt z.B. als Besonderheit an, daß Ambrosius lautlos las und suchte für das ‚tacite legere' eine Erklärung.
350 S. z.B. für Rom Günther (S. 187 Anm. 244) S. 67.
351 S. Manguel S. 151.
352 Im Sitzen kann sich die Stimme nicht in gleicher Weise entfalten. Außerdem muß man sich beim Rezitieren mit dem ganzen Körper bewegen können.

handhaben als der Codex, wie die Form unseres Buches genannt wird. Er wäre auf die Dauer zu schwer geworden, weswegen man sich im Mittelalter zum Vorlesen eines Pultes bediente. Bei der Rezitation bestand keine Notwendigkeit vor- oder zurückzublättern. Hörer konnten sich auf den Inhalt konzentrieren, das Hören wurde ein ganzheitliches Erleben. Hörende waren dabei allerdings von der Qualität des Vortrags abhängig.[353]

Der Codex dagegen ermöglicht alle Freiheiten des stillen Lesens: das Lesetempo selbst zu bestimmen, vor- und zurückzublättern, mit der einen freien Hand Notizen oder Unterstreichungen vorzunehmen etc.

Welche der geschilderten Lesegewohnheiten der Intention eines Autors mehr entsprach, wird zeitbedingt und vom Inhalt abhängig gewesen sein. Die ersten schriftlich niedergelegten Texte, die als Literatur gelten konnten, waren primär zum Hören gedacht oder hatten eine lange Tradition, gehört zu werden, hinter sich. So konnten Ilias und Odyssee schon auf eine lange Vortragstradition[354] zurückblicken, bevor sie in der 1. Hälfte des 8. Jahrhunderts v.Chr. durch Homer dichterisch gestaltet und schriftlich niedergelegt wurden.

Während der Blütezeit des griechischen Theaters im 5. Jahrhundert konnte nur durch Verschriftlichung eine Kulturtradition geschaffen und verbreitet werden. Es ist kein Zufall, daß zur gleichen Zeit die Papyrusrolle allgemeine Verbreitung fand, sei es zur Publikation, sei es zum Bewahren der Inhalte, sei es als Gedächtnisstütze für Rezitationen.[355] Das Schreibmaterial wurde aus Ägypten in Rollenform importiert. Man schnitt sich ab, soviel man brauchte. Die Einteilung in Bücher geht vielfach auf die Kapazität der Rollen zurück.

Im Zeitalter der Globalisierung schreckt uns der Import aus Ägypten nicht mehr. Anders klingt das noch 1882 bei Theodor Birt:[356]

---

353 Mit der Praxis der Vorlesungen wird noch heute diese Konzentration erfordernde Aufnahme über das Ohr gepflegt. Bestünde nicht eine andere Erfahrungsebene als die des Lesens, hätte man diese Sitte längst abgeschafft. In buddhistischen Klöstern lesen die jungen Mönche ihre Texte gemeinsam und laut – ein Kompromiß beider Perzeptionsformen. Dortige Bücher aus handgeschöpftem Papier bestehen aus losen Blättern in rechteckigem Querformat, die zwischen zwei Hölzern geschützt liegen.

354 S.o.S. 50; Schubart S. 130.

355 Unsere Tradition, im Theater von Rollen zu sprechen, geht auf das Ende des 16.Jahrhunderts zurück, als man Schauspielern ihren Part auf handlichen Streifen (=Rollen) zum Lernen gab. S. Kluge S. 606. Die antike Praxis wird sich davon nicht wesentlich unterschieden haben.

356 S. 47.

> „Griechenland selbst gab dem Griechen kein Buch. Die Tatsache ist wohl geeignet, uns nachdenklich zu machen. Das Volk, dessen hauptsächliche Culturmission es gewesen ist, sich in seiner Litteratur auszuleben und gleichsam für die Nachwelt abzubilden, hat die erste materielle Vorbedingung für seine Mission von einem fremden Land erborgen müssen."

Das Material der Papyrusstaude hieß in Griechenland nicht nur papyros, sondern auch byblos, was dann zum allgemeinen Namen für Buch wurde.[357] Herodot verweist zwar noch auf ein anderes Material, wenn er sagt:

> „Ebenso nennen die Ionier seit alters die Bücher ‚Häute', weil sie einst in Ermangelung von Papyros Ziegen- und Schafhäute verwendeten. Noch in unserer Zeit schreiben viele Barbarenvölker auf derartige Häute."[358]

Alternativen zum Papyrus

Gemeint ist wohl das Pergament[359], das der Legende nach in Pergamon entstanden sein soll, enthaarte, geglättete und häufig mit Kreideschlamm behandelte Tierhäute.

> „Daß bald darauf durch den Wetteifer der Könige Ptolemaios und Eumenes um ihre Bibliotheken zu Pergamon das Pergament (membranas Pergami) erfunden wurde, nachdem Ptolemaios das Papier (chartas) zurückgehalten hatte, berichtet derselbe Varro."[360]

Die Erwähnung bei Herodot zeugt aber für einen wesentlich älteren Gebrauch, nur die Bearbeitung der Häute dürfte ab dem 3. Jahrhundert in Pergamon verfeinert worden sein, so daß sich der Name rechtfertigte.[361] Der Hinweis Herodots auf die Barbaren zeigt, wie selbstverständlich der Gebrauch von Papyrus im Griechenland des 5. Jahrhunderts schon war.

Für unseren Ausgangspunkt bedeutsam ist, daß es Alternativen zum Papyrus gegeben hätte. Offenbar war aber die Papyrusrolle für längere Texte günstiger. Die Größe eines Pergamentblattes war durch die Größe der Tierhaut vorgegeben. Es war einfacher, Tier-

---

357 Byblos bildet heute zusammengesetzt mit anderen Wörtern Begriffe wie Bibliothek, Bibliographie etc. Das Wort chartes (lat. charta) für die Papyrusrolle wurde als Begriff übertragen und bewahrt sich in unserem Wort Karte. S.dazu Blanck S. 56.

358 Herod. 5,58,3.

359 Auch gegerbtes Leder kam als Beschreibstoff in Frage. Da aber unterschiedslos diphtera bzw. membrana für Leder und Pergament gebraucht wurde, kann nicht immer entschieden werden, was gemeint war.

360 Plin.n.h.13,70; die Könige sind Ptolemaios VI.Philometor (er regierte von 180-145 v.Chr.) und Eumenes II. (er regierte von 197-159 v.Chr.).

361 Schubart S. 24. Blanck S. 63 vermutet einen Exportstau durch Einfall des syrischen Königs Antiochos IV. Epiphanes in Ägypten.

hautblätter aneinander zu binden als zu kleben. Eine weitere Alternative wären Holzschreibtafeln gewesen, die man lochte und miteinander verband und so schon die Codexform vorgab. Holztafeln spielten im alltäglichen Leben eine wichtige Rolle[362], als Bücher wären sie zu sperrig gewesen (Abb. 64).

Abb. 64 Holztafel mit einer Quittung des Caecilius Iucundus aus Pompeii.

Eine Buchkultur in Rom setzte erst im 3. Jahrhundert v.Chr. durch die intensive Begegnung mit dem griechischen Osten ein. Bücher in der Frühzeit Roms kommen im sakralen Bereich vor, die sogenannten libri lintei, Texte, die auf Leinenbinden geschrieben wurden. Die etruskische Herkunft der libri lintei erweist sich aus Darstellungen auf etruskischen Sarkophagen, vor allem aber aus dem liber linteus Zagrabiensis, einem in Zagreb bewahrten etruskischen Ritualbuch, das in Zweitverwendung als Mumienbinde für ein ägyptisches Mädchen diente.[363]

Der Codex

In der Spätantike wurde dann die Rolle durch den Codex verdrängt.

> „Bei der endgültigen Durchsetzung des Codex gegenüber der Rolle kamen ideologische, ökonomische und praktische Faktoren ins Spiel: ideologisch, da dieser Buchtyp im Gegensatz zu jenem der rhetorischen Tradition stand und daher nicht zufällig von den Christen angenommen und verbreitet wurde; ökonomische, da das Pergament nicht anderswoher (Ägypten) importiert werden mußte; außerdem wurde bei gleichem Textumfang Schreibmaterial eingespart, weil beim Codex beide Seiten beschrieben wurden (bei der Rolle war einseitige Beschriftung die Regel); praktische, da die Form sich als geeigneter für die Lektüre und zum Nachschlagen erwies."[364]

Den kompilatorischen Tendenzen der spätantiken Literatur kam der Codex zum Zweck des schnellen Informierens und Nach-

[362] S. dazu W.Eck, Inschriften auf Holz. Ein unterschätztes Phänomen der epigraphischen Kultur Roms, in: Imperium Romanum. Studien zu Geschichte und Rezeption, Festschrift für Karl Christ zum 75. Geburtstag, hrsg. von P. Kneissl und V. Losemann, Stuttgart 1998, S. 203ff.

[363] Näheres s. Blanck S. 54ff.

[364] Camassa/Hild ‚Buch' NP 2, 1997 Sp. 809f.

schlagens zweifelsohne entgegen. Hinzu trat die allmähliche Verlagerung der Lesekultur in die Klöster und das damit verbundene stille Schreiben und Lesen als Gottesdienst. Möglicherweise[365] machte auch der Einbruch der Araber in die Mittelmeerwelt Papyrus für den Westen zu teuer.

Für eine aus einem Mentalitätswandel resultierende Veränderung der Lesegewohnheiten in der Spätantike spricht, daß zahlreiche Klassikertexte von Papyrusrollen auf Pergamentcodices umgeschrieben wurden. Die Auswahl der Texte wurde dabei durch den Zeitgeschmack bestimmt, was für die Überlieferungsgeschichte weitreichende Konsequenzen mit sich brachte.[366] Die angeblich bessere Beschreibbarkeit des Pergaments kann jedenfalls für den Wandel nicht das Kriterium gewesen sein.

> „Im großen und ganzen ist also für das Pergament als Träger eines literarischen Inhalts die Kodexform ebenso bezeichnend, wie es die Rolle für den Papyrus ist."[367]

Die Art des Lesens aber bestimmte, welche Form man innerhalb einer Gesellschaft vorzog.

Buchproduktion und -handel

Wollte man vor der Erfindung des Buchdrucks ein Buch vervielfältigen, mußte es von Hand abgeschrieben werden. Sowohl in Griechenland, als auch in Rom war es in der Oberschicht kein Problem, ein begehrtes Buch auszuleihen und es von einem oder mehreren Schreibern abschreiben zu lassen. Da es kein Urheberrecht gab, konnte dies auch gegen den Willen des Autors geschehen.[368]

Der Autor verfaßte seinen Text entweder selbst oder – wie wir es bei Plinius d. Ä. schon kennengelernt haben – diktierte einem Schreiber.[369] Es konnte auch vorkommen, daß beim öffentlichen

---

365 Die Diskussion um die These H.Pirennes, daß erst durch den Einbruch der Araber die Einheit der Mittelmeerwelt und damit entsprechende Exporte ein Ende gefunden hätten, hat Widerlegungen erfahren. S.Paul Egon Hübinger (Hg.), Bedeutung und Rolle des Islam beim Übergang vom Altertum zum Mittelalter, Darmstadt 1968.

366 Der in seiner Zeit sehr beliebte Theaterdichter Menander war in der Spätantike nicht mehr gefragt, so daß nur wenige Transkriptionen vorgenommen wurden, die heute aber verschollen sind. S. dazu Blanck S. 97.

367 Schubart S. 27.

368 So hatte Cicero ein Pamphlet gegen C.Scribonius Curio und P.Clodius Pulcher im ersten Zorn gegen sie geschrieben, dann aber ängstlich geheim gehalten. Dennoch kam es auf ihm unerklärliche Weise in die Öffentlichkeit (Cic. Att. 3,12,2).

369 Berühmt war Tiro, ein Freigelassener Ciceros, mit seiner Kurzschrift, ‚Tironische Noten' genannt.

Vortrag zum Zweck der Unterhaltung oder des Unterrichts Stenographen mitschrieben und eine Publikation am Autor vorbei erstellten. Wies eine solche Ausgabe Fehler auf, so konnte der Autor nur selbst eine maßgebliche Ausgabe publizieren. Der anspruchsvolle antike Leser mußte deshalb immer prüfen, ob er eine gute, d.h. vom Autor autorisierte Ausgabe besaß oder eine ‚Raubschrift'.

Das antike Literaturschaffen ging, wie schon betont, von Griechenland aus. Hier fand sich das Publikum mit den nötigen Voraussetzungen zum Hören, aber auch zum Lesen.[370] Zahlreiche Hinweise in den attischen Komödien erlauben den Schluß, daß in den Städten Lesen Allgemeingut war. Demzufolge fehlte es auch nicht an Buchhändlern. Aristophanes macht sich in „den Vögeln" lustig über Leute, die morgens die Auslagen der Buchhändler begucken.[371] Letztere, die Bibliopolai, gehörten zu den Kleinhändlern, wie die Gemüse-, Brot- oder Fischhändler.

In Rom bildete sich eine schriftlich fixierte Literatur erst in der Zeit der Punischen Kriegen heraus. Livius Andronicus[372] mußte von den amtierenden Ädilen des Jahres 240 v.Chr. beauftragt werden, für die ludi Romani ein Trauer- und ein Lustspiel nach griechischem Vorbild zu schaffen. Obwohl die lateinische Literatur ohne die griechische nicht denkbar war, gestaltete sich das Verhältnis zu den Griechen sehr problematisch. Man bewunderte die alten griechischen Philosophen und Dichter und war gleichzeitig voller Ressentiments gegen die zeitgenössischen Griechen, die als Sklaven im eigenen Haushalt tätig waren oder zumindest als Besiegte angesehen wurden.[373]

Innerhalb der römischen Oberschicht blieb in der Zeit der Republik das politische Engagement immer wichtiger als der Erwerb hellenistischen Bildungsgutes. Letzteres zu pflegen gehörte in die Zeiten des otium (tätige Ruhe) oder ins Alter, wenn man sich aus der aktiven Politik zurückgezogen hatte. Diese Einstellung bestimmte den Umgang mit Büchern. Erst mit der Entpolitisierung des Adels in der Kaiserzeit erhielten Literatur und Poesie einen neuen Stellenwert. Augustus instrumentalisierte die zeitgenössische Dichtung eines Vergil oder Horaz zur Verherrlichung seines politischen Systems. Es wurde mehr zur Pflicht und nicht mehr nur ein

370 S.Blanck S. 22ff.

371 Vögel 1288.

372 S.o.S. 54 Anm. 23; Graf S. 166.

373 Wir kennen dieses Phänomen in ähnlicher Weise im Umgang mit den sozial niedrig stehenden griechischen Gastarbeitern und der Bewunderung des antiken Kunstschaffens bei Reisen nach Griechenland.

Freundschaftsdienst, an öffentlichen Lesungen teilzunehmen. Rund 100 Jahre später schreibt Plinius d. Jg.:

> „Eine reiche Ernte an Dichtern hat dieses Jahr geliefert; im ganzen Monat April beinahe kein Tag, an dem nicht jemand vorgetragen hätte. Es freut mich, daß die Studien blühen, die Talente sich zeigen und produzieren; freilich kommt man nur verdrossen zusammen, um sie zu hören. Die meisten sitzen in ihren Lokalen und vertun die Zeit mit Schnurrpfeifereien, lassen sich von Zeit zu Zeit melden, ob der Vortragende schon eingetreten ist,.... ob er sein Manuskript schon zum größten Teil abgerollt hat, dann erst kommen sie herein und auch jetzt zögernd und bedächtig, halten aber nicht durch, sondern verdrücken sich vor dem Ende, die einen heimlich und verstohlen, einige offen und ungeniert.....Ich für meine Person habe kaum jemanden im Stich gelassen. Meist waren es allerdings Freunde von mir."[374]

Als erster Verleger Roms gilt der Freund Ciceros T.Pomponius Atticus[375], ein sehr reicher Ritter, der viel an indirektem politischen Einfluß besaß. Seinen Reichtum bezog er aus seinen Kapitalgeschäften und seinem Landbesitz, aber nicht aus verlegerischer Tätigkeit.[376] Eine verlegerische Tätigkeit hätte eher seinem sozialen Status geschadet. Wie jeder Intellektuelle der römischen Oberschicht besaß er Kopisten, die für ihn und auch für Freunde Bücher abschrieben. Die Verbreitung seiner Schriften durch Atticus hatte Cicero nicht buchhändlerischen Kontakten zu verdanken, sondern allein dem großen politischen Freundeskreis des Atticus. Das Bemerkenswerte an Atticus' Kopisten lag wohl lediglich in der besonders guten Qualität ihrer Arbeit. Atticus beschäftigte nur hausgeborene Sklaven (vernae), die eine hervorragende Ausbildung erhielten.

Außer Atticus ist für die Zeit der Republik kein Verleger oder namhafter Buchhändler bekannt, was wohl den Schluß zu läßt, daß es sie nicht gab. Lediglich tabernae librariae sind bezeugt[377], wobei der soziale Status der Besitzer wohl vergleichbar gering war, wie der der athenischen Buchhändler. Vermutlich werden freigelassene librarii[378] ihre in der Sklaverei erworbenen Kenntnisse zur Existenzsicherung eingesetzt haben, indem sie sich als Buchhändler oder Elementarlehrer selbständig machten.

---

374 Plin. ep. 1,13.

375 S.z.B.Schubart S. 134.

376 Fehrle S. 36ff.

377 Cic. Phil.2,21.

378 Die Bedeutung von librarii ist offen: ‚zu den Büchern gehörig'. Dies können sein Abschreiber, Elementarlehrer, Buchhalter, Buchhändler (Georges II, SP: 644f.).

Catull bezeugt sowohl die Sitte der Buchgeschenke unter Freunden, als auch das Inventar eines solchen Buchladens in folgendem Protest:

> „Strafen sollen die Götter den Klienten,
> Der dir solch einen Haufen Schund geschickt hat!
> ....
> Doch verflucht so ein schauerliches Machwerk,
> Das du deinem Catull geschickt hast, daß er
> Noch am nämlichen Tage geh zugrunde,
> Ausgerechnet am Saturnalienfest.
> Nein, da kommst du mir nicht so leichten Kaufs weg!
> Gleich wenn's Tag wird, dann lauf ich in die Läden,
> Kauf für dich den Suffenus, den Aquinus
> Und den Caesius, allen Schund, den giftgen.
> Dies die Strafe, mit der ich mich bedanke.“[379]

Ähnlich wie in Athen wird auch in Rom und anderen größeren Städten des Imperiums die Alphabetisierung der Gesamtbevölkerung so verbreitet gewesen sein, daß auch die kleinen Buchhändlerläden ihren Kundenkreis hatten.

Für einen mittellosen Autor war es allerdings lukrativer, einen reichen Gönner zu haben, als seine Bücher über diesen Kleinhandel zu vertreiben. Bei Lesungen im Freundeskreis des Förderers eröffnete sich für den Autor vielfach ein neuer Interessentenkreis.

Auch ‚Buchbestellungen‘ wurden über den Freundeskreis getätigt, der Buchhandel spielte dabei keine Rolle.

> „Mit der Übersendung von Serapios Buch hast Du mir einen großen Gefallen getan. Freilich – unter uns darf man es ja wohl sagen – , ich verstehe kaum den tausendstel Teil davon. Das Geld dafür habe ich Dir bar auszuzahlen befohlen, damit Du es nicht unter der Rubrik Geschenke ‚buchst‘.“[380]

Cicero ersetzt hier dem Freund die Auslagen, um dessen Großzügigkeit nicht auszunutzen – dies ist aber kein Handel.

Neben dem normalen Buchhandel muß es auch Antiquariate gegeben haben, wo man seine ‚Schnäppchen‘ machen konnte. Gellius berichtet:

> „Als ich bei meiner Rückkehr aus Griechenland nach Italien zu Brundisium anlangte und aus dem Schiff an Land gestiegen, mich ein wenig in jenem berühmten Hafenplatz erging, ..., da sah ich einige Bündel Bücherpackete zum Verkauf ausliegen. Sogleich gehe ich begierig auf die Bücher zu. Es waren lauter griechische Werke, voll von Wundern und Märchen, unerhörte, unglaubliche Geschichten, deren Ver-

379 Catull.carm.14.
380 Cic.Att. 2,4,1.

> fasser alte Schriftsteller von nicht geringem Ansehen...Allerdings strotzten diese verlegenen (Scarteken-) Bücher von langem Moder und Schmutz und hatten dem Äußeren und Aussehen nach durchaus nichts Einladendes. Trotzdem trat ich näher, erkundigte mich nach ihrem Preis und wurde durch die wunderbare und unverhoffte Billigkeit bewogen, die meisten Werke um ein Spottgeld an mich zu bringen."[381]

Solche Versuchungen sind auch heute noch sehr aktuell.

Abb. 65 Buchregal mit geschichteten Buchrollen. Der herunterhängende Streifen nennt den Titel des Werks.

Bibliotheken

Die ersten privaten Büchersammlung werden schon für das 5. Jahrhundert v. Chr. vermutet.[382] Die Hochschätzung der Kunst- und Geisteswissenschaften durch die hellenistischen Könige führte zum Ausbau von Wissenschaftszentren an den jeweiligen Residenzen. Dabei war der Aufbau einer Bibliothek unerläßlich. Neben ihrem wissenschaftlichen Ertrag diente sie zugleich als Repräsentationsobjekt. In diesen beiden Funktionen müssen auch die großen Bibliotheken von Alexandria und Pergamon gesehen werden.

Die Bibliothek im Museion[383] von Alexandria wurde von Ptolemaios I. (322-283 v.Chr.) gegründet und von seinen Nachfolgern ausgebaut.[384] Sie soll nach Gellius (7,17) bis zu 700 000 Rollen aufbewahrt haben. Bei der Eroberung Alexandrias durch Caesar soll ein Teil dieses Bücherschatzes ein Opfer der Flammen geworden sein.[385]

Die Bibliothek zu Pergamon, eingerichtet von Attalos I. (241-197 v.Chr.) und ausgebaut von Eumenes II. (197-159 v.Chr.), bildet für uns heute den Bautypus griechischer Bibliotheken ab (Abb. 66).

---

381 Gell. 9, 4, 1-5.

382 Hoepfner S. 29.

383 Eine Art Akademie der Wissenschaften, deren Mitglieder vom König eingeladen und besoldet wurden. Sie genossen zahlreiche Privilegien und konnten frei forschen und lehren.

384 S. Strocka S. 302f.

385 Plut. Caes. 49, L. Canfora, Die verschwundene Bibliothek, Hamburg 1998, zieht nicht nur die Zahl, sondern auch den Brand in Zweifel.

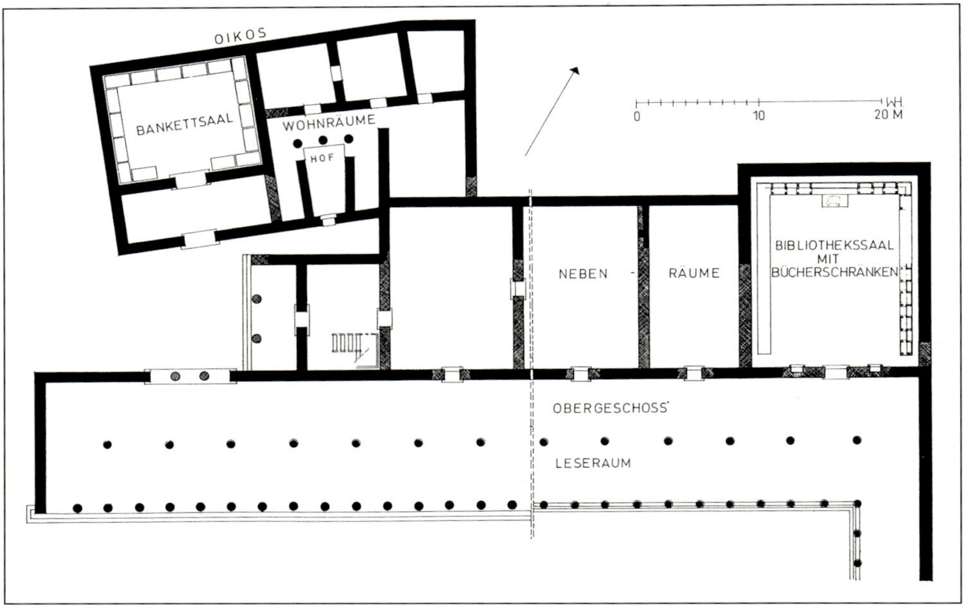

Abb. 66 Grundriß der Bibliothek von Pergamon.

Herzstück war der große Bibliothekssaal mit umlaufenden Bücherschränken[386], in deren Mitte ein Podium für Athena als Göttin der Wissenschaften, aufgestellt war. Hier wurden die bibliophilen Kostbarkeiten, geschützt vor den Einwirkungen der Witterungseinflüsse, in geschlossenen Schränken waagerecht gelagert.[387] Weniger kostbare Texte wurden in den benachbarten Magazinen auf Holzregalen aufbewahrt. Die im Obergeschoß vorgelagerte Stoa bot genügend Platz zum Lehren, lauten Lesen und Wandeln. Sie war vermutlich im Gegensatz zum Saal der Öffentlichkeit zugänglich.

Ein Festsaal mit 16 Klinen schloß sich im hinteren Teil der Anlage an, abgesondert an einem kleinen Hof und vier weiteren Räumen.

Die ersten Bibliotheken in Rom waren Beutegut aus dem hellenistischen Osten. Durch Aemilius Paullus kam 168 v. Chr. die Palastbibliothek des Königs Perseus von Makedonien nach Rom. Aemilius Paullus schenkte sie seinen Söhnen.

386 Hoepfner S. 27ff., anders Strocka S. 303.

387 Die Rekonstruktionsüberlegungen ergeben ca. 20 Schränke, von denen jeder 120-200 Rollen fassen konnte. S. Hoepfner S. 33

Im Jahr 85 v.Chr. erbeutete Sulla in Athen die Bibliothek des Appelikon von Teos mit Schriften u.a. des Aristoteles.[388] Auch L.Licinius Lucullus brachte seine Bibliothek aus dem Osten mit, wohl die des Mithridates.

Diese Bibliotheken waren mehr Ausweis des politischen und militärischen Erfolges ihrer Besitzer als Ausdruck ihrer Belesenheit. Da sie aber für Freunde offenstanden, brachten sie auch den wirklich Belesenen Nutzen, z.B. konnten Cato und Cicero die Bibliothek des Lucullus nutzen. Beide besaßen natürlich auch eigene Bibliotheken in ihren Landhäusern.

Öffentliche Bibliotheken

Die erste öffentliche Bibiothek in Rom wurde von Caesar geplant, ihre Einrichtung aber durch seine Ermordung verhindert.

> „...eine griechische und eine lateinische Bibliothek möglichst großen Umfangs wollte er für die Öffentlichkeit freigeben, wobei er M.Varro die Sorge für die Beschaffung und Ordnung der Bestände übertrug."[389]

Welche Motive Caesar leiteten, ist schwer zu sagen, wobei sich der Wunsch nach monarchischer Repräsentation und das Ziel einer gewissen Volksbildung nicht ausschließen müssen.[390]

In wesentlich kleinerem Umfang verwirklichte im Jahr 39 v.Chr. der integre und bedeutende Politiker Asinius Pollio den Bau einer öffentlichen Bibliothek im sogenannten Atrium Libertatis[391], das er erweitern ließ. Die Einrichtung erfolgte zeitgleich mit dem Rückzug Pollios aus der aktiven Politik. Befreundet mit den Dichtern seiner Zeit, lebte Pollio fast ausschließlich seinen literarischen Interessen und publizierte selbst. Auf ihn soll die Sitte der öffentlichen Lesungen in Rom zurückgehen.

Im Jahr 28 v.Chr. wurde die lateinische und griechische Doppelbibliothek des Augustus auf dem Palatin eingeweiht. Sie gehörte zu einem Gesamtkomplex von nicht zufällig zusammengehörenden Gebäuden mit dem Wohnhaus des Augustus und dem Apollontempel. Neben ihrer eigentlichen Funktion wurde sie von Augustus gerne für Senatssitzungen genutzt.

Erhaltene Überreste zeigen die symmetrische Anlage zweier gleichgroßer Säle[392] mit Nischen für Wandschränke, je einer Statuennische

---

388 Fehrle S. 16f. ausführlich zu der Geschichte dieser Bibliothek.

389 Suet. Caes. 44,2.

390 Fehrle S. 57.

391 Es lag in der Nähe der Kurie am Forum und beherbergte das Archiv der Zensoren. Sein Name kommt von der dort vollzogenen Sklavenfreilassung. Kolb S. 190 und 266.

392 Dem Bedarf nach hätte der Saal für die lateinische Literatur kleiner sein können.

in der Mitte und eine vorgelagerte Portikus, in der Verdoppelung analog zu dem großen Bibliothekssaal von Pergamon.[393] Augustus ließ sich nicht nur von einem persönlichen monarchisch motivierten Prestigedenken leiten, sondern stellte die Bibliothek ganz in den Repräsentationsrahmen der neuen Regierung. Auch nachfolgende Kaiser errichteten Bibliotheken oder restaurierten die vorhandenen.

Daß ein provinzialer Nobilis, Tib.Iulius Celsus[394], um 114 n.Chr. schließlich eine prachtvolle Bibliothek in Ephesos stiften konnte (Abb. 67), war erst möglich, nachdem ein Provinziale, nämlich Traian, Kaiser geworden war.

Abb. 67 Fassade der Celsusbibliothek in Ephesos.

8. Prosopographie

Personenkunde

8.1 Die prosopographische Methode

Abb. 68 Porträtkopf eines Mannes, 2. Viertel des 1. Jh. v.Chr.

Die Prosopographie beschäftigt sich mit der Personenkunde, ohne sich nur auf Biographien zu beschränken. Der Begriff Prosopogra-

393 Anders Strocka S. 308.

394 Er hatte es bis zum höchsten Amt eines römischen Senators, nämlich zum Statthalter der Provinz Asia, gebracht. Sein Sohn Aquila ließ die Bibliothek zu seinen Ehren vollenden, starb aber vor der Fertigstellung.

phie leitet sich von griechisch prosopon = Person ab. Zu Recht betont Vollmer[395], daß die Prosopographie sowohl eine Hilfswissenschaft als auch eine Methode sei. Als Methode wird versucht, bestimmte Personen und Personengruppen in einen Gesamtzusammenhang zu bringen und so die Möglichkeit zu schaffen, neue Gegebenheiten zu erkennen oder gleichartige Fragestellungen zu entwickeln. Als Hilfswissenschaft stellt die Prosopographie Hilfsmittel zur Information über Einzelpersonen zur Verfügung. Seit der Mitte des 19. Jahrhunderts war man in der Altertumswissenschaft bemüht, personenkundliche Nachschlagewerke zusammenzustellen, die das gesamte literarische, papyrologische, inschriftliche und numismatische Quellenmaterial zu Einzelpersönlichkeiten erfassen.[396] Erkenntnisse bedeutender Prosopographen fanden Eingang in die althistorischen Nachschlagewerke. Aufgrund der Quellenlage konzentrierte sich die Arbeit zunächst auf die sozialen Gruppen der Oberschicht. Solche ‚Dossiers' von Personen oder Personengruppen ermöglichen, sich schnell und umfassend über die noch zu ermittelnden Daten einer Person zu informieren, Verwandtschaftsbezüge herzustellen, Datierungen zu kontrollieren u.a.m. Hierin wurde die Altertumswissenschaft zum Vorbild für andere Wissenschaftszweige. Abgesehen von der mühevollen Kleinarbeit, das Quellenmaterial aufzuspüren, ist bei dieser Arbeit eine besondere Schwierigkeit, die notwendige Zurückhaltung bei Identifizierungen zu üben. Es ist z.T. sehr problematisch, namenkundliche, d.h. onomastische Befunde zum alleinigen Kriterium zu machen.[397]

Von dem so bereitgestellten Basismaterial ausgehend, können mit der prosopographischen Methode vielfach Wechselbeziehungen bestimmter Personengruppen untereinander aufgedeckt werden, die nur durch den Versuch einer solchen Zusammenschau wahrgenommen werden. Die Personengruppen können in einem zeitlichen und/oder gesellschaftlichen Zusammenhang stehen, z.B. die römische Nobilität in der Zeit der Republik. Sie können aber auch in einem sozialen Kontext gesehen werden, wie z.B. Witwen und Waisen, Magistrate oder Priester. Die Prosopographie ist in jedem Fall eine Methode, die eng mit der Sozialgeschichte verknüpft ist.

Die Auswertung des personenkundlichen Materials vermag einen bedeutenden Wissenszuwachs im Bereich der strukturellen Geschichtswissenschaft zu bringen.

---

395 Vollmer S. 90.

396 S.u.S. 245f.

397 Herr Müller muß nicht zwingend mit Frau Müller verwandt sein, entsprechend muß eine Sklavin, die Asia heißt, nicht aus Asien stammen, um nur zwei sehr vereinfachte Beispiele zu nennen.

> „Allgemeine Strukturen werden .... nur selten unmittelbar erkennbar, zumeist bedarf es der Zusammenschau vieler Daten, die zunächst an je eine einzelne Person gebunden sind.“[398]

Aus solcher Zusammenschau resultierende Fragestellungen können z.B. sein:

- Welche Prinzipien wurden bei der Besetzung von Ämtern beachtet?
- Welche politische Rolle spielten in Karrieren Familien- und Freundschaftsbeziehungen?
- Gab es zu bestimmten Zeiten (z.B. der attischen Demokratie oder der römischen Republik) politische Parteiungen bzw. Koalitionen, die sich personell festmachen lassen? Wechselten sie und wenn ja, aus welchen Gründen?
- Wie gestalteten sich die Aufstiegschancen bestimmter sozialer Gruppen zu bestimmten Zeiten (z.B.die der homines novi in der Zeit der Republik; die der Ritter und der kaiserlichen Freigelassenen im Prinzipat)?
- Wie und in welchen Zusammensetzungen wirkten die Provinzialen[399] auf die Politik in Rom ein?

Grundlagenforschung

Als ein Meister der prosopographischen Methode gilt Ronald Syme mit seinem Buch „The Roman Revolution“, das 1939 erschien und in deutscher Übersetzung als Taschenbuch vorliegt. Die Basis für seine Arbeit haben F.Münzer, A.Stein und E.Groag gelegt. Für den Zeitraum von Sulla bis zum Tod des Augustus führt Syme durch eine eingehende Analyse der familiären, freundschaftlichen und politischen Beziehungsgeflechte dem Leser vor Augen, welche Faktoren politische Karrieren bestimmten und wie sich diese Faktoren im Laufe der Bürgerkriege und des beginnenden Prinzipats veränderten. Die Bildung neuer Eliten unter Augustus war das Ergebnis eines bewußt durch ihn initiierten Prozesses mit vielen kleinen, aber wirksamen Schritten im Laufe seines langen Herrscherlebens. Ob Symes kritische Sicht des Augustus „zweifellos zeitbedingt“[400] war und an den Führern der faschistischen Bewegungen ihr Vorbild[401] fand, sei dahingestellt. Vielleicht bewirkte die damalige politische Entwicklung eine gewisse Hellsichtigkeit

---

398 Eck S. V.

399 Gefragt wird nach der geographischen Herkunft, dem sozialen Stand, dem Eindringen in maßgebliche Schichten und Zurückdrängen der Römer bzw. Italiker.

400 Vollmer S. 91.

401 Vollmer S. 137. S.G.Alföldy, Two Principes: Augustus and Sir Ronald Syme, Athenaeum 81, 1993, S. 101ff.

für die Strukturen von Diktaturen. Die Bewertung der neuen Gesellschaft ist sehr stark taciteisch geprägt und möglicherweise wirklich überzeichnet. Dies tut jedoch der Bedeutung von Symes Werk mit seiner spezifisch prosopographischen Arbeitsweise keinen Abbruch.

Für die Erschließung des Ritterstandes vergleichbar richtungsweisend ist das Werk von H.-G. Pflaum, Essai sur les procurateurs équestres sous le Haut-Empire romain, 1950 bzw. Les carrières procuratoriennes équestres sous le Haute-Empire romain, 5 Bde, Paris 1960-1982.

Das verstärkte sozialgeschichtliche Interesse der letzten Jahrzehnte eröffnete breite Anwendungsbereiche der Methode, zeigte aber auch deutlich ihre Grenzen, vor allem dann, wenn kein ausreichender Bestand an Überlieferung vorhanden war.

Ein Anwendungsbeispiel

In geradezu vorbildlicher Weise vermag die 1990 als Dissertation vorgelegte Untersuchung von Maria H.Dettenhofer[402] zur Politikergeneration zwischen Caesar und Augustus, die Möglichkeiten der Prosopographie vor Augen zu führen. Sie läßt den Biographien von sieben maßgeblichen Politikern dieser Generation[403] mit klaren Zwischenbilanzen eine hervorragende strukturgeschichtliche Analyse der Übergangszeit zwischen Republik und Prinzipat folgen. Zuvor listet sie einschließlich der sieben Prominenten 85 Politiker[404] auf, die für die von ihr untersuchte Personengruppe in Frage kommen, geht aber auf die restlichen 78 nicht ein, da die Quellenlage nicht so günstig ist und sie mit voller Berechtigung auf Beispielhaftigkeit setzt.

Unter anderem konstatiert sie, daß diese Generation, die ihre Lehr- und Anfangsjahre zwischen 60 bis 50 v.Chr. erlebte, die letzte war, die noch eine Vorstellung von der res publica aus eigener Erfahrung entwickeln konnte. Daraus erklärt sich die Opposition gegen Caesar und Pompeius, die die Ansprüche junger nobiles empfindlich einschränkten. Die politische Mentalität dieser Generation war verhaftet in einem unvereinbaren Widerspruch: Einerseits waren die Protagonisten bereit, die Republik zu verteidigen (wenn auch auf unterschiedlichen Wegen), andererseits war der Maßstab der eigenen Ansprüche vorgegeben durch die Persönlichkeiten, die die Republik zerstörten. Ein unerkanntes Dilemma!

---

402 Perdita Iuventus. Zwischen den Generationen von Caesar und Augustus, München 1992 (Vestigia Bd.44).

403 Es sind dies: C. Scribonius Curio, M.Antonius, D.Iunius Brutus Albinus, M.Caelius Rufus, M.Iunius Brutus, P.Cornelius Dolabella und C.Cassius Longinus, alle ungefähr zwischen 85 bis 80 geboren.

404 S. 14-28.

Dettenhofer beobachtet, daß, je mehr sich die Krise zuspitzte, die indirekte Beteiligung von Frauen an der Politik um so stärker akzeptiert wurde. Für die Untersuchung Dettenhofers stand der reiche Briefbestand Ciceros zur Verfügung.

Gefahren der prosopographischen Methode

Anders liegen die Probleme, wenn das prosopographische Quellenmaterial vornehmlich aus Inschriften und Münzen besteht, wie es für die römische Kaiserzeit der Fall ist. Es scheint dann zwar einigermaßen unverfälscht zu sein, da ihm eine Art öffentlicher Charakter anhaftet. Aber da es in seiner Aussagekraft spröde ist, bedarf es der eingehenden Interpretation. So kann zwar konstatiert werden, daß ein Senator oder Ritter diese oder jene Laufbahn hinter sich gebracht hat, nicht aber, ob er erfolgreich war, welche Motive oder Faktoren für seine Ernennung ausschlaggebend waren, was der Betroffene selbst gewollt hat u.a.m.

> „Solche Einsichten können im allgemeinen nur im Schlußverfahren gewonnen werden, sie beruhen nicht selten auf allgemeinen Wahrscheinlichkeiten, modernen Analogien oder auf mehr oder weniger sicheren statistischen Aussagen. Dabei drängt sich manchmal der Eindruck auf, daß die allgemeine Tendenz der Aussagen in der modernen Forschung vermutlich häufig zutrifft, daß jedoch solche Aussagen auch für den konkreten Einzelfall gemacht werden, für den jeder direkte und spezifische Hinweis in den Quellen fehlt. Das Manko besteht oft in einer zu einseitigen, auf *eine* Begründung oder *ein* Motiv verengte Sicht, die andere Möglichkeiten der Interpretation nicht mit einbezieht, oft auch deswegen, weil die Möglichkeiten als solche gar nicht gesehen werden."[405]

Eine andere Gefahr, die Eck, einer der bedeutendsten modernen Prosopographiker, heraustellt, ist die Schlußfolgerung eines bestimmten Sachverhalts, wenn *kein* prosopographisches Quellenmaterial vorliegt. Die genaue Überprüfung eines argumentum e silentio ist also dringend geboten. Im Zweifelsfall sollte aus dem Fehlen von Material keine Schlußfolgerung gezogen werden.

Weitere Probleme ergeben sich auch hier aus dem römischen Namenwesen. Um ein Beispiel zu nennen: Der Rechtsakt der Adoption läßt sich nicht immer erkennen, da nicht konsequent ein Agnomen, gebildet aus dem alten Gentilnomen mit –ianus (z.B.Caecilius > Caecilianus), dem neuen Namen angefügt wird.

H.Solin[406] weist nachdrücklich darauf hin, daß geographische Cognomina oft nichts über die Herkunft des Namensträgers aussagen. Ein anderer Fall ist, daß keine Kenntnisse darüber vorliegen,

---

405 W.Eck, Überlieferung und historische Realität: Ein Grundproblem prosopographischer Forschung, in: Eck S. 54.

406 H.Solin, ‚Zur Tragfähigkeit der Onomastik in der Prosopographie' in: Eck S. 1-33.

wie oft das mütterliche Gentilnomen übernommen wurde, weil deren Familie bedeutender war.[407] Schließlich muß bei der Auswertung des prosopographischen Materials immer mit mehreren Möglichkeiten der Interpretation gerechnet werden, so daß es oft sinnvoll ist, Lösungsalternativen anzubieten.

Die Beobachtung der Möglichkeiten und Grenzen der prosopographischen Methode ließen sich noch vermehren. Die prinzipiellen Probleme dürften indessen klar geworden sein. Hinzu kommt im epigraphischen Bereich der durch neue Ausgrabungen ständig wachsende Quellenbestand. Vorwürfe prinzipieller Art[408] gegen diese Methode beziehen sich tendenziell eher auf eine mechanische und unsensible Anwendungsart, als auf ihre Effektivität.

Arbeitsmaterialien

Die wichtigsten Nachschlagewerke für den griechischen Bereich sind:

- J.Kirchner, Prosopographia Attica. 2 Bde, Berlin ²1901/1903, ND 1966 (mit neuer Konkordanz). Abkürzung: PA. Dazu: J.Sundwall, Supplement to J.Kirchner's Prosopographia Attica. Nachträge zu P.A., Helsinki 1910, ND Chicago 1981
- J.K.Davies, Athenian Propertied Families 600-300 BC, Oxford 1971 (dieselben Nummern wie PA)
- P.Poralla, Prosopographie der Lakedaimonier (bis 323 v.Chr.) Breslau 1913, ND Chicago 1985 (Addenda von A.S.Bradford)
- A.S.Bradford, A Prosopographie of Lacedaimonians (323 v.Chr. bis 396 n.Chr.) Vestigia 27, München 1977
- H.Berve, Das Alexanderreich auf prosopographischer Grundlage, 2 Bde, München 1926

Für die römische Republik unentbehrlich ist:

- T.R.S.Broughton, The Magistrates of the Roman Republic, Bd.I (509 B.C. 100 B.C.) 1951, Bd.II (99 B.C. 31 B.C.) 1952, Bd.III (Supplement) 1986. Abkürzung: MRR.

Das Werk ist nach Amtsjahren aufgebaut und listet alle Magistrate und Priester in absteigender Reihenfolge mit Quellenbelegen auf. Es verfügt über einen Index.

Die Kaiserzeit kann personenkundlich erschlossen werden mit:

- W.Eck, Senatoren von Vespasian bis Hadrian. Prosopographische Untersuchungen mit Einschluß der Jahres- und Provinzialfasten der Statthalter, München 1970.

---

407 Es sind nur Einzelfälle bekannt, wie z.B. bei Poppaea Sabina, der Ehefrau Neros, die Tochter eines T.Ollius und einer Poppaea Sabina, deren Vater Konsul im Jahr 9 n.Chr. war.

408 Z.B.P.A.Brunt, D.C.Earl,Tiberius Gracchus (Besprechung), Gnomon 37, 1965, 189ff.

- E.Klebs, H.Dessau, P.v.Rohden, Prosopographia Imperii Romani Saec. I II III, 3 Bde Berlin 1897-1898. Abkürzung PIR.
- Eine Neubearbeitung mit Erweiterung des Personenkreises ist bisher bis zum Buchstaben R gelangt. E.Groag, A.Stein, L.Petersen, Prosopographia Imperii Romani Saec.I II III Berlin 2. Aufl., seit 1933. Abkürzung PIR².

Zu beachten ist, daß die Standeszugehörigkeit durch unterschiedliche Schrifttypen auf den ersten Blick kenntlich gemacht wurde:

134 **Iulius Alexander,** ὁ διασημότατος κ[η]νσ[ίτ]ωρ anno 298 mense Decembri *Pap. Florent. 32 = Wilcken Chrestomathie 228 (apographa Hermopoli reperta),* [Ἰουλίω Ἀλεξά]νδρω τῶ διασημοτάτω [κ]ηνσ[ίτορι] *Pap. Londin. 5, 1647.*

135 Iulius Alexander, origine Emesenus, postquam percussores sibi missos a Commodo adversariosque, quos habuit inter Emesenos, interfecit, una cum puero amato fugit; deprehensus se ipsum et puerum occidit *Dio 72, 14. Idem fortasse* Alexander, qui a Commodo defecit, postea se suosque interemit *vita Comm. 8, 3.*

136 C. IVLIVS ALEXANDER, idem *atque* Alexander, rex Armeniae, *supra A 500. Nomen gentile e titulo Ephesio filii eius* C. Iulii Agrippae *supra n. 130 cognoscitur OGI 429 = D. 8823. Eum ante annum 109 consulem fuisse constituit R. Syme JRS 43 (1953) 154, cum in consularibus iam paulo post annum 114 eximium locum obtineat, in fastis autem annorum 109–116 nundinium ei attribuendum non vacet OGI 544 = IGR 3. 173.*

Steht der Name in Großbuchstaben, gehört die Person dem Senatorenstand an. Ist der Name fett gedruckt, handelt es sich um Personen des Ritterstandes. Sonstige Personen sind normal gedruckt.

Für die Spätantike liegt vor:

- A.H.M. Jones/J.R. Martindale, I.J.Morris The Prosopography of the Later Roman Empire, Bd.1: A.D.260-395 Cambridge 1971.
- J.R.Martindale, The Prosopography of the Later Roman Empire, Bd.2: A.D.395-527, Cambridge 1980 und Bd.3:A.D.527-641, 2 Teile Cambridge 1992. Abkürzung PLRE.
- A.Mandouze (Hrsg.), Prosopographie Chrétienne du Bas-Empire, Bd.1:Prosopographie de l'Afrique Chrétienne, Paris 1982
- R.von Haehling, Die Religionszugehörigkeit der hohen Amtsträger des Römischen Reiches seit Constantins I. Alleinherrschaft bis zum Ende der Theodosianischen Dynastie (324-450 bzw.455 n.Chr.), Bonn 1978.

Ein hilfreiches Nachschlagewerk für die römischen Kaiser und ihre Angehörigen einschließlich der Usurpatoren ist:

- D.Kienast, Römische Kaisertabelle. Grundzüge einer römischen Kaiserchronologie, Darmstadt ²1996. Die dort genannte Literatur bezieht sich vorrangig auf Datierungsfragen.

Nach wie vor unverzichtbar sind die RE-Artikel[409] zu Einzelpersonen, für die Zeit der Republik viele von F. Münzer, später von M. Gelzer verfaßt, für die Kaiserzeit vor allem O.Seeck, E.Groag und A.Stein. Sie liefern gute Informationen zu den Quellen, können in ihrer Wertung aber nicht immer übernommen werden. Einen neueren Stand der Forschung geben die Personenartikel des Neuen Pauly mit Hinweisen auf die neueste Literatur. Zu beachten ist, daß die Frauen in der RE hinter den Männern, im Neuen Pauly alphabetisch richtig vor den Männern stehen.

8.2 Frauen im sozialen und politischen Beziehungsgeflecht

Die Untersuchung verschiedener Personengruppen mit ihren jeweiligen gesellschaftlichen Determinanten, ihren Veränderungen und ihren Einflüssen auf Politik und Gesellschaft bezieht, wie wir gesehen haben, nicht nur die Herrschenden mit ein. Auch Minderheiten oder Gruppen, die von der aktiven Politik ausgeschlossen sind (z.B. Sklaven, Peregrine, Frauen), können Gegenstand der Prosopographie sein.

Frauengeschichte

Ich möchte an dieser Stelle die sogenannte ‚Frauengeschichte' verorten, weil diese Einordnung eine Einbindung in die gesamtgesellschaftliche Betrachtung erlaubt und die sozialen und politischen Beziehungsgeflechte ganzheitlich betrachtet. Darüber hinaus werden in einem so scheinbar objektiven Bereich, wie dem der Personenkunde auch die Defizite bewußt. Von den genannten Nachschlagewerken für den römischen Bereich sind praktisch nur einzelne Artikel der RE und des Neuen Pauly und die PIR für Frauen Datenlieferanten, wobei die Zahl der untersuchten Frauen weit hinter der der Männer zurückbleibt. Hier ist noch viel Nachholbedarf.

Natürlich sind andere Zuordnungen denkbar, wie z.B. im Kapitel ‚Teilaspekte der Alten Geschichte'. Aber dort oder auch bei der Anthropologie[410] besteht die Gefahr, die Perspektive auf soge-

409 S.u.S. 336.

410 Vollmer S. 123.

nannte Frauenthemen, wie z.B. Familie, Kinder, Geburt, Tod, Alltagsgeschichte, Ehe etc. zu verkürzen. Wenn historische Anthropologie allerdings so verstanden wird, daß nach spezifisch männlichen oder weiblichen Sozialisierungs- und Verhaltensformen, Handlungsräumen und Mentalitäten gefragt wird, ist auch dort ein guter Platz. Obwohl bei der historischen Betrachtung von Frauen noch große Defizite bestehen, sollte dies in keinem Fall dazu führen, Frauengeschichte losgelöst von der allgemeinen Geschichte als Sonderbereich zu untersuchen. So erscheint es z.B. zwingend, die Folgen der Punischen Kriege auch bei den Frauen nachzuvollziehen, weil sonst wesentliche Bereiche der Sozialgeschichte unerkannt bleiben. Darüber hinaus scheint es eher ein Gewinn, Themen der Frauengeschichte auf die Männerwelt (wenn es sie überhaupt gibt) auszudehnen. So sind z.B. nicht nur die römischen Frauen in ein festes Normengerüst eingebunden, sondern auch die Männer, selbst wenn ihnen einige Freiheiten mehr erlaubt waren.

Studierende müssen sich im Laufe ihres Studiums in zahlreichen Bezügen über ihren Standort klar werden und Position zu ihren ideologiekritischen Ansätzen beziehen. Dies gilt nicht nur im politischen und sozialen Umfeld, sondern in hohem Maß auch für die Einstellung zur Beschäftigung mit Frauengeschichte. Die augenblickliche Situation im Universitätsbetrieb wird dadurch gekennzeichnet, daß bei Ankündigung von Frauen- oder Geschlechtergeschichte nur einzelne wenige engagierte Studentinnen erscheinen. Die Mehrzahl der Studierenden meidet solche Veranstaltungen tunlichst. Das nicht nur bei Studenten bestehende Vorurteil, die Auseinandersetzung mit ‚Frauengeschichte' sei eine feministische Abartigkeit, die man sich ersparen könne, verhindert die Einsicht in die bestehenden Defizite auf diesem Gebiet. Die Praxis, in den Kranz der Seminarthemen wenigstens ein Frauenthema einzuflechten, steuert diesem Problem wenigstens z.T. entgegen. Generell wäre es wünschenswert, wenn im Kontext der allgemeinen Geschichtsbetrachtung, der Blick auf die Frauen, auch wenn er von den Quellen nicht immer vorgegeben ist, selbstverständlich würde.[411]

Prosopographische Analyse am Beispiel der Fulvia

Als konkretes Beispiel für die Probleme des prosopographischen Arbeitens möchte ich eine Frau wählen, deren politische Relevanz für die Zeit von 44 bis 40 v.Chr. unbestritten ist, nämlich *Fulvia.*[412]

---

411 S. dazu auch Schuller, S. 50

412 Robert Alexander Fischer, Fulvia und Octavia. Die beiden Ehefrauen des Marcus Antonius in den politischen Kämpfen der Umbruchzeit zwischen Prinzipat und Republik, Berlin 1999. Dort auch weiterführende Literatur.

Abb. 69 Münzporträt der Fulvia.

Dadurch ist sichergestellt, daß sie in den einschlägigen Lexika berücksichtigt wird. Ich möchte aber das Augenmerk stärker auf die Zeit davor legen, da für die Jahre 44-40 v.Chr. gute Biographien[413] vorliegen. F.Münzer, der schon genannte epochemachende Prosopographiker, auf den zahlreiche personengeschichtliche *Artikel der RE* zurückgehen, nennt den Vater der Fulvia, die Mutter versäumt er zu nennen. Er listet die drei Ehen der Fulvia auf und charakterisiert diese kurz, um dann ab 44 v.Chr. ausführlicher auf die geschichtliche Rolle der Fulvia einzugehen.

> „Die geschichtliche Rolle der F. beginnt mit der ihres Gatten nach Caesars Tode, doch ist zu beachten, daß Cicero in den Philippiken ihr verhältnismäßig wenig Schlimmes nachzusagen weiß."[414]

Diese Äußerung richtet sich gegen Münzers Zeitgenossen in der Forschung (Gardthausen, Seeck), die Fulvia z.T. noch negativer bewerteten als die Quellen selbst. Die biographischen Daten mit entsprechenden Quellennachweisen, die Münzer folgen läßt, sind ausgewogen, quellenkritisch und in ständiger Auseinandersetzung mit den Wertungen der eigenen Zeit. Er erkannte sehr richtig, daß Fulvia die Hauptvertreterin der Interessen des Antonius während dessen Abwesenheit von Rom war.

Im *Kleinen Pauly*[415], dem Lexikon also, das die Studierenden meist als erstes befragen, findet man zu Fulvia folgende Aussage: „Fulvia ... verheiratet 1. mit dem berüchtigten Volkstribunen P.Clodius Pulcher ... " Münzer sprach lediglich von P.Clodius Pulcher, dem Tribun von 58 v.Chr. und Gegner Ciceros. Allein diese kleine Passage zeigt, daß die Qualität und Objektivität eines Artikels nicht unbedingt vom Alter abhängt. Obwohl Münzers Artikel deutlich die Basis für Gundels Artikel war, ging die Vorsichtigkeit im Urteil Münzers völlig verloren. Lediglich der Hinweis, daß die ungünstige Beurteilung Fulvias bei Drumann nicht zu halten sei, weist auf Schwierigkeiten bei der Beurteilung dieser Frau hin.

Ausgewogen erscheint dagegen der Artikel über Fulvia im *Neuen Pauly* .[416] Auch der Name von Fulvias Mutter, nämlich Sempronia, wird genannt, die Ehen ohne wertenden Kommentar aufgelistet. Die Autorin bemerkt allerdings:

[413] Förtsch und Kreck. Babcock geht mit seinen Schlußfolgerungen für die Anfänge Fulvias in Teilen zu weit.

[414] F.Münzer, Fulvia, RE VII, 1910 Nr.113, Sp 281f.

[415] H.-G.Gundel, Fulvia, Kl.P. 1967 Nr.32, Sp. 633.

[416] H. Stegmann, Fulvia, NP 4, 1998 Nr.2, Sp. 701.

> „In der Antike galt F. als kalte grausame ‚Furie' , die sich neben Antonius eine einzigartige Machtstellung verschaffte; heute gilt sie auch als Beispiel einer außerordentlichen, emanzipierten Frau der römischen Oberschicht und als Vorläuferin der mächtigen Frauen am Kaiserhof."[417]

Ihre eigene Position ist vorsichtiger.

Die antiken Nachrichten über Fulvia gehen weitgehend auf Cicero zurück, der intimer Feind aller ihrer Ehemänner, drei an der Zahl, war. Später sorgte Augustus dafür, daß keiner ihrer Söhne etwas für das Andenken der Mutter tun konnte. Drei ihrer vier Söhne starben auf seine Veranlassung.[418] Unter diesen Voraussetzungen muß der quellenkritische Umgang in jedem Detail sehr sorgsam sein.

Betrachten wir zunächst die *standesmäßige Einordnung* der Fulvia über ihre Eltern. Zur besseren Orientierung sei zunächst ein Stammbaum der Fulvia eingefügt:

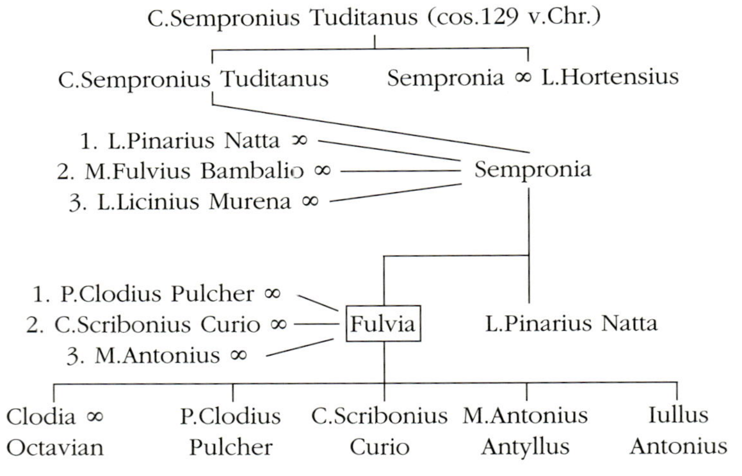

[417] Stegmann, Sp.701; Balsdon S. 53 nennt Fulvia, obwohl seine Gesamtwertung wohlwollend ist, sehr unpassend ‚Amazone' und ‚Mannweib'.

[418] P.Clodius Pulcher, der älteste Sohn, wurde immerhin Prätor. Nach Val.Max.III,5,3 soll er an seiner Unmäßigkeit gestorben sein. C.Scribonius Curio und M.Antonius Antyllus wurden nach Actium hingerichtet, weil sie, da sie volljährig waren, von Augustus offenbar als Gefahr angesehen wurden. Iullus Antonius hatte sich mit der Augustustochter Iulia auf eine Verschwörung gegen Augustus und Tiberius eingelassen und wurde 2 v.Chr. hingerichtet. Von der mit dem späteren Augustus verheirateten Clodia hat man nach ihrer unberührten Entlassung aus der Ehe keine Kenntnisse mehr.

Für ihren Vater M.Fulvius Bambalio[419] liegen vier Quellenaussagen vor:

1. Cicero (Phil. 2,90) erwähnt lediglich, daß der Enkel des Bambalio in Geiselhaft genommen worden sei und dadurch Friede geherrscht habe.
2. Cicero (Phil. 3,16) spielt hier mit dem Cognomen Bambalio (der Stotterer), um den Adel der Gattin des Antonius zu mindern.

In Schmähreden gegen Antonius wird man über dessen Schwiegervater nichts Positives erwarten dürfen.

3. Bei Cassius Dio (45,47,4) heißt es von Antonius: ‚...und der den Bambalio liebt, der schon wegen seines Beinamens verrufen ist.' Das geht zweifelsohne auf Cicero zurück.
4. Schließlich spielt Cass.Dio (46,7,1) in einer fiktiven Rede gegen Cicero wieder mit dem Namen und wünschte, dieser selbst sei ein Stotterer gewesen, statt mit seinen Reden Unschuldige zu verkaufen und Verbrechern zu helfen.

Die Schlußfolgerungen aus diesen vier Quellenpassagen sind Folgende:

RE: „F. stammt von den berühmten Fulviern ab, war aber sehr gering geachtet..."

Kl.Pauly: „..wenig geachteter Abkömmling der berühmten Fulvier."

NP:".. wohl wenig geachteter Nachkomme der berühmten Fulvier" (mit Verweis auf die vier Quellenstellen)

Abgesehen davon, daß sich der Verdacht aufdrängt, alle nachfolgenden Autoren hätten einfach von Münzer abgeschrieben, wird hier weder Autor noch Kontext der Quellen beachtet. Festhalten kann man für Bambalio lediglich, daß für ihn keine Ämterlaufbahn faßbar wird. Daraus kann aber nicht der Schluß gezogen werden, daß er wenig geachtet gewesen sei.

Wie Münzer andeutet, gehörten die Fulvii zu den renommiertesten Familien der plebeischen Nobilität. Ihr Name taucht zum erstenmal 322 v.Chr. in den Konsularfasten auf. Nach 125 v.Chr. ist kein Fulvius als Konsular mehr faßbar. Durch die sullanische Restauration in die politische Bedeutungslosigkeit zu sinken, dieses Schicksal traf auch andere Familien, wie z.B. die Sempronii. Fulvias Vater war jedenfalls der letzte seines Familienzweiges.

Fulvias Mutter gehörte in die Familie der Sempronii Tuditani, ihr Vater C.Sempronius Tuditanus, Sohn des Konsuls von 129 v.Chr., war ebenfalls der letzte männliche Vertreter seines Familienzwei-

---

419 F. Münzer, Fulvius RE VII, 1910 ND 1958 Nr.40 Sp. 235.

ges. Da er in seinem Testament einen Sohn adoptiert hatte[420], vermutet Münzer[421], daß dieser sein Schwiegersohn gewesen sein könnte. Das Testament wurde jedenfalls von einem Vertreter eines anderen Zweiges der Sempronii angefochten. Es scheint sich bei dem Erbe um ein beachtliches Vermögen gehandelt zu haben, da Cicero den Reichtum als Heiratsmotiv für Clodius anführte.

Sempronia, die Mutter Fulvias, war ihrerseits dreimal verheiratet. Über den ersten Ehemann ist nichts Näheres bekannt. Mit ihm hatte sie einen Sohn, L.Pinarius Natta[422], den man nur durch Äußerungen Ciceros aus den Jahren 63 – 56 v.Chr. kennt. Das Geschlecht der Pinarii war patrizisch und galt als sehr alt.[423] L.Pinarius Natta hatte als junger Mann Ciceros Wahlbewerbung um das Konsulat mit einer festlichen Bewirtung einer Rittercenturie unterstützt, möglicherweise seinem zweiten Stiefvater zuliebe. Später half er allerdings seinem Schwager P.Clodius Pulcher, weil dieser ihn noch vor Beginn seiner Ämterlaufbahn zum Pontifikat verholfen hatte. Er war derjenige, der Ciceros Haus nach dessen Verbannung der Libertas weihte. Cicero argumentiert in seiner Rede[424] für sein Haus gegen ihn so:

> „Das nennst Du (gemeint ist Clodius) also eine Einweihung, zu der du nicht das ganze Kollegium ... sondern nur diesen jungen Mann hast beibringen können, obwohl in dem Kollegium sehr gute Freunde von Dir sitzen. Zugegen war ... der, den du dazu verleitet, den seine Schwester gebeten, seine Mutter dazu gezwungen hat."

Die unterstellte Beeinflussung durch Mutter und Schwester soll zwar die Amtshandlung des Pinarius herabsetzen, zeigt aber zugleich, daß es möglich war, in Rom damit zu argumentieren.

Über den zweiten Ehemann und Vater der Fulvia wurde schon gesprochen. In dritter Ehe heiratete Sempronia L.Licinius Murena[425], den Konsul des Jahres 62 v.Chr. Es ist nicht überliefert, wann diese Ehe geschlossen wurde. Man wird aber davon ausgehen können, daß sie im Jahr der Bewerbung um das Konsulat schon bestand, da L.Pinarius Natta als Stiefsohn für diese Zeit erwähnt wird.[426] Ein Mitbewerber von Murena war Ser.Sulpicius Ru-

420 Asc.Mil.arg.35.

421 Münzer, Sempronius RE II A,2, 1923 Nr.89, Sp. 1439.

422 Münzer, Pinarius RE XX,2, 1950 Nr.19, Sp.1402; Broughton II, S. 199, 206 und 213.

423 Cic.dom.134-135 verweist darauf, daß die Pinarii den Kult des Herkules in der Frühzeit Roms versorgten.

424 Cic.dom. 118.

425 Broughton II, S. 172f.; Münzer Licinius, RE XIII, 1926 Nr.123, Sp. 44f.

426 Cic.Mur.73; dom. 134.

fus, der schon in der Quästur und Prätur sein Kollege war. Dieser patrizische Mitbewerber fiel bei der Wahl ebenso durch wie der patrizische Catilina.[427] Rufus rächte sich mit einer Anklage wegen Wahlbestechung gegen Murena. Dessen Verteidiger waren M.Licinius Crassus – einer der reichsten Männer Roms und späterer Triumvir – wohl weil er aus dem gleichen Geschlecht stammte. Der zweite Verteidiger war Q.Hortensius Hortalus, kein Zufall, denn dessen Mutter war eine Sempronia, Tante von Murenas Ehefrau (also Großtante von Fulvia). Der dritte Verteidiger war Cicero, der amtierende Konsul des Jahres, der eine Dankesschuld für die erwähnte Wahlhilfe abzutragen hatte. Trotz der Schonung, die Cicero Cato und Sulpicius Rufus angedeihen ließ, wurde Murena freigesprochen. Ob Murena bei der Verurteilung der Catilinarier wirklich zusammen mit seinem Amtskollegen D.Iunius Silanus für die Todesstrafe votiert hatte, muß offen bleiben. Cicero drückt sich in diesem Punkt merkwürdig unklar aus.[428] Außer von einem persönlichen Einsatz für Cato zu Beginn seines Amtsjahres[429] erfahren wir von Murena nichts mehr.

Dieser hier dargelegte Hintergrund beleuchtet andeutungsweise das Elternhaus der Fulvia. Daraus erhellt sich eindeutig, daß ihre Herkunft nicht so niedrig und unbedeutend eingeschätzt werden darf, wie Cicero es uns glauben machen will. Darüber hinaus dürften die Ereignisse der Tagespolitik, vor allem die Catilinarische Verschwörung und ihre Folgen, lebhafte Anteilnahme auch bei den Frauen gefunden haben.

Wenden wir uns noch einem anderen Aspekt zu, der für die ‚unhistorische' Zeit Fulvias mit Sicherheit bedeutsam war. Es gab in Rom eine Gruppe jugendlicher Adliger, die von Cicero als ‚iuvenes barbatuli' (Jugendliche mit Bärtchen) bezeichnet wird und die er den Catilinariern als sehr verwandt empfand.[430] Ihr erstes öffentliches Auftreten unter Führung des C.Scribonius Curio sollte die Einrichtung eines Sondergerichtshofs gegen P.Clodius Pulcher wegen seines unerlaubten Eindringens beim Bona Dea Fest verhindern.[431] Dies gelang zwar nicht, aber im Prozeß wurde Clodius nicht zuletzt durch die Verteidigung des Vaters von Curio, Konsul des Jahres 76 v.Chr., freigesprochen. Zu diesem Kreis, dessen Name sich wohl von einer in Rom unüblichen Bartmode ableitete,

427 Zur Bewertung des ganzen Wahlvorgangs s. Münzer Adelsparteien S. 348.
428 Cic.dom. 134; Att. 12,21,1; anderer Meinung Broughton S. 172.
429 Cato min.28,2-3.
430 Cic.Att. 1,14,5.
431 Zu den Vorgängen und der Gruppe im einzelnen s.Benner S. 81f.; Will S. 62f, Dettenhofer S. 36f.

gehörten P.Clodius Pulcher, der schon erwähnte Curio[432], sein engster Jugendfreund M.Antonius, dessen Stiefvater als Catilinarier hingerichtet worden war, Q.Hortensius, Sohn des großen Redners, Q.Pinarius Natta und andere mehr. Ihr Ziel war eine Politik, die sich einerseits gegen Cicero und die ihn unterstützenden Optimaten richtete, andererseits aber auch die politischen Einschränkungen durch das Triumvirat durchbrechen sollte. Diese junge Generation war darum bemüht, die traditionellen Entfaltungsmöglichkeiten und politischen Rechte der römischen Nobilität für sich und ihre Karrieren zurückzugewinnen. Ihre Wege waren sehr unterschiedlich.

Fulvia muß ab einem ungewissen Zeitpunkt diesem Kreis angehört haben. Wir wissen nicht, ob sie durch ihren Stiefbruder Kontakt bekam oder umgekehrt.[433] Die Tatsache aber, daß alle drei Ehemänner der Fulvia die wichtigsten Repräsentanten dieser oppositionellen Gruppe waren, daß ihr Stiefbruder und ihr Vetter Q.Hortensius dazu gehörten, kann kein Zufall gewesen sein. Der Umstand, daß das gesellschaftliche Zentrum dieses Kreises wohl das Haus der Clodia Metelli, Schwägerin der Fulvia, war und wohl noch andere Frauen dazu gehörten, daß eine gewisse großzügige Lebensart dem Kreis zu eigen war, führte zu einer moralischen Diffamierungskampagne, an deren Spitze Cicero stand, die aber auch der augusteischen Propaganda gegen Antonius sehr willkommen war. So wird es einleuchten, wenn man eine Äußerung Ciceros an die Adresse des Antonius direkt auf Fulvia bezieht:

> „Außer dir und Clodius hat sich niemand gefunden, der mein Konsulat getadelt hätte! So ist dir, wie schon C.Curio, dessen Schicksal beschieden, denn in deinem Haus waltet derselbe Geist, der für sie beide zum Schicksal wurde."[434]

Fulvia war auch vor 44 v.Chr. mehr als nur ein ‚Heimchen am Herd'.

Mit diesen Ausführungen zur Frühphase der Fulvia sollte gezeigt werden:

1. Die prosopographischen Methode ermöglicht über die direkte Überlieferung hinaus vertiefte Einsichten in historische Zusammenhänge.

---

432 Daß Curio zwischen 59 und 53 Parteigänger Ciceros war, ist zweifelhaft. S. Fischer S. 19f.

433 Möglicherweise lernte sie Clodius durch ihren Stiefvater kennen, da Clodius dessen Legat in Gallien war.

434 Cic.Phil.II 5,11.

2. So hilfreich lexikalische Nachschlagewerke sind, ihre Informationen sollten nach Möglichkeit nicht unkritisch übernommen werden. Lexikonartikel haben einen Autor und gehören in eine bestimmte Zeit. Beides muß beachtet werden.

IV. Teilaspekte der Alten Geschichte

Im Laufe der bisherigen Ausführungen wurde immer wieder auf die Bedeutung von Fragestellungen und Art des Zugangs zu historischen Themen hingewiesen. Wenn wir im folgenden von Teilaspekten der Alten Geschichte sprechen, so meint dies nichts anderes, als den besonderen Zugang zu einem althistorischen Phänomen über ein bestimmtes fachorientiertes Segment. Ein Jurist z.B. wird mit verfassungsrechtlichen Fragen anders umgehen als ein Politologe oder ein Soziologe. Aber alle drei Zugänge mit unterschiedlichster Fragestellung befruchten sich gegenseitig und tragen zu einem Gesamtbild bei.

Wir sprechen z.B. vom römischen Staatsrecht, nicht von der römischen Verfassung der Republik, weil diese Verfassung auf ungeschriebenem Gewohnheitsrecht und bestimmten gesetzlichen Regelungen vor allem des Jahres 367 v.Chr. beruhte. Der zweite Grund aber liegt in der Tatsache, daß Theodor Mommsen mit seinem Staatsrecht[1] ein Werk geschaffen hat, das bis zum heutigen Tag die Maßstäbe und vor allem die Begriffe setzt.

> „Sein Werk bleibt durch die Fülle des verarbeiteten Quellenmaterials und durch die geniale Methode des historisch arbeitenden Juristen einerseits, des juristisch arbeitenden Historikers andererseits unübertroffen."[2]

Selten kommen zwei solche Komponenten so glücklich zusammen, trotzdem blieb auch Mommsen Kritik nicht erspart. Erst der wissenschaftliche Diskurs, der bis in unsere Tage geführt wird, fügt die Teilaspekte der verschiedenen eigenständigen Fächern wieder zu einem Ganzen zusammen und öffnet neue Erkenntnishorizonte.

Teilaspekte definieren sich vom fachlichen Schwerpunkt der Betrachtung her mit den dort entwickelten, oft sehr spezifischen Frageweisen. Sie öffnen neue Wege, vertiefen Erkenntnisse und lösen aus überkommenen Betrachtungsweisen. Ein gewisses Spezialistentum ist also notwendig, sollte aber immer im Dienste eines übergeordneten größeren Erkenntnisinteresses stehen.

Im folgenden soll zunächst am Beispiel Spartas die enge Bezogenheit von Sozialstruktur, Lebensweise und Verfassung gezeigt

1 Römisches Staatsrecht, Bd.1-3, Leipzig [3]1887-1888 (ND Darmstadt 1963).

2 Rainer S. 4.

werden.[3] Im Anschluß daran sollen Grundkenntnisse zum römischen Staatsrecht vermittelt werden.

Für die anderen Teildisziplinen folgt ein Literaturteil.

1. Antike Staatlichkeit

Die Antike kannte eine Vielfalt von Verfassungsformen, obwohl es einen eigenen Begriff für Staat nicht gab. Staat definierte sich durch drei zentrale Bestandteile: 1. Das Volk (politai, cives z.B. die Athener, die Römer), 2. Das Territorium (z.B. polis, imperium) 3. Die Art der Herrschaft (arché, imperium)

Das Volk

Bürger grenzen sich zu allen Zeiten deutlich von Fremden, Gästen oder Feinden ab. Meist wurde man in sein Bürgerrecht hineingeboren, man konnte es aber auch erwerben (z.B. Doppelbürgerschaften, römische libertini). Je durchlässiger und offener ein Volk mit der Vergabe seines Bürgerrechts verfuhr, um so dauerhaft lebensfähiger war ihr Staat. Beide Extreme lassen sich hervorragend zeigen einerseits am Beispiel Spartas, dem nach und nach sein Volk abhanden kam, andererseits an Rom, das mit großer Intergrationsfähigkeit volksfremde Reichsangehörige des Imperiums zu Römern machte.

Das Territorium

Das Staatsgebiet wird, gleichgültig ob bei Stadtstaaten oder Flächenstaaten, immer durch das territoriale Ende der Staatshoheit (Staatsgrenze) bezeichnet. Am besten läßt sich dies am lateinischen Begriff IMPERIUM verdeutlichen. Er bezeichnet zunächst die gesamte Fülle von Machtbefugnissen eines hohen römischen Magistrat, erst in zweiter Linie wird dann mit IMPERIUM ROMANUM auch das römische Staatsgebiet benannt.

> „Wie die Herkunft des deutschen Wortes ‚Friede' von Umfriedung ‚Umzäunung' lehrt, diente die Grenze ursprünglich der Friedenswahrung. Das Resultat war freilich paradox. Um den Frieden zu sichern, wurden Grenzen gezogen, und nachdem sie gezogen waren, stritt man über nichts heftiger als über die Grenzen."[4]

Die Herrschaft

Die Herrschaft regelt das Miteinander der einzelnen Gruppen des Volkes innerhalb des definierten Staatsgebietes, aber auch das Handeln nach innen und außen. Das Verhältnis von Befehlenden (Herrschenden) und Gehorchenden (Untertanen) reguliert sich

---

3 Die attischen Demokratie wurde im Zusammenhang mit der europäischen Tradition schon erörtert, s.o.S. 23ff.

4 Demandt S. 20.

durch Konsens oder Gewalt, die in einem umgekehrt proportionalen Verhältnis zueinander stehen. Bei weitgehendem Konsens ist wenig, bei kaum vorhandenem Konsens viel Gewalt nötig. Teil eines Konsenses sind die Gesetze, die einzuhalten sich alle verpflichten.

Verfassungsformen differenzieren sich meist durch Unterschiede im Verhältnis der Gruppen zu einander, durch die Gesetze und vor allem durch Kontrollmechanismen, die die Macht der Herrschenden entweder zeitlich oder im Rahmen der Kompetenzen eingrenzen. Die Befehlenden bedürfen in der Regel einer Legitimation, um ihre Dominanz zu rechtfertigen. Wird diese Legitimation angezweifelt, so kann die Herrschaft nur noch mit Gewalt aufrechterhalten werden[5] oder es entsteht eine neue Staatsform mit neuen Legitimationen.[6]

In seiner Sammlung von Verfassungen[7] hat Aristoteles die Staatsordnungen von 158 griechische Stadt- und Stammesstaaten zusammengestellt. Etwa 100 lassen sich aus Fragmenten noch erkennen, weitgehend vollständig erhalten ist nur die Athenaion politeía. Allein diese Fülle zeigt den Variationsreichtum an demokratischen, aristokratischen, oligarchischen oder tyrannischen Verfassungsmodellen in der griechischen Welt.

Das höchste Prestige in der Antike besaß der spartanische Staat. Er zog viel Bewunderung auf sich, erfuhr aber auch viel Kritik. Für uns heute bietet er eine Fülle von archaischen Einzigartigkeiten, die geeignet sind, mehr Verständnis für die Bedeutung der oben schon vorgestellte athenische Staatsentwicklung aufzubringen.

1. Die Verfassungs- und Sozialstruktur Spartas

Das Staatsvolk

Im spartanischen Staat läßt sich eine strikte Abgrenzung der verschiedenen Bevölkerungsgruppen voneinander beobachten, die einerseits mit der Entstehung dieses Staates zusammenhängt, andererseits mit der spezifischen Lebensweise der Kernbevölkerung – dem Kosmos Spartas.[8]

---

5 Z.B. Sulla, der die in die Krise geratene ‚auctoritas senatus' mit Gewalt wiederherstellen wollte.

6 Z.B. Augustus, der die Legitimation sorgfältig schuf, aber im Zweifelsfalle auch nicht auf Gewalt verzichtete. Die Dauerhaftigkeit des Prinzipats beruhte auf dem Konsens breiter Bevölkerungsschichten.

7 Politeiai, um 330 v.Chr.

8 Generell ist die Quellenlage für die Frühzeit Spartas sehr dürftig. Dennoch lassen archäologische und literarische Quellen (Tyrtaios, Herodot, Thukydi-

Spartiaten

Den Kern des Staatsvolkes nach 600 v.Chr.bildeten die Spartiaten oder auch homoioi (die Gleichen), aus denen sich das Hoplitenheer rekrutierte. Sie waren zur gemeinschaftlichen Lebensführung in Zeltgemeinschaften verpflichtet, die konstituierend für ihren Bürgerstatus war. Jedem von ihnen kam ein Landlos zu, das die wirtschaftliche Basis der Familie bildete.[9] Konnte ein Spartiate die Beiträge zur gemeinsamen Mahlzeit nicht mehr aufbringen, verlor er seine politischen Rechte, wie z.B. Mitglied der Volksversammlung, der Apella, zu sein. Er wurde ein minderer Bürger (hypomeion). Bei Feigheit vor dem Feind oder durch Gerichtsbeschluß konnte ihm gleiches wiederfahren.

Periöken

Weil sie als ‚Umwohnende' am spartanischen Kosmos nicht teilhaben konnten, waren die Periöken ebenfalls keine Vollbürger. Sie galten aber zusammen mit den Spartiaten als Lakedaimonier oder eben Spartaner und waren zum Heeresdienst verpflichtet. In der Truppe standen sie gleichberechtigt neben den Spartiaten. In ihren Siedlungen besaßen sie Autonomie. Auch ihnen kamen Landlose zu, sie lebten aber auch vom Handel und Handwerk, was für einen Spartiaten unziemlich gewesen wäre.

Diese rigide Abgrenzung zwischen Vollbürgern und Staatsangehörigen minderen Rechts brachte den spartanischen Staat in massive Existenzprobleme, da die Zahl der Vollbürger ständig abnahm:
- um 480 v.Chr. 8000 Vollbürger
- um 420 v.Chr. 3500 Vollbürger
- im 4. Jh. 2500 Vollbürger
- um 390 v.Chr. 1500 Vollbürger
- Mitte des 3.Jh. 700 Vollbürger[10]

Die Ursachen dafür waren vielfältig: Unglücksfälle, wie z.B. dem Erdbeben von 464[11], Geburtenrückgang (hohes Heiratsalter auch der Frauen, seltene Anwesenheit der Männer), hohe Quote von Gefallenen, wirtschaftliche Schwierigkeiten und die Tatsache, daß keine wirkliche Durchlässigkeit nach unten bestand.

Heloten

Die Landlose der Spartiaten wurden von den Heloten (Gefangenen) bearbeitet. Bei der Landnahme durften die Vorbewohner Lakoniens auf ihren Höfen bleiben, waren aber zu Abgaben verpflichtet. Da die Höhe dieser Abgaben unbekannt ist, kann die Lebenssituation nur schwer eingeschätzt werden. Zu normalen

---

des, Plutarch) zu, eine Zäsur um 600 v.Chr. in der Entwicklung zu konstatieren.

[9] Zur Rolle der Frauen s.o.S. 46.

[10] Clauss S. 98.

[11] S.o.S. 145f.

Zeiten dürften sie allerdings relativ unabhängig gelebt haben. Bei Feldzügen wurden die Heloten zu Hilfsdiensten (Träger) herangezogen. War es notwendig, die Zahl der Leichtbewaffneten mit Heloten aufzufüllen, wurden diese anschließend freigelassen und erhielten den Status eines Neodamoden, eines Neubürgers, minderen Rechts. Es sind durchaus auch persönliche Beziehungen von Spartiaten mit lakonischen Heloten überliefert.

Die Situation in der Beziehung zu den Heloten verschärfte sich erst, als in der ersten Hälfte des 7. Jahrhunderts die Spartaner Messenien unterwarfen und die dortige ihnen stammverwandte Bevölkerung helotisierten. Von hier gingen die Helotenaufstände aus, die für die messenischen Heloten Befreiungskriege waren und mit entsprechender Hartnäckigkeit geführt wurden.

Die ständige militärische Präsenz, die nun notwendig geworden war, beeinflußte die gesamte Lebensweise und die Außenpolitik Spartas, das kein Interesse an Feldzügen hatte, die zu längerer Abwesenheit führten. Daß die Furcht vor den messenischen Heloten nicht unbegründet war, zeigt der Ausbruch des dritten messenischen Krieges, dessen Anlaß ein Moment spartanischer Schwäche nach dem Erdbeben von 464 v.Chr. war. Die Sitte der jährlichen

Abb. 70 Die Arkesilasschale um 565 v.Chr. (Arkesilas von Kyrene überwacht die Wägung und den Versand einer Ware).

Kriegserklärung an die Heloten und die Institution der Krypteia[12] trugen nicht zur Entschärfung der Beziehungen bei. Sparta, das noch im 7./6. Jahrhundert in bildender Kunst und Literatur im griechischen Raum zu den führenden Gemeinwesen gezählt hatte (siehe z. B. Abb. 70), erstarrte zum Militärstaat.

Staatsordnung Spartas

Im Mythos basierte der spartanische Staat auf der Großen Rhetra, einem durch das delphische Orakel gegebenen Gesetz, das wohl den gesellschaftlichen Konsens zwischen den Königen, dem Adel und den sonstigen Bürgern nach vorangegangenen inneren Unruhen repräsentierte. Sie soll durch Lykurg verkündet worden sein, wobei völlig offen bleiben muß, ob dieser eine historische Persönlichkeit oder eine mythische Gestalt war.[13]

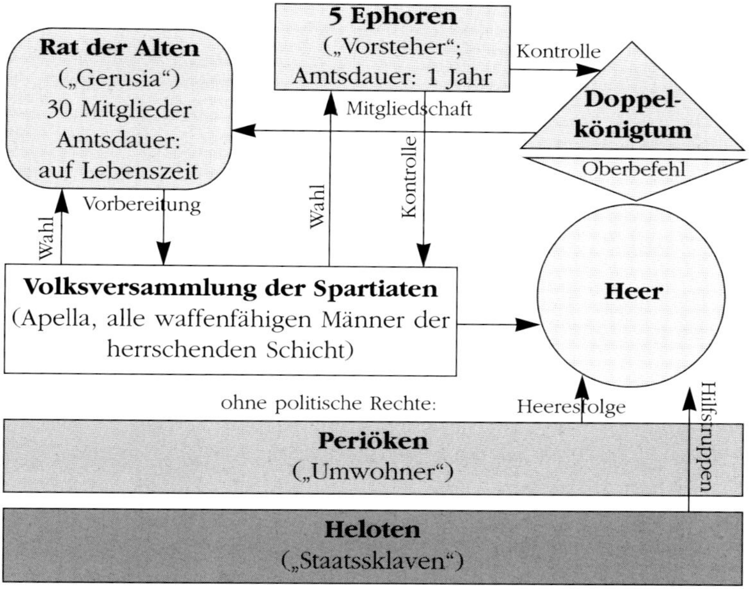

Abb. 71 Verfassungsschema Spartas

Könige

An der Spitze des spartanischen Staates standen zwei Könige (archagetai), die erblich von den Familien der Agiaden und der Eurypontiden gestellt wurden. Die wichtigste Aufgabe der Könige

[12] Den Heloten wurde jährlich der Krieg erklärt. Junge Spartiaten erschlugen zu einer gewissen Zeit Heloten, die sie unterwegs antrafen, nur um Schrecken zu erzeugen.

[13] Vgl. Herod.1,65f. Zur Datierung: Herodot Mitte des 6. Jh., Plutarch im 9.Jh., Thukydides auf etwa 804 v.Chr.

war das Kommando im Heer. Es wurde zunächst gemeinsam geführt, ab 506 v.Chr. nur noch durch einen, der in der Apella bestimmt wurde.

Ihnen stand ein besonderer Anteil an der Beute und den Schlachtopfern zu und sie hatten einen festen Sitz in der Gerusia. Darin erschöpfte sich im Wesentlichen ihre politische Bedeutung. Die kultischen Funktionen waren dagegen eminent wichtig: Sie waren Priester des lakedaimonischen Zeus und führten die Staatsopfer durch. Darüber hinaus waren sie zuständig für die Kontakte mit dem delphischen Orakel. Spartanische Könige konnten angeklagt und verurteilt werden. Das Sondergericht bestand aus dem zweiten König, den Ephoren und der Gerusia.

Ephoren

Das Ephorat fungierte als Aufsichts- und Kontrollorgan. Die beiden Könige und die fünf Ephoren standen fast zwangsläufig im Gegensatz zu einander, obwohl sie sich jährlich einen Eid auf gegenseitige Loyalität leisteten. Die Aufsichtsfunktion erstreckte sich auf alle Lebensbereiche. Das Amt stand jedem offen. Die Ephoren wurden für ein Jahr in der Apella gewählt, wobei eine Wiederwahl ausgeschlossen war. Der Ephor, der bei der Wahl die kräftigsten Zurufe erhielt, war eponym.[14] Beschlüsse des Fünfergremiums wurden mehrheitlich gefaßt und gemeinschaftlich getragen. Die Macht des Ephorats konnte im Laufe der Entwicklung mehr und mehr gestärkt werden.

Gerusia

Die Gerusia, ein Ältestenrat, fungierte ursprünglich als Beratungsorgan für die Könige. Er rekrutierte sich aus Mitgliedern der angesehensten Familien Spartas. Insgesamt gab es 28 Geronten, die mindestens 60 Jahre alt sein mußten, dazu kamen die beiden Könige. Die Zuständigkeit der Gerusia bezog sich auf fast alle staatlichen Angelegenheiten. Sie berieten die Beschlüsse der Apella vor und setzten die Tagesordnung fest. Sie verfügten über juristische Kompetenzen, d.h. sie sprachen Recht. Darüber hinaus vertraten sie Sparta nach außen (Staatsverträge und Kriegsbeschlüsse).

Apella

Die Apella ging aus der nur einmal im Jahr tagenden Heeresversammlung, in der man die jungen Epheben in die Gemeinschaft der erwachsenen Männer aufnahm, hervor. Später tagte sie regelmäßig – vielleicht einmal im Monat – und konnte zu außerordentlichen Versammlungen zusammengerufen werden. In der Apella wurde im Gegensatz zur Volksversammlung in Athen nicht beraten, sondern nur zugestimmt, abgelehnt oder gewählt. Gewählt wurden die Geronten, die Ephoren und der kriegführende

---

[14] S.o.S. 128.

der beiden Könige. Die Wahlmodalität gestaltete sich in Form einer Akklamation. Ausgewählte Männer wurden in ein Haus in der Nähe der Versammlung eingeschlossen und hörten die Stärke des Geschreis, ohne zu wissen, wem es galt. Die Stärke der Zurufe wurde auf Schreibtafeln vermerkt gemäß der Reihenfolge, wie die Kandidaten eingeführt worden waren.

Die Teilnahme an der Apella machte für die Spartiaten unter dem wirtschaftlichen Aspekt keine Schwierigkeiten, da sie durch ihre Landlose versorgt waren.

Lebensweise

Eine spartanische Lebensweise ist noch heute synonym für Bescheidenheit, Kargheit und Härte gegen sich selbst. Da das Leben eines Spartiaten ununterbrochener Dienst am Staat und seiner militärischen Effektivität war, ordnete sich diesem Ziel alles andere unter. Privatbesitz an Gold und Silber war verboten, als Geldersatz hatte man lediglich eiserne Spieße (oboloi) und Eisenklumpen. Sowohl die Erziehung der Jugend als auch die Lebensweise der Erwachsenen zielte darauf ab, körperlich für den Kriegsdienst trainiert und psychisch für den Kampf gerüstet zu sein. Mut, Überwindung der Todesfurcht, Tapferkeit vor dem Feind waren die hervorstechendsten Eigenschaften eines Spartiaten. Dieses System wurde durch öffentliche Belobigungen annehmbar gemacht und durch ideologische Manifestationen im allgemeinen Bewußtsein verfestigt. Plutarch berichtet über Lykurg in diesem Zusammenhang:

> „Denn nichts war unbeachtet und freigegeben, sondern bei allem, was notwendig zu geschehen hatte, brachte er Hinweise auf das Gute und eine Warnung vor dem Schlechten an, und er hatte die Stadt mit einer Menge von Mahnmalen angefüllt, so daß die Bürger, wenn sie ihnen begegneten und mit ihnen aufwuchsen, notwendig zum Guten geführt und geformt wurden.“[15]

Ein solches System muß fast zwangsläufig mit Ausreiseverbot für seine Bürger[16] und Abweisung der Fremden arbeiten, da immer die Gefahr bestand, daß ein solches Zwangssystem aus dem Gleichgewicht geriet. Im Pendelschlag von Konsens und Gewalt stand Sparta in einer merkwürdigen Zwitterstellung, da offenbar der Konsens innerhalb der Gemeinschaft nur mit Gewalt der Vertreter der Gemeinschaft und entsprechender Gewaltandrohung aufrechterhalten werden konnte.

---

[15] Plut.Lyk.27.

[16] Ausnahmen mußten staatlich genehmigt werden. Sonst drohte die Todesstrafe.

1.2 Römisches Staatsrecht[17]

Die römische Geschichte zu verstehen – zumindest bis zum Beginn des Prinzipats (27 v.Chr. oder 18 v.Chr.) – gelingt nur, wenn man eine Vorstellung von der Staatsordnung der römischen Republik und ihrer Wirkung in alle Lebensbereiche hinein hat. Auch diese Ordnung entstand aus lang andauernden politischen Auseinandersetzungen als Kompromiß zwischen den verschiedenen Schichten in Rom.

Der Beginn der neuen Staatsform ist ins ausgehende 6.Jahrhundert zu legen, nachdem in Rom die etruskischen Könige vertrieben worden waren.

> „Historisch ist zweifellos die gewaltsame Vertreibung des etruskischen Herrschers als Reaktion auf dessen Bestrebungen zu sehen, gegen die Interessen der latinischen Patrizier und ihrer *gentes* einen offeneren Staat aufzubauen. Zugezogene aus anderen Städten und Gegenden zusammen mit Mitgliedern und Hintersassen von Gentilverbänden, die die Unabhängigkeit unter königlichem Schutze festgefahrenen sozialen Ordnungen vorzogen, bildeten in zunehmendem Ausmaße den Rückhalt des etruskischen Herrschers."[18]

Die latinischen gentes mit ihren Führern, den patres, geboten dieser Öffnung Einhalt und versuchten nach der Vertreibung des Königs die Macht im Staat untereinander aufzuteilen. Dem widersetzen sich die verschiedenen sozialen Gruppen unterhalb der patres (die Plebeier). Sie leiteten die Legitimation ihrer politischen Forderungen aus ihrer Beteiligung am schwerbewaffneten Hoplitenheer ab. Es waren gerade die ökonomisch gut gestellten plebeischen Familien, die die Masse der Schwerbewaffneten stellten.

Ständekämpfe

Die wichtigsten Stationen der römischen Ständekämpfe, die nach und nach das patrizische Gentilsystem aushöhlten, waren:

494 v.Chr. Schaffung des Volkstribunats und des concilium plebis

451/450 Garantie für Rechtssicherheit durch die Aufzeichnung des XII-Tafelrechts.
Die Möglichkeit bei Todesurteilen durch einen Magistrat, Berufung vor der Volksversammlung einzulegen (provocatio).

447 Wahl der zwei Quaestoren durch die Volksversammlung. Sie sind den Consuln zugeordnet und kümmern sich um die Finanzen.

---

17 Gemeint ist das republikanische Staatsrecht, das offiziell auch in der Kaiserzeit Gültigkeit hatte.

18 Rainer S. 35. Die mythische Verkleidung dieses Vorgangs mit der Vergewaltigung und dem Tod der Lucretia (Liv.1,57,3ff.) hat wenig mit den tatsächlichen Vorgängen zu tun, außer vielleicht der Beobachtung, daß die Etrusker ein anderes Fraueniceal als die Römer hatten.

445 Aufhebung des Eheverbots zwischen Patriziern und Plebeiern (lex Canuleia)
421 Zulassung der Plebeier zur Quästur (Erhöhung auf 4 Beamte).

Damit fand der erste Ausgleich sein vorläufiges Ende. Kämpfe mit den Nachbarn, vor allem mit Veii, bestimmten die nächsten Jahre. Innenpolitisch spielte die Landnot und der Umgang der Patrizier mit dem ager publicus (Staatsland) eine wichtige Rolle. Mit der Eroberung Veiis (396 v.Chr.) vergrößerte Rom sein Gebiet so erheblich, daß die innenpolitischen Probleme gelöst werden konnten.

Eine zweite Phase des Ausgleichs[19] schloß sich 367 v.Chr. im Zusammenhang mit den Licinisch-Sextischen Gesetzen an:

367 v.Chr. Plebeier werden zum Konsulat zugelassen.

In der Folgezeit bekleiden Plebeier alle Staatsämter gleichberechtigt neben den Patriziern.

300 v.Chr. Zulassung der Plebeier zum Pontifikat

Der Schlußstrich unter die Ständekämpfe wurde gezogen:

287 v.Chr. Lex Hortensia. Sie bestimmte, daß alle Beschlüsse des concilium plebis Gesetzescharakter haben sollen, d.h. für den Gesamtstaat verbindlich wurden (Plebiszite).

Das Ergebnis der Ständekämpfe war eine stabile Adelsschicht aus wenigen patrizischen und plebeischen Familien (ca. 30 – 40), die sich nicht grundsätzlich nach unten abschloß. Der erste einer Ritterfamilie, der bis zum Konsulat aufstieg (homo novus), nobilitierte seine Familie. Allerdings hatten von 366 v.Chr. bis zu Cicero, der selbst ein homo novus war, nur 15 Aufsteiger die Chance, ihre Familie zu nobilitieren. Der seit 366 v.Chr. entstandene neue Amtsadel, gebildet aus den Patriziern und den amtsfähigen plebeischen Familien, hieß Nobilität (abgeleitet von noscere = kennen).

Es blieben den Patriziern bestimmte Vorrechte:

- Stellung des interrex[20]
- Besetzung der Flaminate des Iupiter, Mars und Quirinus,
- Stellung der Salier und des rex sacrorum
- Standesabzeichen

Patrizier blieben ausgeschlossen vom concilium pebis und dem Volkstribunat. Die Macht der Patrizier vor allem im Senat kann ermessen werden, wenn man bedenkt, daß über die sie ausschließenden staatlichen Positionen (Volkstribunat und concilium plebis) in späterer Zeit eine gänzlich andere Politik möglich war.

---

[19] Rom hatte inzwischen das traumatischste Erlebnis seiner Geschichte, den Einfall der Kelten in Rom 387 v.Chr. erlebt.

[20] Ein Magistrat, dessen einzige Aufgabe darin bestand, Wahlen einzuleiten.

Nobilität

Grundlage der Macht der Nobilität[21] war:

– Amtsfähigkeit, d.h. die politische Führungsrolle
  Die Nobilität achtete sehr auf ihre Exklusivität und verhinderte in der Regel, daß ein Neuling das Konsulat erreichte. Sallust beschreibt diese Situation überaus sprechend am Beispiel des Marius:

  > „Als er (Marius) das Kriegstribunat vom Volke erbat, wird er, obwohl die meisten sein Antlitz nicht kannten, allein durch Taten bekannt, in allen Tribus dazu erklärt. Darauf hat er sich von diesem Amt aus ein anderes, danach wieder ein anderes errungen, und immer war er in einer Amtsgewalt so tätig, daß er einer höheren, als die er führte, für würdig gehalten wurde. Dennoch wagte dieser bis zu diesem Punkte so bedeutende Mann.... nicht, das Konsulat anzustreben. Auch damals noch gab andere Ämter die Plebs, das Konsulat aber nur die Nobilität unter sich von Hand zu Hand weiter.“[22]

– Reichtum, vor allem Landbesitz
  Die Schwierigkeit für den jungen Adligen bestand in der Regel darin, daß Wahlkämpfe Barmittel verlangten, er selbst aber darüber nicht verfügte.[23] So gehörte das Schuldenmachen zum politischen System, ebenso wie die Sanierung der Schulden auf Kosten der Provinzialen. Schwierig wurde es allerdings dann, wenn ein Bewerber nicht gewählt worden war, er also keine Aussicht auf eine Provinz hatte.[24]
– Klientel (erblich)
  Der Patron verpflichtete sich seinem Klienten zur Unterstützung z.B. in Streitfällen[25] oder zu finanziellen oder materiellen Zuwendungen (Getreidespenden). Der Klient verpflichtet sich im Gegengeschäft zur Gefolgschaft, d.h. er unterstützt den Patron in ihm wichtigen Angelegenheiten wie z.B. Wahlen, Repräsentation u.a.m. Klienten konnten Einzelpersonen, Gemeinden, Provinzen, bestimmte Bevölkerungsschichten (z.B. milites) und Völker sein. Die Grundlage des Verhältnisses war die fides (gelobte Treue). Da die Klientel erblich war, fundamentierte sich dadurch die Macht der aristokratischen Familien.
– Amici
  Die römische Politik war beherrscht durch ein Geflecht von Ehebündnissen und politischen Freundschaften. Sie wurden

[21] S.M.Gelzer, Die Nobilität der Römischen Republik, Leipzig/Berlin 1912.
[22] Sall.bell. Iug.63,4-6.
[23] Unterstand er noch der patria potestas, besaß er nur ein peculium.
[24] Catilina hatte sich dreimal vergeblich um das Consulat beworben, konnte aber immer noch auf das Vermögen seiner Frau verweisen.
[25] Z.B. Cicero die Sizilioten gegen Verres.

gepflegt durch gegenseitige Hilfen mannigfacher Art, sei es Fürsprache, Wahlhilfe, finanzielle Zuwendungen, Austausch politischer Ansichten, gerichtliche Unterstützung u.a.

Sallust weist auf das Bekanntsein des Antlitzes hin. Die wichtigen Familien in Rom und deren Hauptvertreter kannte man entweder durch ihre Wahlbewerbung (ambitus von ambire herumgehen), durch den Weg zum Forum inmitten der Klientel oder durch Leichenbegängnisse (s. Abb. 72).

Abb.72 Darstellung eines Leichenbegängnisses: (Pompa funebris), 1. Jh. v.Chr.

Die Ämterlaufbahn (cursus honorum)

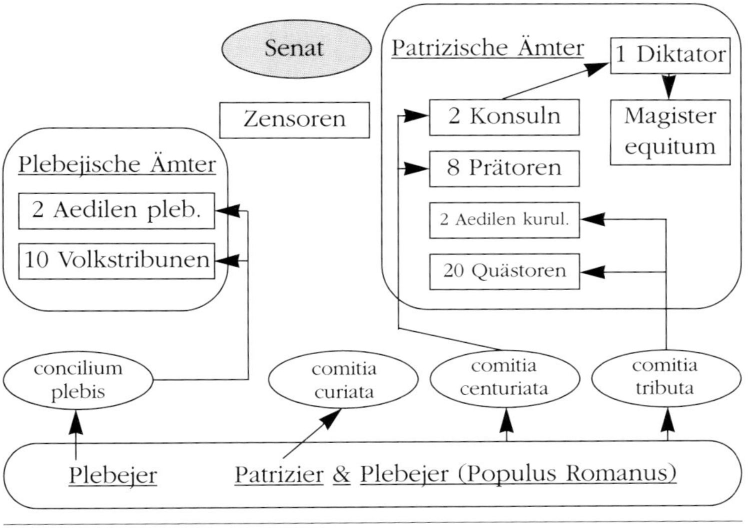

Abb. 73 Verfassungsschema der römischen Republik.

Begann ein junger Adliger oder Ritter seine Laufbahn, hatte er zehn Jahre für Militärdienst zur Verfügung zu stehen. In dieser Zeit konnte er kleinere Ämter (magistratus minores), wie z.B. das Münzmeisteramt wahrnehmen, wozu aber keine Verpflichtung bestand.

Quaestor

Der eigentliche cursus honorum begann im Alter von ca. 30 Jahren mit dem Amt des Quaestors. Die Zahl der Quaestoren war unter Sulla auf 20 erhöht worden und mit Übernahme des Amtes wurde man zugleich Mitglied des Senats. Die Aufgaben der Quaestoren waren unterschiedlich, je nachdem, ob man zu den städtischen Quaestoren gehörte oder als Provinzquaestor tätig war. Die Hauptaufgabe der städtischen Quaestoren war die Verwaltung der Staatskasse (aerarium Saturni), wozu ihnen ein Stab von ständigen Hilfsbeamten an die Seite gegeben war Außerdem hatten sie das Staatsarchiv unter sich. Die Verfügungsgewalt über die Staatskasse stand dem Senat zu, der Quaestor war nur das ausführende Organ. So erklärt sich, daß man gerade dieses Amt Anfängern anvertrauen konnte.

Demgegenüber waren die Provinzquaestoren als persönliche Adjutanten den Statthaltern zugeteilt, besaßen also keinen eigenen Amtsbereich.[26] Ihr Aufgabenbereich war allerdings vielfältiger, da sie neben der Finanzverwaltung in der Provinz zu allem herangezogen werden konnten, was in die Kompetenz des Statthalters fiel, sogar zu seiner Stellvertretung.

Das nächste Amt, das der junge Adlige oder Ritter erreichen mußte, war entweder die Aedilität oder das Volkstribunat. Letzteres schloß sich für einen Patrizier allerdings aus.

Volkstribun

Resultierend aus der Entstehungszeit war der Volkstribun ein Schutzbeamter der römischen Plebs. Seine Pflichten bestanden darin, Leben und Eigentum der Plebeier zu schützen (auxilium ferre). Damit er gegen magistratische Willkür einschreiten konnte, besaß er das Recht, gegen jede Amtshandlung eines Magistrats sein Veto einzulegen (intercedere = dazwischengehen, abgeleitet Interzessionsrecht)

Um seine Aufgaben wahrnehmen zu können, mußte er sich vor dem Senat Gehör verschaffen. Also hatte er das Recht, Senatsitzungen einzuberufen und Anträge zu stellen. Damit er selbst vor Willkür und Gewalt geschützt war, hatte man ihn unter den Schutz der Götter gestellt (sacrosanctitas).

Schließlich berief er das concilium plebis ein. Dort wurden die Volkstribunen auch gewählt.

Insgesamt gab es 10 Volkstribunen.

[26] Ausnahme war Sizilien, wo es zwei Quaestoren gab.

Aedil

Wie die Volkstribunen wurden auch die beiden aediles[27] plebis vom concilium plebis gewählt. Ihnen wurden 367 v.Chr. zunächst zwei weitere Magistrate zugesellt, die aediles curules (patrizisch). Letztere wurden von den Tributcomitien gewählt. Ihre Aufgaben verschmolzen im Laufe der Zeit:

Sie waren Chefs der inneren Ordnung, d.h. ihnen oblag die Aufsicht über Plätze, Straßen und Märkte innerhalb der ganzen Stadt (pomerium). Dazu gehörte z.B. die Verkaufs-, Waren- und Gewichtskontrolle. In diesem Kontext durften sie auch Geldstrafen verhängen. Sie führten die Bauaufsicht über öffentliche Bauten. Darüber hinaus waren sie Leiter der Wasserversorgung (cura aquarum) und der Getreideversorgung (cura annonae). In dieser Eigenschaft kam ihnen zentrale Bedeutung zu, denn der innere Frieden hing oft von der Versorgung der Plebs mit erschwinglichem Getreide ab.

Der letzte Kompetenzbereich war die Ausrichtung der öffentlichen Spiele[28] (cura ludorum). Eine besondere Prachtentfaltung bei den Spielen diente der eigenen Propaganda und empfahl den jungen Aristokraten, er war jetzt zwischen 33 und 37 Jahren alt, für die nächste Wahl.

potestas, imperium, provincia

Bevor wir den cursus honorum weiterverfolgen, müssen drei zentrale Begriffe geklärt werden, potestas, imperium und provincia. Potestas bezeichnet die Amtsgewalt, die jeder Magistrat von Amts wegen inne hat, also auch der Quaestor, Volkstribun und Aedil. Imperium dagegen besitzen nur die Praetoren und die Konsuln. Imperium ist eigentlich unübersetzbar. Der Begriff beinhaltet alle Rechte und Pflichten, die einst dem König zukamen. In der Republik ging das imperium auf die beiden Konsuln über. Es umfaßte:

1. die allgemeine Staatsführung (Exekutive)
2. die Heerführung
3. die Rechtsprechung
4. die Zuständigkeit für religiöse Angelegenheiten, Prüfung der Auspicien (Vorzeichen), Opfer etc.

Es bestand die Möglichkeit, das Imperium einzuschränken entweder nach Kompetenz oder territorial, d.h. das imperium galt nur für einen bestimmten Aufgabenbereich oder innerhalb eines be-

[27] Der Name leitet sich von aedes (Tempel) ab und bezog sich auf den 493 v.Chr. geweihten Tempel für Ceres, Liber und Libera auf dem Aventin. Die plebeischen Aedilen führten hier die Platzaufsicht.

[28] Die curulischen Aedilen waren für die ludi Romani (15.September) und die Megalensia (10.April) zuständig, die plebischen Aedilen für die ludi plebei (15. November) und die Cerealia (19.April).

stimmten Gebietes, das durch Gesetz oder Senatsbeschluß definiert war. Dieses eingegrenzte imperium nannte man provincia. Es kam in der Regel den ‚minderen' Kollegen der Konsuln, den Praetoren, zu.

Imperium und provincia sind ursprünglich rein staatsrechtliche Begriffe, die erst später auch territoriale Sachverhalte benannten. Das Imperium Romanum ist überall da, wo das imperium mit den oben definierten Aufgaben Geltung hatte. Provinciae sind die durch eine lex begrenzten Territorien innerhalb des Imperium Romanum, in denen der Praetor resp. Propraetor, der Prokonsul und der privatus cum imperio[29] das Regiment führt.

Praetor

Der Amtsbewerber steht jetzt also vor der Hürde, die Prätur zu erreichen. Das Amt[30] wurde 367 v.Chr. geschaffen und vermutlich qua Gesetz auf die Rechtsprechung begrenzt. 242 v.Chr. wurde eine zweite Prätur notwendig, weil sich die Rechtsfälle zwischen römischen Bürgern mit Peregrinen (Fremden) zu mehren begannen. Nun unterschied man den Praetor urbanus von dem Praetor peregrinus.

Als Sizilien (241 v.Chr.) als Untertanenland an Rom fiel, glaubte man die anstehenden Verwaltungsprobleme mit einem Quaestor lösen zu können. Bald zeigte sich, daß ein Magistrat mit imperium zur Verwaltung notwendig war. Also erhöhte man die Zahl der Praetoren 227 v.Chr. um zwei für Sizilien, Sardinien und Korsika. Zwei weitere Praetoren kamen 197 v.Chr. für die Verwaltung von Spanien dazu. Sulla erhöhte ihre Zahl auf acht und Caesar auf 16.

Gewählt wurden die Praetoren in den Centuriatscomitien, die sie auch einberufen durften.

In den Anfängen bestand die wichtigste Aufgabe der städtischen Praetoren darin, die Zulässigkeit eines Klagebegehrens entweder festzustellen oder abzulehnen und dann durch Dekret die Entscheidungsfindung einem Geschworenen zu übertragen. Dieses Verfahren leitete eine sogenannte praetorische Rechtsentwicklung ein, die in dem von Kaiser Hadrian kodifizierten edictum perpetuum ihren Höhepunkt fand.

Konsul

Mit dem Erreichen des 42. Lebensjahres bestand für zwei (von ursprünglich 20 quaestores) angetretene Bewerber die Chance, das Konsulat zu erringen. Es war das höchste und mächtigste Amt, das Rom zu vergeben hatte. Die Rechte und Pflichten der beiden definierten sich durch das Imperium, wobei in der Regel die Recht-

[29] S.u.S. 273.

[30] In Zeiten davor gab es zwar schon den Praetor, aber er war ausschließlich Heerführer. Zum edictum perpetum S. C. Paulus, NP 3, 1997 Sp. 877.

sprechung ausgegliedert war. Die beiden Kollegen waren gleichrangig. Weilten beide in Rom, wechselten sie monatlich die Amtsgeschäfte. Der turnusmäßig amtierende Konsul war an den ihm voranschreitenden zwölf Liktoren mit den fasces[31] erkennbar.

Prinzipien römischer Magistraturen

Abb. 74 Trompeter und Liktoren.

Im Felde entschied man, wenn man nicht sowieso auf verschiedenen Kriegsschauplätzen war, durch Los, welche Operationsbereiche jeder übernahm. Grundsätzlich konnte jede Amtshandlung des Konsuln durch das Interzessionsrecht des Kollegen blockiert werden.

Die so durchlaufenen regulären Magistraturen waren durch bestimmte Grundprinzipien bestimmt, die ein neues Königtum ausschließen sollten.[32]

1. das Prinzip der Annuität: Die Amtsdauer betrug für alle Magistraturen ein Jahr, konnten allerdings zu unterschiedlicher Zeit beginnen.[33]
2. das Prinzip der Kollegialität: Jedem Magistrat war mindestens ein Kollege zugeordnet. Da Verbot vor Gebot ging, konnte eine Amtshandlung immer durch den Kollegen aufgehoben werden.[34]

31 Symbol für das Recht zu strafen; die Rütenbündel stehen für das Züchtigungsrecht, das Beil für das Hinrichtungsrecht. Entsprechend hatten die Praetoren gleichfalls Liktoren, allerdings nur sechs.

32 Streben nach Königsherrschaft war ein Vorwurf, mit dem man einen römischen Politiker vernichten konnte. Der erste, den dieser Vorwurf traf, war Sp.Maelius im 5. Jahrhundert v.Chr., er wurde hingerichtet. Aber auch die Gracchen wurden dessen beschuldigt.

33 Die Quaestoren begannen am 5. Dezember, die Volkstribunen am 10. Dezember, die Konsuln seit 153 v.Chr. am 1. Januar.

34 Dies war das Problem Caesars in seinem Konsulatsjahr 59 v.Chr., da sein Mitkonsul Bibulus alle Amtshandlungen Caesars für ungültig erklärt hatte, Caesar sich aber über ihn hinwegsetzte und deshalb mit einer Anklage zu

Darüber hinaus unterschieden sich römische Magistrate ganz erheblich von heutigen Beamten:

1. Sie waren nicht weisungsgebunden.[35]
2. Sie arbeiteten ohne Bezahlung. Das Amt war honos = Ehre.
3. Sie waren während ihrer Amtszeit nicht anklagbar (Immunität).
4. Die Amtszeit war befristet, während heute eher die Dauer im Amt kennzeichnend ist.

Die politische und militärische Entwicklung Roms machte zuweilen Sonderregelungen im Verfassungsbereich notwendig.

Diktator

In Kriegszeiten, wenn eine einheitliche Kriegsführung lebenswichtig wurde, konnte von einem der Konsuln ein Diktator ernannt werden. In diesem Fall wurde das Kollegialitätsprinzip aufgegeben, dafür aber die Amtszeit[36] halbiert. Das Veto des Volkstribunen war gegenüber dem Diktator umwirksam. Der Diktator ernannte zu seiner Unterstützung sofort einen magister equitum. Beide besaßen selbstverständlich das imperium. Diese Form der regulären Diktatur gab es nur bis zum Ende des Zweiten Punischen Krieges (202 v.Chr.). Alle Diktatoren danach (Sulla und Caesar) waren irregulär, zeitlich nicht begrenzt und wurden durch Militärmacht erzwungen. Auch sie ernannten jeweils einen magister equitum.

Promagistraturen
Prorogation

Es gehörte zu den besonderen Fähigkeiten der Römer, mit einem Minimum an Verwaltungsaufwand ein Maximum an Effektivität zu erreichen. Roms Interesse in den Provinzen war: 1. Militärische Sicherheit und Ruhe mußten gewährleistet sein. 2. Die den Untertanen auferlegte Kopf- und Bodensteuer mußte lukrativ verpachtet werden.

Der für die Reichsverwaltung notwendige Mehrbedarf an Verwaltungskräften wurde befriedigt durch die Möglichkeit der Prorogation, d.h. man verlängerte (ursprünglich wohl durch die Volksversammlung) die Amtszeit eines Praetors oder eines Konsuls, die aber nur außerhalb Roms tätig werden durften. Sie hießen dann Propraetor oder Prokonsul. Die Verlängerung wurde mit der Formel versehen ‚bis der Senat zurückruft' u.ä., war aber seit Sulla re-

---

rechnen hatte, sobald seine Immunität aufgehoben worden wäre. Bevor es soweit kam, entschloß sich Caesar zum Bürgerkrieg.

[35] Der Senat erteilte zwar de facto Weisungen, de iure waren dies aber nur gewichtige Empfehlungen. Weisungen waren in der Hierarchie der Magistraturen von oben nach unten möglich, aber selten.

[36] 6 Monate konnten für einen erfolgreichen Feldzug durchaus reichen.

gulär auf ein Jahr begrenzt. Mit dieser Regelung verfügte man über eine ausreichende Zahl an Provinzialmagistraten. Sehr bald setzte ein Interessenkampf um die Verteilung vor allem der einträglichen Provinzen ein. Deshalb bestimmte ein Gesetz des C.Gracchus für die den gewesenen Konsuln zukommenden Provinzen (provinciae consulares), daß noch vor den Wahlen durch Los bestimmt wurde, wer welche Provinz bekam.[37]

privatus cum imperio

Eine andere Möglichkeit, einen Sondermagistrat einzusetzen, war, einen Privatmann ohne Amt mit imperium für spezielle Aufgaben auszustatten.[38] Dies geschah entweder durch das concilium plebis oder die comitia centuriata.

Der privatus cum imperio bot Augustus eine legale Möglichkeit, die Republik aus den Angeln zu heben. Er vereinigte auf seine Person im Laufe des Entstehungsprozesses des Prinzipats das imperium proconsulare maius, das imperium consulare und die tribunicia potestas, immer als privatus.

Censor

Ebenfalls aus der Reihe der jährlich sich wiederholenden Magistraturen fällt die Censur. Der Censor wurde nur alle fünf Jahre für 18 Monate in den Centuriatscomitien gewählt. Obwohl die beiden Censoren kein imperium besaßen, stand das Amt vom Ansehen her an höchster Stelle. Die Amtsinhaber mußten zuvor Konsuln gewesen sein. Für die Durchsetzung bestimmter Regelungen mußten sie im Zweifelsfalle die Hilfe der Konsuln in Anspruch nehmen. Ihre Aufgaben (censere = einschätzen) waren:

Bürger

1. Einstufung der Bürger in Centurien und Tribus, nach denen in den Volksversammlungen abgestimmt wurde.
   Konkret muß man sich vorstellen, daß die Bürgerschaft zu einer Versammlung jenseits der Stadtgrenze einberufen wurde. Jeder Bürger hatte dann vor einem der beiden Censoren seinen Namen zu nennen[39], sein Alter, den Namen seiner Frau und seiner Kinder. Danach erfolgte die Vermögenserklärung, wobei alles auf Geld geschätzt wurde. Nun konnte die Einstufung in die vermögensabhängige Centurie vorgenommen werden. Die Tribuszuweisung richtete sich meist nach der Wohngegend. Es gab aber auch hin und wieder Abweichungen. So soll Ap.Claudius Caecus (Censor von 312 v.Chr.) veranlaßt haben, daß Bürger ohne Besitz auf alle Tribus verteilt

[37] Dies schloß den Schacher mit den Provinzen nicht aus. So hat z.B. Cicero seinen Mitkonsul Antonius zum Stillhalten bewegt, indem er mit ihm die Provinz getauscht hatte.

[38] Pompeius wurde mehrfach mit solchen Sonderkommandos betraut, z.B. 67 v.Chr. dem dreijährigen Kommando gegen die Seeräuber.

[39] Falls er libertinus war, mußte er seinen Patron angeben.

wurden.[40] Für diese Aufgaben war Hilfspersonal erforderlich, denn über alle Angaben wurden Listen geführt.

Senatoren

2. Überprüfung der Liste der Senatsmitglieder
Der Censor praktizierte auf Grund der Lex Ovinia von 312 v.Chr. die cura morum, d.h. er durchleuchtete das Privatleben der Senatoren (Behandlung der Frau, Erziehung der Kinder, Behandlung der Sklaven, Ausschweifungen, Trunksucht oder Vernachlässigung der Familienkulte) und erteilte, gegebenenfalls eine nota censoria, eine censorische Rüge, die zum Ausstoß aus dem Senat führte. Angesichts der Allmacht der patria potestas war diese Kontrolle sicher sinnvoll. In den politischen Kämpfen des 1. Jahrhunderts v.Chr. wurde die nota censoria mißbraucht, um politisch unliebsame Gegner aus dem Senat zu entfernen.[41] Es gab keine Intercession gegen die Entscheidung eines Censors.

Ritter

3. Revision der Ritterliste
Nach vergleichbaren Kriterien wurde die Revision der Ritterliste durchgeführt. Ritter waren die vermögende Schicht der römischen Bürgerschaft und ursprünglich eng verzahnt mit der Nobilität. So gehörten in den Anfängen auch Senatoren zu den 18 Rittercenturien, d.h. sie waren Inhaber eines Staatspferdes. Wohl 129 v.Chr. wurde ein Gesetz erlassen, das die Unvereinbarkeit zwischen Senatssitz und Besitz des Staatspferdes verfügte.

Staatshaushalt

4. Auf Grund der Wahlmodalität für die Censoren war der römische Staatshaushalt auf der Basis eines Fünfjahresplanes angelegt. Die Verpachtung der Steuern an sogenannte Publicanengesellschaften[42] erfolgte für 5 Jahre, ebenso die Vergabe öffentlicher Arbeiten (Bauvorhaben: Straßen, Wasserleitungen, Tempel, Basiliken etc.) oder die Verpachtung des ager publicus. Bei letzterem setzten sich allerdings sehr bald gewohnheitsrechtliche Usancen durch, da eine effektive Kontrolle fehlte.[43]

---

[40] Liv.9,46,10f.; die Regelung wurde 304 wieder zurückgenommen und die Aufnahme auf die vier städtischen tribus beschränkt.

[41] Z.B. Sallust s.o.S. 81. Mit einem erneuten Beginn des cursus honorum konnte man in den Senat zurückkehren.

[42] Reiche Ritter schlossen sich zu Gesellschaften zusammen, um die gesamten Steuereinnamen einer Provinz pachten zu können. Die Steuern wurden bei der Verpachtung im Voraus bezahlt. Die Differenz zwischen der an den Censor gezahlten Summe und den tätsächlichen Einnahmen war ihr Gewinn.

[43] Die Gracchen bedurften rechtlicher Kompetenzen für ihre Ackerkommission, um überhaupt wieder Zugriff auf den ager publicus zu erhalten, Land, das sie für ihre Ackerreform brauchten.

Als Abschluß der censorischen Tätigkeit wurde ein lustrum abgehalten, d.h. man brachte dem Mars auf dem Marsfeld ein Dankopfer dar. Erst das lustrum bewirkte die Gültigkeit des Census.

Arten der Volksversammlungen

Im Laufe der bisherigen Ausführungen wurden immer wieder die verschiedensten Gremien Roms erwähnt, die nun kurz vorgestellt werden sollen.

In Rom wurde anders als in Athen in der Volksversammlung nur zugestimmt oder abgelehnt. Alle Versammlungen mußten von einem Magistrat einberufen werden, ein Selbstversammlungsrecht bestand nicht.

contio

Wollte man in Rom ein neues Gesetz vorstellen oder hatte sonst ein politisches Vorhaben, das man bekannt machen wollte, so bestand die Möglichkeit, eine contio (con-ventio = Zusammenkunft) einzuberufen. Da es keine Zugangsbeschränkungen gab, konnten alle Bevölkerungsteile, sogar Frauen und Sklaven, daran teilnehmen. In Reden und Gegenreden konnte sich die breite Öffentlichkeit ein Bild machen. Obwohl die contio keinerlei Befugnisse besaß, war das hier gewonnene Stimmungsbild für das weitere Prozedere oft von entscheidender Bedeutung.

Es gab drei weitere Versammlungen, die ihren Namen von dem Abstimmungsmodus ableiteten, alle drei mußten von einem magistratus cum imperio einberufen werden.

comitia curiata

Diese Versammlung war gentilizisch nach 30 Curiae gegliedert und in historischer Zeit insofern ein Anachronismus, als die wenigsten noch ihre Curienzugehörigkeit kannten. Aus diesem Grund entsandte man für jede curia einen Liktor.

Die Aufgaben dieser Versammlung begrenzten sich auf rein formalrechtliche Akte in Fragen des Familienrechts (Adoptionen, Testamente) und der Vergabe des Imperiums an die Praetoren und Konsuln.

comitia tributa

Die Einteilung dieser Versammlung folgte der lokalen Gliederung Roms in 35 Tribus, davon lagen vier im Stadtkern und 31 im ländlichen Bereich. Dieses Einteilungsprinzip begünstigte insofern die alten und reichen Familien, als sie sich mit wenigen anderen Familien auf die ländlichen Tribus verteilten, während die Masse der einfachen Bürger den städtischen Tribus angehörten. Auch Neubürger wurden meist auf nur wenige Tribus verteilt.[44]

Die Aufgaben dieser Versammlung waren folgende:

- Appellationsinstanz für weniger schwerwiegende Rechtsfälle, wie z.B. die Strafen der Aedilen.
- Wahl der Magistrate ohne Imperium gewählt.

---

44 Ein besonderes Problem entstand dadurch nach dem Bundesgenossenkrieg.

comitia centuriata

Sie ist die angesehenste und staatsrechtlich wichtigste Volksversammlung und ging aus dem exercitus centuriatus (Centurienheer) hervor. Aus diesem Grund tagte sie auch außerhalb des Pomeriums (heilige Stadtgrenze) auf dem Marsfeld, weil Militär nicht innerhalb der Stadt stehen durfte.

Die Bürger waren je nach Vermögen in 193 Centurien (Hundertschaften) eingeteilt, die in sich noch einmal in Iuniores (aktive Truppe, Alter: 17-46) und Seniores (Reserve, Alter: 47-60) untergliedert waren.

Gliederung	bis 220 v. Chr.	nach 220 v. Chr.
1. Klasse	80 Centurien 18 Rittercenturien	70 Centurien 18 Rittercenturien
2. Klasse	80 Centurien	70 Centurien
3. Klasse	20 Centurien	30 Centurien
4. Klasse	20 Centurien	20 Centurien
5. Klasse	30 Centurien	30 Centurien
Zusatzcenturien[1]	5 Centurien	5 Centurien

[1] (2 fabri = Handwerker, 2 musici = Signalbläser etc...,
1 capite censi = einf. Leute ohne Besitz, z.B. Gladiatoren)

Die Abstimmung wurde klassenweise von oben nach unten durchgeführt und abgebrochen, wenn eine Mehrheit erreicht war. Dies konnte dazu führen, daß die 18 Rittercenturien und die erste Klasse schon die Mehrheit ausmachten, vorausgesetzt sie stimmten einheitlich. Nach 220 v. Chr mußte wenigstens noch ein Teil der 2. Klasse dazukommen.

In dieser Versammlung erfolgte die Wahl der Magistrate mit imperium und der Censoren, wurden Beschlüsse über Krieg und Frieden gefaßt. Jeder Bürger hatte das Recht, nach Verurteilung zu einer Kapitalstrafe (Todesstrafe oder Verbannung) an diese Versammlung zu appellieren (provocatio). Auch hier wurden Gesetze beschlossen.

concilium plebis

Das concilium plebis war die Versammlung des populus Romanus ohne Patrizier, d.h. der Plebeier. Auch sie war nach Tribus gegliedert. Sie wurde vom Volkstribunen einberufen. In dieser Versammlung wurden die plebeischen Magistrate (Volkstribun und plebeischer Aedil) gewählt. Sie fungierte als Gerichtsversammlung für tribunizische Verfahren. Hier wurden Resolutionen abgefaßt. Mit der lex Hortensia von 287 v.Chr. erhielt das concilium plebis das Recht, Gesetze zu beschließen, die für den Gesamtstaat Gültigkeit hatten.

Dieses System von mehreren gesetzgebenden Versammlungen funktionierte solange sehr gut, solange die auctoritas senatus unbestritten war und auch Aktionen der Volkstribunen über das concilium plebis im Senat vorberaten wurden. In der Mitte des zweiten Jahrhunderts hörte dieses Einvernehmen auf. Auch vor den Gracchen gab es schon Gesetzesvorstöße am Senat vorbei. Mit den Gracchen und in der Folgezeit wurde das politische Handeln als Volkstribun über das concilium plebis eine politische Richtung, mit der Reformversuche in Gang gesetzt wurden. Erst Sulla entschärfte diesen politischen Weg insofern, als er jedem Volkstribunen eine weitere politische Karriere verweigerte. Im Jahr 70 v.Chr. mußte diese sullanische Regelung wieder zurückgenommen werden.

Senat

Der Senat (senex) war wohl im Ursprung die Versammlung der Oberhäupter der patrizischen Geschlechter (patres), die möglicherweise in der Königszeit durch die gentes minores ergänzt wurde. Ab dem Verfassungsausgleich von 367 v.Chr. gehörten dem Senat auch Plebeier qua Amt an, es sind dies die conscripti. Die Zahl der Mitglieder wurde auf 300 begrenzt, wobei es den Censoren zukam[45], Ergänzungen oder Verstoßungen vorzunehmen. Sie mußten einstimmig agieren. Grundsätzlich hatte man seinen Sitz im Senat auf Lebenszeit. Die Senatsfähigkeit entwickelte sich wie folgt: Um 200 hatten alle kurulischen Aedilen den moralischen Anspruch auf einen Senatssitz, ab 130 v.Chr. auch die plebeischen Aedilen, um 100 die gewesenen Volkstribunen. Ab Sulla wurde man als Quaestor automatisch Mitglied des Senats.

Der Senat verkörperte also die gesammelte Regierungserfahrung aller Magistrate in Rom. Er verstand sich als Beirat der Magistrate, der mit Empfehlungen deren Tätigkeit unterstützte. Senatsbeschlüsse besaßen keine bindende Rechtskraft, aber die auctoritas senatus (Senatsautorität) war so stark, daß es schwierig war, sich über Senatsbeschüsse hinwegzusetzen.

Auch der Senat konnte nur von einem magistratus cum imperio einberufen und geleitet werde.[46] Man kam in der Regel in der curia Hostilia zusammen, es konnten aber auch Tempel oder andere geschlossene Räume sein. Sitzungen mit Promagistraten mußten außerhalb des Pomeriums stattfinden, da diese sonst ihre Amtsgewalt verloren.

---

45 S.o.S. 273f.

46 Die Volkstribunen besaßen nur das Einberufungsrecht. S.o.S. 268.

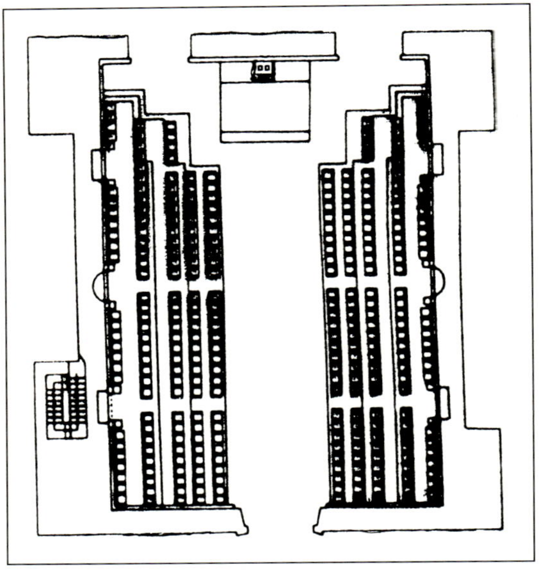

Abb. 75 Sitzordnung im Senat (Grundriß der Curia mit Angabe der Senatorensitze).

Der Leiter der Versammlung, in der Regel der amtierende Konsul, trug die Tagesordnung vor (relatio). Dann wurden die Senatoren nach Rangfolge aufgefordert, ihre Meinung zu sagen (sententiam dicere). Der Vorsitzende entschied, welche Anträge zur Abstimmung gelangten. Abgestimmt wurde entweder durch Handheben oder durch Auseinandergehen nach zwei Seiten (discessio), ähnlich unserem Hammelsprung. Der so zustande gekommene Beschluß hieß senatus consultum (SC).[47]

Ablauf einer Senatssitzung

Die Rechte und Kompetenzen des Senats waren nie klar definiert. Grundsätzlich war der Senat für alles zuständig, was die allgemeine Staatsleitung betraf, einschließlich der Außenpolitik.[48]

Betrachten wir seine Tätigkeiten also etwas detaillierter:

- Offenbar als Relikt aus den Ständekämpfen hatten die ‚patres et conscripti' das Recht, Beschlüsse und Wahlen der Comitien formalrechtlich zu überprüfen und zu bestätigen.
- Der Senat wirkte in vielen religiösen Angelegenheit mit. Da die Träger der höchsten Priesterwürden meist auch gewesene Magistrate waren, fiel die Zusammenarbeit nicht schwer. Der Senat wirkte bei der Anerkennung neuer Kulte mit, oder verbot solche, wenn sie staatsgefährdend erschienen.[49] Er leitete Gegenmaßnahmen beim Vorliegen unheilvoller Vorzeichen (Prodigien) ein, u.a.m.
- Der Senat konnte jeder Zeit in die laufende Finanzverwaltung eingreifen. Angesichts der niederen Stellung des Quaestors brauchte er zuweilen ein SC, um tätig werden zu können. Der Senat kontrollierte die Einnahmen.
- Dem Senat kam es im Bereich des Militärs zu, Aushebungen eines Heeres zu beschließen oder seine Auflösung anzuord-

[47] S.o.S. 188.
[48] Interessanterweise kennen die Römer für Außenpolitik keinen eigenen Begriff.
[49] S.o.S. 188f. das SC de Bacchanalibus.

nen. Er beschloß über Triumphe oder andere militärische Ehrungen.
- Der Senat bestätigte eine lex provincia bei neugewonnenen Territorien. Die konkrete Zuweisung einer Provinz an den gewählten Magistrat wurde erlost.
- Die Leitung der Außenpolitik lag in Rom fast ganz beim Senat. Er entsandte oder empfing Gesandtschaften, er bereitete Friedensverträge vor, die das römische Volk dann ratifizierte. Er traf die Vorentscheidung über Krieg und Frieden.

Man kann durchaus sagen, daß, so lange die auctoritas senatus unangefochten war, alle Fäden römischer Innen- und Außenpolitik im Senat zusammenliefen. Dies änderte sich allerdings in der Krise der Republik spätestens seit C.Gracchus. Als Indiz für die neuen politischen Schwierigkeiten kann das senatus consultum ultimum (SCU) und seine umstrittene Anerkennung gelten. Es handelt sich dabei um die Aufforderung an die Konsuln in Notzeiten,

> „sie möchten dafür Sorge tragen, daß der Staat keinen Schaden nehme."[50]

Dies hätte z.B. das Provocationsrecht eines römischen Bürgers außer Kraft gesetzt. Für die Optimaten war die Akzeptanz dieses Senatsrechtes unbestritten, die Popularen haben dem Senat dieses Recht nicht zugestanden.[51] Spätestens ab dieser Zeit sollte man den Senat nicht mehr als eine geschlossene Einheit betrachten. Po-

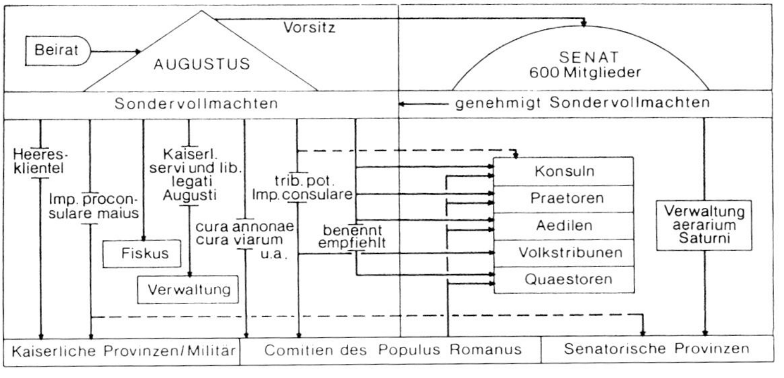

Abb. 76 Verfassungsschema Prinzipat.

50 Sall. Cat.29.

51 Näheres dazu s. von Ungern-Sternberg, Untersuchungen zum spätrepublikanischen Notstandsrecht, München 1970 (Vestigia 11).

litische Gruppierungen mit wechselnden Mehrheiten kennzeichnen das Bild des Senats im ersten Jahrhundert. Darüber hinaus sollte man sich den ungeheuren Aderlaß der Senatsmitglieder durch die Proskriptionen des Marius und Sulla vor Augen führen.

Ausblick in die Prinzipatszeit

In der Entstehungsphase des Prinzipats war der Senat die Legitimierungsinstanz schlechthin. Der staatsrechtliche Akt des Jahres 27 v.Chr. beruhte auf einem Kompromiß zwischen dem Senat und Augustus. (s. Abb. 76) Augustus gab offiziell alle Sonderrechte zurück und stellte scheinbar die Republik wieder her, dafür vergab der Senat das immer wieder zu erneuernde ‚imperium proconsulare'[52], das Augustus mit wenigen Ausnahmen die Verfügungsgewalt über die Provinzen gab, in denen Militär stand. Die ihm zugewiesenen Provinzen ließ er durch legati Augusti pro praetore verwalten.

- Die Truppen gehörten entweder zu der von Caesar ererbten Heeresklientel oder waren Augustus deshalb verpflichtet, weil er ihre Versorgung garantierte.
- Augustus bestimmte de facto die Ausgabenpolitik des Staates, obwohl es durchaus noch die alte republikanische Kasse (aerarium Saturni) gab. Die neue kaiserliche Kasse hieß Fiskus.
- Daneben wurde die schon unter Caesar existierende Verwaltung mit eigenen Sklaven und Freigelassenen ausgebaut. So entstanden zentrale Behörden, in denen Kontinuität und Loyalität gewährleistet war.
- Nach entsprechenden innenpolitischen Schwierigkeiten übertrug Augustus die cura annonae anfangs Senatoren, später den besser zu kontrollierenden Rittern.
- Ohne jeweils das Amt innezuhaben, besaß Augustus als Privatmann alle Rechte eines Volkstribunen (tribunicia potestas) und alle Rechte eines Konsuln (imperium consulare). Die auctoritas senatus war weitgehend auf ihn übergegangen (auctoritas principis). Alle staatliche Macht konzentrierte sich auf ihn.
- Die daneben unangetastet gebliebene republikanische Verfassung konnte er in seinem Sinne beeinflussen, da ihm vom Senat das Recht zur Benennung und Empfehlung der Magistrate gegeben worden war. Augustus machte zwar nur bei den unteren Ämtern davon Gebrauch, aber dies genügte, um nach Möglichkeit loyale Senatoren zu gewinnen. Außerdem führte er vier lectiones senatus durch.
- Dennoch setzte er sich selten den Gefahren von Senatssitzungen aus. Augustus arbeitete in der Regel mit einem Beirat, ge-

[52] Im Jahr 23 v.Chr. wurde es erweitert mit Gültigkeit auch für die senatorischen Provinzen (imperium proconsulare maius).

bildet aus politischen Freunden auch aus dem Senat. Die Verbindung zum Senat hielt eine zwanzigköpfige Senatskommission, die die Meinung des Princeps entgegenzunehmen und weiterzugeben hatte.

- Dieses ganze System war von flankierenden Maßnahmen begleitet, wie z.B. den Ehrungen, ersten Ansätzen des Kaiserkultes, den vota (Gelübde) für den Princeps, der sozialen Einbindung aller Bevölkerungsschichten, intensiver Propaganda[53] u.a.m.

Schwäche dieses Systems, das den Anschein der wiederhergestellten Republik aufrechterhielt, war die Nachfolgeregelung, denn es konnte nicht offen das dynastische Prinzip eingeführt werden. Sehr bald begriff das Heer seine Bedeutung in diesem System und wurde in Krisenzeiten, wenn kein Nachfolger ‚aufgebaut' war, zum ‚Kaisermacher'.

2. Literatur zur Rechtsgeschichte

Die Titel in diesem und den folgenden Kapiteln verstehen sich lediglich als ein Auswahlangebot für die Studierenden, um in den jeweiligen Spezialbereichen erste Informationen und Literatur zu finden.

Auf die Bedeutung des römischen Rechts in der europäischen Tradition wurde schon hingewiesen.[54] Die Basis der europäischen Rechtsentwicklung war das von Kaiser Iustinian I. (527-565) zusammengefaßte Gesetzgebungswerk Corpus Iuris Civilis.[55] Es wurde seit dem 11. Jahrhundert im Römischen Reich deutscher Nation als geltendes Recht angesehen und weitertradiert.[56] Zahlreiche Prinzipien fanden noch Eingang in das am 1.1.1900 in Kraft getretene Bürgerliche Gesetzbuch (BGB).

Sowohl das rechtshistorische Interesse als auch die Kenntnisse zu diesem Bereich sind heute verhältnismäßig gering. Rechtsgeschichte wird mehr an den juristischen Fakultäten betrieben und auch dort mit rückläufiger Tendenz. Juristen/innen interessiert vornehmlich die Geschichte ihrer Disziplin, d.h. die Rechtsentwicklung früherer Zeiten im Vergleich zum heutigen Recht. Dabei gerät die eminent politische Bedeutung von Prozessen als Mittel der Opposition in der späten römischen Republik und der frühen Zeit unter Augustus – um nur ein Beispiel zu nennen – kaum in den Blick. Für Historiker/innen ergeben sich aus den Rechtsquellen Fragen, die alle Lebensbereiche antiker Menschen umfassen[57], so daß eine ge-

---

[53] S.o.S. 211ff.
[54] S.o.S 26f.
[55] S.zu Text und Übersetzung u.S. 339.
[56] Zur Rezeptionsgeschichte kurz Schuller S. 57.
[57] S. z. B. o.S. 223.

wisse Randständigkeit in der Alten Geschichte in keiner Weise gerechtfertigt erscheint.

Für Studienanfänger kann wegen seiner komprimierten, aber durch Beispiele doch lebendigen Darstellung das Buch von Söllner empfohlen werden:

Söllner, A. Einführung in die römische Rechtsgeschichte, München [5]1996 ([1]1971).

Ebenfalls einen guten Zugang bietet:

Liebs, D. Römisches Recht. Ein Studienbuch, Göttingen [2]1982 (UTB).

Zur vertieften Beschäftigung und zum Nachschlagen sind vorrangig Wieacker und Kaser geeignet:

Wieacker, F. Römische Rechtsgeschichte. Quellenkunde, Rechtsbildung, Jurisprudenz und Rechtsliteratur. 1. Abschnitt: Einleitung, Quellenkunde, Frühzeit und Republik, München 1988 (HdA).

Kaser, M. Das Römische Privatrecht, 2 Bde., München [2]1971/[2]1975 (HdA).

Sonstige Anregungen:

Apathy, R./ Klingenberg, G./ Stiegler, H. Einführung in das römische Recht, Wien 1998.

Berneker, E. (Hg.) Zur griechischen Rechtsgeschichte, Darmstadt 1968.

Bretone, M./ Geschichte des römischen Rechts, München 1992.

Cohen, D. Law, Violence and Community in Classical Athens, Cambridge 1995.

Hausmaninger, H./ Selb, W. Römisches Privatrecht, Wien [8]1997.

Kaser, M./ Hackl, K. Das römische Zivilprozeßrecht, München [2]1997.

Kübler, B. Geschichte des römischen Rechts. Ein Lehrbuch, Aalen 1979.

Kunkel, W. Römische Rechtsgeschichte, Köln [12]1990.

Lipsius, J.H. Das attische Recht und Rechtsverfahren, 3 Bde., Leipzig 1905-1915 (ND Darmstadt 1966).

MacDowell, D. Spartan Law, Edinburgh 1986.

Manthe, U. Geschichte des römischen Rechts, München 2000.

Mommsen, Th. Römisches Strafrecht, Leipzig 1899 (s.a. Malitz, J. Stellenregister zu Mommsen, Römisches Strafrecht, München 1982).

Triantaphyllopoulos, J. Das Rechtsdenken der Griechen, München 1985.

3. Literatur zur Militärgeschichte

Bei der Erörterung der antiken Geschichtsschreibung wurde auf den hohen Stellenwert hingewiesen, den z.T. zeitgenössische Kriegsdarstellungen einnahmen.[58] Die Schilderung der Ilias, des Perserkrieges, des Peloponesischen Krieges, des Alexanderzuges etc. waren in höchstem Maß traditionsbildend. Dies spiegelt zugleich die antike Lebenswirklichkeit, in der Kriegszeiten fast normaler als Friedenszeiten waren. Selbst in der von Bürgerkriegen weitgehend freien Friedenszeit unter den römischen Kaisern beherrschte das Militär als ‚Kaisermacher' die Politik.

Zwischen diesen Beobachtungen und der Forschungssituation besteht eine erstaunliche Diskrepanz. Kriegsgeschichte als Teil der Kriegswissenschaft war und ist eine Angelegenheit militärischer Bildungseinrichtungen. Militärgeschichtliche Fragestellungen werden zwar an den Universitäten erforscht, aber meist in anderen Kontexten, wie z.B. der Sozial- und Wirtschaftsgeschichte oder der Archäologie. Eine Ausnahme bildet die Arbeitsgemeinschaft für Militargeschichte (AMG) in Berlin. Möglicherweise spielen in Deutschland auch die beiden Weltkriege des zwanzigsten Jahrhunderts für die Zurückhaltung eine Rolle. Aus dieser Situation erklärt sich, daß noch immer das 1928 erschienene Handbuch von Kromayer/Veith zu Rate gezogen werden muß:

Kromayer, J./ Veith, G.	Heerwesen und Kriegsführung der Griechen und Römer, München 1928, ND 1963 (HdA).

Auch die fundierte Arbeit von Snodgrass stammt im englischen Original von 1963. Ein modernes Handbuch zur Militärgeschichte ist ein absolutes Desiderat.

Snodgrass, A.M.	Wehr und Waffen im antiken Griechenland, Mainz 1984.

Weiterführende Titel sind:

Alföldy, G.	Römische Heeresgeschichte, Amsterdam 1987.
Burckhardt, L.	Bürger und Soldaten, Stuttgart 1996.
Ducray, P.	Warfare in Ancient Greece, New York 1986.
Eck,W./Wolff, H.	Heer und Integrationspolitik, Die römischen Militärdiplome als historische Quelle, Köln 1986.
Johnson, A.	Römische Kastelle, Mainz 1987.
Junkelmann, M.	Die Legionen des Augustus, Mainz 1986, ^{5}1991.
Keppie, L.	The Making of the Roman Army. From Republic to Empire, London 1984.
Lazenby, J.F.	The Spartan Army, Warminster 1985.
Morrison J.S./ Coates, J.F.	Die athenische Triere, Geschichte und Rekonstruktion eines Kriegsschiffes der griechischen Antike, Mainz 1990.
Prittchett, W.K.	The Greek State at War, 5 Bde. Berkeley u.a. 1974-1991.
Rich, J./ Shipley, G. (Hgg.)	War and Society in the Greek World, London 1993.
Speidel, M.	Roman Army Studies 2 Bde., Amsterdam 1984.
Spence, I.G.	The Cavalry of Classical Greece, Oxford 1993.
Viereck, H.D.L.	Die römische Flotte, Herford 1975.
Webster, G.	The Roman Imperial Army, New York ^{2}1974.

[58] S.o.S. 80; die Bedeutung des Mythos Troia als europäisches Gemeingut zeigt die Ausstellung ab März 2001 in Stuttgart.

4. Literatur zur Religionsgeschichte und Philosophie

Kennzeichnend für die antike pagane Religion war ihre Vielzahl von Göttern (Polytheismus), deren Feste streng zu beachten waren[59], wollte man die Gunst der Götter nicht verlieren. Die Gemeinsamkeit der Feiern, die enge Verbindung von Staat und Religion, die Vorstellung vom Geben und Nehmen, all dies sind Charakteristika, die sehr im Gegensatz zur heutigen Religionsauffassung stehen, der ein hohes Maß an Privatheit eigen ist. Die panhellenischen Feste, zu denen alle Welt zusammentraf, waren Feiern zu Ehren des jeweiligen Gottes[60], nicht etwa sportliche Wettkämpfe wie heute. In Rom waren Religion und Politik, aber auch Religion und Alltagsleben engstens miteinander verzahnt.

So greifen religionsgeschichtliche Fragen tief in alle Bedingungen antiken Lebens ein und sind kaum isoliert zu betrachten. Sofern sich Menschen aus den herkömmlichen Bindungen lösten und die mythologischen Welterklärungen nicht mehr akzeptierten, öffneten sie den Horizont der Menschen für philosophische Diskurse. Deshalb werden hier Religion und Philosophie zusammengebracht.

Der mit der Vergöttlichung Caesars beginnende Kaiserkult gehört ebenfalls in diesen Kontext. Schließlich bildete das Christentum den entscheidenden Einschnitt in der Spätantike. Gerade die christliche Antike als Forschungsgebiet ist nicht nur eine Domäne der Theologie, sondern auch der Geschichtswissenschaft. Mentalitätsgeschichtliche Umbrüche, die vielfältigen Beziehungen zwischen Staat und Kirche, die kirchliche Organisation als neue politische Laufbahnmöglichkeit u.a.m. sind wichtige Themenkomplexe.

Einen guten Einstieg in die griechische Religion finden Anfänger/innen mit der Arbeit von Walter Burkert, dem die Forschung viele neue Impulse verdankt:

Burkert, W.	Griechische Religion der archaischen und klassischen Epoche, Stuttgart 1977 (Religion der Menschheit 15).

Auch Fritz Graf bietet eine handliche Einführung:

Graf, F.	Griechische Mythologie. Eine Einführung, München/Zürich ²1987.

Sehr anschaulich und zuweilen mit überraschenden Aspekten vermittelt Erika Simon gute Vorstellungen über die einzelnen Gottheiten der Griechen und Römer:

Simon, E.	Die Götter der Griechen, München ³1985.
Simon, E.	Die Götter der Römer, München 1990.

Zur Vertiefung kann immer noch das Handbuch von Kurt Latte empfohlen werden:

Latte, K.	Römische Religionsgeschichte, München 1960 (=²1967) (HdA).

---

59 S.o.S. 122.

60 Zeus in Olympia, Apollon in Delphi.

Eine zusammenfassende neuere Darstellung zum Kaiserkult existiert nicht. Deshalb sei verwiesen auf:

Taeger, F. — Charisma. Studien zur Geschichte des antiken Herrscherkultes, 2 Bde, Stuttgart ^{2}1960

Für einen ersten Zugang zu Fragen des Christentums ist die Aufsatzsammlung von Richard Klein geeignet:

Klein, R. (Hg.) — Das frühe Christentum im römischen Staat, Darmstadt ^{2}1982 (WdF 267).

Alle Titel enthalten Hinweise auf weiterführende Literatur.

Beard,M./North, J.; Price, S. — Religions of Rome, 2 Bde., Cambridge 1998.

Bergmann, Axel — Die Grundbedeutung des lateinischen Wortes Religion, Marburg 1998.

Bruit Zaidmann, L./Schmitt Pantel, P. — Die Religion der Griechen. Kult und Mythos, München 1994.

Chadwick, H. — Die Kirche in der antiken Welt, Berlin 1972.

Feeney, D.C. — Literature and Religion at Rome, Cambridge 1998.

Flashar, H. (Hg.) — Grundriß der Geschichte der Philosophie, begründet von F.Überweg, völlig neu bearbeitet von H.Flashar, Basel, Stuttgart seit 1983

Guthrie, W.K.C. — A History of Greek Pholosophy, 6 Bde, Cambridge 1962-1981

Henrichs, A. — Die Götter Griechenlands, Ihr Bild im Wandel der Religionswissenschaft, Bamberg 1987 (Thyssen-Vorträge: Auseinandersetzungen mit der Antike 5).

Kerényi, K. — Antike Religion, Wiesbaden 1978.

Liebeschütz, J.H. W.G. — Continuity and Change in Roman Religion, Oxford 1979.

MacMullen, R. — Paganism in the Roman Empire, New Haven 1981.

Martin, J./Quint B. (Hgg.) — Christentum und antike Gesellschaft, Darmstadt/Quint, 1990 (Wdf).

Muth, R. — Einführung in die griechische und römische Religion, Darmstadt 1988.

Nilsson, M.P. — Geschichte der griechischen Religion, I. Band: Die Religion Griechenlands bis auf die griechische Weltherrschaft, München 1950, 31967; II. Band: Die hellenistische und römische Zeit, München 1950, 21961 (HdA).

Parker, R. — Athenian Religion, A History, Oxford 1996.

Price, S. — Religions of the Ancient Greeks, Cambridge 1999.

Ricken, F. — Philosophie der Antike (Grundkurs Philosophie 6), Stuttgart 1988.

Röd, W. (Hg.) — Geschichte der Philosophie, München, Bd. 1: W. Röd, Philosophie der Antike 1: Von Thales bis Demokrit, 1976; Bd. 2: A. Graeser, Philosophie der Antike 2: Sophistik und Sokratik, Plato und Aristoteles, 1983, ^{2}1992; Bd. 3: M Hossenfelder, Philosophie der Antike 3: Stoa, Epikureismus und Skepsis, 1985.

Vermaseren, M.J. (Hg.) — Die Orientalischen Religionen im Römerreich, Leiden 1981 (Etudes préliminaires aux religions orientales dans l'empire romain 94).

Wieland, W. — Antike Geschichte der Philosophie in Text und Darstellung, hrsg. von R. Bubner, Bd.1 Stuttgart 1978.

5. Literatur zur Wirtschafts- und Sozialgeschichte

Die althistorische Forschung hat sich vergleichsweise früh wirtschafts- und sozialgeschichtlichen Fragen zugewandt. Schon Ende des 19.Jahrhunderts kam es zu einem Theoriestreit, der sogenannten Bücher-Meyer-Kontroverse: Der Nationalökonom Karl Bücher (1847-1930) ging für das Altertum von einer eng begrenzten Hauswirtschaft (Oikoswirtschaft) aus, die lediglich bemüht war, den eigenen Bedarf zu decken. Dieser Auffassung widersprach der Althistoriker Eduard Meyer (1855-1930), der auch im Altertum eine Entwicklung von einfachen Anfängen bis hin zu weltwirtschaftlichen Phänomenen erkannte. Moses Finley griff die Position Büchers wieder auf, fand aber in Einzelaspekten heftige Kritik.

Finley, M.L. — Die antike Wirtschaft, München 1977.

Letztendlich hat sich die Forschung nicht auf eine eindeutige Position geeinigt.

Eine gute Einführung mit ausführlicher Darlegung der Quellen bietet:

Kloft, H. — Einführung in die Wirtschaftsgeschichte der griechisch-römischen Welt, Darmstadt 1992.

Zwei parallel angelegte, strukturell orientierte Darstellungen, die zur Grundlage gehören, sind:

Gschnitzer, F. — Griechische Sozialgeschichte. Von der mykenischen bis zum Ausgang der klassischen Zeit, Wiesbaden 1981.

Alföldy, G. — Römische Sozialgeschichte, Wiesbaden ^{3}1984.

Für die Wirtschaftsgeschichte erschien entsprechend:

Pekary, T. — Die Wirtschaft der griechisch-römischen Antike, Wiesbaden ^{2}1979.

Die Quellensituation im wirtschaftsgeschichtlichen Bereich ist (außer in der Papyrologie) verhältnismäßig dürftig. Die quantifizierende Methode ist auf das Altertum deshalb nur schwer anwendbar. Zur Anwendung:

Duncan-Jones, R. — The Economy of the Roman Empire. Quantitative Studies, Cambridge 1973.

Die Sozialgeschichte, vor allem die Forschungen zur Sklaverei, erfuhr lebhafte Impulse durch den Marxismus. Marxisten mußten beweisen, daß die antike Gesellschaft und ihre Wirtschaft durch die Sklavenhaltung geprägt waren.[61] Den z.T. haltlosen Thesen widersprach die bürgerliche Geschichtsforschung und mit der Zeit führte die Diskussion auf beiden Seiten zu wichtigen Forschungsergebnissen. Zum Einstieg sei empfohlen:

Alföldy, G. — Antike Sklaverei. Widersprüche, Sonderformen, Grundstrukturen, Bamberg 1988.

---

[61] Günther S. 74-98.

Über die methodischen Schwierigkeiten der Frauenforschung wurde schon gesprochen.[62] Grundsätzlich wäre wünschenswert, was Schuller schon als Tatsache formuliert:
"Der grundsätzlichen Gefahr, daß Frauengeschichte auf diese Weise (die stärkere Beachtung von Fragen des Alltags und der Lebenswelt) als eine weitere Spezialgeschichte neben anderen betrieben werden könnte, wird zunehmend dadurch begegnet, daß einerseits die Betrachtung auch auf die Männer ausgedehnt wird und daß andererseits auch die politische und die Sozialgeschichte die Frauen einbeziehen."[63]
Für den ersten Zugang sei empfohlen:

Pomeroy,S.B. Frauenleben im klassischen Altertum, Stuttgart 1985.

5.1 Allgemein

Austin, M./ Vidal-Naquet, P. Gesellschaft und Wirtschaft im alten Griechenland, München 1984.
Brentano, L. Das Wirtschaftsleben der Antiken Welt. Vorlesungen gehalten als Einl. zur Wirtschaftsgeschichte des Mittelalters, Hildesheim 1970.
Duncan-Jones, R. Money and Government in the Roman Empire, Cambridge 1998.
Flach, D. Römische Agrargeschichte, München 1990 (HdA)
Frank, T. (Hg.) An Economic Survey of Ancient Rome, 6 Bde., Baltimore 1933-1940.
Garnsey, P./ Saller, R. Das römische Kaiserreich. Wirtschaft, Gesellschaft und Kultur, Hamburg 1989.
Garnsey, P. Cities, Peasants and Food in Classical Antiquity. Essays in Social and Economic History, Cambridge 1998.
Greene, K.T. The Archaeology of the Roman Economy, London 1986.
Heichelheim, F. Wirtschaftsgeschichte des Altertums, vom Paläolithikum bis zur Völkerwanderung der Germanen, Slaven und Araber, (1938), ND Leiden 1969.
Jones, A.H.M. The Roman Economy, Oxford 1974.
de Martino, F. Wirtschaftsgeschichte des alten Rom, München ^{2}1991.
Parkins H./Smith C. (Hgg.) Trade, Traders and the Ancient City, London/New York 1998.
Prell, M. Sozialökonomische Untersuchungen zur Armut im antiken Rom, Stuttgart 1997.
Richter, W. Landwirtschaft im homerischen Zeitalter, Göttingen 1968.
Rilinger, R. Humiliores – Honestiores. Zu einer sozialen Dichotomie im Strafrecht der römischen Kaiserzeit, München 1988.
Rostovtzeff, M. I. Wirtschaft und Gesellschaft in der römischen Kaiserzeit, 2 Bde., Leipzig 1929.
Rostovtzeff, M.I. Die hellenistische Welt. Gesellschaft und Wirtschaft, 3 Bde., Darmstadt 1955-1956.

62 S.o.S. 37f. S. dazu T. Scheer, Forschungen über die Frau in der Antike. Ziele, Methoden, Perspektiven, in: Gymnasium 107, 2000 S. 143-171
63 Schuller S. 50.

Schnebel, M. Die Landwirtschaft im hellenistischen Ägypten, München 1925.

Schneider , H. Wirtschaft und Politik. Untersuchungen zur Geschichte der späten römischen Republik, Erlangen 1974

Schneider, H.(Hg.) Zur Sozial- und Wirtschaftsgeschichte der späten römischen Republik, Darmstadt 1976.

Schumacher, L. (Hg.) Religion – Wirtschaft – Technik. Althistorische Beiträge zur Entstehung neuer kultureller Strukturmuster im historischen Raum Nordafrika/ Kleinasien/ Syrien, St. Katharinen 1998.

Smith, C.J. Early Rome and Latium. Economy and Society. c. 1000-500 B.C. Oxford 1996.

Vittinghoff, F. (Hg.) Europäische Wirtschafts- und Sozialgeschichte in der römischen Kaiserzeit, Stuttgart 1990, S.161-369.

Weber, M. Agrarverhältnisse im Altertum, in: Gesammelte Aufsätze zur Wirtschafts- und Sozialgeschichte, Tübingen 1924, S. 1-288.

Weiler, I. (Hg.) Soziale Randgruppen und Außenseiter im Altertum, Graz 1988.

5.2 Antike Sklaverei

Bradley, K.R. Slavery and Society at Rome, Cambridge 1994.

Brockmeyer, N. Antike Sklaverei, Darmstadt 1979 (E.d.F.116)

Finley, M.I. Die Sklaverei in der Antike. Geschichte und Probleme, München 1981.

Guyot, P. Eunuchen als Sklaven und Freigelassene in der griechisch-römischen Antike, Stuttgart 1980.

Rubinsohn, W.Z. Die großen Sklavenaufstände der Antike. 500 Jahre Forschung, Darmstadt 1993.

5.3 Frauen- bzw. Geschlechtergeschichte

Clark, G. Women in the Ancient World, Oxford 1989.

Dover, K. Homosexualität in der griechischen Antike, München 1983.

Gardner, J.F. Frauen im antiken Rom. Familie, Alltag, Recht, München 1995.

Hallet, J.P. Fathers and Daughters in Roman Society, Princeton 1984.

Krause, J.-U. Die Familie und weitere anthropologische Grundlagen, Stuttgart 1992.

Lacey,W. Die Familie im antiken Griechenland, Mainz 1983.

Patterson, C.B. The Family in Greek History, Cambridge Mass./London 1998.

Patzer, H. Die griechische Knabenliebe, Frankfurt [2]1983.

Pomeroy, S.B. Families in Classical and Hellenistic Greece, Representations and Realities, Oxford 1997.

Rawson, B./ Weaver, P.R.C. (Hg)	The Roman Family in Italy. Status, Sentiment, Space, Oxford 1997.
Reinsberg,C.	Ehe, Hetärentum und Knabenliebe im antiken Griechenland, München 1989.
Rollinger, R./Ulf Ch. (Hgg.)	Geschlechterrollen und Frauenbild in der Perspektive antiker Autoren, Innsbruck, Wien, München 2000.
Schuller, W.	Frauen in der griechischen Geschichte, Konstanz 1985.
Schuller, W.	Frauen in der römischen Geschichte, Konstanz 1987.
Sealy, R.	Women and Law in Classical Greece, Chapel Hill/London 1990.
Siems, K. (Hg.)	Sexualität und Erotik in der Antike (WdF 605), Darmstadt 1988.
Späth, Th./Wagner-Hasel, B. (Hgg.)	Frauenwelten in der Antike.Geschlechterordnung und weibliche Lebenspraxis, Stuttgart 2000
Wagner-Hasel, B. (Hg.)	Matriarchatstheorien der Altertumswissenschaft (WdF 651), Darmstadt 1992.

6. Literatur zur Alltagsgeschichte

Bei Alltagsgeschichte geht es um das tägliche Leben aller Schichten der Bevölkerung in seinen historischen Veränderungen. Einleitend wurde herausgestellt, daß die Alte Geschichte sich stärker dem Menschen mit seiner Lebenswelt, seinen Erfahrungen, seinem Denken und Fühlen zugewandt habe. All dies kann unter Alltagsgeschichte, aber auch unter Anthropologie subsumiert werden.[64]

Da einerseits die Themenfelder der historischen Anthropologie noch etwas diffus sind, andererseits die Alltagsgeschichte und ihre materiellen Voraussetzungen im Kontext der Kulturgeschichte eine gute Tradition im 19. Jahrhundert besitzt, wurde hier angeknüpft. Die Offenheit zur Anthropologie hin wird aber ausdrücklich betont.

Grundlage vieler Arbeiten zur Alltagsgeschichte ist nach wie vor Ludwig Friedländer durch seine sehr breite Quellenbasis:

Friedländer, L. Darstellungen aus der Sittengeschichte Roms in der Zeit von Augustus bis zum Ausgang der Antonine, 1.-3.Bd. Leipzig ^{10}1922-23, 4.Bd. $^{9.10}$1921 (4 Bde., ND, Aalen 1979)

Sehr anregend von den Fragestellungen her ist Paul Veyne, läßt aber gerade die Quellenangaben vermissen:

Ariès, P./ Duby, G. (Hgg.) Geschichte des privaten Lebens: Bd. 1, hrsg. von P. Veyne: Vom Römischen Imperium zum Byzantinischen Reich, Frankfurt 1989.

64 Schuller berührt die Alltagsgeschichte gar nicht, betont aber die Bedeutung der Anthropologie (S. 57, 149). Vollmer sieht als Themen der Anthropologie Frauengeschichte, Geschichte des Sexualverhaltens und Sklaverei (S. 123ff). Auch er weist auf die definitorischen Schwierigkeiten in seinem Kapitel "Materielle Kultur – Alltagsgeschichte – Privatleben" hin (S. 116).

Zum schnellen Einlesen geeignet ist:

Blanck, H.	Einführung in das Privatleben der Griechen und Römer, Darmstadt 1976.

Weitere Titel mit weiterführender Literatur:

Alföldi-Rosenbaum, E.	Das Kochbuch der Römer. Rezepte der „Kochkunst" des Apicius, Zürich/München [8]1988.
Bonner, St.F.	Education in ancient Rome from the elder Cato to the younger Pliny, London 1977.
Carcopino, J.	Römisches Leben und Kultur in der Kaiserzeit, Stuttgart 1979.
Dupont, F.	Daily Life in Ancient Rome, Oxford/Cambridge 1992.
Gehrke, H.-J.	Die Griechen und die Rache. Ein Versuch in historischer Psychologie, in: Saeculum 38, 1987 S.121-149
Knoll, K.	Alltag und Mythos, Baalsdorf 1998.
Krug, A.	Heilkunst und Heilkult. Medizin in der Antike, München 1985.
Landels, J.G.	Die Technik in der antiken Welt, München 1979.
Laser, S.	Medizin und Körperpflege, Göttingen 1983.
Marrou, H.I.	Geschichte der Erziehung im klassischen Altertum, Freiburg/München 1957.
Marquardt, J.	Das Privatleben der Römer, 2 Bde., 2. Aufl. bes. von A.Mau, Leipzig 1886, ND Darmstadt 1964.
Meissner, B.	Die technologische Fachliteratur der Antike (400 v.Chr.-500 n. Chr.), Berlin 1999.
Murray, O.	Life and Society in Classical Greece, in: J.Boardman/J.Griffin/O.Murray (Hgg.), The Oxford History of the Classical World, Oxford 1986, S.204-233
Nippel, W.	Griechen, Barbaren und ‚Wilde'. Alte Geschichte und Sozialanthropologie, Frankfurt 1990
Pekridou-Gorecki, A.	Mode im antiken Griechenland, München 1989.
Saller, R.P.	Patriarchy, Property and Death in the Roman Family, Cambridge 1994.
Schneider, H.	Einführung in die antike Technikgeschichte, Darmstadt 1992.
Tölle-Kastenbein, R.	Antike Wasserkultur, München 1990.
Wagner- Hasel, B.	Der Stoff der Gaben. Kultur und Politik des Schenkens und Tauschens im archaischen Griechenland, Frankfurt/New York 2000.

V. Zur Praxis des Geschichtsstudiums

1. Die Veranstaltungsarten und was sie leisten können

Für Studienanfänger/innen birgt die Lektüre des Vorlesungsverzeichnisses erwartungsvolle Faszination, aber auch Furcht vor Unkenntnis und Selbstüberschätzung. Es ergeben sich Fragen über Fragen: ‚Kann ich ein Kolloquium besuchen?' oder ‚Was ist der Unterschied zwischen einer Übung und einem Seminar?' Dazu kommen die Zeitzwänge mit Überschneidungen, zu frühem oder zu spätem Beginn u.a.m.

Gewöhnt an einen fest vorgegebenen Stundenplan, neigen Anfänger/innen dazu, ihren Stundenplan zu überfrachten. Geisteswissenschaften sind Lesefächer, d.h. es muß genügend Zeit für die Bibliothek oder die heimische Lektüre einkalkuliert werden. Man sollte nicht zögern, wenn sich im Laufe des Semesters herausstellt, daß zu viele Lehrveranstaltungen besucht werden, diese zu reduzieren. Bei Zweifächerverbindungen sollte die aufgewandte Zeit insgesamt 14 – 16 Wochenstunden nicht übersteigen.[1]

Um die Semesterplanung effektiver zu gestalten, ist es nützlich, Ziel und Zweck der unterschiedlichen Veranstaltungsformen zu kennen und entsprechend den eigenen Interessen und Bedürfnissen zu besuchen. Oberstes Kriterium für die Auswahl ist neben den Pflichtveranstaltungen die Freude am Thema.[2]

Die Vorlesung

Die offenste Form von Lehrveranstaltung ist die Vorlesung. Hier bedarf es keiner Anmeldung und keiner Entschuldigung, wenn eine Stunde nicht besucht werden kann. Ziel der Vorlesung ist es, einen Überblick über das angekündigte Thema zu vermitteln, Forschungsansätze zu erläutern und methodische Vorgehensweisen vorzuführen. Dabei trägt der/die Dozent/in in bestimmten Teilen auch persönliche Auffassungen auf Grund eigener Forschungen vor. Darin besteht ein besonderer Reiz dieser Veranstaltungsart.

---

1 Es gibt dafür keine allgemeinen Richtlinien. Opgenoorth S. 24 empfiehlt nicht mehr als 20 Wochenstunden.

2 Finden Sie im Lehrangebot nichts, was Sie interessiert, sollten Sie dringend ihre Studienwahl überprüfen.

Normalerweise sind hier keine Diskussionen vorgesehen und nicht alle Dozenten/innen lassen Fragen zu.

Eine besondere Schwierigkeit besteht darin, daß die Vorlesung für Hörer/innen aller Semester gehalten wird. Anfänger/innen sollen nicht gänzlich abgeschreckt, Examenskandidaten/innen nicht gelangweilt werden – ein schwieriger Spagat für den/die Hochschullehrer/in.
Wie gehen Sie als Anfänger/in nun damit um?

- Verzweifeln Sie nicht, wenn Sie nur die Hälfte (oder weniger) verstehen. Das ist zu Beginn ganz normal.
- Sie erhalten in der Ankündigung oder zu Beginn der Vorlesung Literaturhinweise. Versuchen Sie, sich in ein Standardwerk nach Möglichkeit vor Vorlesungsbeginn einzulesen. Ihr Bedürfnis mitzuschreiben, kann so um rund die Hälfte reduziert werden. Der oberflächlichen Haftung des Gehörten können Sie durch Nachlesen begegnen. Abhängig vom Bekannheitsgrad können Sie nur ca. 5-20 % des Gehörten behalten.[3]
- Schaffen Sie die Vorauslektüre nicht, so nutzen Sie die Vorlesung zum Training für aktives Zuhören und Mitschreiben, auch auf die Gefahr hin, daß Sie diese Mitschrift später nicht mehr gebrauchen können. Sie werden lernen, Wichtiges (z.B. Forschungsansätze, Zusammenhänge) von Unwichtigem (z.B. Handbuchwissen) zu unterscheiden. Meist entwickeln Sie sehr schnell ein eigenes Kürzelsystem für häufig auftretende Begriffe (z.B. Verfassung = Verfg. oder Geschichtswissenschaft = GW u.ä.). Lassen Sie sich in Ihrer Mitschrift einen breiten Rand für spätere Ergänzungen aus der Lektüre.
- Um den in der Vorlesung angestrebten Überblick zu gewinnen, können Sie spätestens in der vorlesungsfreien Zeit das Thema mit Hilfe der Quellen- und Literaturliste nacharbeiten.
- Sollten Sie feststellen, daß Sie in der Vorlesung nur physisch anwesend sind, machen Sie etwas falsch. Prüfen Sie, ob Sie vielleicht einfach zu weit hinten sitzen und dadurch zu sehr abgelenkt werden. Andernfalls überdenken Sie Ihr Interesse am Thema.
- Liegt Ihnen der Vortragsstil des/der Dozenten/in nicht, sprechen Sie mit ihm/ihr mit allem nötigen Respekt oder wechseln Sie die Veranstaltung.
- Wird zu einer Vorlesung ein begleitender Lektürekurs angeboten, nutzen Sie ihn unbedingt. Erst mit der Quellenlektüre beginnt die wirkliche Auseinandersetzung mit den ‚historischen

3 Dahmer S. 92.

Fakten'. Sie vertiefen Ihr neuerworbenes Wissen und haben Gelegenheit zu fragen.

Das Proseminar[4]

Die für Studienanfänger/innen wichtigste Veranstaltung ist das Proseminar, mit dem Ziel theoretisch, nach Möglichkeit aber auch praktisch, in die wichtigsten Probleme, Fragestellungen und Methoden des Faches einzuführen. Darüber hinaus soll die Fähigkeit zu wissenschaftlichem Arbeiten vermittelt werden.

Eine grundsätzliche Schwierigkeit besteht hier in der Diskrepanz zwischen Schul- und Studienfach. Der punktuelle, auf ein ausgewähltes Thema hin orientierte und nicht wie in der Schule chronologisch geordnete Wissenserwerb im Fach Geschichte irritiert am Anfang. Da der Geschichtsunterricht in den Schulen vielfach auf die Vermittlung von Fakten und Ergebnissen abzielte, ist vielen die Erfahrung fremd, daß Quellen jeder Art erarbeitet werden müssen. Die Einsicht in die Notwendigkeit von Hilfswissenschaften fehlt dadurch häufig oder ist nur schwer zu vermitteln.

Für Alte und Mittelalterliche Geschichte kommen dann noch die Schwierigkeiten mit den geforderten Lateinkenntnissen hinzu. Die Zahl der Studienanfänger/innen, die keine oder nur wenig Lateinkenntnisse erworben haben, steigt tendenziell. Dies liegt z.T. daran, daß der Zeitpunkt, zu dem die Entscheidung in der Schule getroffen werden mußte, viel zu früh und lange vor einer vagen Orientierung auf einen bestimmten Beruf hin lag. Die vielen Vorteile des Faches Latein als Grundlage auch für andere europäische Sprachen und für die Grammatikkenntnisse der eigenen, sollte daher sehr viel offensiver vermittelt werden. Dem Studienanfänger kann nur dringend geraten werden, so schnell wie möglich mit dem Nachlernen des Lateins zu beginnen. In der Regel werden Lateinkurse in der Universität angeboten.

Dozenten müssen davon auszugehen, daß Studienanfänger/innen zu Beginn des Proseminars über keine Grundkenntnisse der Alten Geschichte verfügen. Schüler/innen erfahren in fast allen Bundesländern nur in der Mittelstufe weniges über griechische und/oder römische Geschichte. Der Unterricht im Proseminar muß also so angelegt werden, daß diese Defizite möglichst schnell überwunden werden. Gibt man als Veranstalter/in dieser Einsicht Raum, so kann darin auch eine Chance für das Fach liegen. Ohne Erwartungsdruck fällt der Einstieg in die Alte Geschichte sehr viel leichter. Das Überraschungsmoment, wie spannend althistorische Phänomene sein können, vermag sogar Begeisterung zu wecken.[5]

4 Die Veranstaltung kann auch Einführungskurs oder Grundkurs u.ä. heißen.

5 Als sehr anregend und methodisch vertiefend empfehle ich die Einführung von Schuller.

Viel kann hier über die praktische Arbeit mit Münzen, Inschriften etc. und ihren Hilfsmitteln erreicht werden. Es besteht ein erheblicher Unterschied, ob die Interpretation z.B. einer Münze nur gelesen oder selbst versucht wird:

- Während der eigenen Aktivität werden dem/der Anfänger/in erst die Schwierigkeiten deutlich. Es entsteht eine kreative Fragehaltung.
- Erst in der praktischen Arbeit gehen Sinn und Zweck von Indizes und Lexika auf.
- Aktives Lernen durch Handeln fördert das Einprägen der Informationen.[6]
- Meist führen solche Arbeitsaufträge zwanglos zur Arbeit in Gruppen.

Das Thema des Proseminars sollte keinen Selbstzweck besitzen, sondern primär als Übungsfeld für den Umgang mit Quellen aller Art dienen.

Der aktive Part für die Studierenden liegt in folgenden Übungsfeldern:

- Benutzung einer wissenschaftlichen Bibliothek üben.[7]
- Bibliographieren lernen.[8]
- Aktives Lesen lernen.[9]
- Umgang mit den hilfswissenschaftlichen Medien üben.[10]
- Quelleninterpretation üben.[11]
- Mündlich oder schriftlich zu präsentierende wissenschaftliche Arbeiten anfertigen.[12]

Primäres Kriterium der Wissenschaftlichkeit ist die Nachprüfbarkeit historischer Darlegungen. Dies klingt zunächst einfach, die Schwierigkeiten für Studierende im Umgang damit sind aber nicht zu unterschätzen.[13]

Proseminare werden meist mit einer Klausur abgeschlossen, um sicherzustellen, daß die Studierenden über das für Hauptseminare notwendige Wissen verfügen. Für die Vorbereitung der Abschlußklausur gilt generell das zu Prüfungsvorbereitungen Dargelegte.[14]

---

[6] S.Dahmer S. 95

[7] Alle Universitätsbibliotheken bieten zu Beginn des Semesters Führungen an.

[8] Hilfen dazu s. u. S. 298f. und im Internet s.u. 315ff.

[9] S.u.S. 299f.

[10] S.o.S. 99ff.

[11] S.o.S. 60ff.

[12] S.u.S. 301ff.

[13] S. dazu Süssmuth S. 19.

[14] S. u. S. 309f.

Im Grundstudium[15] sollte die volle Energie auf das Proseminar gerichtet werden. Hier entscheidet sich, ob ein sicheres Fundament für das weitere Studium erworben wird.

Die Übung

Übungen sind einerseits das, was ihr Name sagt, andererseits erschließen sie zuweilen entlegenere Wissensbereiche meist über intensive Quellenarbeit und sind offen für Studierende aller Semester. Selbst bei vierstündigen Proseminaren reicht die Zeit nicht aus, um verstärkt mit bestimmten Quellengattungen zu arbeiten. In lockerer Form bieten Übungen Gelegenheit, das im Proseminar erworbene Wissen zu vertiefen bzw. an einem anderen Gegenstand zu üben. Außerdem gelingen hier Diskussionen leichter. Sie können dazu beitragen, dem Schüchternen oder der Ängstlichen Selbstvertrauen durch die Artikulation eigener Gedanken zu vermitteln.

In der Regel sind Übungen nur für Magisterstudiengänge verpflichtend. Aber auch angehende Lehrer/innen sollten Übungen besuchen, da hier Stoff geboten wird, mit dem sie Projekttage bestreiten oder Unterricht anschaulich machen können.

Das Kolloquium

Kolloquien haben meist ein höheres Anspruchsniveau bzw. verlangen als Voraussetzung mindestens die Kenntnisse des Grundstudiums. Hier ist das Forum, wo z.B. der Hochschullehrer aus seinem Forschungsbereich vorträgt, die Dozentin Projekte vorstellt oder Doktoranden/innen aus ihren Arbeiten berichten. Sie dienen zuweilen auch dazu, neueste Literatur zu bestimmten Forschungsgebieten vorzustellen und zu diskutieren.

Zuweilen werden in diesem Rahmen Hochschullehrer/innen zu Vorträgen eingeladen. Soweit sich die Einladung an die Hochschulöffentlichkeit richtet, sollten auch Anfänger/innen sich angesprochen fühlen. Bei späterer Lektüre weckt die persönliche Kenntnis des Wissenschaftlers eine wesentlich größere Motivation. Darüber hinaus lernt man andere Forschungspositionen, andere Vorgehensweisen kennen und kann ggf. Kontakt aufnehmen, wenn man einen Studienortswechsel plant.

Haupt- bzw. Oberseminare

Diese Veranstaltungsart kann erst nach dem Grundstudium und abgeschlossener Zwischenprüfung besucht werden. Ziel ist es, ein bestimmtes Thema vertieft mit Hilfe aller zur Verfügung stehenden Quellen zu untersuchen, vorzustellen und gemeinsam zu diskutieren. Hier wird das im Grundstudium erworbene Wissen in Form

[15] Das sind in der Regel die ersten vier Semester. Die das Grundstudium abschließende Zwischenprüfung wird an den verschiedenen Universitäten entweder studienbegleitend oder punktuell abgenommen. Das Hauptstudium beginnt nach der Zwischenprüfung.

einer wissenschaftlichen Arbeit (Referat oder Hausarbeit) angewandt. Das Anspruchsniveau solcher Arbeiten reicht von einem einfachen Referieren von Literatur bis zu eigenen kleineren Forschungsarbeiten. Letzteres ist für Studierende wichtig, da das Selbstentdecken eine eigene Faszination besitzt, die anderer didaktischer Hilfen nicht bedarf. Mit dem notwendigen Vertrauen des/der Dozenten/in in die Fähigkeiten der Lernenden, wachsen diese oft über sich selbst hinaus. Anders gesagt, eine leichte Überforderung läßt die Kräfte wachsen.

Die Exkursion

Exkursionen sollen in allen Bereichen der Geschichtswissenschaft der Anschaulichkeit dienen, gleichgültig ob das Ziel ein Museum, eine Ausstellung, eine Ausgrabung oder ein Archiv ist. Zugleich bieten sie eine gute Gelegenheit für alle Teilnehmer/innen, sich besser kennenzulernen.

Mit Ausnahme der Vorlesungen gilt generell für alle Veranstaltungsformen, daß die Qualität vom Engagement aller Beteiligten abhängt. Vielfach fehlt es allerdings am rechtzeitigen gegenseitigen Feedback, um Unstimmigkeiten auszuräumen. Eine kleine Evaluation etwa in der Mitte des Semesters kann da Abhilfe schaffen.

2. Arbeitstechniken

„Das Selbstverständliche zu thematisieren (und zu kanonisieren), ist gewiß ein Wagnis: Viele werden vieles vermissen.“[16] Die Frage ist nur, für wen Lernstrategien und wissenschaftliche Arbeitstechniken selbstverständlich sind. Für den/die Studienanfänger/in mit Sicherheit nicht. Die Erfahrung lehrt, daß sogar Examenskandidaten/innen – meist mit mehr Einsicht in die Notwendigkeit – dankbar für entsprechende Hinweise sind. Dabei soll nicht einer Verschulung das Wort geredet werden; letztlich wird jede(r) einzelne den eigenen Arbeitsstil entwickeln. Deshalb sind die folgenden Ausführungen nur als Möglichkeiten bzw. Vorschläge zu verstehen.

2.1 Verarbeitung des passiven Wissensbestandes

Jedes historische Arbeitsgebiet von der Antike bis zur Neueren Geschichte ist spannend, wenn man über die für den Einstieg nötigen Grundkenntnisse verfügt. Um sich in ein neues Wissensgebiet einzuarbeiten, bedarf es eigentlich nur eines Anfangsimpulses. In

[16] Burschel S. 11.

der Neueren Geschichte sind von vornherein mehr Grundkenntnisse vorhanden, so daß der Einstieg leichter ist.[17] In der Alten und Mittelalterlichen Geschichte muß in der Regel erst ein Anfangsimpuls gegeben werden. Verschiedene Wege sind denkbar:

1. Althistorischen Dozenten/innen sollte es gelingen, deutlich zu machen, weshalb man sich mit der Antike beschäftigen muß oder soll,[18] im Zweifelsfalle auch für welche Berufsfelder althistorische Kenntnisse nützlich sind.[19] Umgekehrt haben die Studierenden das Recht darauf, solche Informationen zu erhalten. Bei der notwendigen Offenheit kann ein solcher Dialog zu einem sehr fruchtbaren Reflexionsprozeß über das Fach selbst führen.
2. Von großer Bedeutung ist die Einsicht der Studierenden in größere Zusammenhänge, um auf diesem Wege Detailprobleme zugänglicher zu machen. „Einsichtiges Lernen heißt leichter lernen, schneller lernen und länger behalten. Einsichtiges Lernen spornt Sie an, weiterzulernen."[20] Dies gilt neben den thematischen Zusammenhängen vor allem für die Hilfswissenschaften, gegen die sich viele Anfänger/innen sperren. Es muß gelingen, erkennbar zu machen, was sie alles leisten können.
3. Zukünftige Althistoriker/innen sollten die Not zur Tugend machen. Die z.T. schwierige Quellensituation zwingt zur intensiven Auswertung allen zugänglichen Quellenmaterials. Zur Ergänzung der schriftlichen Quellen müssen auch die gegenständlichen herangezogen werden, was in jedem Fall zu großer Anschaulichkeit führt.
4. Die Alte Geschichte ist ein „methodisches Exerzier- und Studienfeld"[21] für das Gesamtfach, da die z.T. spröden Quellen zu optimaler Analyse zwingen. Allerdings sollten Anleitungen zum Transfer dieser Fähigkeiten genutzt werden.

Die Studierenden können also gerade in der Alten Geschichte hervorragend lernen, sich in ein ihnen fremdes Wissensgebiet mit Hilfe der Quellen und unter Berücksichtigung der Literatur effektiv einzuarbeiten.

---

17 Sehr häufig hört man in der Anfängerberatung, daß das Hauptinteresse in der Neueren Geschichte läge. Diese Einstellung ändert sich nicht selten während des Studiums.

18 S. oben S. 21ff.

19 Grundsätzlich kann ich Schullers Überlegungen zum nicht zu erzwingenden Interesse S. 11f. nur zustimmen, allerdings denke ich, daß es doch motivierende Argumente gibt.

20 Dahmer S. 55.

21 Christian Meier in Nippel S. 333.

Da die beste Motivation durch Interesse und Freude an der Sache gegeben ist, empfiehlt es sich, im gesteckten Rahmen das Thema für eine Arbeit selbst auszuwählen. Eine eigene Wahl setzt aber zumindest einen groben Überblick über die zur Diskussion stehende Epoche voraus. Man muß wissen, was man wissen will.

Einlesen in ein Thema

Das grobe **Einlesen in ein Thema** erfolgt über zusammenfassende Darstellungen (Handbücher, Studienbücher) und über Lexika. Meistens werden entsprechende Literaturhinweise schon bei der Ankündigung der Veranstaltung vorgegeben.

Ziel eines ersten Überblicks ist es:

- den Zeitrahmen des Themas grob mit Fakten zu füllen (eine Zeittafel zu erstellen),
- zu erkennen, welche Fragestellungen bestehen, bei welchen Thementeilen Forschungskontroversen auftauchen (ggf. in einer Grafik verdeutlichen),
- die wichtigsten Quellen zusammenzustellen,
- eigene Ideen und offene Fragen festzuhalten,
- Arbeitshypothesen zu bilden.

Bibliographieren

Der nächste Schritt ist das **Bibliographieren,** d.h. für das gewählte Thema einschlägige Literatur zu suchen. Selten stehen abgeschlossene oder laufende[22] Bibliographien zur Verfügung oder sie sind so speziell, daß sie in ihrer Fülle nur bedingt hilfreich sind. Günstig sind Dissertationen oder Habilitationsschriften in der Nähe des eigenen Themas, da sie in der Regel um Vollständigkeit bemüht sind. Schlagwortkataloge der wissenschaftlichen Bibliotheken und das Suchen in einschlägigen Bibliothekskatalogen über das Internet sind ebenfalls empfehlenswert.[23] Darüber hinaus steht den Altertumswissenschaften der ‚Marouzeau' zur Verfügung, eine Bibliographie, die alle Bücher und Zeitschriftenaufsätze seit 1928 jahrweise verzeichnet. Um ganz aktuell zu sein, empfiehlt es sich, die CD-Rom der Zeitschrift ‚Gnomon' zu benutzen. Man sollte bei der Titelaufnahme immer die vollen bibliographischen Angaben (Vor- und Zuname des Autors, Titel, Erscheinungsort, Auflage und Jahr) notieren. Nichts ist beim Erstellen der Literaturliste lästiger als fehlende Angaben dieser Art.

Wissenschaftliches Lesen heißt nicht, jedes Buch Wort für Wort zu lesen. Über das Inhaltsverzeichnis und die Zusammenfassungen am Ende eines Kapitels ist schnell erkennbar, ob die Lektüre für

[22] ‚Abgeschlossen' heißt Literatur in einem festen zeitlichen Berichtsrahmen, ‚laufend' Literaturberichte, die periodisch z.B. in Fachzeitschriften erweitert werden.

[23] S.u. S. 315ff.

die eigene Arbeit nutzbar zu machen ist.[24] Auch ein Register, über das fast alle wissenschaftlichen Publikationen verfügen, kann gezielt für die eigene Fragestellung ausgewertet werden. Selektiv lesen spart Zeit, schafft Raum für wichtige Lektüre und bewahrt dadurch vor unnötigem Frust.

Wissenschaftliches Lesen impliziert aber auch die gedankliche Auseinandersetzung mit zentralen Texten. Es macht wenig Sinn, historische Stoffe ins ‚Hirn zu drücken' wie Vokabeln. Aktive Lektüre macht ständiges Fragen oder Wundern erforderlich, etwa nach folgender Art:

- Überzeugt mich die Argumentation?
- Ist der geschilderte Vorgang auf dem Hintergrund meiner Erfahrung logisch?
- Kann ich mir das Geschilderte vorstellen?
- Warum übergeht der Autor/die Autorin diese oder jene Quelleninformation, wissenschaftliche Argumentation oder Frage?

Exzerpieren

Beim Einlesen in die Literatur für ein Referat oder eine Hausarbeit, aber auch zur Vorbereitung für eine Prüfung kommt es darauf an, das Wissen jederzeit verfügbar zu machen. Die Möglichkeit, schnell und billig ganze Texte zu kopieren, verführt dazu, riesige Textmengen anzusammeln, mit denen man nach einiger Zeit, selbst wenn mit Unterstreichungen gearbeitet wurde, nichts mehr anfangen kann. Wird statt dessen **exzerpiert**, besteht der Zwang, sich kurz zu fassen, d.h. schon beim Lesen den Stoff nach Wichtigem und Unwichtigem zu strukturieren. Mit dem schließlich notierten Begriff wird ein Code geschaffen, der weitere Informationen im Gedächtnis verankert und wieder abrufbar macht.

Zum Einarbeiten können eine Monographie oder auch zwei als Basis für ein Grundlagenexzerpt dienen. Die weitere Literatur wird danach eingearbeitet, indem man am (möglichst breiten) Rand des Exzerpts lediglich Autor, Seitenzahl und abweichende Meinung notiert.

---

[24] Opgenoorth S. 249: „Die Kunst des ‚diagonalen' Lesens muß sich jeder geistig arbeitende Mensch irgendwann aneignen, wenn er nicht in bedrucktem Papier ertrinken will."

[25] 1978 stellte ich (Günther S. 30) in diesem Zusammenhang fest: „Der historische Erkenntnisprozeß scheint zunächst ein Buch mit sieben Siegeln. Einerseits kommen die Studenten mit einer recht festgelegten Erwartungshaltung an die Universität, andererseits sind sie in ihrem ehemaligen Geschichtsunterricht vielfach nur mit Ergebnissen konfrontiert worden, ohne diese jemals in Frage gestellt zu haben. Die Erfahrung, daß Quellen und sogar Literatur einander widersprechen können, daß historische Tatsachen nicht gesichert sind, sondern nur gelten, ist vielen neu." Daran hat sich trotz mehrerer neuer Curricula bis heute nicht viel geändert.

Für Anfänger/innen hat eine solche Arbeitsweise den Vorteil, daß die von der Schule häufig mitgebrachte Buchstabengläubigkeit[25] sehr früh relativiert wird. Die Argumentations- bzw. Meinungsvarianten zeigen deutlich, wie unterschiedlich historische Phänomene bewertet werden. Hilfreich ist es, auch noch die Quellenbasis des jeweiligen Autors zu notieren.[26]

Das Resultat einer solchen Arbeitsweise ist ein vergleichsweise kurzer Text, der auf knappstem Raum Quellen, Faktenwissen und Forschungspositionen auf einen Blick vereint.

Vergleichbar effektiv ist die Anlage von **Karteikarten.** Die Strukturierung der Stoffmengen erfolgt über die Wahl des Lemmas (Stichwort), das ebenfalls Codefunktion gewinnt. Der intellektuelle Prozeß ist dem des Exzerpierens vergleichbar. Karteikarten sind im Kontext anderer Themen variabler einsetzbar als Exzerpte.[27]

Die beschriebenen Arbeitsvorgänge verlangen höchste Konzentration[28], weil die Begrenzung auf das Wesentliche ein stark selektierender und ordnender Prozeß ist. In der Konsequenz heißt dies, daß volle Konzentration nur für einen begrenzten Zeitrahmen aufgebracht werden kann. Gerade Anfänger/innen sollten sich nicht all zu sehr überfordern und rechtzeitig die nötigen Pausen machen. Die Zeitspanne einer solchen Arbeitsphase unterliegt individuellen Gegebenheiten, aber als Faustregel kann man von drei Stunden ausgehen.

Verankerung des Wissens

Um nun das notierte und gespeicherte Wissen im Langzeitgedächtnis zu verankern, bieten sich drei Möglichkeiten:

1. die laute, d.h. verbalisierte Wiederholung
2. jemandem das Wissen vorzutragen, wobei der/die Betreffende durchaus Laie sein kann. Beides erlaubt neben dem Memoriereffekt zu kontrollieren, ob die Sachverhalte verstanden wurden.
3. Diskussionen in Arbeitsgruppen. Solche kooperativen Arbeitsformen sollten nicht als Zeitverschwendung gewertet werden. Zuweilen ist es – vor allem in Examenszeiten – sehr hilfreich, sich dem Gruppendruck zu unterwerfen und dadurch die eigene Trägheit zu überwinden.

Dem Umgang mit auftauchenden Fragen sollte höchste Aufmerksamkeit geschenkt werden. Notieren Sie sich alle bei der Lektüre auftauchenden Unklarheiten. Schlagen Sie sie in einschlägigen

---

26 Am besten setzt man Literatur und Quellen farblich voneinander ab.

27 Diese Arbeitsvorgänge (bibliographieren, exzerpieren, Karteikarten anlegen) sind auch elektronisch möglich. S. dazu Kammer S. 9-23.

28 Dazu Dahmer S. 23.

Fachlexika[29] nach, wobei zuweilen etwas Phantasie entwickelt werden muß, um fündig zu werden. Scheuen Sie sich nicht, ungeklärte Fragen in der Lehrveranstaltung vorzutragen oder in der Sprechstunde des/r Lehrveranstalters/in zu klären. Fragen haben mit Denken und nicht mit Unkenntnis zu tun. Sie zu unterdrücken, heißt, sich selbst zu behindern.

Bei fortgeschrittenem Studium entstehen häufig während des Lesens andere gedankliche Bezüge oder Querverbindungen. Studierende schenken solchen Ideen oft, aus einer Unterschätzung der eigenen Person heraus, keine Beachtung. Werden sie indessen genauer verfolgt und in Diskussionen vorgetragen, ergeben sich oft sehr bereichernde Gedankengänge. Nichts ist motivierender, als andere mit eigenen Argumenten bereichert zu haben.

Zusammenfassend sei noch einmal festgestellt: Die Verarbeitung des passiven Wissensbestandes kann erst dann als erfolgreich gelten, wenn jederzeit darauf Zugriff besteht und er mit Leichtigkeit in aktives Wissen überführt werden kann.

2.2 Aktive Wissensvermittlung

Unter aktiver Wissensvermittlung verstehe ich alle Formen der Wiedergabe erworbenen Wissens, sowohl in der Universität als auch im Beruf. Dazu gehören:

Universität	*Beruf*
Referate	Reden, Vorträge
Protokolle	Protokolle
Quellen- und Thesenpapiere	Abstracts, Projektentwürfe, Tafelbilder
Buchbesprechungen	Rezensionen, Literaturberichte
Hausarbeiten	Aufsätze, Bücher
	Essays
	Unterrichtseinheiten
Prüfungen	Kolloquien, Führungen
	Lehrproben

Bei allen genannten Formen muß an oberster Stelle die Frage nach dem Adressaten stehen. Im Beruf ist die Zielgruppe meist klar analysierbar, anders dagegen in der Universität. Alle schriftlichen Formen richten sich an die Notengeber/innen, alle anderen realiter auch, idealiter an die Kommilitonen/innen. Verräterisch ist dabei

[29] S. u. S. 336.

der mit den Dozenten gesuchte Blickkontakt. Bemühen Sie sich also, Ihre Kommilitonen/innen anzuschauen und anzusprechen.[30]

An zweite Stelle tritt der Aufbau der mündlichen oder schriftlichen Arbeit in der Form einer detaillierten Gliederung oder einer geordneten Stoffsammlung. Dieser Arbeitsvorgang ist wichtig,

> „da eine sorgfältig durchdachte und ausgearbeitete Gliederung den Grad der geistigen Durchdringung eines komplexen Themenbereichs anzeigt.„[31]

Das Referat

2.2.1 Das Referat

Das Referat ist grundsätzlich eine mündliche Darbietungsform, d.h. Sie sollten eine Schreibsprache vermeiden. Bei ausformuliertem Text besteht immer die Gefahr, den Schreibstil beizubehalten und damit die Zuhörer zu überfordern oder zu langweilen. Freies Sprechen mit entsprechenden Hilfen (Folien, Dias, Stichwörter) macht den Vortrag lebendiger und den Hörern/innen zugewandter. Außerdem kann sehr viel besser Blickkontakt aufgenommen werden. Konzentrieren Sie sich auf Ihre Leithilfen, denn durch erklärende Nebenbemerkungen gerät das frei vorgetragene Referat leicht zeitlich aus den Fugen. Bemühen Sie sich im Interesse aller, den vorgegebenen Zeitrahmen einzuhalten, auch auf die Gefahr hin, den einen oder anderen Aspekt weglassen zu müssen.[32] Meist kann in der Diskussion manches nachgetragen werden. Klarheit und Kürze eines Referats und seiner beruflichen Nebenformen sind ausgesprochene Tugenden, zu denen vor allem noch die Anschaulichkeit tritt.

Der Einsatz von *Folien* hat große Vorteile:

- Folien lassen sich gut vorbereiten.[33]
- Sie helfen, auch ohne Manuskript alle Gesichtspunkte geordnet vorzutragen und nichts zu vergessen.

---

30 Wünschenswert ist eine klare Kritik des /der Dozenten/in mit Darlegung der Bewertungskriterien, sonst erzielen die Studierenden keinen Lernerfolg. In der Praxis unterbleibt dies meist aus falsch verstandener Rücksichtnahme. Bei richtig verstandener Kritik kommt zum Tadeln auch das Loben.

31 Kammer S. 25. Änderungen in der Hierarchisierung und Umstellungen werden durch die Arbeit am PC erheblich erleichtert.

32 Wenn in Seminaren dauerhaft die Zeit überzogen wird, sollte sich der/die Leiter/in in der Art der Bewertung überprüfen. Meist wird dann nämlich Vollständigkeit statt die Kunst des Weglassens honoriert.

33 Jede Universität verfügt über Kopierer, auf denen Sie auch Folien in Schwarz/Weiß kopieren können. Für Farbkopien stehen Copyshops in ausreichender Menge in der Umgebung der Universität zur Verfügung.

- Ihre Hörer/innen gewinnen eine klare Vorstellung vom Ablauf des Referats, wenn Sie Thema und Aufbau (Gliederung) vorstellen, bzw. bei Zwischenbilanzen darauf verweisen, wo Sie sind.
- Sie fokussieren mit Hilfe der Folie die Zuhörer/innen auf sich bzw. auf das gemeinsam Betrachtete.
- Durch Zeigen stellen Sie sicher, daß alle das Gewünschte sehen.

Je nach Thema können auch Dias in entsprechender Weise eingesetzt werden und deren Auswahl den Vortragsverlauf vorgeben. Mit Dias gewinnen Sie ein hohes Maß an Anschaulichkeit. Trotzdem sollten Sie mit diesem Medium sparsam bzw. mit Unterbrechungen arbeiten. Die Gefahr in einem verdunkelten Raum die Aufmerksamkeit Ihrer Hörer zu verlieren, ist groß.

Da mittlerweile jeder Hörsaal über einen Overheadprojektor verfügt, ist der Aufwand nicht zu groß, mit Folien und Dias den Vortrag zu begleiten.

Wollen Sie im Laufe des Referats Gedankengänge entwickeln, ist ein Tafelanschrieb oder eine adhoc beschriftete Folie sehr gut geeignet. Vermeiden Sie gleichzeitig zu schreiben und zu reden, weil Sie während des Schreibens von ihren Hörern/innen abgewandt sind.

Quellen und Thesenpapier

Quellen- und Thesenpapiere mit kurzer Einleitung ins Thema und mit Literaturangaben dienen primär der Vorbereitung Ihrer Kommilitonen auf die Seminarsitzung.

Zitierregeln

In jedem Fachbereich haben sich gewisse *Zitierregeln* herausgebildet, die Sie unbedingt beachten sollten. Sinn solcher Regeln ist es, die genannte Literatur auffindbar zu machen, ggf. den Forschungsstand und die Forschungsrichtung zu erkennen. Standard bei selbständigen Publikationen ist die Nennung von:

Autor (en), Titel, Erscheinungsort, Erscheinungsjahr. Bei mehr als einer Auflage tritt die Angabe der Auflage hinzu, entweder ausgeführt oder mit hochgestellter Auflagenzahl vor dem Erscheinungsjahr. Beispiel: Karl Christ, Antike Numismatik, Einführung und Bibliographie, 3. Auflage Darmstadt 1991; K. Christ, Antike Numismatik, Einführung und Bibliographie, Darmstadt ^{3}1991. Da das Jahr klärt, wie alt der Forschungsstand ist, müssen Sie wissen, wann die erste Auflage erschien bzw. ob die Auflage unverändert ist. Diese Informationen entnehmen Sie dem Impressum auf der Rückseite des Titelblattes. Hier ist ebenfalls erkennbar, ob es sich um einen unveränderten Nachdruck handelt. Beispiel:

J. Marquardt, Das Privatleben der Römer, 2 Bde., 2. Aufl. bes. von A.Mau, Leipzig 1886, ND Darmstadt 1964. Hat ein Buch mehrere Bände, muß die Bandzahl angegeben werden. Achten Sie dabei auf das Erscheinungsjahr der Bände, es könnte unterschiedlich sein.

Entscheiden Sie am Anfang Ihrer Arbeit an der Literaturliste, ob Sie die Vornamen ausschreiben oder nicht, bleiben Sie dann aber konsequent beim gewählten Prinzip.

Vorteil ausgeschriebener Vornamen: Kein Recherchieren für Bibliotheksbestellungen, Differenzierung von Männern oder Frauen. Nachteil: Manche abgekürzten Vornamen sind nur schwer aufzulösen.

Erscheint ein Buch in einer Reihe, wird die Reihe ggf. mit Bandnummer in Klammer hinter die Jahreszahl gestellt.

Hat ein Buch viele Autoren und eine(n) Herausgeber(in), wird er/sie wie ein Autor genannt, aber durch ein hinter den Namen in Klammer gestelltes Hg. oder Hrsg. gekennzeichnet. Beispiel: Kai Brodersen (Hrsg.), Antike Stätten am Mittelmeer, Stuttgart/Weimar 1999. Zitieren Sie einen bestimmten Artikel dieser Arbeit, wird direkt der/die Autor/in mit Seitenzahl zitiert: Katja Bär, Malta in: K.Brodersen (Hrsg.), Antike Stätten am Mittelmeer, Stuttgart/Weimar 1999, S. 199-201.

Nennen Sie einen Autor mehrmals in den Fußnoten, so genügt es nur den Autor und die Seitenzahl anzugeben. Legen Sie kein Literaturverzeichnis an (manchmal bei Aufsätzen), zitieren Sie bei der ersten Nennung das volle Werk, dann nur noch Name und Seitenzahl. In älteren Werken finden Sie Formeln wie z.B. a.a.O. (= am angegebenen Ort) oder vergleichbare Formeln. Sie sind unüblich geworden. Verwenden Sie mehrere Werke eines Autors, so haben Sie verschiedene Möglichkeiten der Kennzeichnung:

1. Name und ein Schlagwort aus dem Titel: Dahlheim Antike S. 25 oder Dahlheim, Antike S. 25.
2. Name und Erscheinungsjahr des gemeinten Werkes: Dahlheim (^{4}1995) S. 25.
3. Name und Anmerkungsziffer, in der das Werk zuerst zitiert wurde: Dahlheim (Anm. 27) S. 25.

Ich habe mich für die erste Variate entschieden. Am besten erkundigen Sie sich vor der schriftlichen Abfassung, ob bei dem jeweiligen Seminarleiter ein Informationsblatt für solche Formalia existiert.

Grundsätzlich soll wegen der Information an den Leser jede Veränderung an einem Buch erkennbar sein. Beispiel: Handbuch der (klassischen) Altertumswissenschaft, begründet von Iwan Müller, erweitert von Walter Otto, fortgeführt von Hermann Bengtson, München 1886ff.

Auch jeder Lexikonartikel hat eine(n) Autor(in), der/die genannt werden muß, wenn Sie einen bestimmten Artikel zitieren. Meist sind Autorennamen nur mit Siglen am Ende des Artikels gekennzeichnet. Beispiel der Artikel Münzwesen im Kleinen Pauly gekennzeichnet durch H.Ch. (Auflösung am Ende des Bandes): Heinrich Chantraine, „Münzwesen" Der Kleine Pauly Bd.3, Stuttgart 1969, Sp. 1447-1452.

Gehen Sie während Ihres Vortrags auf im Quellenpapier präsentierte Quellen ein, so kopieren Sie sie noch mal auf eine Folie. Achten Sie auf eine mit ihrem Quellenpapier übereinstimmende Numerierung.

Der Inhalt weiterer Folien richtet sich nach dem Gegenstand:

- Beim Vortrag eines historischen Verlaufs bieten Sie eine chronologische Übersicht.
- Um eine räumliche Orientierung zu gewinnen, verwenden Sie auf Folie kopierte Karten.[34]
- Mit Tabellen und Graphiken können sie komplexe Zusammenhänge und deren Strukturen sichtbar machen.
- Bei prosopographischen Verflechtungen erleichtern Stammtafeln das Verständnis.
- Sogar Bilder können Sie (auch farbig) auf Folie kopieren.

Zur Diskussion bieten Sie noch einmal Ihre Thesen oder sprechen offen gebliebene Fragen an. Thesen dürfen keine Feststellungen sein. Sie verstehen sich als Impuls für eine Diskussion und sollen deshalb auch provozieren.

Grundsätzlich unterscheiden sich Referate und Vorträge nicht wesentlich voneinander. Bei einem Laienpublikum werden rhetorische Mittel wie z.B. direkte Anrede, Fragen, Lacher, Gegenwartsbezüge stärker eingebaut, um den Vortrag lebendig zu machen. Überprüfen Sie sich auf Füllwörter oder ‚äh's'. Versuchen Sie sie durch langsames Sprechen zu vermeiden.

2.2.2 Das Protokoll

Das Protokoll

Das Protokoll soll den Verlauf einer Seminarsitzung in seinen Kernpunkten wiedergeben. Es soll folgende Aspekte enthalten:

- die geleistete Arbeit (Referat, Diskussion, Quellenanalyse etc.)
- die Nachreflexion zentraler Fragestellungen
- die Literaturbewertung
- die eigene Position

34 Das ist auch farbig möglich und kann eine Wandkarte ersetzen.

Verständigen Sie sich mit ihrem/r Seminarleiter/in, ob gegebenenfalls neue Gesichtspunkte mit eingearbeitet werden sollen.

2.2.3 Die Buchbesprechung

Die Buchbesprechung

Mit einer Buchbesprechung im Grundstudium soll das kritische Lesen wissenschaftlicher Literatur und die knappe, wertende Wiedergabe geübt werden. Die Rezension in einer wissenschaftlichen Zeitschrift dagegen will schnelle Information über Inhalt und Ertrag eines Buches im wissenschaftlichen Alltagsgeschäft bieten.

- Klären Sie zunächst für sich den durch den Titel evozierten Erwartungshintergrund.
- Schlagen Sie relevante Schlüsselbegriffe in einem Fachlexikon nach, informieren Sie sich mit Hilfe eines Handbuchs oder in einem ihrem Thema nahestehenden Werk.
- Informieren Sie sich über den Autor und versuchen Sie seinen Standort zu bestimmen (Ideologiekritik).
- Fragen Sie nach der Intention des Autors (Leithypothese[35]), der Darbietungsform und den Ergebnissen der historischen Analyse.
- Wie geht der Autor mit Fußnoten, Literaturverzeichnis und Register um?
- Untersuchen Sie die Quellenbasis des Buches und arbeiten Sie spezifische Interpretationsprobleme[36] heraus.
- Überzeugt Sie die Argumentation, erfüllt das Buch Ihre Erwartungen, wie liest sich das Buch (eigene Wertung).

Erst nach Klärung dieser Aspekte beginnen Sie mit dem Schreiben, wobei die genaue bibliographische Angabe selbstverständlich sein sollte.

2.2.4 Die Hausarbeit

Die Hausarbeit

Alle Anforderungen, die an einen wissenschaftlichen Aufsatz/ein Buch gestellt werden, müssen auch bei der eigenen schriftlichen Hausarbeit beachtet werden.

Adressat einer Hausarbeit ist der/die Seminarleiter/in. Deshalb klären Sie die jeweiligen Themenvorstellungen unbedingt in der

[35] Schmale S. 85f.

[36] Das kann zum Beispiel die Stichhaltigkeit der Quellen für die Hypothese sein.

Sprechstunde vorher ab. Wenn auf der Basis eines Thesenpapiers in der Seminarsitzung schon eine Diskussion stattgefunden hat, sollten Sie dort geäußerte Meinungen aufgreifen.

Klären Sie nach der Lesephase den Aufbau Ihrer Arbeit durch eine Gliederung. Diese kann im Laufe der Arbeit geändert werden, man sollte sie aber nie im Nachhinein anfertigen; es fehlen sonst Klimax im Aufbau und Stringenz in der Argumentation.

Die *Einleitung* der Arbeit hat eine festumrissene Funktion, nämlich die der Absicherung der Arbeit gegen mögliche Einwände. Legen Sie Ihre Auffassung vom Thema und ihre Vorgehensweise klar:

- Sie definieren die Schlüsselbegriffe Ihres Themas.[37] Durch präzise Definitionen gewinnen Sie nicht nur Klarheit für sich selbst, sondern meist schon die wichtigsten Aspekte Ihrer Argumentation im Hauptteil.
- Sie grenzen Ihr Thema räumlich und zeitlich ein.[38]
- Sie nennen die von Ihnen herangezogenen Quellen (chronologisch oder nach Aussagewert geordnet).
- Sie geben Ihre Basisliteratur an.[39]
- Sie erläutern kurz Ihr methodisches Vorgehen.

Im *Hauptteil* entwickeln Sie nun Ihr Thema in der geplanten Argumentationsabfolge. Niemand vermag sofort die druckreife Endfassung zu Papier zu bringen. Die mehrmalige Revision des Textes ist also ganz normal. Auch ihr ursprüngliches Konzept werden Sie voraussichtlich mehrfach ändern. Schreibhemmungen überwinden Sie am schnellsten durch Schreiben (auch wenn Ihnen der Text zunächst unsinnig erscheint) und nachträgliches Verbessern.

Wenn Sie am Computer arbeiten, machen Sie sich einen Ausdruck mit dreifachem Zeilenabstand. Sie haben dann mehr Raum für Korrekturen. Schreibfehler entdecken Sie oft erst im Ausdruck.

Vermeiden Sie als Historiker/in wertende Epitheta (Beiwörter). Auch ohne sie fließt noch genug Wertung ein. Da Sie mit Ihrem Text überzeugen wollen, vermeiden Sie einen zu saloppen Stil. Deutsche Wissenschaftler/innen[40] sind an eine gewisse sprachliche Distanziertheit gewöhnt und erwarten diese auch von ihren

---

[37] Z.B. Die Tätigkeit der Gracchen – *Reform* oder *Revolution*?

[38] Z.B. Räumliche Begrenzung auf Rom, zeitlich von 133-123 v.Chr.

[39] Bei einer größeren wissenschaftlichen Arbeit legen Sie den Forschungsstand dar.

[40] Im englischsprachigen Raum gibt es eine andere Tradition, die einen lockereren Stil, oft gepaart mit köstlicher Selbstironie zuläßt.

Schülern/innen. Bei aller Rücksichtnahme auf die spätere Benotung versuchen Sie Ihren eigenen Stil zu entwickeln. Eine Hausarbeit ist immer ein Stück Selbstdarstellung.

Im *Schluß*teil wird die durch das Thema gestellte Frage endgültig beantwortet. Dies kann mit einem Ausblick auf die weitere historische Entwicklung oder noch offene Forschungsfragen verbunden werden. Auch ein besonders treffendes Zitat kann den Schlußpunkt setzen.

Tragen Sie Ihre fertige Arbeit sich oder besser noch jemand anderem laut vor. Sie kontrollieren dadurch den Sprachfluß und entdecken leichter Ungereimtheiten. Fragen ihres Gegenübers sollten Sie immer auch im Text klären, Anregungen arbeiten Sie nur ein, wenn sie Ihnen einleuchten. Wichtig ist, daß Sie durch den Vortrag selbst Distanz zu Ihrem Text gewinnen, denn während der intensiven Vorbereitungsphase stellt sich zuweilen eine gewisse Betriebsblindheit ein.

Anmerkungen belegen oder kommentieren. In den Anmerkungsapparat gehört alles, was die Arbeit überprüfbar macht, d.h. „belegt werden Quellen, wörtliche und gedankliche Übernahmen aus der Literatur sowie Forschungspositionen und –kontroversen.“[41] Forschungsdiskussionen mit direktem Bezug zum Thema gehören in den Haupttext. Gedankengänge, die nicht direkt zum Thema gehören, die aber doch zur Kenntnis genommen werden sollen, haben in den Anmerkungen Platz.

Direkte Quellenzitate stützen die Argumentation. Auch unterschiedliche Quellenpositionen können so zum Abwägen vorgestellt werden. Zitate aus der Literatur bauen Sie dann ein, wenn Sie einen Sachverhalt nicht treffender ausdrücken könnten. Auch wenn Sie einem Autor vehement widersprechen, sollten Sie ihn zitieren, wobei Sie darauf achten müssen, das Zitat nicht zu verstümmeln.

Erst wenn die endgültige Korrektur abgeschlossen, das Quellen- und Literaturverzeichnis erstellt wurde und der letzte Ausdruck vorliegt, erarbeiten Sie das Inhaltsverzeichnis mit Seitenzahlen.

Trennen Sie das Quellen- und Literaturverzeichnis voneinander. Abbildungen, Tabellen und Dokumente können in den Text eingearbeitet oder als Anhang an den Schluß gesetzt werden.

Das Deckblatt gestalten Sie so:

---

[41] Burschel S. 19.

Fachbereich/Institut Universität Semester Dozent/in Art und Thema der Veranstaltung **Thema der schriftlichen Arbeit** Verfasser/in Adresse mit Telephon und e-mail Studienfächer und Fachsemesterzahl

2.2.5 Die Prüfungen

Die Prüfungen

Für die Vorbereitung von Prüfungen und die Prüfung selbst gilt grundsätzlich alles, was zum Umgang mit dem passiven und aktiven Wissen gesagt wurde.

Die *Wahl Ihrer Prüfungsthemen* richtet sich meist nach Themen, die Sie im Studium schon bearbeitet haben. Dadurch müssen Sie Ihre Kenntnisse lediglich wiederholen und auf den neuesten Stand bringen, Sie kennen den Grundbestand an Quellen und wissen, wo die Forschungsschwerpunkte liegen. Werden Sie von früheren Veranstaltungsleitern/innen geprüft, haben Sie schon eine Vorstellung von der individuellen Fragetechnik.

Machen Sie sich einen genauen Zeitplan für Ihre *Vorbereitung*, damit keines Ihrer Themen zu kurz kommt. Sparen Sie die letzte Woche vor der Prüfung aus, um Zeit für eine reine Wiederholungsphase zu gewinnen. Planen Sie auch Ihre Tageseinteilung und bedenken Sie, daß Sie Ihre Erholungspausen ebenso dringend brauchen wie Ihre Arbeitszeiten. Prüfungen sind zu einem nicht geringen Teil Nervensache, gehen Sie deshalb gut mit sich um.

Über die Anlage von Exzerpten bzw. Karteikarten wurde schon gesprochen.[42] Denken Sie daran, daß lautes Vortragen bzw. Sprechen Ihrer Inhalte Ihr Wissen im Langzeitgedächtnis verankert, zugleich üben sie das Formulieren. Sollten Sie Gelegenheit zur Teilnahme an einer Vorbereitungsgruppe haben, sollten Sie diese Chance nutzen.

Für die *Klausuren* legen Sie sich am besten in Wiederholungsphasen Gliederungen zu möglichen Themen an. Neben dem Übungseffekt gewinnen Sie gedankliche Versatzstücke, die Sie in der Klausur, wenn auch abgewandelt, zum Einsatz bringen können. Außerdem üben Sie Ihr Abstraktionsvermögen und gewinnen knappe Wiederholungstexte.

Der Aufbau einer Klausur folgt im wesentlichen dem Aufbau einer Hausarbeit, nur daß sie nun nicht nur die Inhalte, sondern auch alle ‚Hilfsmittel' im Kopf haben müssen.

Bei vier Zeitstunden ist folgende Zeiteinteilung empfehlenswert:

1.Stunde: Themenwahl und Erstellen einer Gliederung oder einer gegliederten Stoffsammlung, die recht ausführlich sein kann, um während des Schreibens keinen Gedankengang zu verlieren.[43] Lassen Sie sich viel Platz, um ggf. Nachträge einfügen zu können.

2.-3.Stunde: Schreiben der Klausur entlang der Gliederung in zügiger Weise. Grübeln Sie nicht über die beste Formulierung, diese Zeit haben Sie nicht.

4.Stunde: Sorgfältig durchlesen, korrigieren, Ergänzungen einfügen.[44]

Sollten Sie in Zeitnot geraten, kürzen Sie in Gebieten des Hauptteils.[45] Schreiben Sie unbedingt Ihren Schluß. Ihre Klausur gilt dann allenfalls als unausgewogen, aber Sie sind fertig geworden.

Für die *mündliche Prüfung* müssen Sie Folgendes wissen:

- Soweit Ihnen nur eine Stunde[46] für drei Fachbereiche zur Verfügung steht, ist die Zeit sehr kurz und wird im Flug vorbeigehen. Sie müssen lediglich einen guten Einstieg finden.
- Grübeln Sie nicht über unklar gestellte Fragen nach, sondern fragen Sie sofort zurück.

---

42 S.o. S. 299f.

43 Die wichtigste gedankliche Arbeit muß in der Anfangsphase, solange man noch frisch ist, erfolgen.

44 Realiter werden Sie auch die vierte Stunde zum Schreiben benötigen. Versuchen Sie dann wenigstens 10 Minuten vor Schluß einen Korrekturgang zu ermöglichen.

45 Mit Hilfe der Gliederung können Sie gut beurteilen, wo Kürzungen am problemlosesten möglich sind.

46 Dies gilt so für Baden-Württemberg.

- Wenn Sie zurückfragen, tun Sie es wissend.[47]
- Prüfer wandeln zuweilen, um hilfreich zu sein, Ihre Fragen ab. Lassen Sie sich durch ‚Hilfen' Ihres Prüfers nicht irritieren, beantworten Sie dann im Zweifelsfall die Fragen nacheinander.
- Gehen Sie grundsätzlich vom Wohlwollen Ihrer Prüfer aus. Ihr Erfolg ist auch der Erfolg Ihrer Lehrenden.

2.3 Computer und Internet

Dank des Computers ist die Form von Manuskripten jeder Art in den letzten Jahren außerordentlich optimiert worden. Damit wurden in gewisser Weise Standards gesetzt, hinter denen man kaum zurückbleiben kann. Da jede Universität inzwischen über sogenannte CIP-Pools verfügt, vermögen auch die Studierenden, die über keinen eigenen PC verfügen, dieses Medium zu benutzen.

Dennoch sollte schon früh eine Anschaffung ins Auge gefaßt werden, um sich so die notwendigen Grundkenntnisse anzueignen. Je früher Sie beginnen, mit dem Medium Computer zu arbeiten, um so sicherer beherrschen Sie es bei Ihrer Abschlußarbeit und in Ihrem Beruf. Die Anschaffung eines PC's ist inzwischen auch für Studierende erschwinglich und lohnt sich nicht zuletzt aus den im folgenden darzulegenden Gründen. Lassen Sie sich bei der Anschaffung beraten, damit die Ausstattung Ihrer Soft- und Hardware für wachsende Bedürfnisse in jedem Fall ausreicht.[48]

Die schöne Form[49] darf allerdings nicht darüber hinwegtäuschen, daß es primär auf den Inhalt der Arbeit ankommt. Der PC ist nur ein Hilfsmittel. Er nimmt den Autoren/innen eines Manuskripts nicht die intellektuelle Leistung ab. Das zeitliche und geistige Potential sollten schwerpunktmäßig immer noch für den Inhalt einer Arbeit aufgebracht werden. Deshalb und weil für die Arbeit mit dem Computer und den Einsatz des Internets vertiefende Einführungen in guter Qualität[50] vorliegen, begrenze ich mich auf wenige, eher grundsätzliche Hinweise.

---

[47] Meinen Sie mit Ihrer Frage das xy oder das sz?

[48] S. Kaufmann/Tiedemann S. 5f. Für die Anschaffung sind prinzipiell die eigenen Bedürfnisse entscheidend. Allerdings sollte auf eine gewisse Mindestausstattung, was den Arbeitsspeicher, den Prozessor und die Grafikkarte anbelangt, geachtet werden. Bedenken Sie auch, daß Sie viele Stunden an Ihrem PC verbringen werden. Achten Sie also auf einen strahlungsarmen und augenfreundlichen Monitor.

[49] Die schöne Form schließt auch die zahlreichen Schreibfehler nicht aus, deren Häufigkeit in der Tendenz zunimmt.

[50] Hier vor allem Manfred Kammer, Wissenschaftliches Arbeiten mit dem PC, Stuttgart, Weimar1997 (Sammlung Metzler 300) (zwar germanistisch orientiert,

Über das Bibliographieren, Materialsammlung anlegen und Manuskripte erstellen wurde oben schon gesprochen.[51] Der große Vorteil, wenn diese Arbeitsvorgänge elektronisch erfolgen, liegt vor allem in der Flexibilität und den leichten Revisionsmöglichkeiten gegenüber jeder Schreibmaschine. Alle Arten von Korrekturen, z.B. das Umstellen von Textteilen, nachträgliches Einfügen von Anmerkungen u.a.m. läßt sich mit dem PC mühelos vollziehen, vorausgesetzt die Eingabe war konsequent und der Logik des Rechners angepaßt.[52] Den Umgang mit dem PC zu erlernen, ist in der Anfangsphase zeitaufwendig[53], die spätere Zeitersparnis steht aber in jedem Fall dafür. Bedenken Sie, daß Hausarbeiten einen Umfang von rund 30 Seiten haben, eine Examensarbeit 80 Seiten und mehr umfaßt.

Ein weiterer Vorteil liegt in der Minimierung von Fehlerquellen; sie können ein Rechtschreibprogramm einsetzen; Sie können Literatur aus einer angelegten Datenbank fehlerfrei in Ihr Literaturverzeichnis übernehmen, Sie können mühelos falsch geschriebene Begriffe ersetzen u.a.m.

Eine immer zu beachtende Grundregel ist das Abspeichern. Bei längeren Manuskripten sollten Sie auch während des Schreibens immer wieder speichern. Vergessen Sie nicht, ihre Datei auf eine oder mehrere Diskette zu übertragen, falls je Ihre Festplatte Schaden nimmt.

Haben Sie keine Angst vor dem PC, falls Sie nicht schon zu Studienbeginn damit vertraut sind. Sowohl die Fachbereiche als auch das Rechenzentrum Ihrer Universität bieten Einführungskurse an. Je früher Sie mit dem Medium Computer zu arbeiten beginnen, um so sicherer beherrschen Sie es bei Ihrer Abschlußarbeit und später in Ihrem Beruf.

2.3.1 Gestaltung eines Manuskriptes

Gestaltung eines Manuskriptes

Wenn die Vorteile des elektronischen Hilfsmittels voll genutzt werden sollen, muß man sich schon im Vorfeld der Eingabe konsequent der angebotenen Funktionen bedienen. Eine z.B. Gliede-

---

aber leicht umsetzbar); Dieter Kaufmann, Paul Tiedemann, Internet für Althistoriker und Altphilologen. Eine praxisorientierte Einführung, Darmstadt 1999.

51 S. S. 298ff.

52 Z.B. den Einsatz von Tabstops nicht wahlweise durch Leerstellen ersetzen oder Numerierungen grundsätzlich automatisch durchführen; sonst kann der Rechner auf Korrekturen nicht reagieren.

53 Viel Zeitaufwand bedarf anfangs auch die Suche nach gemachten Fehlern, lassen Sie sich dabei von Erfahreneren helfen.

rung kann mühelos manuell vor die Texte gestellt werden. Dann schließt sich jedoch jede automatische Änderung oder die Erstellung des Inhaltsverzeichnisses aus bzw. ist mit viel Aufwand nur manuell möglich. Ähnliches gilt für Fußnoten.

Auf ein detailliertes Eingehen auf softwareabhängige Hinweise wird verzichtet, da hier die Veränderungen sehr schnell erfolgen.

Zum drucktechnische Erscheinungsbild seien nur einige wenige Bemerkungen gemacht: Im Gegensatz zur Schreibmaschine wird der Text immer fortgeschrieben, es sei denn, man wünscht einen Absatz. Für die Textgestaltung werden zwei Gruppen von Formatierungen unterschieden:

- Zeichenformatierung
- Absatzformatierung

Zu den Zeichenformaten gehören Schriftart und Schriftgröße als wichtigste Gestaltungselemente, wobei sich für ein Referatmanuskript „Times New Roman" in 12 pt am stärksten durchgesetzt hat. Bedenken Sie, falls Ihnen Seitenvorgaben gemacht wurden, daß bei gleicher Schriftgröße je nach Art der Schrift Differenzen im Umfang von bis zu 15% auftreten können.

Markieren Sie den zu formatierenden Text und klicken Sie den Pfeil auf der Menüleiste bei Schriftart an. Die Schriftarten werden alphabetisch aufgelistet und Sie können wählen, indem Sie die gewünschte Bezeichnung anklicken. Entsprechend gehen Sie nun mit dem Cursor zum Pfeil der Schriftgrößen rechts daneben. Für den Haupttext wählt man üblicherweise 12 pt, für Fußnoten 10 pt.

Weitere Optionen der Zeichenformatierung, die auch auf der Menüleiste zur Verfügung stehen, sind:

F = fett, *K = kursiv, <u>U = unterstrichen.</u>* Dies sind alles Mittel der Hervorhebung. Alle anderen Optionen erreichen Sie, wenn Sie „Format/Zeichen" anklicken, z.B. verschiedene Arten von Unterstreichungen, hochgestellt[54], tiefgestellt, Kapitälchen, Großbuchstaben u.a.m.

Für das Erscheinungsbild zentral ist die Regelung des Zeilenabstandes über „Format/Absatz". Als Norm hat sich für den Haupttext 1 1/2-zeilig (18 pt) bei einer Zwölfpunkteschrift herausgebildet, für Zitate bzw. Fußnoten dagegen Einzeiligkeit.[55] Die Menüleiste bietet Ihnen verschiedene Wahlmöglichkeiten für den Satz: linksbündig, zentriert, rechtsbündig, Blocksatz. Von diesen Optionen sind für das normale Manuskript nur die linksbündige Schreibweise oder der Blocksatz sinnvoll. Letzterer sieht zwar auf den ersten Blick ordentlicher aus, hat sich aber als leseunfreundli-

---

[54] Z.B. für die Angabe der Auflage bei einem Buchtitel.

[55] S. ausführlicher Kammer S. 38

cher erwiesen. Bei beiden Optionen sollten Sie die Trennhilfe[56] (Befehl „Extras/Silbentrennung“) verwenden. Bei linksbündiger Schreibweise wird sonst der sogenannte Flattersatz zu extrem, bei Blocksatz zieht es die Wörter zu weit auseinander.

Ebenfalls mit Absatzformat werden die jeweiligen Abstände von den Rändern geregelt. Da eine DIN A 4-Seite schon standardmäßig eingerichtet ist[57], genügt bei 2,5 cm Vorgabe für den linken Rand 0,5 cm insgesamt also 3 cm. Wenn Sie für Korrekturen einen breiteren Rand zur Verfügung stellen wollen, erhöhen Sie entsprechend der Vorgabe um rund 1,5 cm.

Längere Zitate werden durch Einzeiligkeit, kleinere Schrift (10pt) und einrücken aus dem Textfluß hervorgehoben (links: 1 cm, rechts: 0,5 cm).[58]

Darüber hinaus bietet Ihnen die Menüleiste Buttons für Aufzählungen bzw. Auflistungen. Dabei wird außer der ersten Zeile der Text eingezogen (=hängender Einzug). Wollen Sie in diesem Bereich die Einzüge selbst regeln, erfolgt dies über den Befehl „Format/Absatz/Extra ⇒ hängend“.

Fußnoten sind, wie oben schon ausgeführt[59], für eine wissenschaftliche Arbeit unerläßlich. Sie erstellen Fußnoten über einen eigenen Button auf ihrer Menüleiste oder die Option „Einfügen/Fußnote“. Dort legen Sie fest, ob Sie Fuß- oder Endnoten anbringen, d.h. ob ihre Fußnoten auf der gleichen Seite oder am Ende des Textes stehen. Sie entscheiden, ob die Numerierung der Fußnoten fortlaufend erfolgt oder bei jedem Abschnitt oder gar jeder Seite neu aufgenommen wird. Generell ist die fortlaufende Numerierung vorzuziehen. Wenn Sie nach dem Befehl „Einfügen /Fußnote“ das o.k. anklicken, öffnet sich der Fußnotenbereich. Sie geben Ihren Text ein und schließen den Bereich. Dann kehrt der Cursor automatisch zur Fußnotenziffer im fortlaufenden Text zurück. Da die Zählung der Fußnoten automatisch erfolgt, können Sie jederzeit nachträglich Anmerkungen einfügen. Zum Löschen einer Anmerkung löschen Sie lediglich die Fußnotenziffer im laufenden Text.

Haben Sie Ihr Manuskript fertiggestellt, unterziehen Sie es einer Rechtschreibprüfung. Dazu rufen Sie „Extras/[Option/]Rechtschrei-

56 Die automatische Trennhilfe muß kontrolliert und ggf. manuell korrigiert werden. Einfügung des Trennzeichens erfolgt bei gedrückter STRG-Taste. S. auch Kammer S. 62f.

57 Sie können mit dem Befehl „Datei/Seite einrichten" die Seite auch individuell gestalten. S. auch Kammer S. 71f.

58 Wenn Sie häufig Texte in dieser Gesamtformatierung schreiben, richten Sie sich am besten eine Formatvorlage ein; s. Kammer S. 52.

59 S.o. S. 308f.

bung" auf. Allerdings können Sie nicht davon ausgehen, daß nun alles richtig sei, denn die Wörterbücher der PC's sind begrenzt oder der Rechner kann die Flexionsformen nicht erkennen u.a.m.[60] Es ist deshalb nötig, einen Ausdruck Ihres Manuskriptes sorgfältig auf Orthographie-, Tipp- oder Grammatikfehler zu überprüfen. Wenn Sie das Gefühl haben, Sie sind zu vertraut mit Ihrem Text, um Fehler zu erkennen, bitten Sie jemanden um Korrekturhilfe. Bedenken Sie, daß bei einem Korrekturdurchgang am Bildschirm viele Fehler übersehen werden.

Schließlich überprüfen Sie vor dem endgültigen Ausdruck Ihren Text mit dem Befehl „Ansicht/Layout". Sie gewinnen damit einen Gesamteindruck einer Seite mit Seitenzahlen, Randleisten, Kopf- bzw. Fußleisten[61] etc. Außerdem können Sie sofort Korrekturen vornehmen. Wollen Sie dagegen einen Überblick über mehrere Seiten gewinnen, rufen Sie „Datei/Seitenansicht" auf.

Für eine Seminararbeit sind die hier dargelegten Arbeitsschritte die wichtigsten Vorgänge zur Manuskriptgestaltung am PC. Für weitere Informationen (z.B. reproduktionsfähige Vorlagen, Tabellen, Graphiken und Bilder, Querverweise und Register) ist der schon häufiger erwähnte Kammer ein hilfreiches Arbeitsinstrument.

2.3.2 Arbeiten mit dem Internet

Arbeiten mit dem Internet

Über die universitätseigenen Cip-Pools haben Studierende problemlos Zugang zum Internet. Falls Sie aber auch zu Hause einen entsprechenden Zugang wünschen, der leicht über das Telephon mit einem Modem zu installieren ist, wenden Sie sich an das Rechenzentrum Ihrer Universität.

Hier ist nicht der Ort, um die verschiedenen Dienste des Internets[62] vorzustellen. Inzwischen sind aber das Bibliographieren und das Beschaffen von Literatur ohne Internet kaum möglich. Eine Internetadresse heißt URL (Uniform Resource Locator). Im **W**orld **W**ide **W**eb können Sie weltweit alle denkbaren Informationen hereinholen, wenn Sie über entsprechende Adressen verfügen. Eine solche Adresse setzt sich in der Regel aus www., einem ein- oder mehrteiligen Domainnamen und einer Zuordnung[63] zusammen: http://www.uni-mannheim.de.

---

60 S. genauer Kammer S. 58ff.

61 Aufrufen über „Ansicht/Kopf- und Fußzeile". S. Kammer S. 77

62 S. dazu Kaufmann/Tiedemann S. 13ff.

63 Rechner in den USA: com = kommerzielle Firma, edu = Bildungseinrichtung, arts = Kultur, etc. Außerhalb der USA werden die Adressen meist mit einer Länderkennung versehen, z.B. at = Österreich, .ch = Schweiz, .

Sobald Sie sich eingelogt haben, können Sie sich über sogenannte Hyperlinks weiterverweisen lassen. Das ist das berühmte Surfen. Die Arbeit des Althistorikers wird zwangsläufig zielgerichteter sein. Dies gilt in der Regel auch für das Recherchieren mit Hilfe sogenannter Suchmaschinen (z.B. altavista oder yahoo), wenn Sie ihre Anfrage nicht sehr eingegrenzt[64] haben.

Günstiger ist die Recherche über definierte einschlägige Adressen.

Für die Recherche in der eigenen Universitätsbibliothek gibt es spezielle Onlinedienste wie z.B. in Mannheim OPAC, HEIDI in Heidelberg; zusätzliche Links verweisen Sie auf Datenbanken anderer Bibliotheken, wie z.B. der Südwestdeutsche Bibliothekenverbund oder andere Länderbibliotheken.

Im folgenden will ich mich auf einige wenige Adressen, die einschlägig für die Altertumswissenschaft sind, beschränken. In der Regel enthalten Sie Links zu weiteren hilfreichen Zugängen. Wenn sich für Sie herauskristallisiert, mit welchen Adressen Sie häufig arbeiten, sollten Sie sich entsprechende ‚Lesezeichen' (Bookmarks) im eigenen PC anlegen, um bei Bedarf schnell den Zugriff zu haben.

Für einen ersten Zugang sehr hilfreich ist der Erste-Hilfe-Ratgeber von Ulrich Schmitzer:

http://www.phil.uni-erlangen.de/~p2latein/ersthilf.html

Mit zahlreichen Links wird Ihnen fundiert auf viele Fragen Antwort zuteil. Außerdem können Sie zu anderen wichtigen altertumswissenschaftlich einschlägigen Adressen wie z.B. KIRKE oder ARGOS gelangen.

Die direkte Adresse für den **K**atalog der **I**nternet-**R**essourcen für **K**lassische Philologie aus **E**rlangen = KIRKE lautet:

http://www.phil.uni-erlangen.de/~p2latein/kirke/kirkeah.html

Sie finden hier neben zahlreichen Suchhilfen Zugang zu Institutionen der Klassischen Philologie und Alten Geschichte in Deutschland, Europa, den USA und der übrigen Welt, zu Bibliographien,

de = Deutschland, .fr = Frankreich, .uk = Großbritannien etc. S. vollständiger Kaufmann/Tiedemann S. 16.

64 Sie können eine zu hohe Trefferquote minimieren, indem Sie mit and, or, not oder near entsprechende Zusatzinformationen liefern. Hilfe erfahren Sie durch die ‚Kleine Suchfibel' als Buch oder CD-ROM bei Klett erschienen oder unter der Adresse: http://www.suchfibel.de.

Verlagskatalogen, zu den Hilfswissenschaften und den Spezialgebieten der Alten Geschichte, zu Museen, historischen Stätten, Ausgrabungsprojekten und Ausstellungen. Sehr zeitsparend ist, daß Sie auch eine direkte Anfrage starten können.

Verbunden mit KIRKE ist ARGOS, eine akademische Suchmaschine mit der Adresse:

http://argos.evansville.edu/

Argos verfügt über einen Index.

Ebenfalls von Erlangen angeboten werden „Deutsche Datenquellen Alte Geschichte“ mit folgender Adresse:

http://www.uni-erlangen.de/~p2latein/vl/vlagdt.html

Hier kann man sich über Institutionen, Bibliographisches, Zeitschriften, Lehrveranstaltungen und Projekte des deutschsprachigen Raums ausgezeichnet informieren.

Ebenfalls empfehlenswert ist die folgende Adresse aus Konstanz:

http://www.uni-konstanz.de/Ze/Bib/zs/zsant.html

„Altertumswissenschaft im Internet“: Von Periodika, über Bibliographien, Rezensionsorgane, altertumswissenschaftliche Zeitschriften bis hin zu Übersetzungen, einzelnen Themen und Autoren werden Sie informiert. Zu allen Themen finden sich Links. Ein Personen- und Sachregister öffnet zahlreiche weitere Nutzungsmöglichkeiten.

Schließlich sei für Einzelfragen noch folgende Adresse genannt:

http://www.ewetel.net/~martin.bode/index.htm

Diese Übersicht führt zu Themenfeldern wie z.B. Sklaven, Etrusker, Karthager, eine Übersicht über die römischen Geschichtsdaten mit Links zu einzelnen Ereignissen, alles didaktisch gut aufbereitet. Angesichts der minimalen althistorischen Kenntnisse kann diese Adresse für einen ersten inhaltlichen Einstieg dem/der Anfänger/in ganz hilfreich sein.[65]

---

65 Eine Fülle weiterer Adressen und weiterführende Literatur finden Sie bei der sehr praxisorientierten Einführung von Kaufmann /Tiedemann. Hier lernen Sie auch das Publizieren im Internet.

66 Diese Adresse hält das Buch von Dankward Vollmer, Alte Geschichte in Studium und Unterricht, Stuttgart 1994 auf dem neuesten Stand.

Publikationen des Internets sind inzwischen durchaus zitierfähig, wenn die Art der Veröffentlichung angegeben wird. Eine eindeutige Quellen- bzw. Literaturangabe wird eingeleitet mit URL (**U**niform **R**esource **L**ocator).

Danach erfolgt die Benennung des Dienstes, z.B. „ftp", „telnet" oder „http". Wie schon gezeigt wird dieser Teil mit einem Doppelpunkt und doppelten Schrägstrich abgeteilt, dann kommt die Adresse des Rechners und die Kennung, abgeschlossen mit einem einfachen Schrägstrich, dem weitere Detailangaben folgen können.

Da sich jeder Teil einer URL ändern kann, ist unbedingt erforderlich das Datum anzugeben: [Stand Datum]

Die vollständige Quellenangabe sieht beispielsweise wie folgt aus:

URL: http://sehlmeyer.bei.t-online.de/vollmer.htm [Stand Oktober 2001][66]

Bei einem Ausdruck können auch Seitenzahlen genannt werden, wenn auf etwas Spezielles hingewiesen werden soll. Sonst besteht nur die Möglichkeit, auf bestimmte Kapitel oder Absätze hinzuweisen.

Das Zitierwesen im Internet ist kompliziert und noch nicht standardisiert.

Zum Abschluß sei nur gesagt: Entdecken Sie selbst die zahlreichen Möglichkeiten, die Ihnen das Internet im Studium bieten kann, und tun Sie es mit Entdeckerfreude.

VI. Ausblick

1. Zauberwort ‚Schlüsselqualifikationen'[1]

Die berufliche Situation für die heutigen Studierenden des Faches Geschichte ist nicht so rosig, daß in jedem Fall damit gerechnet werden kann, fachbezogen tätig werden zu können. Darüber hinaus muß die mentale Flexibilität in diesem Punkt soweit gehen, daß man mehrere Berufe in seinem zukünftigen Arbeitsleben auszuüben, nicht nur nicht ausschließt, sondern sogar spannend findet.

Schlüsselqualifikationen

Deshalb sollten Sie sich klar machen, daß Ihr Studium Ihnen mehr gegeben hat als nur fachliche Kompetenz. Sie haben durch Ihr Studium eine Fülle von Fähigkeiten erworben, die, sich bewußt zu machen, dringend erforderlich ist. Erst dann werden Sie das für Bewerbungen notwendige Selbstbewußtsein entfalten können, Sie werden sich selbst besser darstellen und sich genauer von Ihren anders ausgebildeten Mitbewerbern/innen mit ihren Fähigkeiten abgrenzen können. Man nennt diese ‚nebenbei' erworbenen Fähigkeiten Schlüsselqualifikationen.

Informationsmanagment

Als Historiker/in müssen Sie im Umgang mit Quellen und Literatur notwendigerweise eine Art Informationssystem entwickeln, das auf andere Bereiche, die ein Bedürfnis an **Informationsmanagment** haben, leicht übertragbar ist:

1. Informationssammlung
   Sie haben gelernt auf der Suche nach einschlägigen Quellen und Literatur, **Suchstrategien** zu entwickeln, die z.B. mit dem **Bibliographieren** beginnen. Dabei müssen Sie **Entscheidungskriterien** festlegen, um wichtig von unwichtig zu trennen und sie müssen diese Kriterien konsequent anwenden. Um alle Möglichkeiten zu erfassen, müssen Sie **Kreativität** für neue Fragestellungen entfalten und **Flexibilität** in der An-

---

[1] S. dazu: Windecker, Andreas-Claus, Außerfachliche Kompetenzen und Schlüsselqualifikationen in der beruflichen Bildung. Diss. Ludwigsburg 1991; Beck, Herbert, Schlüsselqualifikationen. Bildung im Wandel, Darmstadt 1993; Calchera, Franco, Weber, Johannes Chr., Entwicklung und Förderung von Basiskompetenzen/Schlüsselqualifikationen (Berichte zur beruflichen Bildung 116) Hrsg. vom Bundesinstitut für Berufsbildung, Berlin, Bonn 1990.

wendung aufbringen. Darüber hinaus können Sie Textzeugen jeder Art und für jede Zeit befragen, den Aussagegehalt bewerten und ihn dann in größere Zusammenhänge setzen.

2. Informationsspeicherung und – sortierung
   Sie können exzerpieren und Dateikarten oder eine Datenbank anlegen. Dabei systematisieren sie das gesammelte Wissen nach bestimmten durch die Fragestellung bedingten Aspekten oder machen Ihr System durch Querverweise zugriffsfreundlich. Sie vermögen strukturelle Ähnlichkeiten und Unterschiede zu erkennen.
3. Informationsauswertung
   Neben der Fähigkeit zu kritischer Distanz und einem hohen Abstraktionsvermögen haben Sie gelernt, Perspektivenwechsel vorzunehmen und didaktische Reduktionen durchzuführen. Wie immer Sie die gesammelten Informationen vermitteln, werden diese Kompetenzen die Qualität ihrer präsentierten Inhalte beeinflussen.

Präsentationstechniken

Auch in einem zweiten Großbereich verfügen Sie über eine Fülle an Möglichkeiten. Gleichgültig, ob Sie mit Vorträgen, Publikationen, Ausstellungen, Unterricht oder Projekten und deren Präsentation tätig werden[2], Sie haben während ihres Studiums alle Formen mehr oder weniger geübt. Bei Ihren mündlich vorgetragenen Referaten haben Sie gelernt:

- adressatengerecht zu präsentieren,
- rhetorische Mittel zum Einsatz zu bringen,
- zu visualisieren
- zu argumentieren und diskutieren.

Ausgehend von Hausarbeiten oder Ihrer wissenschaftlichen Abschlußarbeit dürfte eine Publikation für Sie keine Probleme bieten:

- Sie können ein Manuskript erstellen.
- Sie vermögen gattungsspezifisch zu arbeiten (wissenschaftlicher Text, Erzählung, Essay, Reden, Biographie, Comics etc.)
- Sie wissen, worauf es beim Korrekturlesen ankommt.
- Sie wenden ästhetische Kriterien für die formale Gestaltung an.

Sprachen

Als Historiker/in müssen Sie über Sprachkenntnisse in Latein, Englisch und einer weiteren modernen europäischen Fremdsprache verfügen. Wenn dies zwar zunächst nur Lesefähigkeiten sind, können Sie diese Ansätze leicht ausbauen.

---

2 S. auch oben S. 302f.

Generelle Schlüsselqualifikationen

Generelle Schlüsselqualifikationen, die Sie für jede Tätigkeit empfehlen, sind:

- Konzeptionelles Denken
- Fähigkeit zur Planung von Arbeitsabläufen
- Fähigkeit zur Verarbeitung von Erfolg oder Mißerfolg
- Selbstmotivation
- Teamfähigkeit
- Lernbereitschaft
- Effizienz
- Fähigkeit, unter Zeitdruck zuverlässig zu arbeiten (Zeitmanagement)
- Streßresistenz

Die letzten drei sind Kompetenzen, die sie vor allem in der Prüfungsphase erworben haben. Der Katalog möglicher fachlicher, methodischer und sozialer Kompetenzen ließe sich leicht fortsetzen. Sie werden, erst einmal darauf aufmerksam gemacht, die notwendige Beobachtungsgabe entwickeln. Entfalten Sie Offenheit, um Situationen zu erkennen, in denen Sie ihre Fähigkeiten einsetzen können. Diese Transferleistung kann Ihnen niemand abnehmen.

Geisteswissenschaftler/innen und dabei auch Ihre akademischen Lehrer/innen neigen dazu, diese Kompetenzen als nebensächliche, wenn auch notwendige Begleiterscheinungen anzusehen und unterschätzen damit Ihre Möglichkeiten für andere Berufszweige. Dies ist z.T. im Ausland anders und sollte sich auch bei uns unbedingt ändern.

2. Planung der eigenen wissenschaftlichen Biographie

Eine wichtige Voraussetzung für erfolgreiche Bewerbungen in welchen Bereichen auch immer, ist neben der korrekten Form und der Tatsache, daß man sich über den Ansprechpartner informiert hat, eine gute Selbstdarstellung:

1. Sie müssen von sich überzeugt sein, wenn sie von sich überzeugen wollen. Dafür ist es erforderlich, sich mit allen Stärken und Schwächen einschätzen zu können. Mit den Schwächen (z.B. Schüchternheit) lernen Sie umzugehen. Die Stärken vertreten Sie selbstbewußt und ohne Abstriche. Verbinden Sie Ihr positives Selbstgefühl mit Achtung vor dem anderen.

2. Achten Sie auf eine korrekte und gut präsentierte Form der Bewerbung, sie ist die Voraussetzung, daß sie überhaupt gelesen wird.
3. Es muß ihnen gelingen, eine/n Personalchef/in auf sich neugierig zu machen. Haben Sie nur die Schriftform der Bewerbung dafür, gelingt dies am besten über ihre Biographie. Es genügt heute nicht mehr, brav sein Studium zu absolvieren und erst nach dem Examen an einen Beruf zu denken. Schon studienbegleitend reichern Sie Ihre ‚wissenschaftliche' Biographie mit Zusätzen an, die Sie bewußt planen. Dazu gehören Praktika, Ferienjobs, die berufsorientiert sind, Hilfskraftjobs, Auslandsaufenthalte, Engagement in studentischen Vereinen, andere Zusatzqualifikationen wie fachfremde Zertifikate u.a.m. Bedenken Sie dabei, daß scheinbare Uneigennützigkeit sich oft hervorragend auszahlt. Sie werden z.B. durch ein unbezahltes Praktikum in einem Museum bekannt und später bietet man Ihnen Führungen an, die gut bezahlt werden. Wuchern Sie nach jeder Zusatzqualifikation mit Ihren Pfunden. Sie müssen bei einem Praktikum nicht nur fragen, was bringt es mir, sondern auch, was kann ich dem Arbeitgeber bieten. Sprechen Sie Ihre Fähigkeiten an, der Arbeitgeber kann sie nicht kennen.
   Sonderinteressen (Hobbys), die Sie pflegen, öffnen Ihnen vielleicht genau die berufliche Nische, die Sie gesucht haben.

3. Berufsaspekte

Mit dem geschulten Bewußtsein für die eigenen Fähigkeiten und einem Studienverlauf, der neben dem guten oder sehr guten Abschluß auch noch einige Zusatzqualifikationen ausweist, werden Sie auch heute keine Schwierigkeiten haben, erfolgreich in einen für Sie zufriedenstellenden Beruf zu gelangen, auch dann, wenn er nicht fachbezogen ist.

Gymnasiallehrer

Der immer noch am häufigsten angestrebte Beruf ist der, des/der Gymnasiallehrers/in; mit dem ersten Staatsexamen erwerben Sie einen Anspruch auf die Referendarausbildung. Die Chancen anschließend in die Schule übernommen zu werden, sind besser geworden. In jedem Fall nützt Ihnen die Referendarzeit im Erwerb von Vermittlungsstrategien jeder Art, die Sie auch anderweitig zum Einsatz bringen können.

Machen Sie sich klar, daß Ihr universitäres Wissen nur insular ist, in der Schule aber Universalhistoriker/innen gefragt sind. Trotz der

Fachbezogenheit ihres Berufes, werden Sie immer wieder Autodidakt sein. Die fachliche Weiterbildung für Lehrer sollte ein ganzes Berufsleben lang anhalten.

Archiv- und Bibliothekswesen

Fast klassische Historikerberufe sind Tätigkeiten im Archiv und wissenschaftlichen Bibliotheken. Auch für diese Berufe müssen Sie nach dem Staatsexamen eine Referendarzeit absolvieren. Beide Arbeitsfelder erlauben Ihnen, weiter wissenschaftlich zu arbeiten. Allerdings sind beide Berufsfelder ohne Promotion aussichtslos.

Museum

Auch im Bereich der Museumspädagogik im weitesten Sinne (d.h. auch Ausstellungsprojekte u.ä.) haben Sie Chancen, wenn Sie entsprechende Zusatzqualifikationen vorweisen können. Dies sind Museumspraktika oder Mitarbeit an Museumsprojekten. Zahlreiche Museen bieten Sonderausstellungen, bei denen der Personalbedarf hoch ist. Über diesen Weg können Sie sich mit Ihren Fähigkeiten einbringen. Je nach Art des Museums besteht sogar die Möglichkeit, ab und zu fachbezogen zu arbeiten. Außerdem betreiben Museen auch Öffentlichkeitsarbeit, ebenfalls ein Berufsfeld.

Wirtschaftsunternehmen

Sie sollten keine Berührungsängste gegenüber Wirtschaftsunternehmen haben. Fast jedes größere Unternehmen betreibt Öffentlichkeitsarbeit, sei es für den internen Betrieb (Werkszeitschrift), sei es für die Imageentwicklung (corporate identity) nach außen, ein Faktor, der mehr und mehr hohe Beachtung in den Firmen gewinnt. Hier werden Sie mit Ihren Fähigkeiten gefragt sein. Sofern Firmenarchive zu betreuen sind und Publikationen aus dieser Arbeit hervorgehen, werden Sie sogar fachspezifisch tätig sein können.

Zahlreiche Firmen bemühen sich um ständige interne Schulung ihrer Mitarbeiter, auch dies kann ein potentielles Ressort angesichts ihrer Fähigkeiten sein. Übrigens trifft man nicht selten in den Personalabteilungen Geisteswissenschaftler/innen an.

Behörden, Städte, politische Einrichtungen

Die Öffentlichkeitsarbeit in diesen Institutionen könnte, sofern sie historisch orientiert ist, oft erheblich verbessert werden, würde sie von Fachleuten gemacht. Die Kunst, nur das Merkbare korrekt zu vermitteln, beherrscht kein Laie. Überzeugen Sie potentielle Arbeitgeber von der Notwendigkeit, auch hier Profis einzusetzen. Allerdings sollten Sie für solche Berufe, gute Erfahrung in ansprechender Präsentation haben. Ein Praktikum z.B. in einer Marketingfirma kann dabei äußerst hilfreich sein.

Tourismus

Ein wachsender Berufszweig für z.T. speziell auch Althistoriker/innen im Bereich der Mittelmeerwelt ist die Tourismusbranche. Unsere heutige Gesellschaft ändert ihre Altersstruktur, so daß vor allem für ältere Menschen Märkte geöffnet werden. Viele von ihnen haben ihre Interessen auf wissenschaftlich orientierte Reisen mit historischen, kunsthistorischen, ethnologischen oder geographisch-geologischen Führungen verlegt. Dies ist ein anregendes Berufsfeld, sofern Sie selbst Freude am Reisen, aber auch am Umgang mit Menschen haben. Dazu sind breite Sprachkenntnisse unerläßlich.

Verlagstätigkeit

Auch in Verlagen werden heute gute Sprachkenntnisse nicht nur in Englisch gefordert, da die Kontakte immer internationaler werden. Sowohl Ihre Recherche- als auch ihre Publikationsfähigkeiten können Ihnen hier hilfreich sein. Dazu kommen gute Kommunikationsfähigkeiten im Umgang mit Autoren. Zuweilen werden Sie sogar die Chance haben, ihre fachliche Kompetenz einzubringen.

Journalismus

Nicht selten hört man unter Geschichtsstudenten/innen den Wunsch, Journalist/in zu werden. Die Schlüsselqualifikationen sowohl im Recherche- wie im Vermittlungsbereich prädestinieren Sie nahe zu dafür. Dennoch sollte der Weg in diesen Beruf direkt über eine Zeitung laufen. Zeitungen haben oft sehr spezielle Bedürfnisse und können dann gezielt ihre Ausbildungsrichtung beeinflussen.

Sofern Ihre Universität über eine Absolventenvermittlung verfügt, nutzen Sie die dadurch gegebenen Möglichkeiten.

Der Katalog potentieller Berufsfelder ließe sich mit Sicherheit erweitern. Bewußt wurde z.B. die wissenschaftliche Laufbahn nicht angesprochen. Wenn Sie sich und ihre Lehrer Sie dafür geeignet halten, werden Sie diesen Weg auch ohne Hinweise gehen.

Die Erfahrung mit Absolventen lehrt, daß diese, sofern sie die notwendige Offenheit für die Umsetzung ihrer Kompetenzen aufbringen und räumlich flexibel sind, in jedem Fall einem erfüllten Berufsleben entgegensehen können, selbst dann wenn die Alte Geschichte nur noch in der Freizeit betrieben werden kann.

4. Alte Geschichte und ihre Lernfelder

Wie einleitend schon festgestellt wurde[3], wird die Alte Geschichte heute am allerwenigsten durch die Schule vermittelt, eine bedauerliche Tatsache, der entgegenzusteuern sich Althistoriker/innen bemühen, wenn auch z.T. mit geringem Erfolg. Deshalb wiederhole ich noch einmal: Die viel zitierte breite Öffentlichkeit verlangt nach antiker Geschichte in welcher Form und aus welchen Motiven heraus auch immer.

---

3 S.o.S. 12.

Publikationen der Fachwissenschaft

Ein gutes Lernfeld für Alte Geschichte sind Publikationen der Fachwissenschaft für ein breites Publikum. 1978 mußte ich in diesem Zusammenhang noch konstatieren:

> „Die Sorge, sich wissenschaftlich zu disqualifizieren, hindert auch den Wortgewandtesten, auf seine Fachsprache zu verzichten oder populärwissenschaftlich an die Öffentlichkeit zu treten."[4]

Dies hat sich glücklicherweise geändert. Um nur ein Beispiel zu nennen: die ausgezeichnete ‚Kleine Geschichte der Antike' von Hans-Joachim Gehrke, 1999 erschienen, ist auch für einen Laien gut lesbar, anregend bebildert und mit Karten versehen. Dazu seien noch zwei Reihen genannt: In der Beck'schen Reihe ‚Wissen' erschienen im Zeitraum von rund 5 Jahren (ohne Anspruch auf Vollständigkeit):

K.Bringmann, Römische Geschichte; K.Brodersen, Die Sieben Weltwunder; M.Clauss, Kleopatra; H.-J.Gehrke, Alexander der Große; D.Lotze Griechische Geschichte; U.Sinn, Olympia; W.Eck, Augustus und seine Zeit; M.Clauss, Das alte Israel, Baltrusch, Sparta; Barceló, Hannibal; J.Malitz, Nero; H.Kloft, Mysterienkulte der Antike.

Allein die Auswahl dieser Titel zeigt die Bandbreite des Interesses.

Dazu kommt das Interesse auch an antiken Autoren. Hier sei in der Serie Piper ‚Meisterwerke kurz und bündig' von G.Fink, Homers Ilias und Odyssee erwähnt.

CD- bzw. Hörkassetten

Auf diesem Sektor entsteht gerade ein neuer Lernbereich. Als Beispiel sei die CD Homer, Die Odyssee, in eine moderne Form übertragen unter Wahrung des dramaturgischen Konzeptes der Antike von Christoph Martin. Dazu heißt es im Begleittext mit gutem Recht:

> „Die neue ‚Odyssee' ist kein ehrfurchtheischendes Bildungsmonument, sondern eine witzige, pointenreiche, auch derbe Komik nicht ausschließende Abenteuergeschichte um Liebe und Mystik, Konsum und Opferbereitschaft, Fabulierkunst und List."

Hier wird deutlich angesprochen, worum es geht, nämlich das humanistische Bildungsgut zu entstauben, das antike Themen immer noch zuweilen belastet.

Romane, Erzählungen

Neben den Sachbüchern seien als eines der wichtiges Lernfeld Romane und Erzählungen sowohl im Bereich des Jugendbuches als auch der Erwachsenenliteratur genannt. Wer Schwierigkeiten mit der Abstraktion hat, wird gerne auf die Form der ‚schöngeisti-

---

[4] Günther S. 138.

gen' Literatur zurückgreifen, die Geschichte erfahrbach macht. Die Möglichkeit zur Identifikation vermag über die emotionale Schiene Betroffenheit auszulösen. Deshalb ist der Anteil an historischen Biographien in der Romanliteratur vergleichsweise hoch. Wenn historische Romane und Erzählungen mit großer Sorgfalt recherchiert sind und mit Einfühlungsvermögen in die geschilderten Zeitverhältnisse vorgetragen werden, können ganz lebendige und durchaus ernst zu nehmende Eindrücke über die Antike vermittelt werden.

Theater

Ein weiteres Lernfeld antiker Geschichte ist das Theater, da sowohl antike Dramen und Lustspiele als auch moderne Dramen mit antiken Stoffen im Theater in starker Konfrontation mit der Gegenwart präsentiert werden.

Museum

Über die Lebendigkeit der Museumspädagogik gerade im Bereich der Antike wurde schon gesprochen.[5]

> „Heute sind die meisten Museen als Lernorte konzipiert. Eine Reihe von Arbeitsblättern, Texttafeln, Bildern und audiovisuellen Medien wollen die Auseinandersetzung mit den Ausstellungsgegenständen ermöglichen. Die Exponate werden zu ganzen Inszenierungen zusammengeführt... Museen sind Orte für Bildung und Erlebnis geworden."[6]

Der Akzent liegt lediglich zuweilen zu ausschließlich auf Konzepten für Jugendliche und mancher Erwachsene würde gerne in vergleichbarer Weise angesprochen werden.

Reisen und Exkursionen

An Plätze des Geschehens reisen, realisiert, daß Geschichte nicht nur in Büchern oder Köpfen stattfindet, sondern an wirklichen Orten mit z.T. Überresten, die Staunen, Überraschung oder sogar Verblüffung auslösen. Wenn konkrete Vorstellungen und Bilder durch Anschauung entstehen können, wird die Merkfähigkeit für historische Sachverhalte spürbar erhöht. Immer wieder begegnet es, daß sich bei Exkursionsführungen fremde Interessenten zugesellen und Fragen stellen. Dies macht deutlich, daß die Informationsbedürfnisse vor allem auch für die Geschichte der näheren Umgebung sehr hoch sind.

Comics

Asterix und Obelix haben ob als Hefte oder im Film die Welt erobert. Ein Geheimnis dieses Erfolges sind vor allem für die Erwachsenen eine Fülle von zeitgenössischen Anspielungen im antiken Gewand. Geschichte wird bei Comics nicht nur duch die Anschaulichkeit, sondern vor allem durch den Witz weitervermittelt. Daß bei allem Spaß aber auch die Lernfreude eine Rolle spielt, hat das Buch ‚Asterix – Die ganze Wahrheit' von R.van Roy-

[5] S.o.S. 24.
[6] Gautschi S. 74.

en und S.van der Vegt gezeigt. Dabei handelt es sich quasi um ein Nachschlagewerk zur keltisch-römischen Geschichte angereichert mit Textbelegen antiker Autoren, die belegen, wieviel Detailwissen in die Geschichten von Uderzo und Goscinny eingeflossen sind. Das Buch wurde ein ebenso großer Verkaufsschlager, wie die Asterixhefte selbst.[7]

Betrachtet man all diese verschiedenartigsten Lernfelder[8], so muß Althistorikern /innen um ihr Fach nicht bange werden. Mit genügend Phantasie und Hartnäckigkeit werden sie Betätigungsfelder finden, sei es hauptberuflich, sei es auch nur als Hintergrundskompetenz in anderen Berufen.

In einer Zeit rasanten technischen Fortschritts werden die Defizite im mentalen Bereich immer spürbarer. Relikte vergangener Jahrhunderte, entstanden durch Verhaltensnormen, die ihren Ursprung in ganz anderen Lebensräumen hatten, können im Umgang mit den modernen Technologien zu einem gefährlichen Risiko werden. Um nur ein Beispiel zu nennen: Männlichkeit zeigt und bewährt sich heute nicht mehr durch das Prinzip des Agonalismus oder der virtus, gleichgültig ob im Krieg oder im Sport. Andere Eigenschaften sind gefragt, wie z.B. der Mut, sich gegen allgemeine Meinungen zu stellen, Toleranz, Einfühlsamkeit gegenüber anderen Menschen und der Natur, die Fähigkeit, Gefühle zuzulassen und zu zeigen, Verantwortung zu übernehmen, zur Selbstreflexion u.a.m. Dennoch geistern in den Köpfen von Männern und Frauen(!) Vorstellungen von einem ‚echten Mann' umher, der sich durch Aggressivität, ‚Machismo' u.ä. erweist.[9]

Konflikte auf der ganzen Welt, wie sie in grausamster Weise in unseren Tagen ausgetragen werden, zeigen schmerzvoll die Defizite bei der emotionalen Bewältigung historischer Prozesse, die Unfähigkeit zur Überwindung von Vorurteilen und zur rationalen Urteilsfindung. Die Konflikte liegen möglicherweise nur ein, zwei oder drei Jahrhunderte zurück, aber dahinterstehende und die Situation verschärfende Denkmuster wie das des bewaffneten, heldenhaften Mannes sind älteren Ursprungs und haben zumindest im europäischen Raum ihre Wurzeln in der griechisch-römischen Antike.

---

7 Dazu jetzt K.Brodersen, Asterix und seine Zeit, in: Die große Welt des kleienen Galliers München 2001 S. 12-18.

8 Film, Fernsehen und Internet bieten ebenfalls große Anteile an antiker Geschichte. Dazu sind meines Wissens im Moment eine Reihe von wissenschaftlichen Untersuchungen in Arbeit.

9 So glaubt z.B.noch heute eine ganze Nation, ihre Freiheit sei nur durch den Besitz einer Waffe gewahrt. Dabei nehmen sie Massaker, veranstaltet durch frustrierte Kinder, in Kauf.

Weitere Denkmuster vergleichbarer Art könnten hier aufgelistet werden.[10]

Andererseits konnte gezeigt werden, daß von den Griechen ein Modell der politischen Partizipation geschaffen wurde, dessen Formen zwar den jeweiligen Gegebenheiten angepaßt werden müssen, dessen Geist aber Vorbildhaftigkeit besitzt. Die Beschäftigung mit antiker Politik, Literatur, Kunst und Philosophie – Fundamente europäischer Geistesgeschichte – vermag an ein Menschenbild heranzuführen, das von Offenheit und Toleranz, von Neugier und Lernfähigkeit, von Rationalität und Selbsterkenntnis geprägt ist. Die griechisch-römische Antike hat so viele bedeutende Traditionselemente in unserer Gegenwart vererbt, daß eine eigene Standortbestimmung nur in Auseinandersetzung mit dieser Tradition die notwendige Tiefendimension erreicht.

Deshalb möchte ich diese Einführung in das Studium der Alten Geschichte mit dem nachhaltigen Appell, sich der eigenen Bedeutung als Historiker/in bewußt zu sein, und mit den Worten des russischen Dichters J.Jewtuschenkos schließen:

> „Das Studium der Geschichte ist das Selbstwarnsystem der Menschheit."[11]

---

[10] Ich verweise dazu auf die immer noch nicht überholten Überlegungen zu ‚Platon als Beispiel für die normative Kraft der Antike' in: Günther S. 98ff.

[11] Wo die Beeren reifen, Wien/Hamburg 1982 S. 130.

Literatur

Die häufig genannten Einführungen und Literatur zum Einlesen wurden vorangestellt. Daran schließt sich die bibliographische Erfassung der Literatur zu den einzelnen Kapiteln an.

Einführungen

Bahn, Paul; Beard, Mary; Henderson, John Wege in die Antike. Kleine Einführung in die Archäologie und die Altertumswissenschaft, Stuttgart, Weimar 1999

Bengtson, Hermann Einführung in die Alte Geschichte, München ^{8}1979

Borowsky, Peter/Vogel, Barbara/Wunder, Heide Einführung in die Geschichtswissenschaft I: Grundprobleme, Arbeitsorganisation, Hilfsmittel, Opladen ^{3}1978

Boshof, Egon/Düwell, Kurt/Kloft, Hans Grundlagen des Studiums der Geschichte. Eine Einführung, Köln, Wien 5. überarbeitete Aufl. 1997

Burschel, Peter/Schwendemann, Heinrich/Steiner, Kirsten/Wirbelauer, Eckhard Geschichte. Ein Tutorium (Rombach Grundkurs 2) Freiburg 1997

Gullath, Brigitte/Heidtmann, Frank, Wie finde ich altertumswissenschaftliche Literatur, Berlin 1998

Gehrke, Hans Joachim/Schneider, Helmut Geschichte der Antike. Ein Studienbuch, Stuttgart 2000

Günther, Rosmarie Alte Geschichte in Studium und Unterricht, Stuttgart 1978

Schuller, Wolfgang Einführung in die Geschichte des Altertums, Stuttgart 1994 (UTB 1794) (zitiert Schuller)

Vollmer, Dankwart Alte Geschichte in Studium und Unterricht, Stuttgart 1994 Ergänzungen zur 1.Auflage, von M.Sehlmeyer (Oktober 2001 in: http//sehlmeyer.bei.t-online.de/vollmer.htm

Zum Einlesen:

Bellen, Heinz Grundzüge der römischen Geschichte, Darmstadt Teil 1: Von der Königszeit bis zum Übergang der Republik ins Prinzipat, 1994; Teil 2: Die Kaiserzeit von Augustus bis Diocletian, 1998; Teil 3: Die Spätantike von Constantin bis Justinian, 2003

Bleicken, Jochen Geschichte der römischen Republik, München ^{5}1999

Borbein, Adolf (Hg.) Das alte Griechenland. Kunst und Geschichte der Hellenen, Gütersloh 1995

Christ, Karl Römische Geschichte. Einführung, Quellenkunde,Bibliographie.Darmstadt ^{4}1990

Clauss, Manfred Einführung in die Alte Geschichte, München 1993

Gehrke, Hans-Joachim Kleine Geschichte der Antike, München 1999

Gehrke, Hans-Joachim Geschichte des Hellenismus, München 1990=^{2}1995

Klein, Richard (Hg.) Das Christentum im römischen Staat, Darmstadt ^{2}1982

Martin, Jochen Spätantike und Völkerwanderung, München ^{3}1995

Martin, Jochen (Hg.) Das antike Rom, Gütersloh 1994

Schuller, Wolfgang Griechische Geschichte, München, [4]1995 (zitiert Schuller Griechische Geschichte)

I. Erste Orientierung

Anderson, Bonnie S./Zinsser, Judith P. Eine eigene Geschichte. Frauen in Europa Bd.1, Frankfurt 1995 (amerikanische Originalausg.1988)

Bleicken, Jochen Die athenische Demokratie, Paderborn [2]1994; auch als UTB 1330

Brague, Rémi Europa, eine exzentrische Identität, Frankfurt, New York 1993

Carr, Edward H. Was ist Geschichte? Stuttgart 1963

Cartlegde, Paul Die Griechen und wir, Stuttgart, Weimar 1998

Dahlheim, Werner Die Antike. Griechenland und Rom von den Anfängen bis zur Expansion des Islam, Paderborn, 4., erw. u. überarb. Aufl.1995 (zitiert Dahlheim Antike)

Dahlheim, Werner Ratlose Erben: Die Erinnerung an die Antike und die Zukunft Europas, in: Imperium Romanum, Studien zur Geschichte und Rezeption. Festschrift für Karl Christ zum 75. Geburtstag, hg. von P. Kneissl und V.Losemann, Stuttgart 1998, S. 105-122 (zitiert Dahlheim Erben)

Demandt, Alexander Die Spätantike. Römische Geschichte von Diocletian bis Iustinian 284-565 n.Chr. (HdA 3,6) München 1989 (zitiert Demandt Spätantike)

Demandt, Alexander Der Fall Roms, Die Auflösung des römischen Reiches im Urteil der Nachwelt, München 1984 (zitiert Demandt Fall)

Demandt, Alexander Was wäre Europa ohne die Antike? in: Alte Geschichte und Wissenschaftsgeschichte. Festschrift für Karl Christ zum 65. Geburtstag, hg. von P. Kneissl und V. Losemann, Darmstadt 1988, S.113-129 (zitiert Demandt Europa)

Dettenhofer, Maria H. Perdita Iuventus. Zwischen den Generationen von Caesar und Augustus, München 1992 (Vestigia Bd.44) (zitiert Dettenhofer Iuventus)

Dettenhofer, Maria H.(Hg.) Reine Männersache? Frauen in Männerdomänen der antiken Welt, Köln, Weimar, Wien 1994 (zitiert Dettenhofer Männersache)

Gehrke, Hans-Joachim Zwischen Altertumswissenschaft und Geschichte. Standortbestimmung der Alten Geschichte am Ende des zwanzigsten Jahrhunderts, in: Schwinge, E.-R.(Hg.), Die Wissenschaft vom Altertum am Ende des 2.Jahrtausends n.Chr., Stuttgart, Leipzig 1995, S.160ff

Gschnitzer, Fritz Griechische Sozialgeschichte von der mykenischen bis zum Ausgang der klassischen Zeit, Wiesbaden 1981

Hölscher, Tonio Klassische Archäologie am Ende des 20. Jahrhunderts: Tendenzen, Defizite, Illusionen, in: Schwinge,E.-R.(Hg.), Die Wissenschaft vom Altertum am Ende des 2.Jahrtausends n.Chr., Stuttgart, Leipzig 1995, S.197ff

Kinzl, Konrad H./Raaflaub, Kurt A. (Hgg.) Demokratia: der Weg zur Demokratie bei den Griechen, Darmstadt 1995

Kneissl, Peter/Losemann, Volker Imperium Romanum. Studien zu Geschichte und Rezeption. Festschrift für Karl Christ zum 75. Geburtstag, Stuttgart 1998

Nippel, Wilfried Über das Studium der Alten Geschichte, München 1993
Der Neue Pauly Bd.13 Rezeptions- und Wissenschaftsgeschichte, A-Fo, Stuttgart, Weimar 1999
Pomeroy, Sarah B. Frauenleben im klassischen Altertum, Stuttgart 1985
Röder, Brigitte/Hummel, Juliane/Kunz, Brigitta Göttinnendämmerung. Das Matriarchat aus archäologischer Sicht, München 1996
Kienast, Dietmar Augustus. Prinzeps und Monarch, Darmstadt ^{3}1999
Rosenthal, Franz Das Fortleben der Antike im Islam, Zürich 1965
Schieffer, Theodor Europa im Wandel von der Antike zum Mittelalter, in: Handbuch der europäischen Geschichte, Bd.1, Stuttgart 1976
Schuller, Wolfgang Antike in der Moderne (Xenia H.15), Konstanz 1985
Schuller, Wolfgang Frauen in der griechischen Geschichte, Konstanz 1985 (zitiert Schuller Gr.Frauen)
Schuller, Wolfgang Frauen in der römischen Geschichte, Konstanz 1987 (zitiert Schuller Röm.Frauen)
Selle, Kurt Die Antike – prägende Kraft Europas, in: Gymnasium Bd. 98, 1991
Simon, Erika Die Götter der Griechen, München ^{2}1980 (zitiert Simon Gr. Götter)
Wagner-Hasel, Beate (Hg.) Matriarchatstheorien der Altertumswissenschaft, Darmstadt 1992
Zanker, Paul Augustus und die Macht der Bilder, München 1986, Paperback-Ausgabe 1990

II. Die schriftlichen Quellen

Albrecht, Michael von Geschichte der römischen Literatur, 2 Bde, München ^{2}1992 (Nachdruck dtv 4618 München 1994)
Dihle, Albrecht Die griechische und lateinische Literatur der Kaiserzeit. Von Augustus bis Iustinian, München 1989
Eideneier, Hans, Von Rhapsodie zu Rap. Aspekte der griechischen Sprachgeschichte von Homer bis heute, Tübingen 1999
Fantham, Elaine Literarisches Leben im antiken Rom. Sozialgeschichte der römischen Literatur von Cicero bis Apuleius, Stuttgart, Weimar 1998
Flach, Dieter Einführung in die römische Geschichtsschreibung, Darmstadt ^{2}1992
Fuhrmann, Manfred (Hg.) Römische Literatur, Frankfurt 1973 (Neues Handbuch der Literaturwissenschaft, hg. v. Klaus von See, Bd.3)
Graf, Fritz (Hg.) Einleitung in die lateinische Philologie, Stuttgart, Leipzig 1997
Lesky, Albin Geschichte der griechischen Literatur, Bern ^{3}1971
Mehl, Andreas Römische Geschichtsschreibung. Grundlagen und Entwicklung, Stuttgart 2001
Nickel, Rainer Lexikon der antiken Literatur, Düsseldorf, Zürich 1999
Nesselrath, Heinz-Günther (Hg.) Einleitung in die griechische Philologie, Stuttgart, Leipzig 1997
Rosenberg, Arthur Einleitung und Quellenkunde zur römischen Geschichte, Berlin 1921
Schmalzriedt, Egidius Hauptwerke der antiken Literatur. Einzeldarstellungen und Interpretationen zur griechischen, lateinischen und biblisch-patristischen Literatur, München 1976
Schütze, Oliver Metzler Lexikon antiker Autoren, Stuttgart 1997

Vogt, Ernst (Hg.) Griechische Literatur, Wiesbaden 1981 (Neues Handbuch der Literaturwissenschaft, hg. v. Klaus von See, Bd.2)

v. Welck, Karin/Strupperich, Reinhard (Hgg) Italien vor den Römern. Aus der Antikensammlung des Reiß-Museums Mannheim, Zabern 1996

III. Althistorische Hilfs- und Nachbarwissenschaften

1. Archäologie

Bergemann, Johannes Archäologie. Was sie kann, was sie will, Reinbek 2000 (re 55612)

Bianchi Bandinelli, Ranuccio Klassische Archäologie. Eine kritische Einführung, München 1978

Brodersen, Kai (Hg.) Antike Stätten am Mittelmeer, Stuttgart, Weimar 1999

Cüppers, Heinz (Hg.) Die Römer in Rheinland-Pfalz, Stuttgart 1990

Glyn, Daniel Geschichte der Archäologie, Bergisch-Gladbach 1982 (engl. Ausgabe 1981)

Grünewald, Mathilde Der römische Nordfriedhof in Worms. Funde von der Mainzer Strasse, Worms 1990

Hrouda, Barthel Methoden der Archäologie. Eine Einführung in ihre naturwissenschaftlichen Techniken, München 1978

Lang, Franziska Klassische Archäologie. Eine Einführung, Stuttgart 2002

Niemeyer, Hans Georg Einführung in die Archäologie, Darmstadt ^{3}1983

Riederer, Josef Echt und Falsch. Schätze der Vergangenheit im Museumslabor, Berlin, Heidelberg 1994

2. Chronologie

Bickerman, Elias J. Chronology of the Ancient World, London ^{2}1980

Bickerman, Elias J. Chronologie, Leipzig ^{2}1963

Deissmann, Marieluise (Hg.) Daten zur antiken Chronologie und Geschichte, Stuttgart 1990

Ehlert, Trude (Hg.) Zeitkonzeptionen Zeiterfahrung Zeitmessung. Stationen ihres Wandels vom Mittelalter bis zur Moderne, Paderborn, München, Wien, Zürich 1997

Elias, Norbert, Über die Zeit, Frankfurt 1984

Graf, Fritz Der Lauf des rollenden Jahres. Zeit und Kalender in Rom, Stuttgart, Leipzig 1997

Kaletsch, Hans Tag und Jahr. Die Geschichte unseres Kalenders, Zürich, Stuttgart 1970

Radke, Gerhard Fasti Romani. Betrachtungen zur Frühgeschichte des römischen Kalenders, Münster 1990

Rüpke, Jörg Kalender und Öffentlichkeit. Die Geschichte der Repräsentation und religiösen Qualifikation von Zeit, Rom, Berlin, NewYork 1995

Simon, Erika Die Götter der Römer, München 1990 (zitiert Simon Röm. Götter

Wendorff, Rudolf Im Netz der Zeit. Menschliches Zeiterleben interdisziplinär, Stuttgart 1989

3. Geographie

Brodersen, Kai Terra Cognita. Studien zur römischen Raumerfassung, Hildesheim, Zürich, New York 1995
Braudel, Fernard/Duby, George/Aymard, Maurice Die Welt des Mittelmeeres. Zur Geschichte und Geographie kultureller Lebensformen, Frankfurt 2000
Flach, Dieter Römische Agrargeschichte, München 1990 (HdA III,9)
Gehrke, Hans-Joachim Jenseits von Athen und Sparta. Das Dritte Griechenland und seine Staatenwelt, München 1986

Großer historischer Weltatlas, hg. vom Bayrischen Schulbuchverlag, I: Vorgeschichte und Altertum, bearb. von H. Bengtson und V. Milojcic, München 1972 (= [6]1978) mit Erläuterungen, München [4]1976

Hassinger, Erich Geographische Grundlagen der Geschichte, Freiburg 1953
Müller, Klaus E. Geschichte der antiken Ethnographie und ethnologischen Theoriebildung. Von den Anfängen bis auf die byzantinischen Historiographen, Teil I (Studien zur Kulturkunde), Wiesbaden 1972
Momigliano, Arnoldo Wege in die Alte Welt, Berlin 1991
Nippel, Wilfried Griechen, Barbaren und „Wilde". Alte Geschichte und Sozialanthropologie, Frankfurt 1990
Olshausen, Eckart Einführung in die historische Geographie der Alten Welt, Darmstadt 1991
Philippson, Alfred Das Mittelmeergebiet. Seine geographische und kulturelle Eigenart, Leipzig, Berlin, 4., verbesserte Aufl. 1922
Putzger Historischer Weltatlas hg. v. W.Leisering, 100. Aufl., Berlin 1979
Quirin, Heinz Vom Wesen der Geschichtskarte, in: GWU 5, 1954, S.598ff.
Sonnabend, Holger (Hg.) Mensch und Landschaft in der Antike. Lexikon der historischen Geographie, Stuttgart 1999
Talbert, R.J.A. (Hg.) Barrington Atlas of the Greek and Roman World, Princeton N.J. 2000
Tichy, Franz Italien (Wissenschaftliche Länderkunde Bd.24), Darmstadt 1985
Weber, Carl W. Brot und Spiele. Massenunterhaltung als Politik im antiken Rom, Herrsching 1989

Westermann Großer Atlas zur Weltgeschichte, hg. von H.-F. Stier, E. Kirsten u.a., Braunschweig 1956, Neuausg. 1997

4. Epigraphik

Kaufmann, Carl Maria Handbuch der altchristlichen Epigraphik, Freiburg 1917
Klaffenbach, Günther Griechische Epigraphik, Göttingen [2]1966
Meyer, Ernst Einführung in die lateinische Epigraphik, Darmstadt [2]1983
Walser, Gerold Römische Inschrift-Kunst. Römische Inschriften für den akademischen Unterricht und Einführung in die lateinische Epigraphik, Stuttgart [2]1993

Zu Inschriftenausgaben und -sammlungen s. im Text.

5. Numismatik

Albert, Rainer Das Bild des Augustus auf den frühen Reichsprägungen, Speyer 1981

Alföldi, Maria R. Antike Numismatik, 2 Bde, Mainz, Teil I 1978, Teil II 2. Aufl. 1982

BMC Catalogue of the Greek Coins in the British Museum, Hg.: R. S. Poole, 29 Bde, London 1873-1927 (ND Bologna 1963-1965)

BMC Coins of the Roman Republic in the British Museum, Hg.: Grueber, 3 Bde, London 1910 (ND Oxford 1970)

BMC Coins of the Roman Empire in the British Museum, Hg.: H. Mattingly/R. A. G. Carson, 6 Bde, London 1923-1962

Christ, Karl Antike Numismatik, Einführung und Bibliographie, Darmstadt ^{3}1991

Göbl, Robert Numismatik. Grundriß und wissenschaftliches System, München 1987

Howgego, Christopher Geld in der antiken Welt, Darmstadt 2000

Himmelmann, Nikolaus Minima Archaeologica, Mainz 1996

Jenkins, G. K./Küthmann, Harald Münzen der Griechen, München 1972

Krämer, Karl Zur Rückgabe der Feldzeichen im Jahr 20 v. Chr. in: Historia 22, 1973, S.362f

Kent, John; Overbeck, Bernhard; Stylow, Armin; Hirmer, Max und Albert Die römische Münze, München 1973

Kraft, Konrad Gesammelte Aufsätze zur antiken Geldgeschichte und Numismatik I, Darmstadt 1978

Mannsperger, Dietrich Römische Reichsprägung, in: ANRW II,1, Berlin, New York 1974, S.919ff

Overbeck, Bernhard/Klose, Dietrich O.A. Antike im Münzbild. Eine Einführung, München 2. Aufl. 1987

RRC Roman Republican Coinage, hg.v.Crawford, M., 2 Bde. 1974

RIC The Roman Imperial Coinage, hg.v.Mattingly, H./Sydenham, E.A. u.a. London I-IX 1923-1981; ^{2}I 1984

Sutherland, C.H.V. Roman History and Coinage, 44 BC – AD 69. Fifty Points of Relation from Iulius Caesar to Vespasian, Oxford 1987

Wolters, Reinhard Nummi signati – Untersuchungen zur römischen Münzprägung und Geldwirtschaft (Vestigia Bd. 49) München 1999

6. Papyrologie

Blanck, Horst Das Buch in der Antike, München 1992

Canfora, Luciano Die verschwundene Bibliothek, Hamburg 1998

Deissmann, Adolf Licht vom Osten. Das Neue Testament und die neuentdeckten Texte der hellenistisch-römischen Welt, Tübingen 1923

Fehrle, Rudolf Das Bibliothekswesen im alten Rom, Freiburg 1986

Hengstl Joachim (Hg) Griechische Papyri aus Ägypten als Zeugnisse des öffentlichen und privaten Lebens, Griechisch-Deutsch, München 1978

Hoepfner, Wolfram Zu griechischen Bibliotheken und Bücherschränken, Arch. Anzeiger H.1, 1996

Jochum, Uwe Kleine Bibliotheksgeschichte, Stuttgart 1993

Klauck, Hans-Josef Die antike Briefliteratur, Paderborn 1998

Mitteis, Ludwig/Wilcken Ulrich Grundzüge und Chrestomathie der Papyruskunde, 4 Bde, Leipzig, Berlin 1912
Rupprecht, Hans Albert Kleine Einführung in die Papyruskunde, Darmstadt 1994
Schubart, Walter Einführung in die Papyruskunde, Berlin 1918
Strocka,Volker Michael Römische Bibliotheken, in: Gymnasium 88, 1981, S. 298ff.
Turner, E.G. Greek Payri. An Introduction, Oxford ²1980

7. Prosopographie

Demougin, Sègolène, Prosopographie des Chevaliers Romains Iulio-Claudiens (43 av. J.-C.-70 ap. J.-C.), Rome 1992
Eck, Werner (Hg.) Prosopographie und Sozialgeschichte, Studien zur Methodik und Erkenntnismöglichkeit der kaiserzeitlichen Prosopographie. Kolloquium Köln 24.-26. November 1991, Köln, Wien, Weimar 1993
Münzer, Friedrich Römische Adelsparteien und Adelsfamilien, Darmstadt 1963, ND 1920 (zitiert Münzer Adelsparteien)
Petersen, Leiva Einige Aspekte zur Prosopographie der Prinzipatszeit, in Zeitschrift für Papyrologie und Epigraphik Bd. 43, 1981, S.281-284

Arbeitsmaterialien siehe im Text.

IV. Teilaspekte der Alten Geschichte

1. Antike Staatlichkeit

Bleicken, Jochen Die Verfassung der römischen Republik, Paderborn 1975
Bleicken, Jochen Verfassungs- und Sozialgeschichte des römischen Kaiserreiches, 2 Bde, Paderborn 1978
Bleicken, Jochen Die athenische Demokratie, Paderborn ²1994; auch als UTB 1330
Clauss, Manfred Sparta, Eine Einführung in seine Geschichte und Zivilisation, München 1983
Demandt, Alexander Antike Staatsformen. Eine vergleichende Verfassungsgeschichte der Alten Welt, Berlin 1995
König, Ingemar Der römische Staat I. Die Republik, Stuttgart 1992 Der römische Staat II. Die Kaiserzeit, Stuttgart 1997
Kunkel, Wolfgang Staatsordnung und Staatspraxis der römischen Republik, 2.Abschnitt: Die Magistratur, München 1995 (Handbuch der Altertumswissenschaft III, 2,2)
Meyer, Ernst Römischer Staat und Staatsgedanke, Zürich 1964
Mommsen, Theodor Abriss des römischen Staatsrechts, Darmstadt 1974, ND ²1907
Rainer, J. Michael Einführung in das römische Staatsrecht. Die Anfänge der Republik, Darmstadt 1997
Schulz, Raimund Herrschaft und Regierung. Roms Regiment in den Provinzen in der Zeit der Republik, Paderborn 1997

Literatur zu den weiteren Teilaspekten s. im Text.

V. Zur Praxis des Geschichtsstudiums

Alvoni, Giovanni Altertumswissenschaft digital, Zürich. New York 2000
Burschel, Peter u. a. Geschichte: Ein Tutorium, Freiburg 1997 (Rombach Grundkurs)
Dahmer, Hella u. Jürgen Effektives Lernen. Didaktische Anleitung zum Selbststudium und zur Gruppenarbeit, Stuttgart, New York, 2. Auflage 1979 (UTB 635)
Gautschi, Peter Geschichte lehren, Lernwege und Lernsituationen für Jugendliche, Bern 1999
Grund, Uwe/Heinen, Armin Wie benutze ich eine Bibliothek. Basiswissen – Strategien – Hilfsmittel, München, 2. Aufl. 1996
Kammer, Manfred Bit um Bit, Wissenschaftliches Arbeiten mit dem PC, Stuttgart, Weimar 1997 (SM 300)
Kaufmann, Dieter/Tiedemann, Paul Internet für Althistoriker, eine praxisorientierte Einführung, Darmstadt 1999
Schäfer, Christoph Computer und antike Texte. Wortrecherche, Konkordanz- und Indexerstellung mit Volltextdatenbanken (Computer und Antike 1) St. Katharinen 1993
Schmale, Wolfgang (Hg.) Schreib-Guide Geschichte. Schritt für Schritt. Wissenschaftliches Schreiben lernen, Wien, Köln, Weimar 1999
Süssmuth, Hans Geschichtsdidaktik. Eine Einführung in Aufgaben und Arbeitsfelder, Göttingen 1980 (Kleine Vandenhoeck-Reihe 1454)

Nachschlagewerke:

RE Paulys Realencyclopädie der classischen Altertumswissenschaft. Neue Bearbeitung begonnen von G.Wissowa, fortgeführt von W. Kroll und K. Mittelhaus, zuletzt hg. von K.Ziegler, Stuttgart bzw. München 1893 – 1999. Bestehend aus 68 Bänden in zwei Reihen (A-P und R-Z)
Man beachte: – I und J sowie U, V und W sind ein Buchstabe. Römische Namen sind nach Gentilnomen geordnet. Z.B. Cicero unter Tullius. Frauen stehen hinter den Männern.
Kl.P Der Kleine Pauly, hg. von K.Ziegler, W.Sontheimer, H.Gärtner, 5 Bde Stuttgart, München I 1964, II 1967, III 1969, IV 1972, V 1975. ND München 1979
NP Der Neue Pauly, hg. von H.Cancik u. H.Schneider, 15 Bde, Stuttgart 1996
LAW Lexikon der Alten Welt, hg. von C.Andresen, H.Erbse, O.Gigon, K. Schefold, K. F. Strohecker, E. Zinn, Zürich, Stuttgart 1965 (Nachdrucke)
LexMA Lexikon des Mittelalters, 9 Bde und Registerband, München, Zürich 1977-1999
OCD The Oxford Classical Dictionary, 3. Aufl. hg. von S.Hornblower, A.Spawforth, Oxford 1996
RAC Reallexikon für Antike und Christentum , hg. von Th.Klauser, Stuttgart seit 1950
MLA Metzler Lexikon Antike, hg. von Kai Brodersen und Bernhard Zimmermann, Stuttgart, Weimar 2000
Bauer, Johannes; Hutter Manfred Lexikon der christlichen Antike, Stuttgart 1999
Döpp, Siegmar; Geerlings, Wilhelm Lexikon der antiken christlichen Literatur, Freiburg ^{3}2002

Grant, Michael Lexikon der antiken Mythen und Gestalten, München 1980 (Engl. 1973) (dtv3181)
Kluge, Friedrich Etymologisches Wörterbuch der deutschen Sprache, 23.Auflage bearbeitet von Elmar Seebold, Berlin 1995
Link, Stefan Wörterbuch der Antike, Stuttgart 2002
Nickel, Rainer Lexikon der antiken Literatur, Düsseldorf, Zürich 1999
Nickel, Rainer/Waiblinger, Franz Peter Kleines Lexikon zur römischen Welt, Bamberg 2002
Preston, Percy Metzler Lexikon antiker Bildmotive, übersetzt und überarbeitet von S.Bogutovac und K. Brodersen, Stuttgart 1997
Schütze, Oliver Metzler Lexikon antiker Autoren, Stuttgart 1997
Weeber, Karl-Wilhelm Alltag im Alten Rom, Düsseldorf, Zürich [4]2000

Handbücher:

HdA Handbuch der Altertumswissenschaft, begründet von I.Müller, erweitert von W. Otto, fortgeführt von H.Bengtson Eine Übersicht s.bei: Jäger Gerhard, Einführung in die klassische Philologie, München [3]1989, oder in Auswahl im Metzler Lexikon Antike S. 676 f
CAH The Cambridge Ancient History, hg. von J. B. Bury, S. A. Book u.a. 12 Bde, 1923-1939, völlige Neubearbeitung seit 1970
ANRW Aufstieg und Niedergang der Römischen Welt, hg. von H. Temporini, W. Haase (3 Reihen mit jeweils mehreren Bänden), Berlin, New York seit 1972

Quellen in Übersetzungen[1]:

Ammianus Marcellinus Römische Geschichte, lateinisch-deutsch und mit Kommentar versehen von Wolfgang Seyfarth, 4 Teile Berlin [6]1988 (Amm.Marc.)
Aristophanes Antike Komödien, Aristophanes, hg. und mit Einleitung und einem Nachwort versehen von Hans-Joachim Newiger. Neubearbeitung der Übersetzung von Ludwig Seeger (Frankfurt 1845-48), München o.J. (Aristoph.)
Asconius in Milonianam in: Cicero, Rede für Titus Annius Milo, übersetzt und hg. von Marion Giebel, Stuttgart 1972 (Reclam1170/71) S. 4-31 (Asc.)
Augustin Bekenntnisse, lateinisch-deutsch, eingeleitet, übersetzt und erläutert von Joseph Bernhart, München 1987 (insel TB1002) (Aug.conf.)
Augustus Meine Taten. Res Gestae Divi Augusti, lateinisch, griechisch und deutsch von E.Weber, München, Zürich [5]1989 (RGDA)
Cassius Dio Römische Geschichte, 5 Bde., übersetzt von Otto Veh, eingeleitet von Gerhard Winkler, Zürich, München 1985-1987 (Cass.Dio)
Catull Gedichte, lateinisch-deutsch ed.Werner Eisenhut, Darmstadt, Zürich [9]1986 (Catull.)

---

1 Aus diesen Ausgaben wurde im Text zitiert. Die Abkürzungen sind an den Schluß der bibliographischen Angabe gestellt. Zur Auflösung der Abkürzungen antiker Autoren sei auf den Kl. P. S. XXIff. verwiesen.

M. Tullius Cicero Atticus-Briefe, lateinisch-deutsch ed. Helmut Kasten, München [2]1976 (Tusculum) (Cic.Att.)

M. Tullius Cicero Rede für Titus Annius Milo, übersetzt und hg. von Marion Giebel, Stuttgart 1972 (Cic.Mil.)

M. Tullius Cicero Staatsreden, dritter Teil: Die Philippischen Reden gegen M.Antonius, lateinisch und deutsch von Hemut Kasten Darmstadt 1970 (Schriften und Quellen der Alten Welt) (Cic.Phil.)

M. Tullius Cicero An seine Freunde. Lateinisch-deutsch ed. Helmut Kasten, München 1964 (Tusculum) (Cic.fam.)

A. Gellius Die Attischen Nächte, zum ersten Male vollständig übersetzt und mit Anmerkungen versehen von Fritz Weiss, 2 Bde, Darmstadt 1992, unveränderter ND Leipzig 1875/76 (Gell.)

Herodot Historien, griechisch-deutsch hg. von Josef Feix, 2 Bde., München 1963/[5]1995 (Tusculum) (Herod.)

T. Livius Römische Geschichte, Bücher 6, 9, 38, 40, lateinisch und deutsch hg. von Hans Jürgen Hillen, Darmstadt, Zürich 1991 ff. (Liv.)

Ovid Fasti. Festkalender, lateinisch-deutsch, auf der Grundlage der Ausgabe von Wolfgang Gerlach neu übersetzt und hg. von Niklas Holzberg, Darmstadt, Zürich 1995 (Ov.fast.)

Ovid Heilmittel gegen die Liebe, lateinisch und deutsch von Friedrich Walter Lenz, Darmstadt [2]1969 (Schriften und Quellen der Alten Welt) (Ov.rem.)

Pausanias Periegeta. Reisen in Griechenland, 3 Bde, auf Grund der kommentierten Übersetzung von Ernst Meyer hg. von Felix Eckstein, abgeschlossen von Felix Bol, Düsseldorf, Zürich 2001 (Paus.)

C. Plinius Secundus (d. Ält.) Naturkunde, lateinisch-deutsch, Bücher III/IV Geographie: Europa, hg. und übersetzt von Gerhard Winkler in Zusammenarbeit mit Roderich König, Darmstadt, München 1988 (Tusculum). Bücher XII/XIII Botanik: Bäume, hg. und übersetzt von Roderich König in Zusammenarbeit mit Gerhard Winkler, Darmstadt, München 1977. Buch XXXIII Metallurgie, hg. und übersetzt von Roderich König in Zusammenarbeit mit Gerhard Winkler, Darmstadt, München 1984 Buch XXXVI Die Steine, hg. und übersetzt von Roderich König in Zusammenarbeit mit Joachim Hopp, Darmstadt, München 1992 (Plin.n.h.)

C. Plinius Caecilius Secundus (d. Jg.) Briefe. Lateinisch-deutsch ed. Helmut Kasten, München 1968 (Tusculum) (Plin.ep.)

Plutarch Moralphilosophische Schriften, ausgewählt, übersetzt und hg. von Hans-Josef Klauck, Stuttgart 1997 (Plut.mor.)

Plutarch Grosse Griechen und Römer, eingeleitet und übersetzt von Konrad Ziegler, 6 Bde, Zürich und Stuttgart 1954f. (Plut.)

Polybios Geschichte. Gesamtausgabe in zwei Bänden, eingeleitet und übertragen von Hans Drexler, Zürich und Stuttgart 1961 und 1963 (Bibliothek der Alten Welt) (Polyb.)

Sallust Die Verschwörung des Catilina, Lateinisch und Deutsch, übersetzt, erläutert und mit einem Essay ‚Zum Verständnis des Werkes', sowie einer Bibliographie, hg. von Josef Lindauer, 1973 (Rowohlts Klassiker 165) (Sall.Cat.)

Sallust Der Krieg mit Iugurtha, lateinisch-deutsch, hg.von Karl Büchner, Stuttgart 1975 (Reclam 948) (Sall.Iug.)

Sappho Muse des äolischen Eresos, neu übertragen und kommentiert von Stefanie Preiswerk zum Stein, Frankfurt 1990 (Sappho)

Seneca Philosophische Schriften, lateinisch-deutsch, hg. von Manfred Rosenbach, Darmstadt ^{4}1995 (Sen.)

Sueton Leben der Caesaren, übersetzt und mit Anmerkungen, Register sowie einem Essay ‚Zum Verständnis des Werkes', hg. von André Lambert, 1966 (Rowohlts Klassiker 76-78) (Suet.)

Tacitus Annalen, hg. von Erich Heller, München 1982 (Tusculum) (Tac.ann.)

Tertullianus Apologeticum, lateinisch-deutsch ed. von C. Becker, München ^{2}1961 (Tert.)

Thukydides Geschichte des Peloponesischen Krieges, übersetzt und mit einem Essay ‚Zum Verständnis des Werkes', Anmerkungen und Register hg. von Georg Peter Landmann, Reinbek 1966 (Rowohlts Klassiker 100-102) (Thuk.)

Varro Über die Landwirtschaft, lateinisch-deutsch von Dieter Flach, Darmstadt 1997 (Varro rust.)

Vergil Sämtliche Werke, hg. von Johannes und Maria Götte, München 1972 (Verg.)

Xenophon Anabasis. Der Zug der Zehntausend, griechisch-deutsch hg. von Walter Müri, bearbeitet und mit einem Anhang versehen von Berhard Zimmermann, Darmstadt/Zürich ^{2}1997 (Tusculum) (Xen.an.)

Xenophon Symposion, griechisch-deutsch ed. von E. Stärk, Stuttgart 1986 (Xen.symp.)

Das Zwölftafelgesetz Texte, Übersetzungen und Erläuterungen von Rudolf Düll, München und Zürich ^{6}1989 (Tusculum)

Quellensammlungen

Corpus Iuris Civilis Text und Übersetzung, I. Institutionen, hg. von Okko Behrends; Rolf Knütel; Berthold Kupisch; Hans Herrmann Seiler, Heidelberg ^{2}1997. Text und Übersetzung II: Digesten 1-10, hg. von Peter Gröschler; Okko Behrends; Rolf Knütel; Berthold Kupisch, Heidelberg 1995 Text und Übersetzung III: Digesten 11-20, Heidelberg 1999

Fuhrmann, M./Liebs, D. (Hgg.) Exempla Iuris Romani. Römische Rechtstexte lateinisch-deutsch, München 1988 (dtv)

Guyot, Peter/Klein, Richard Das frühe Christentum bis zum Ende der Verfolgungen Eine Dokumentation, Darmstadt 1997

Heltweg, A. Ius-Iustitia-iuris prudentia. Die Bedeutung des römischen Rechts im Spiegel ausgewählter Quellen, Stuttgart 1990

Griechische Papyri aus Ägypten als Zeugnisse des öffentlichen und privaten Lebens, Griechisch-Deutsch, hg. von J. Hengstl u.a., München 1978 (Reihe Tusculum)

Eck, W./Heinrichs, J. (Hgg.) Sklaven und Freigelassene in der Gesellschaft der römischen Kaiserzeit, Darmstadt 1993.

Krenkel, W. u. a. Römische Satiren: Ennius, Lucilius, Varro, Horaz, Persius, Seneca, Petron, Iuvenal, Sulpicia. Berlin, Weimar 1977 (Bibliothek der Antike)

Müller, H. Römischer Alltag. Texte zum Leben in der römischen Welt, Göttingen 1998

Patzek, B. (Hg.) Quellen zur Geschichte der Frauen, Bd.1 Antike, Stuttgart 2000

Weddingen, K. Vulgus Ignotum. Texte zur Arbeitswelt der römischen Antike, Stuttgart 1986

Abbildungsnachweis

Abb. 1 aus: Dietrich Hans Teuffen, Herodot. Sieben und andere Wunder der Welt, Verlag Anton Schroll, München/Wien 1979, S. 51; Rom Vatikanisches Museum; Foto des Verf.

Abb. 2 aus: Dietrich Hans Teuffen, Herodot. Sieben und andere Wunder der Welt, Verlag Anton Schroll, München/Wien 1979, S. 74; Foto des Verf.

Abb. 3a London, British Museum

Abb. 3b Staatl. Antikensammlung u. Glyptothek, München

Abb. 4 Entwurf: Rosmarie Günther

Abb. 5 © 1986 Thames and Hudson

Abb. 6 aus: Conrad M. Stibbe, Das andere Sparta, Verlag Philipp von Zabern, Mainz 1996, Abb. 37, S. 112 ; Olympia, Foto d. Verf.

Abb. 7 Archäolog. Seminar, Uni Basel

Abb. 8 Verlagsarchiv F. Schöningh

Abb. 9 aus: Erika Simon, Die Götter der Griechen, Hirmer Verlag, München 1980 (2), S. 57, Abb. 51; Athen, Nationalmuseum; Foto: Max Hirmer

Abb. 10 aus: Neuer Pauly Bd.7, Sp. 245-246

Abb. 11 aus: Neuer Pauly Bd.4, Sp. 1222

Abb. 12 aus: Die Welt der Etrusker (Ausst. Kat. Berlin 1988) 15, Die Etrusker in Europa (Ausst. Kat. Berlin 1993) 36

Abb. 13 aus: Pierre Grimal, Das antike Italien, Societäts-Verlag, Frankfurt 1979, S. 77; nach: Kähler, Rom und seine Welt, Bayer. Schulbuch Verlag, München 1958–1961

Abb. 15 aus: H. Beck (Hg.), Polyklet: der Bildhauer der griechischen Klassik (Katalog zur Ausstellung im Liebighaus, Frankfurt/M. 17.10.1990 - 20.1.1991), Verlag Philipp von Zabern, Mainz 1990

Abb. 16 aus: Mathilde Grünewald, Der Römische Nordfriedhof in Worms, Bücher Bessler, Worms 1990, S. 8

Abb. 17 aus: Mathilde Grünewald, Der Römische Nordfriedhof in Worms, Bücher Bessler, Worms 1990, S. 19

Abb. 18 aus: Mathilde Grünewald, Der Römische Nordfriedhof in Worms, Bücher Bessler, Worms 1990, S. 72

Abb. 19 aus: Mathilde Grünewald, Der Römische Nordfriedhof in Worms, Bücher Bessler, Worms 1990, S. 203

Abb. 20 aus: Mathilde Grünewald, Der Römische Nordfriedhof in Worms, Bücher Bessler, Worms 1990, S. 25

Abb. 21 aus: Annette Kuhn (Hg.), Die Chronik der Frauen, Chronik Verlag, Dortmund 1992, S. 24

Abb. 22 aus: Gerhard Radke, Fasti Romani. Betrachtungen zur Frühgeschichte des römischen Kalenders, Verlag Aschendorff, Münster 1990,S.XVI; Attilio Degrassi, Inscriptiones Italiae XIII 1, Rom 1963, Tafel XVII

Abb. 23 Röm.-Germ. Zentralmuseum Mainz

Abb. 24 Foto Alinari, Rom

Abb. 25 Foto: Rosmarie Günther
Abb. 26 Foto: Rosmarie Günther
Abb. 27 aus: Holger Sonnabend (Hg.), Mensch und Landschaft in der Antike, Metzler Verlag, Stuttgart 1999, S. 261, Abb 43
Abb. 28 Museum Torlonia
Abb. 29 aus: John M. Camp, Die Agora von Athen, Verlag Philipp v. Zabern, Mainz 1989, S. 192/3
Abb. 30 aus: Rosmarie Günther, Das Mannheimer Römerbuch, Südwestdeutsche Verlagsanstalt, Mannheim 1993, S. 127, Abb. 196; Foto: Historisches Museum der Pfalz
Abb. 31 Foto: Bernd Tacke, Lahr
Abb. 32 Inst. Neg. Rom 7170/1
Abb. 33 aus: Pomponius Mela, Kreuzfahrt durch die alte Welt, hg. v. Kai Brodersen, Wiss. Buchgesellschaft, Darmstadt 1994, Abb. 7
Abb. 34 Österr. Nationalbibliothek, Wien
Abb. 35 Verlagsarchiv F. Schöningh
Abb. 36 griech. Inschrift: Georg Westermann Verlag, Braunschweig; Foto: Gerold Walser; röm Inschrift: Gerold Walser, Römische Inschriftkunst, Franz Steiner Vlg, Stuttgart ²1993, S. 33
Abb. 37 aus: Rosmarie Günther, Das Mannheimer Römerbuch, Südwestdeutsche Verlagsanstalt, Mannheim 1993, S. 42; Foto: Reiß-Museum, Mannheim
Abb. 38 aus: Gerold Walser, Römische Inschriftkunst, Franz Steiner Vlg, Stuttgart ²1993, S.41; Foto: Gerold Walser
Abb. 39 Kunsthistorisches Museum, Wien
Abb. 40 aus: Römische Steindenkmäler, hg. vom Reiß-Museum Mannheim, Mannheim 1975, Tafel 2; Foto: H. Bouquet, Reiß-Museum
Abb. 41 aus Philipp Filtzinger: Limesmuseum Aalen, Stuttgart 1983, Abb. 86, S.122/123; Foto: Karl Natter
Abb. 42 aus: Mathilde Grünewald: Die Römer in Worms, Theiss Verlag, Stuttgart 1986, S. 92
Abb. 43 aus: Rosmarie Günther, Das Mannheimer Römerbuch, Südwestdeutsche Verlagsanstalt, Mannheim 1993, S.92, Abb. 130 u. 131; Foto: Rosmarie Günther
Abb. 44 aus: John P.C. Kent, Bernhard Overbeck, Armin U. Stylow, Die römische Münze, Hirmer Verlag, München 1973, Tafel 3, Abb. 4; Foto: Max u. Albert Hirmer
Abb. 45 © Staatl. Münzsammlung München
Abb. 46 © Staatl. Münzsammlung München
Abb. 47 © Staatl. Münzsammlung München
Abb. 48 © Staatl. Münzsammlung München
Abb. 49 aus: Colin M. Kraay, Greek Coins, Thomas and Hudson, London 1966, Plate 184, 621 O u R.
Abb. 50 aus: Maria R.-Alföldi, Antike Numismatik, Verlag Philipp von Zabern, Mainz 1978, Abb. Nr. 39
Abb. 51 © Staatl. Münzsammlung München
Abb. 52 © Staatl. Münzsammlung München
Abb. 53 © Staatl. Münzsammlung München
Abb. 54 © Staatl. Münzsammlung München

Abb. 55 aus: John P.C. Kent, Bernhard Overbeck, Armin U. Stylow, Die römische Münze, Hirmer Verlag, München 1973, Tafel 12 Abb. 37; Foto: Max u. Albert Hirmer

Abb. 56 aus: John P.C. Kent, Bernhard Overbeck, Armin U. Stylow, Die römische Münze, Hirmer Verlag, München 1973, Tafel 22 Abb. 85; Foto: Max u. Albert Hirmer

Abb. 57 © Staatl. Münzsammlung München

Abb. 58 aus: John P.C. Kent, Bernhard Overbeck, Armin U. Stylow, Die römische Münze, Hirmer Verlag, München 1973, Tafel 32 Abb. 124; Foto: Max u. Albert Hirmer

Abb. 59 Vatikan. Museen, Braccio Nuovo Inv. 2290; Foto Alinari

Abb. 60 aus: Lernerlebnis Ägypten, Schöningh Verlag, Paderborn 2000, S. 70

Abb. 61 aus: Das Archiv des Nepheros und verwandte Texte, Teil 1, hrsg. und kommentiert von Bärbel Kramer und John C Shelton, Verlag Philipp v. Zabern, Mainz 1987, Tafel 5

Abb. 62 Foto: Rheinisches Landesmuseum, Trier

Abb. 63 Institut f. Altertumskunde der Universität Köln

Abb. 64 aus: Werner Krenkel, Pompejanische Inschriften, Verlag Lambert Schneider, Heidelberg 1963, S. 99 (aus: CIL IV Suppl., p. 310)

Abb. 65 aus: Joachim Hengstl, Griechische Papyri aus Ägypten, Heimeran Verlag, München 1978, Abb. 5; Kupferstich nach einem verloren gegangenen Relief aus Trier

Abb. 66 aus: Wolfram Höpfner, Zu griechischen Bibliotheken und Bücherschränken, Arch. Anzeiger, H.1 1996, S. 29

Abb. 67 Foto: Rosmarie Günther

Abb. 68 Deutsches Archäologisches Institut Rom

Abb. 69 aus: BMC RepII 394 Nr. 40

Abb. 70 aus: Conrad M. Stibbe, Das andere Sparta, Verlag Philipp von Zabern, Mainz 1996, Tafel 13; Paris, Cabinet des Médailles; Foto: Hirmer

Abb. 71 aus: Rückspiegel 1, Schöningh Verlag, Paderborn 1996 (2), S. 109

Abb. 72 Museo Civico, Aquila

Abb. 73 Entwurf: Rosmarie Günther

Abb. 74 Nachzeichnung: Rosmarie Günther

Abb. 75 Nachzeichnung: Rosmarie Günther

Abb. 76 Entwurf: Rosmarie Günther

Register